XINGZHENG XIEYI

LILUN GUANDIAN YU SHIWU ZHIYIN

行政协议
理论观点与实务指引

毛毅坚　著

人民法院出版社

图书在版编目（CIP）数据

行政协议理论观点与实务指引/毛毅坚著.--北京：人民法院出版社，2020.3

ISBN 978-7-5109-2804-8

Ⅰ.①行… Ⅱ.①毛… Ⅲ.①行政法—研究—中国 Ⅳ.①D922.104

中国版本图书馆CIP数据核字（2020）第044999号

行政协议理论观点与实务指引

毛毅坚 著

责任编辑	王　婷	
执行编辑	尹立霞	
出版发行	人民法院出版社	
地　　址	北京市东城区东交民巷27号（100745）	
电　　话	（010）67550637（执行编辑）　67550558（发行部查询）	
	65223677（读者服务部）	
客 服 QQ	2092078039	
网　　址	http://www.courtbook.com.cn	
E- mail	courtpress@sohu.com	
印　　刷	河北鸿祥信彩印刷有限公司	
经　　销	新华书店	
开　　本	787毫米×1092毫米　1/16	
字　　数	452千字	
印　　张	24.75	
版　　次	2020年3月第1版　2020年3月第1次印刷	
书　　号	ISBN 978-7-5109-2804-8	
定　　价	79.00元	

序

行政协议与平民百姓有什么关系

这是毛毅坚教授关于行政法学研究的一部新作，也是毛毅坚教授诸多作品中的一部力作。

在为毛毅坚教授作序的日子里，正好在拜读中国行政法学泰斗应松年教授的口述作品《与法同行》。在应松年教授的口述作品中，我读到了诸如行政诉讼法、行政复议法、国家赔偿法、行政处罚法、行政许可法、行政强制法、行政程序法等众多行政法学的概念和名称。可以说，这30年，正是我国行政法学研究与实践结合的黄金时期。显然，应松年教授就是引领者和推进者。作为30年来的法治媒体人，我也可以算是一个见证者和记录者。同样，毛毅坚教授应该是一个研究者和耕耘者。

说起来我与毛毅坚教授的故事，实际上也是有缘之人。因为与生俱来的江西乡情，我与毛毅坚教授得以相识；因为不言而喻的律师情结，我与毛毅坚律师得以相知；因为舞文弄墨的文学爱好，我与毛毅坚老弟得以相握。

作为温州大学瓯江学院法政学院教授，也作为温州市政府法律顾问，还作为浙江光正大律师事务行政风控部主任（兼职），在我国行政诉讼法出台30年之际，毛毅坚推出了这部《行政协议理论观点与实务指引》新作。可以说是，正逢其时、恰逢其盛。

这部新书给我的感觉，不仅耳目一新，更重要的是与时俱进。

首先是本书的时代性，本书契合党和国家倡导的政府法治民主化的精神。过去，行政机关主要依靠具体行政行为来管理社会事务，单方意志突出，强制手段过多，往往引起“老百姓”不满，甚至产生不少对抗情绪，政府与群众的关系难以融洽。自从行政管理引入契约机制后，行政机关以平等的身份与行政相对人进行协商，双方自愿签订协议，既能达到行政管理目的，又能得到群众的理解和支持。这一行政管理方式的改变与党和国家的引导有关。中共中央作出《关于全面推进依法治国若干重大问题的决定》，其中指出“推进社会主义民主政治法治化”“依法保障公民权利，加快完善体现权利公平、机会公平、规则公平的法律制度，保障公民人身权、财产权、基本政治权利等各项权利不受侵犯，保障公民经济、文化、社会等各方面权利得到落实，实现公民权利保障法治化。”习近平总书记在党的十九大上所作《决胜全面建成小康社会 夺取新时代中国特色社会主义伟大胜利》报告中指出：“明确全面深化改革总目标是完善和发展中国特色社会主义制度、推进国家治理体系和治理能力现代化”。本书以行政协议为专题，选择裁判案例进行剖析，通篇契合“民主政治法治化”“治理能力现代化”的精神，值得肯定，更值得深读。

其次是本书的指导性，本书既具有一定的法学理论水准又具有实务指导作用。本书所采用的案例均来自法院生效裁判文书，其中大部分是最高人民法院的裁判文书。所以，书中的事实认定、法律适用、法理观点、裁判结果都必然具有正确性和权威性，对行政机关工作人员、政府法律顾问、律师、法律工作者以及与行政协议有关的个人和组织预防类似纠纷、处理类似案件具有重要的参考作用和指导意义。本书重点研究的行政协议是现代行政法上一种新型且很重要的行政管理手段，它的广泛使用，使公民、法人和其他组织有机会以积极行使权利的方式参与国家行政管理，不仅能够顺利实现行政管理目标，而且会大大减少行政相对人与行政机关的对立，对化解“政群”矛盾、创造和谐社会都具有重要意义。可以说，不仅与行政机关紧密相连，而且还与老百姓密切相关。但是，行政协议并非十全十美，在立法上需要立法机关进一步完善，在实践中需要行政机关正确使用，在诉讼中需要人民法院合法裁判，这就需要我们去继续探索和研究，本书就是这种情况下诞生的研究成果。作者在书中引援法律规范、阐述法学理论、引编裁判案例，然后深入分析个案的成败所在，给读者一个又一个的启发。值得鼓励，更值得细读。

最后是本书的实用性，本书至少解决了行政协议在理论研究和实践领域中的四个问题：一是揭示了行政协议的本质特征；二是阐明了行政协议的理论观点；三是分析了行政协议诉讼的成败原因；四是探索了行政主体的救济途径。如行政相对人不履行行政协议约定的义务，行政主体在既不能提起民事诉讼又不能提起行政诉讼的情况下，如何寻求非诉行政执行，作者在本书中引用裁判案例予以明确的指引。值得点赞，更值得耐读。

总而言之，本书体例较为完整，内容较为翔实，实务性很强，实用性更强。当然，在本书中，关于行政协议的归类和分类，感觉还有必要细化与扩展。有关个别章节的法理分析，感觉也有必要深化与完善。

尽管如此，但瑕不掩瑜。无论是理论性还是实用性，本书既是一本值得阅读和借鉴的好书，更是一部值得推荐给大家的新书。

是以为序。

刘桂明

2019 年 12 月于北京皂君庙

（注：序文作者为中国法学会《民主与法制》周刊总编辑、高级编辑，中国法学会律师法学研究会副会长，中国法学会法律文书学研究会副会长）

目录 Contents

附 法律、法规和司法解释

Chapter 1

第一章　行政协议概述

第一节　行政协议的定义和构成要素

在 2015 年 5 月 1 日之前，行政机关与公民、法人或者其他组织签订的协议或合同，在司法上一律作为民事案件处理。2014 年 11 月 1 日，第十二届全国人大常委会第十一次会议通过《关于修改〈中华人民共和国行政诉讼法〉的决定》（自 2015 年 5 月 1 日起施行），在《行政诉讼法》法第十二条第一款中增加了第十一项，即公民、法人或者其他组织提起的"认为行政机关不依法履行、未按照约定履行或者违法变更、解除政府特许经营协议、土地房屋征收补偿协议等协议的"诉讼，正式列入行政诉讼的受案范围。

一、行政协议的定义

2015 年 4 月 20 日，《最高人民法院关于适用〈中华人民共和国行政诉讼法〉若干问题的解释》[以下简称《行政诉讼法解释》（2015 年），现已废止]第二条第一款第六项在司法上正式将"政府特许经营协议、土地房屋征收补偿协议等协议"定名为"行政协议"。该解释第十一条第一款还给行政协议下了个定义，即"行政机关为实现行政管理或者公共服务目标，在法定职责范围内，与公民、法人或者其他组织协商订立的具有行政法上权利义务内容的协议，属于行政诉讼法第十二条第一款第十一项规定的行政协议"。

2019 年 11 月 27 日，最高人民法院公布了《最高人民法院关于审理行政协议案件若干问题的规定》（以下简称《行政协议解释》）。该解释第一条对上述的定义作了修改，规定"行政机关为了实现行政管理或者公共服务目标，与公民、法人或者其他组织协商订立的具有行政法上权利义务内容的协议，属于行政诉讼法第十二条第一款第十一项规定的行政协议。"该解释的定义与《行政诉讼法解释》（2015 年）的定义相比较，后者仅删除了"在法定职责范围内"一词，其他内容不变。也就是说，行政协议是指行政机关为了实现行政管理或者公共服务目标，与公民、法人或者其他组织协商订立的具有行政法上权利义务内容的协议。

法律和司法解释规范的定义是对具有法律意义的事物、状态、行为进行高度概括而形成的非常严谨和精炼的专门术语。《行政协议解释》第一条既然规定行政协议在目的上必须是"行政机关为了实现行政管理或者公共服务目标"，在内容上必须"具有行政法上权利义务"，也就说明，行政机关必须"在法定职责范围内"与公民、法人或者其他组织签订行政协议，因而在该定义中再强调"在法定职责范围内"是没有必要的。但这并不排除"在法定职责范围内"作为行政协议成立的必要条件，而只是说，"在法定职责范围内"已经包含在"行政机关为了实现行政管理或者公共服务目标""具有行政法上权利义务"之内而已。

二、行政协议的构成要素

我国行政管理引入民事契约机制后形成的行政协议，具有行政性但又不是行政机关单方作出的行政行为，具有协议性但又不是单纯的民事合同。现代的行政协议其实是个"混血儿"，具有作为行政管理方式的行政性和作为公私合意产物的协议性的双重属性，即行政与民事的混合体。根据《行政诉讼法》第十二条第一款第十一项规定和《行政协议解释》第一条规定进行分析，行政协议的构成应当具有以下四大要素（即四大特征）：

1.主体必须是行政机关与公民、法人或者其他组织

行政协议与行政行为一样，一方当事人必须是恒定的行政机关，没有行政机关作为主体参加的协议是民事合同，不能称为行政协议。行政机关是按照国家宪法和有关组织法的规定而设立设的，代表国家依法行使行政权，组织和管理国家行政事务的国家机关。从广义上看，行政机关是各级政府的总称，包括各级政府机关及其职能部门。从狭义上看，行政机关仅指政府机关内部的综合办事机构。我们这里所说的行政机关是广义上的行政机关。在具体行政协议中，行政机关作为一方当事人的表述，必须是具体、明确、特定的某一人民政府或者人民政府的某一职能部门，而不能笼统地表述"行政机关"。基于《行政诉讼法》规定行政机关是被告与公民、法人或者其他组织

是被告的定位以及行政协议案件列入行政诉讼的受理范围，就行政协议的成立、履行、变更、终止等产生纠纷诉至人民法院的，公民、法人或者其他组织是不变的原告，行政机关是不变的被告。

在行政协议中，行政机关的对方当事人必须是公民、法人或者其他组织（为了方便阐述，以下简称"相对方"或"相对人"），如果对方当事人也是行政机关，则不是我们这里所讨论的"行政协议"，如《行政协议解释》第三条规定，"行政机关之间因公务协助等事由而订立的协议"不属于人民法院行政诉讼的受案范围。在具体行政协议中，相对方也不能笼统地表述"公民、法人或者其他组织"，而必须是具体、明确、特定的有姓名、名称的个人或者单位。

2. 目的必须是为了实现行政管理或者公共服务目标

行政机关以此为目的与相对方订立的协议是行政协议。如行政机关根据法律的授权出让国有土地使用权与企业签订《国有土地使用权出让合同》，其目的是通过行使国土行政管理权获取财政收益，因而该合同属于行政协议。行政机关无此目的，只是为了满足和实现自身的日常利益与他人订立的协议是民事合同，如行政机关租赁企业的房屋作为办公场所而与企业订立的租赁协议，不是行政协议，而是民事合同。

3. 内容必须有行政法上的权利义务

既然行政协议的一方主体必须是行政机关，目的必须是为了实现行政管理或者公共服务目标，行政协议法律关系的内容也就必须"具有行政法上权利义务内容"。传统观念认为，行政机关是行政法上的权利方，行政相对人是行政法上的义务方。这种观念在行政协议上是行不通的。行政机关在行政协议成立时虽然仍有一定的主导性作用，如是否建设某一公共服务项目，是否需要与相对方签订行政协议，首先都由行政机关决定，但一旦签订了行政协议，行政机关既享有行政法上的权利又应承担行政协议约定的义务，而相对方按照行政协议的约定也享有权利和承担义务。行政法涉及的社会领域十分广泛，不同领域有不同的权利义务的规范，根据依法行政原则，行政协议约定的主要权利义务，在通常情况下应与行政法相关规定的内容保持一致。

我们还需要注意，《行政协议解释》第一款规定只是强调行政协议必须"具有行政法上权利义务内容"，如无此内容不构成行政协议，但同时并不排除行政协议按照民事法律的规定约定民事上的有关权利义务,如用益物权、给付请求权等。

4.协议必须经双方当事人协商一致达成

这是意思要素。行政协议虽然以实现行政管理或者公共服务目标为目的,但行政机关在行政协议中应当改变自己是占主导地位的"管理者"与相对方是处服从地位的"被管理者"的传统观念,在坚持地位平等、自愿、意思自治的原则下,经双方协商一致形成协议,也就是说,行政机关必须与相对方自愿合意后才能签订行政协议。因此,行政协议既要遵循行政法律规范又要遵循民事法律规范。行政协议违反行政法律规范当属无效,即使没有违反行政法律规范,但违反民事法律的禁止性规定的,该行政协议也属无效。行政协议兼具协议性与合意性的双重属性是其主要特征。

◎【裁判案例1】

息诉息访协议书具备行政协议构成要素的,属于行政协议。

[案情简介]

2006年7月3日,某县土地收购储备中心与陈某某、黎某某(系夫妻关系)签订《房屋拆迁货币补偿协议书》,对两人名下的房屋进行征收拆迁,并约定给予货币补偿。协议签订后,陈某某、黎某某领取全部拆迁补偿费。同年,陈某某在另地新建牛棚作为房屋搬迁后养牛所用,后被法院强制拆除。2008年1月17日,某县城建设指挥部安置办(某县城建设指挥部系临时机构,下设安置办公室,负责县城规划区房屋拆迁安置补偿事宜)安排黎某某参加安置区优惠供地联建组团建房。陈某某、黎某某未交土地费与建房款,未参与组团联建,但为组团联建和牛棚拆除问题长期信访。2014年6月16日,××镇政府受某县政府委托,与陈某某签订《息诉息访协议书》。该协议约定:一、陈某某不愿意参与组团联建,同意在安置区剩余房源中选择一套住房和两个外口面,陈某某按1600元/平方米的综合成本价支付,由指挥部安置办与陈某某结算;二、政府对拆除的牛棚补偿3万元;三、政府一次性给予困难补助3.5万元;四、陈某某不得再到各级机关上诉上访。同年6月18日,陈某某在安置区选择了临街三套住房。经结算后，陈某某应交款 292966 元，陈某某在还房安置卡和结算单上签名确认。

2014 年 10 月 13 日，某县城建设指挥部向陈某某发出通知，限其在 2014 年 10 月 20 日前办理结算事宜，逾期将不履行《息诉息访协议书》，收回陈某某选择的三套住房，陈某某所持安置卡作废。因陈某某、黎某某未在 2014 年 10 月 20 日前交款，2014 年 11 月 7 日，某县城建设指挥部向陈某某发出《解除安置协议通知》，宣布陈某某所持有的《安置区还房安置卡》及结算单作废，《息诉息访协议书》等安置协议不再履行，并告知可按规定申请组团联建房屋。

陈某某、黎某某不服，于 2014 年 12 月 31 日向某市中院提起行政诉讼，请求：1. 撤销某县城建设指挥部《解除安置协议通知》；2. 判令某县政府在 ×× 镇安置区为其安置还房，并支付拆迁安置补偿款项。

[一、二审裁判]

某市中院认为：×× 镇政府受某县政府委托，代表某县政府与陈某某达成的《息诉息访协议书》，实质是就陈某某、黎某某的房屋拆迁安置补偿问题达成的新协议，虽然黎某某未在协议上签字，但其与陈某某系夫妻关系，对陈某某签订协议以及选房结算的行为应当明知，并未表示反对，视为对该协议的认可。因此，陈某某、黎某某及某县政府均应依约履行。协议签订后，某县政府依照协议约定履行了相关义务，但陈某某、黎某某在选房结算后长期拒绝履行支付房款的义务，经催告后仍未支付相关款项。依照《合同法》第九十四条第三项"当事人一方迟延履行主要债务，经催告后在合理期限内仍未履行"以及第九十六条第一款"当事人一方依照本法第九十三条第二款、第九十四条的规定主张解除合同的，应当通知对方。合同自通知到达对方时解除。对方有异议的，可以请求人民法院或者仲裁机构确认解除合同的效力"的规定，某县政府解除协议的行为合法有效。陈某某、黎某某主张撤销《解除安置协议通知》的诉讼请求，缺乏法律依据。

依照《合同法》第九十七条"合同解除后，尚未履行的，终止履行；已经履行的，根据履行情况和合同性质，当事人可以要求恢复原状、采取其他补救措施、并有权要求赔偿损失"之规定，陈某某、黎某某及某县政府签订的涉案协议已解除，某县政府不再负有原协议中的相关给付义务。同时，陈某某、黎某某已经选择了货币补偿方式安置，并已领取拆迁补偿款项，不应再实行还房安置。因此，陈某某、黎某某要求某县政府为其安置还房、支付拆迁安置补偿款项的诉讼请求，缺乏事实依据。某市中院作出行政判决：驳回陈某某、黎某某的诉讼请求。

陈某某、黎某某不服某市中院的上述判决，向某省高院提起上诉。某省高院二审以同样的理由，裁定驳回陈某某、黎某某上诉，维持原判。

[申请再审]

陈某某、黎某某不服向最高人民法院申请再审，请求依法撤销二审判决，依法改判。其申请再审的事实与理由为：1.本案系房屋拆迁安置补偿纠纷并非行政协议，再审申请人诉求某县政府解决安置换房及补偿问题，但某县政府未予解决，有行政不作为行为，原审法院将本案定性为行政协议错误；2.某县政府未提供其委托××镇政府处理再审申请人陈某某、黎某某安置还房补偿的相关文件，××镇政府无权在安置区房源中落实安置还房，××镇政府与陈某某、黎某某签订的《息诉息访协议书》无效，《息诉息访协议书》以及《解除安置协议通知》的效力不及于黎某某；3.本案属于行政纠纷，不应当适用民事法律《合同法》的规定。

[最高人民法院裁定]

最高人民法院对本案的争议焦点作如下评判：

关于《息诉息访协议书》性质。《行政诉讼法解释》（2015）第十一条第一款规定："行政机关为实现行政管理或者公共服务目标，在法定职责范围内，与公民、法人或者其他组织协商订立的具有行政法上权利义务内容的协议，属于第一款第十一项规定的行政协议。"涉案《息诉息访协议书》，就主体而言，其签订主体系××镇政府与陈某某，属于行政机关与私人之间的行为；就客体而言，《息诉息访协议书》就拆迁安置补偿、息诉息访等内容进行约定，是涉案行政机关在法定职责范围内为实现行政管理或者公共服务目标而进行的约定，具有行政法上的权利义务内容；就形式而言，《息诉息访协议书》是××镇政府受某县政府委托与陈某某协商订立，体现了双方的合意性。涉案《息诉息访协议书》具备行政协议的核心特征，属行政协议。陈某某、黎某某主张本案系房屋拆迁安置补偿纠纷并非行政协议与事实不符，本院不予支持。

关于《息诉息访协议书》效力。某县政府认可××镇政府与陈某某签订的《息诉息访协议书》，亦认可其委托××镇政府处理与陈某某、黎某某之间的房屋拆迁安置补偿事宜，某县政府系委托人，××镇政府系受托人。再审申请人主张××镇政府无权在安置区房源中落实安置还房与事实不符，××镇政府与陈某某签订的《息诉息访协议书》无效，于法无据。

关于应否撤销《解除安置协议通知》。陈某某在安置区选择了商业房及住宅，经结算后，陈某某应交款292966元，并在还房安置卡与结算单上签名确认，但却迟迟未办理结算事宜，经某县城建设指挥部催告后仍未支付相关款项。×县政府向陈某某发出《解除安置协议通知》符合《合同法》第九十四条第三项、第九十六条第一款的规定，其行使解除权的行为并无不当。

关于本案能否适用民事法律。最高人民法院认为，2015年5月1日起施行的《最高人民法院关于适用〈中华人民共和国行政诉讼法〉若干问题的解释》第十四条规定："人民法院审查行政机关是否依法履行、按照约定履行协议或者单方变更、解除协议是否合法，在适用行政法律规范的同时，可以适用不违反行政法和强制性规定的民事法律规范。"行政协议在一定程度上体现了民事法律关系的双方合意、地位平等以及非强制性等特点。公法和私法具有共通性，《合同法》作为调整民事合同的法律规范，在不违反行政法和强制性规定的情况下，可以直接适用于行政协议。因此，本案虽属于行政纠纷，但原审法院适用《合同法》等民事法律规范与行政诉讼并不冲突，适用法律亦无不当。

综上，陈某某、黎某某的再审申请不符合《行政诉讼法》第九十一条规定的情形。最高人民法院裁定如下：驳回陈某某、黎某某的再审申请。

［根据最高人民法院（2016）最高法行申2513号行政裁定书编写］

◎作者分析

最高人民法院之所以认定××镇政府与陈某某签订的《息诉息访协议书》属于行政协议，是因为该《息诉息访协议书》具有行政协议的构成要素。

一是《息诉息访协议书》中的一方当事人是行政机关。某县政府委托××镇政府与陈某某签订《息诉息访协议书》，该协议的一方当事人是某县政府，而不是××镇政府。某县政府属于行政机关，处理拆迁安置及其信访问题当属其履行行政管理职责的行为，故其是《息诉息访协议书》中适格的行政主体。

二是《息诉息访协议书》具有为实现行政管理目标的目的。某县政府委托××镇政府与陈某某签订《息诉息访协议书》，目的是解决陈某某、黎某某拆迁安置及其信访问题，这符合《行政诉讼法解释》（2015年）第十一条第一款"为实现行政管理或者公共服务目标"的规定，现符合《行政协议解释》第一条"为了实现行政管理或者公共服务目标"的规定。

三是《息诉息访协议书》具有行政法上权利义务内容。本案《息诉息访协议书》约定：政府同意在安置区剩余房源中选择一套住房和两个外口面，陈某某按1600元/平方米的综合成本价支付；政府对拆除的牛棚补偿3万元，一次性给予困难补助3.5万元；陈某某不得再到各级机关上诉上访。这些内容反映双方都具有行政上的权利与义务。

四是《息诉息访协议书》是双方合意的结果。行政协议具有行政和民事的双重属性，在具有行政内容的同时，也应体现民事法律关系的双方合意、地位平等以及非强制性等特征，因此，行政机关必须与行政相对人协商一致达成合意。某县政府作为行政机关为解决陈某某、黎某某拆迁安置及其信访问题与其签订《息诉息访协议书》，显然是一种行政行为，但某县政府这一行政行为不是其单方采取命令、决定等方式作出的，而是与陈某某协商一致通过合意而形成的，且其内容为安置和补偿，这对陈某某、黎某某来说属于民事权益问题。据此，行政协议在不违反行政法规定的情况下，可以适用民事法律规范进行调整。所以，最高人民法院认为，原审法院适用《合同法》等民事法律规范与行政诉讼并不冲突。

从上述分析中可以看出，涉案《房屋拆迁货币补偿协议书》和《息诉息访协议书》均具备行政协议的法律特征。所以，陈某某、黎某某提出本案"并非行政协议"的主张不能成立的。

第二节 行政协议成立的法定条件

法定条件是由一系列法律规定的要素共同组成的，行政协议成立的法定条件是行政协议成立所必须具备的相关法律规定的要素组成，因此，行政协议的四大要素和行政协议的成立条件是有关联的。

一、四大要素作为行政协议成立条件的问题

有人认为，行政协议只要具备全部的行政要素就能依法成立，也就是说，行政协议的四大要素就是行政协议成立的法定条件。我们认为这种观点是不全面的。行政协议的要素在于揭示行政协议的本质特性，而行政协议的成立条件是解决行政协议的成立是否符合法律规定条件的问题。行政协议的法律要素当然是行政协议成立的一方面条件，但由于行政协议具有行政和民事的双重属性，故行政协议的成立还需具备民事法律规定的基本条件。

二、行政协议成立的民事方面条件

《行政协议解释》第二十七条第一款规定："人民法院审理行政协议案件，应当适用行政诉讼法的规定；行政诉讼法没有规定的，参照适用民事诉讼法的规定。"第二款规定："人民法院审理行政协议案件，可以参照适用民事法律规范关于民事合同的相关规定。"与此相应，《行政协议解释》第十二条第二款规定："人民法院可以适用民事法律规范确认行政协议无效。"根据这些规定，行政协议的成立首先应当符合行政法律、行政法规的规定条件，但行政协议作为一种契约是沿袭民事合同而来的，在不与行政法律、行政法规相冲突的情况下，行政协议还应参照适用民事法律规范，包括《民法总则》《合同法》等相关民事法律的规定。

根据《民法总则》《合同法》有关规定，行政协议成立的民事方面条件，除平等、自愿外，还应当具备以下三个基本条件：

1.双方必须具有相应的主体资格条件

行政机关与相对方订立行政协议，双方都应具备主体资格条件。关于

行政机关的主体资格问题，后面将作专题分析。根据《合同法》第九条"当事人订立合同，应当具有相应的民事权利能力和民事行为能力"的规定，公民、法人或者其他组织作为行政协议的一方当事人，必须符合《民法总则》有关民事权利能力和民事行为能力的规定，否则，因主体不适格会造成行政协议不成立或者无效。如行政机关在没有监护人或法定代理人参与下，就与无民事行为能力的未成年人签订拆迁安置协议，该拆迁安置协议是不能成立或者无效的。

2. 双方必须经过要约得到对方的承诺

《合同法》第十三条规定："当事人订立合同，采取要约、承诺方式。"第二十五条规定："承诺生效时合同成立。"第三十二条规定："当事人采用合同书形式订立合同的，自双方当事人签字或者盖章时合同成立。"《行政诉讼法》《行政协议解释》未对行政协议的订立方式和成立时间作出规定，参照《行政协议解释》第二十七条第二款"人民法院审理行政协议案件，可以参照民事法律规范关于民事合同的相关规定"的规定，行政协议应当参照《合同法》的上述规定并采用书面形式订立。在订立书面行政协议前的"承诺"，对相对方来说是接受行政机关提出的条件和要求而表达愿意与之签订行政协议的意愿，对行政机关而言是同意相对方提出的要求而表达准备与之签订行政协议的意见。如行政机关因公共项目建设需要征收、拆迁农民的房屋，应先向该农民提出拆迁要求（包括拆迁公告），并征求该农民的意见，取得其书面承诺，并就补偿安置等事宜协商一致后，才能订立拆迁协议。行政机关未经有关程序得到该农民的承诺，就要求对方签订拆迁协议，就有强迫对方之嫌疑。

3. 意思表示必须真实

在自愿协商时，行政机关就行政协议的内容必须与相对方达成合意，且相对方的意思表示必须真实。在相对方未作出意思表示（包括承诺），或者意思表示不真实，或者相对方不接受的情况下，行政机关不能单方采取命令、决定等强制性措施要求相对方签订行政协议，否则，有违《民法总则》第一百四十三条"意思表示真实"的规定。根据《民法总则》第一百五十条、《合同法》第五十四条和《行政协议解释》第十四条的规定，行政机关以胁迫手段使相对方在违背真实意思的情况下签订的行政协议，受胁迫的相对方有权请求人民法院予以撤销。

总之，由于行政协议具有行政和民事的双重属性，某一行政协议只有同时具备民事合同的基础条件和行政方面的法定要素才告成立。

◎【裁判案例2】

息诉罢访协议具有行政法上权利义务内容的，属于行政协议。

[案情简介]

2001年4月15日，A乡B村将"马场地"约600亩土地发包给韩某某，承包期为15年。2002年，某某养殖场将一块土地发包给B村村民刘某等人，承包期为2年。A乡B村发包给韩某某的土地，与某某养殖场发包给刘某等人的土地实为同一块土地，由此引发两方承包人的纠纷。2003年3月28日，刘某等人起诉韩某某侵权，请求确认韩某某与A乡B村签订的承包合同无效，并赔偿经济损失、归还土地。案经某县法院一审、某市中院二审、某省高院指令再审，某市中院最后作出民事裁定，以涉案土地权属不清，应当依法先行解决土地权属纠纷为由，驳回刘某等人的起诉。韩某某不服"涉案土地权属不清"的认定，多次到市、省、国家等有关部门上访，引起某县政府的重视。

某县政府经调查，确定韩某某承包土地面积为600亩。2011年4月7日，某县政府与韩某某共同协商一致签订了一份《协议书》。该协议载明：一、经某县政府测算决定给韩某某一次性补偿人民币158.4万元；二、韩某某收到158.4万元补偿款后，自愿放弃2001年4月15日与A乡B村签订的"马场地"合同，不再经营使用；韩某某不再上访诉求，息诉罢访；三、韩某某必须将A乡颁发的土地经营权证书交给某县政府，不再主张土地经营权证书中600亩土地的经营权，放弃主张承包合同签订后未经营承包合同标的亩数造成损失的权利；四、韩某某必须与A乡B村签订解除2001年4月5日签订的"马场地"承包合同的协议；五、如韩某某不履行协议，必须退还该补偿款，否则某县政府有权通过法律诉讼主张索要此款。

2011年4月13日，韩某某收到了某县政府给付的158.4万元。同日，韩某某在"撤回信访诉求申请书"中写明"同意处理意见"并签字。

[一、二审裁定]

2015年，韩某某以《协议书》是在受胁迫情况下签订的为由，向某市中院提起诉讼，请求撤销《协议书》，确认韩某某对"马场地"土地享有合法经营权，赔偿经济损失248.4万元。

某市中院认为，韩某某起诉超过法定起诉期限，裁定驳回韩某某的起诉。韩某某不服向某省高院提出上诉，某省高院以同样的理由裁定驳回韩某某上诉，维持原裁定。

[申请再审]

韩某某向最高人民法院申请再审称：1.韩某某实际承包1000多亩土地，协议仅补偿600亩，《协议书》补偿内容显失公平；2.韩某某在《协议书》签订后不久，即到某县法院、某市中院要求行政诉讼立案，但两级法院均未予立案，起诉超期的原因是法院违法不予立案，并不是韩某某个人原因造成的。根据《行政诉讼法解释》（2015年）第四十三条规定，由于不属于起诉人自身的原因超过起诉期限的，被耽误的时间不计算在起诉期间内。请求撤销一、二审裁定，依法提审或指令再审。

某县政府答辩称：1.双方签订的是息诉罢访补偿协议，不是行政协议；2.《协议书》经多次协商确定，是双方真实意思表示，不存在胁迫；3.韩某某起诉超过法定起诉期限，且没有证据证明有正当理由或不可抗力。请求驳回韩某某的再审申请。

[最高人民法院裁定]

最高人民法院审查后对本案作出如下评判：

一、关于息诉罢访协议的可诉性问题。根据《行政诉讼法》第十二条第一款第十一项和《行政诉讼法解释》（2015年）第十一条规定，行政协议必须具备以下几个法定条件：一是协议一方恒定是行政机关，包括法律、法规、规章授权的组织；二是签订协议的目的是为实现行政管理或者公共服务目标；三是协议事项必须符合行政机关的法定职责权限；四是协议内容必须具有行政法上的权利义务；五是协议履行过程中行政机关享有单方解除、变更协议的行政职权。行政机关与上访人签订的息诉罢访协议，实质上是行政机关为了维护社会和谐稳定、公共利益和实现行政管理职能的需要，与上访人达成的有关政府出钱或者是给予其他好处、上访人息诉罢访等具有行政法上权利义务内容的协议，属于可诉的行政协议范畴。本案被诉的《协议书》，就是一份典型的息诉罢访协议，该协议主体一方是某县人民政府；协议的目的是终结韩某某上访行为，实现社会和谐稳定，既包含公共利益，也是为了履行某县政府的法定职责；协议事项是解决韩某某上访问题，属于某县政府的法定职责范围；协议内容包含了某县政府出钱、韩某某息诉罢访等内容，属于行政法上的权利义务；协议履行过程中某县政府可以依法行使解除、变更协议的行政职权，只是本案中某县政府已经履行完支付补偿款的义务，没有机会单方行使上述行政权力。综合以上分析，本案被诉《协议书》符合行政协议的法定要件，属于行政协议，协议为韩某某确立了新的权利义务关系，对其权利义务产生了新的实际影响，属于可诉的行政行为。某县政府认为该协议不属于行政协议的主张，本院不予支持。

二、关于起诉期限问题。《行政诉讼法解释》（2015年）第四十一条规定："行政机关作出具体行政行为时，未告知公民、法人或者其他组织诉权或者起诉期限的，起诉期限从公民、法人或者其他组织知道或者应当知道诉权或者起诉期限之日起计算，但从知道或者应当知道具体行政行为内容之日起最长不得超过2年。"第四十三条规定："由于不属于起诉人自身的原因超过起诉期限的，被耽误的时间不计算在起诉期间内。因人身自由受到限制而不能提起诉讼的，被限制人身自由的时间不计算在起诉期间内。"本案中，2011年4月7日，韩某某与某县政府签订协议时，就已经知道被诉《协议书》的主要内容。根据当时有效的《行政诉讼法解释》（2000年）第四十一条规定，至2013年4月7日，韩某某2年的起诉期限已届满，2015年提起行政诉讼显然已经超过法定起诉期限。韩某某认为本案存在《行政诉讼法解释》（2000年）第四十三条规定的情形，应当扣除因法院不立案耽误的期限，但其所举的有关信访证据，不能证明韩某某以某县政府为被告，对《协议书》曾提起行政诉讼，人民法院不予受理的事实。一、二审裁定以超过法定起诉期限为由，裁定驳回起诉，主要事实清楚，适用法律正确，韩某某申请再审的理由不能成立，本院不予支持。

三、关于韩某某的其他诉讼请求问题。《行政诉讼法》第四十九条第四项规定，提起行政诉讼，所诉事项应当属于人民法院行政诉讼的受案范围。一审诉讼中，韩某某提出请求撤销《协议书》之外，还请求确认其对涉案土地享有合法经营权，并赔偿经济损失248.4万元。本院认为，韩某某主张对涉案土地的经营权，系通过承包合同取得，所诉损失也是因其承包土地权属不清，发包人多方发包引发纠纷造成的，并非某县政府行政协议行为造成，相关诉求属于民事争议范畴，不属于行政诉讼的受案范围。某市中院作出的再审裁定也已经给相关民事争议的解决指明了救济路径，民事纠纷的当事人应当通过协商或者申请土地确权行政裁决程序，先行确定土地权属，然后再通过和解或者民事诉讼等途径，解决土地承包人之间的经营权纠纷，以及因此而产生的财产损失问题。韩某某在诉《协议书》行政协议案中请求确认其承包经营权，并要求某县政府赔偿损失，缺乏事实根据和法律依据。一、二审裁定驳回其起诉，并无不当，韩某某申请再审的理由不能成立。

最高人民法院裁定：驳回韩某某的再审申请。

[根据最高人民法院（2016）最高法行申 45 号行政裁定书编写]

◎作者分析

本案有三个争议焦点：一是涉案息诉罢访《协议书》是不是行政协议，二是韩某某提起行政诉讼是否超过起诉期限；三是韩某某赔偿经济损失属什么性质。后两个问题，最高人民法院在裁定书中已经作出清晰的评判，这里主要分析本案息诉罢访《协议书》是否符合行政协议的法定条件问题。

最高人民法院在上述裁定书中，根据当时适用的《行政诉讼法解释》（2015 年）的有关规定，分析了行政协议的五个法定条件，即：一方恒定是行政机关，签订协议的目的是为实现行政管理或者公共服务目标，协议事项必须符合行政机关的法定职责权限，其内容必须具有行政法上的权利义务，以及履行过程中行政机关享有单方解除、变更协议的行政职权。根据《行政协议解释》有关规定，除"必须符合行政机关的法定职责权限"外，上述四个法定条件均为行政协议的构成要素。将行政协议的构成要素作为行政协议成立的法定条件，也就揭示了行政协议的本质属性。再者，某县政府是行政机关，韩某某是具有完全民事行为能力的自然人，双方主体适格，且涉案《协议书》是双方协商一致合意形成的，故也符合民事合同成立的基本条件。由此可见，本案《协议书》同时符合行政法律和民事法律的规定，属于行政协议无疑，故某县政府认为涉案息诉罢访《协议书》不属于行政协议的主张不能成立。但是，韩某某提出的赔偿经济损失，即使其主张成立，亦属发包人将同一土地多方发包造成，而非某县政府与其签订行政协议造成，也非某县政府其他侵权行为造成，因而不构成行政赔偿，而属于民事争议范畴。

第三节　行政协议的法律适用

法律适用是司法机关根据法定职权和法定程序运用法律处理案件、解决纠纷的活动。行政协议的法律适用有适用行政法律规范、民事法律规范以及行政诉讼规范之分。

一、行政协议法律适用的基本规则

我国《行政诉讼法》对行政协议的法律适用没有作出明确的规定。有人认为，因行政协议具有行政和民事的双重属性，同时受行政法律规范和民事法律规范的调整，故在法律适用上应当实行"民行并重"。我们认为，行政协议是以实现行政管理或者公共服务目标为目的的，具有很强的行政性，且行政性在行政协议中占有主导地位，故属于行政诉讼的受案范围。在此情形下，行政协议及其诉讼应当优先适用行政法律规范，在不与行政法律规范相冲突的情况下，才可以同时参照民事法律规范。

《行政协议解释》第二十七条第一款规定："人民法院审理行政协议案件，应当适用行政诉讼法的规定；行政诉讼法没有规定的，参照适用民事诉讼法的规定。"第二款规定："人民法院审理行政协议案件，可以参照适用民事法律规范关于民事合同的相关规定。"这里的"应当适用"和"可以参照适用"说明，人民法院审理行政协议案件应当优先适用行政法律规范与参照民事法律规范的基本规则。

这条规定虽然仅对人民法院审理行政协议而言，但人民法院对行政协议作出裁判，对实践中行政协议的订立、履行、变更、解除等行为有着重大的影响和指导意义，故行政机关与相对方在订立、履行、变更、解除行政协议时，亦应优先适用行政法律规范，以体现行政协议符合"实现行政管理或者公共服务目标"的目的。

二、行政协议的司法解释

司法解释是指国家最高司法机关在适用法律过程中对具体应用法律问题所作的说明，包括审判解释和检察解释两种。审判解释是最高人民法院对审判工作中具体应用法律问题所作的说明，是各级人民法院审判案件可以直接引用的依据，并具有法律效力。为了在行政诉讼中正确执行和适用《行政诉讼法》，最高人民法院先后作出以下四个司法解释：

第一个是1991年5月29日作出的《关于贯彻执行〈中华人民共和国行政诉讼法〉若干问题的意见（试行）》，这个解释没有行政协议的概念和规定，且早已废止。

第二个是自2000年3月10日起施行的《关于执行〈中华人民共和国行政诉讼法〉若干问题的解释》[以下简称《行政诉讼法解释》（2000年）]，这个解释废止了上述1991年的解释，但也没有行政协议的概念和规定，后又被废止。

第三个是自2015年5月1日起施行的《最高人民法院关于适用〈中华人民共和国行政诉讼法〉若干问题的解释》。此前2000年的解释仍然有效，但与该解释不一致的，以该解释为准。2014年第一次修正的《行政诉讼法》第十二条新增了公民、法人或者其他组织"认为行政机关不依法履行、未按照约定履行或者违法变更、解除政府特许经营协议、土地房屋征收补偿协议等协议的"这一条款，首次规定行政协议属于行政诉讼受案范围。

第四个是自2018年2月8日起施行的《关于适用〈中华人民共和国行政诉讼法〉的解释》[以下简称《行政诉讼法解释》（2018年）]，这个解释施行后，上述2000年和2015年的解释同时废止，但2018年司法解释未就行政协议部分作出专门规定，但最高人民法院表示，对行政协议将制定专项的司法解释，在行政协议专项司法解释未出台前，法院审理行政协议案件可以参照2015年解释的相关规定，但在适用法律方面则援引《行政诉讼法》《民事诉讼法》以及《合同法》的有关规定。

2019 年 11 月 12 日，最高人民法院审判委员会第 1781 次会议通过了《最高人民法院关于审理行政协议案件若干问题的规定》。这个规定是行政协议的专项司法解释，是各级人民法院审理行政协议案件的依据，它不仅解决了人民法院审理行政协议案件的一系列问题，而且对行政机关和公民、法人或者其他组织订立、履行、变更、终止行政协议具有很强的指导意义。

关于行政协议上述司法解释的适用问题，《行政协议解释》以 2015 年 5 月 1 日起开始施行的《行政诉讼法》为时间界限，第二十八条第一款规定："2015 年 5 月 1 日后订立的行政协议发生纠纷的，适用行政诉讼法及本规定。"第二款规定："2015 年 5 月 1 日前订立的行政协议发生纠纷的，适用当时的法律、行政法规及司法解释。"

人民法院审理行政协议案件，在司法解释上一般遵循"实体从旧、程序从新"的原则。因此，对 2015 年 5 月 1 日之前订立的行政协议发生纠纷的，现在在实体仍应适用当时的法律、行政法规及司法解释的规定进行处理，但程序上，现在不能再作民事案件适用民事诉讼法律进行审理，而应适用行政诉讼法律作为行政案件进行审理。2015 年 5 月 1 日后订立的行政协议，若发生纠纷的，因 2015 年 5 月 1 日开始施行的《行政诉讼法》已有行政协议的规定，故应适用该法的规定，同时，《行政协议解释》主要是根据《行政诉讼法》有关规定专门对行政协议作出的司法解释，故 2015 年 5 月 1 日后订立的行政协议发生纠纷的，应当适用该解释的规定，而不再适用此前的法律、行政法规及司法解释的规定。

这里需要说明两个问题：一是本书理论部分的有关内容已经吸收《行政协议解释》的规定精神，并据此规定进行撰写；二是因《行政协议解释》刚出台，目前尚无与其相关的裁判案例，故本书所引编的裁判案例都是《行政协议解释》出台前的裁判案例，但凡与《行政诉讼法解释》（2015 年）有关且与《行政协议解释》不一致的，作者将会在"作者分析"中予以说明并作分析。

◎【裁判案例 3】

行政机关不履行行政协议约定的义务，法院优先适用行政法律规范判决行政赔偿。

[案情简介]

2011年，某某市（省会）政府发布《国有土地上房屋征收与补偿暂行办法》，同年，该市某某开发区拆迁办根据上述办法的规定制定并公布了《棚户小区房屋征收补偿方案》。这两个文件均规定，产权调换房屋标准户型的建筑面积应不低于1.5室49平方米、2室54平方米；被征收房屋建筑面积在49平方米以下的，应当补到49平方米的标准户型面积；产权调换房屋的建筑面积超过标准户型面积的，被征收人按照多层住宅建筑安装工程造价703元/平方米交纳增加面积款。

王某有一套建筑面积为42.3平方米的住宅房屋在征收范围内，按上述规定标准应调换房屋49平方米。2011年9月，王某与开发区拆迁办签订了《棚户区及危旧房屋征收补偿协议》（以下简称《补偿协议》），后又签订了一份《补充协议》。两份协议约定：1.王某选择产权调换，原址回迁54平方米房屋一套，2013年3月28日前交付使用；2.区拆迁办同意王某回迁超过上靠标准户型的建筑面积到54平方米，超过上靠标准户型建筑面积部分，按回迁时产权调换房屋的市场交易价格结算。

2013年3月回迁安置时，新建楼房出售市场价格为每平方米7396元。因开发区管委会公布的原址回迁的54平方米安置房，仅有一室一厅户型，不符合《棚户区房屋征收补偿方案》不低于2室的最低标准，且不能按照约定如期交房。2015年6月15日，王某向某市中院提起行政诉讼，请求解除与开发区管委会签订的征收补偿协议，根据《最高人民法院关于审理商品房买卖合同纠纷案件适用法律若干问题的解释》第七条、第八条、第九条规定，按照购房款一倍予以赔偿并赔偿损失880015元，赔偿精神损害10万元。

[一审判决]

某市中院审理后认为，王某基于征收补偿方案与开发区管委会签订房屋《补偿协议》，补偿方案明确产权调换54平方米户型不低于2室，且安置地为原址，开发区管委会公布的在原址回迁54平方米户型不符合该标准。根据《合同法》第九十四条的规定，王某以开发区管委会不履行合同约定为由，请求解除

《补偿协议》的诉讼请求应予支持。王某主张按照《最高人民法院关于审理商品房买卖合同纠纷案件适用法律若干问题的解释》第七条、第八条、第九条规定，按照购房款一倍予以赔偿，但协议未明确约定回迁安置房屋的位置，且王某未提供证据证明开发区管委会存在将产权调换房屋另卖第三人的证据，故王某主张不符合上述司法解释的规定。王某主张赔偿880015元的请求没有法律依据。根据《行政诉讼法》第七十八条规定，开发区管委会因未按合同约定履行导致合同解除，对王某的房屋应按照回迁时公布的房屋售价7396元/平方米予以赔偿。王某原有房屋42.3平方米，按照安置补偿方案，可以要求产权调换为49平方米产权房屋，但对增加的6.7平方米须按703元/平方米补交房款4710.1元，王某应得房屋总价为357693.9元。按照双方签订的协议约定，开发区管委会最晚应于2013年3月28日向王某交付房屋，开发区管委会未按照合同约定履行义务，延期履行产生的利息应当赔偿王某。依照《合同法》第一百七十四条、《最高人民法院关于审理买卖合同纠纷案件适用法律问题的解释》第二十四条第四款的规定，开发区管委会应按照银行同期贷款利率向王某赔偿2013年3月28日起至支付补偿金之日止的利息损失。王某请求精神损害赔偿不属于行政诉讼受案范围。

　　某市中院依照《合同法》第九十四条，《行政诉讼法》第四十九条第四项、第七十八条，《行政诉讼法解释》(2015年)第三条第一项、第十五条第一款之规定，判决如下：一、解除王某与开发区管委会于2011年9月28日签订的《补偿协议》；二、开发区管委会补偿王某357693.9元，并赔偿王某从2013年3月28日起至支付补偿金之日止按中国人民银行同期贷款利率计算的利息损失；三、驳回王某其他诉讼请求。

　　王某不服某市中院上述判决，向某省高院提起上诉。

[二审判决]

　　某省高院认为：首先，双方签订的《补偿协议》不存在《最高人民法院关于审理商品房买卖合同纠纷案件适用法律若干问题的解释》第七条、第八条、第九条规定的情形，因此不适用上述司法解释的规定。一审判决对王某被征收房屋补偿价值的计算，已充分保护其合法权益。该案基本法律关系是房屋征收补偿。一审判决按照王某提出的回迁时公布的新建楼房的出售价格7396元/平方米予以补偿，并按照王某可以调换房屋的面积 49 平方米乘以单价，再减去增加的 6.7 平方米面积的应补缴款，计算王某的补偿款，已最大限度地保护王某的合法权益。一审判决依据《合同法》第一百七十四条、《最高人民法院关于审理买卖合同纠纷案件适用法律问题的解释》第二十四条第四款规定，判决开发区管委会按照银行同期贷款利率向王某赔偿 2013 年 3 月 28 日起至支付补偿金之日止的利息损失，于法有据。王某要求按照结案前日期计算赔偿利息和精神损害赔偿没有法律依据。依照《行政诉讼法》第八十九条第一款第一项之规定，判决驳回上诉，维持一审判决。

［申请再审］

王某对某省高院的上述判决仍不服，向最高人民法院申请再审称：1. 开发区管委会故意隐瞒事实真相构成欺诈，没建协议约定的 54 平方米户型图纸的房屋，合同存在欺诈，应该依法赔偿；2. 判决关于利息的起算时间错误，本案行政协议自始无效，应从签订协议时起算利息损失；3. 开发区管委会为达到隐瞒事实真相的目的，两次伪造王某的签名，对王某造成精神损害，应依照侵权责任法给予精神损害赔偿。请求撤销一、二审判决，依法再审本案；判决赔偿王某房款一倍的违约损失并从签订协议时计算利息损失，判决给予精神损害赔偿。

开发区管委会答辩称：开发区管委会虽然是实施棚户区改造并对王某进行回迁安置补偿的主体，但回迁房屋建设的相应审批和实际施工，均由具体的职能部门和开发商进行，开发区管委会履行了应尽的职责与义务，王某主张欺诈和伪造签名的事实均不存在。请求驳回王某的再审申请。

［最高人民法院裁定］

最高人民法院经审查认为，《行政诉讼法》第七十四条第二款规定，被告不履行或者拖延履行法定职责，判决履行没有意义的，人民法院应当判决确认被诉行政行为违法。第七十八条第一项规定，被告不依法履行、未按照约定履行或者违法变更、解除本法第十二条第一款第十一项规定的协议的，人民法院判决被告承担继续履行、采取补救措施或者赔偿损失等责任。《行政诉讼法解释》（2015 年）第十五条规定，原告主张被告不依法履行、未按照约定履行协议理由成立的，人民法院可以根据原告的诉讼请求判决确认协议有效、判决被告继续履行协议，并明确继续履行的具体内容；被告无法继续履行或者继续履行已无实际意义的，判决被告采取相应的补救措施；给原告造成损失的，判决被告予以赔偿。本案中，王某一审诉讼请求是解除与开发区管委会签订的《补偿协议》，实质是对开发区管委会不依法履行房屋征收补偿协议约定的交房义务行为提起的行政诉讼，属于行政诉讼的受案范围。王某与开发区管委会签订的《补偿协议》约定，开发区管委会应当为王某提供不低于 54 平方米的安置房。根据某某市政府发布的《国有土地上房屋征收与补偿暂行办法》第二十七条第一款和某某开发区拆迁办公布的《棚户小区房屋征收补偿方案》的规定，产权调换房屋标准户型的建筑面积应不低于 1.5 室 49 平方米、2 室 54 平方米。但是，开发区管委会因未建造符合约定类型及上述两个文件规定的最低标准的安置房，且不能在约定期限内履行交房义务，其行为违反双方约定及地方规章、征收补偿方案的规定，开发区管委会不履行交房义务的行为应当被依法判决确认违法。同时，由于开发区管委会未建造符合约定类型最低条件的安置房，王某亦不接受不符合约定类型最低条件的安置房，判决继续履行合同没有实际意义，2011 年 9 月王某与开发区拆迁办签订的《补偿协议》和《补充协议》应当予以解除，开发区管委会应当对不履行交房义务违法行政行为给王某造成的损失，依法承担行政赔偿责任。

《国家赔偿法》第三十六条第八项规定，对财产权造成其他损害的，按照直接损失给予赔偿。参照《国有土地上房屋征收与补偿条例》第十九条第一款规定，行政机关不依法履行房屋征收安置补偿交房义务的，被征收人的直接损失应当是安置房屋的市场价值以及迟延支付该价款期间的利息。本案中，按照《补偿协议》约定，开发区管委会应当向王某交付 54 平方米的安置房，合同被依法解除后，开发区管委会应当按照安置补偿方案，交付不低于 49 平方米的安置房，价格应当按照回迁时公布的新建楼房出售市场价格 7396 元/平方米计算；同时，被征收房屋建筑面积不足 49 平方米的部分，王某应当补缴每平方米 703 元，这部分差价应当予以扣除。根据征收补偿方案的规定，王某可得的安置补偿房市场价值应当为 357693.9 元。一、二审判决确定的行政赔偿价款并无不当，本院予以认可。同时，国家赔偿中的利息损失通常为同期银行的存款利息，但是，考虑到近年来的房价上涨因素，存款利息不足以弥补王某的损失，一、二审参照民事法律的相关规定，判决开发区管委会赔偿自 2013 年 3 月 28 日协议约定的交房日起至支付补偿金之日止的同期银行的贷款利息，本院予以支持。

王某主张协议无效，从协议签订之日起支付利息。但本案征收补偿协议并非无效，应当是依法解除，因此，其该项诉讼请求既没有事实根据，也没有法律根据，一、二审不予支持，并无不当。

王某还主张应当按照《最高人民法院关于审理商品房买卖合同纠纷案件适用法律若干问题的解释》第七条、第八条、第九条规定或者《消费者权益保护法》的相关规定，按照购房款一倍予以行政赔偿。本院认为，其该项诉讼请求缺乏行政协议依据，同时也不符合国家赔偿法关于赔偿直接损失的规定，本院不予支持。王某又主张，开发区管委会为达到隐瞒事实真相的目的两次伪造其签名，对其造成精神损害，应依照侵权责任法给予精神损害赔偿。但是，根据《国家赔偿法》第三十五条规定，只有在行政机关的行政行为限制人身自由、造成人身伤亡的情形下，致人精神损害的，行政机关应当承担精神赔偿责任。王某请求精神赔偿并不符合国家赔偿法规定的法定条件。行政机关不履行交房法定职责违法行为造成当事人损失，承担的是行政赔偿责任，应当优先适用国家赔偿法的规定，只有在国家赔偿法没有规定的情况下，才能够适用民事法律规定，因此，王某主张适用侵权责任法予以精神损失赔偿，本院不予支持。

应当指出的是，行政诉讼法将行政协议案件明确为行政诉讼的受案范围，人民法院就应当按照行政诉讼法的规定，围绕被诉行政行为的合法性，优先适用行政法律规范进行审理和判决。一、二审按照合同案件、适用民事法律规范对本案进行审理和判决，未明确被诉行政行为，未对被诉行政行为的合法性作出判决不当，本院予以指正。

最高人民法院认为，王某的再审申请不符合《行政诉讼法》第九十一条第（三）、（四）项规定的情形，依照《最高人民法院关于执行〈中华人民共和国行政诉讼法〉若干问题的解释》第七十四条的规定，裁定驳回王某的再审申请。

［根据最高人民法院（2016）最高法行申 1611 号行政裁定书编写］

◎作者分析

本案是一起因行政机关不履行行政协议引起的行政赔偿纠纷案件，我们在这里主要分析其中优先适用行政法律规范的问题。

本案中，王某提起的行政诉讼请求，某市中院一审判决解除《补偿协议》、开发区管委会补偿王某 357693.9 元、赔偿王某利息损失，同时驳回王某精神损失赔偿的起诉。某省高院二审判决予以维持，最高人民法院裁定驳回王某的再审申请，三级法院在实体处理上并无错误之处。

但一审、二审存在适用法律不当的问题。最高人民法院在本案裁定书中指出："行政机关不履行交房法定职责违法行为造成当事人损失，承担的是行政赔偿责任，应当优先适用国家赔偿法的规定，只有在国家赔偿法没有规定的情况下，才能够适用民事法律规定"；"行政诉讼法将行政协议案件明确为行政诉讼的受案范围，人民法院就应当按照行政诉讼法的规定，围绕被诉行政行为的合法性，优先适用行政法律规范进行审理和判决。"本案开发区管委会的赔偿责任属于《国家赔偿法》规定中的行政赔偿，而一审和二审适用《合同法》有关规定判决为民事赔偿，故适用法律和赔偿性质认定均不当。涉案《补偿协议》属于行政协议，应当适用《行政诉讼法》及其解释的有关规定予以解除，如果适用《合同法》有关规定判决解除，则不能体现行政机关解除行政协议的权利。因此，本案一审和二审适用《合同法》有关规定判决解除协议、赔偿损失，确属适用法律不当，但其判决结果在实体上并无错误，所以，最高人民法院裁定驳回王某的再审申请，实际上维持了一审和二审的判决。

这里需要说明的是，本案发生在《行政诉讼法解释》（2015 年）之后而在《行政协议解释》施行之前，应当适用当时有效的《行政诉讼法解释》（2015 年）第十五条"原告主张被告不依法履行、未按照约定履行协议或者单方变更、解除协议违法，理由成立的，人民法院可以根据原告的诉讼请求判决确认协议有效、判决被告继续履行协议，并明确继续履行的具体内容；被告无法继续履行或者继续履行已无实际意义的，判决被告采取相应的补救措施；给原告造成损失的，判决被告予以赔偿"的规定。这条规定与《行政协议解释》第十七条"原告请求解除行政协议，人民法院认为符合法律规定，或者符合约定解除协议情形且不损害国家利益、社会公共利益和他人合法权益的，可以判决解除该协议"的规定并不矛盾。

第四节　行政机关的行政优益权

　　行政优益权，是国家为确保行政机关有效地行使职权，切实地履行职责，实现行政管理或者公共服务目标，由法律法规赋予其履行职务所享有优益条件的特权。行政优益权由行政优先权和行政受益权两部分组成，对行政协议而言的基本内容有：行政协议的发起权，对相对方的选择权，对行政协议履行的监督权，对行政协议享有单方变更、解除权等。

一、行政法上的行政优益权

　　我国行政优益权源于"公共利益优先于个人利益"的思想，即当私人利益与公共利益发生冲突时，个人利益应无条件地服从于公共利益。对行政机关来说，其与公民、法人或者其他组织订立行政协议，虽采取的是合同形式，但实际上是一种履行职权的行政行为。从相对方来说，其与行政机关订立行政协议，虽是合意行为，并为取得民事权益，但应当服从行政管理或者公共服务目标。所以，尽管行政协议具有行政和民事的双重属性，但行政行为在其中仍占主导地位，而相对人处于相对被动的地位。只有如此理解行政行为在行政协议中的地位，才能真正理解行政优益权。

　　我国尚无统一的行政法典，行政优益权散见于单个法律法规之中，如《城市房地产管理法》第十六条规定："土地使用者必须按照出让合同约定，支付土地使用权出让金；未按照出让合同约定支付土地使用权出让金的，土地管理部门有权解除合同，并可以请求违约赔偿。"其中，"有权解除合同"就是行政优益权的一种内容。

二、变更、解除行政协议的行政优益权问题

　　这是行政协议中行政优益权最为常见和最为突出的问题。在行政协议诉讼中，因行政机关是恒定的被告而相对方是恒定的原告，故在行政协议履行过程中出现严重损害国家利益、社会公共利益等情势变更的情况下，行政机关是无法通过诉讼程序变更、解除行政协议的，这就容易造成难以或者不能

"实现行政管理或者公共服务目标"后果。为了弥补这一缺陷，《行政协议解释》第十六条第一款规定："在履行行政协议过程中，可能出现严重损害国家利益、社会公共利益的情形，被告作出变更、解除协议的行政行为后，原告请求撤销该行为，人民法院经审理认为该行为合法的，判决驳回原告诉讼请求；给原告造成损失的，判决被告予以补偿。"该条解释承认行政机关单方行使变更权和解除权，也就体现了行政优益权。

有学者认为，行政优益权是行政协议区别于民事合同的一大特点，民事合同中的一方当事人即便是行政机关也无此特权，所以，行政优益权也是行政协议的一大要素或者特征，这是有一定道理的。但是，具体到每个行政协议，并非必须有行政优益权的内容，行政优益权主要是在履行行政协议过程中出现情势变更而行使的，在这种情况下，行政机关根据《行政协议解释》第十六条第一款规定单方行使变更权和解除权。行政机关根据行政优益权单方变更、解除行政协议的，属于合法行为，人民法院应当予以支持，由此造成相对方损失的，应当由被告行政机关予以补偿，但这里的补偿不是违法、违约或者侵权造成的行政赔偿。

没有出现上述情势变更的情形，行政机关滥用行政优益权单方变更、解除行政协议的，则是违法或者违约的行为，对此，人民法院应当依据《行政诉讼法》的有关规定，判决撤销或者部分撤销，并可判决被告重新作出行政行为，或者判决被告行政机关继续履行协议、采取补救措施；给对方原告造成损失的，判决被告予以赔偿。

至于行政协议的变更、解除、撤销的具体问题，后面将做专题分析。

◎【裁判案例4】

行政机关基于情势变更后的公共利益需要，有权单方变更行政协议的实质性内容。

[案情简介]

2011年8月23日，原某某市政府办公室公布了《某某片区房屋征收补偿安置实施方案》，该方案确定对某某街道办某某片区用地规划范围内的所有建

（构）筑物及附属物进行征收，房屋征收实行货币补偿、产权调换、异地安置三种方式。2011年9月27日，某某街道办、某某拆迁公司与童某某签订《房屋搬迁补偿安置协议书》，其中约定对童某某实行异地安置在A安置区，安置宅基地面积为120平方米，某某街道办负责完成安置地"三通一平"工作。此后，童某某按照《房屋搬迁补偿安置协议书》约定进行搬迁，某某区政府、某某街道办拆除了童某某被征收的房屋。

2011年11月，国务院发函撤销某某地区建制，设立地级某某市政府。某某市政府为了推进城镇化战略步骤，调整和重新制定市域城镇体系规划和城市总体规划，于2012年4月23日向所辖区县人民政府下发了《某某市人民政府关于在城市规划区范围内停止私人建房的紧急通知》，要求"从即日起，城市规划区范围内停止审批私人建房申报，已批准但还未开工建设的，由审批部门通知建房户停止建设；今后在城市规划区内农村居民确因困难或因拆迁需要安置建房的，必须分别由各区、县政府进行统一规划，并经市人民政府批准后方可实施。"2012年11月22日，某某区政府发出《关于印发某某片区房屋拆迁参与式开发建设安置补偿方案的通知》（以下简称《拆迁安置通知》），该通知对原来的安置方式进行了变更，取消了用宅基地进行安置的方式，实行参与式开发建设安置。同时明确对原签订的异地安置拆迁合同废止。2014年4月14日，经过招投标，某某片区地块由城投公司竞得。

因童某某被征收的房屋已被拆除，故某某区政府给予相关补偿并全部付清，但童某某多次要求某某区政府交付按原协议约定A安置区的宅基地，而某某区政府由于上述原因无法履行原协议约定的A安置区宅基地的义务，童某某于2014年11月提起民事诉讼，一审和二审法院均认为，童某某以原《房屋搬迁补偿安置协议书》为依据提起的民事诉讼，不属于民事诉讼的受理范围，于是裁定驳回童某某的起诉。

2015年11月2日，童某某向某市中院提起行政诉讼称：根据《房屋搬迁补偿安置协议书》约定，某某区政府最迟应在2013年3月30日前完成安置区"三通一平"工作，向童某某交付A安置区120平方米的宅基地，然而，某某区政府至今未完成"三通一平"工作，更没有向童某某交付A安置区120平方米的宅基地。童某某多次要求某某区政府交付A安置区宅基地，某某区政府却以种种理由进行搪塞。根据《行政诉讼法》第七十八条之规定，请求判决某某区政府按照《房屋搬迁补偿安置协议书》的约定向童某某交付位于 A 安置区已完成"三通一平"、面积为 120 平方米的宅基地。

[一审判决]

某市中院认为,《房屋搬迁补偿安置协议书》合法有效,但由于情势变更,客观情况发生当事人在订立合同时无法预见的非不可抗力造成的不属于商业风险的重大变化,不能实现协议目的。某某区政府在变更协议前,需要征得相对方的同意,未征得相对方的同意,单方变更协议内容的行为不合法。现某某区政府已无法继续履行原协议,依法应采取相应的补救措施,给童某某造成损失的应予赔偿。于是判决:一、某某区政府与童某某签订的《房屋搬迁补偿安置协议书》合法有效;二、某某区政府对童某某房屋征收补偿安置采取补救措施。

童某某不服某市中院一审判决,坚持要求安置 A 安置区的宅基地,便向某省高院提出上诉。

[二审判决]

某省高院二审认为:1.关于本案变更、解除原《房屋搬迁补偿安置协议书》是否合法的问题。本案中,某某区政府为加快城市建设,提升城市形象,对城镇城市规划建设进行调整,将与童某某签订的《房屋搬迁补偿安置协议书》中安置方式实质性变更为参与式开发建设安置方式,该变更、解除行为合法,应当予以认可。2.关于是否应予补偿的问题。某某区政府应当依据变更后的有关通知,对童某某履行安置补偿的法定职责,并对童某某因未能按原计划建房,过渡期延长等,依法给予补偿。某市中院一审判决认定事实清楚,审判程序合法,但适用法律错误。童某某所提依法撤销一审判决第二项的上诉请求,二审法院予以支持。但童某某所提改判某某区政府按照《房屋搬迁补偿安置协议书》的约定向其交付 A 安置区内宅基地的上诉请求,二审法院不予支持。故某省高院判决撤销一审判决,并由某某区政府对童某某房屋被征收拆迁履行行政补偿的法定职责。

[申请再审]

童某某对某省高院二审判决仍不服,向最高人民法院申请再审称:1.一审和二审判决认定某某区政府将《房屋搬迁补偿安置协议书》中的安置方式予以实质性变更，由用宅基地安置方式变更为参与式开发建设安置方式，该变更、解除的行为合法，属认定事实、适用法律错误；2.本案诉争土地至今还保持自然原貌，《房屋搬迁补偿安置协议书》约定交付Ａ安置区宅基地的义务完全具备履行条件，应当继续履行。

[最高人民法院裁定]

最高人民法院经审查认为，本案审查的焦点是《房屋搬迁补偿安置协议书》应如何履行的问题。现在多数人认为，行政协议既有行政性又有合同性，是行政性和合同性的创造性结合，其因行政性有别于民事合同，又因其合同性不同于一般行政行为。行政协议因协商一致而与民事合同接近，但又因其为实现行政管理和公共服务的一种方式而具有行政性而有别于一般民事合同。行政协议强调行政性是必要的，唯有如此才能解释为什么行政协议需要在行政程序相关法律中进行规定，并且应获得行政复议、行政诉讼救济，也能解释在行政协议中行政机关为什么享有单方变更、解除行政协议等有别于民事合同的优益权。与民事合同主体签订合同是为了自身利益不同，行政机关签订行政协议是为实现行政管理或者公共服务目标。不仅签订行政协议本身是实现行政管理或者公共服务目标的方式，而且在履行协议过程中，行政机关可以根据实现行政管理或者公共服务目标的需要单方变更、解除协议，甚至可以依法单方作出行政强制、行政处罚。当然，行政机关只有在协议订立后出现了由于实现行政管理或者公共服务目标的需要或者法律政策的重大调整，必须变更或者解除时，才能行使单方变更、解除权，由此造成公民、法人或者其他组织合法权益损失的，亦应依法予以补偿。

本案《房屋搬迁补偿安置协议书》并不违反法律、行政法规强制性规定，合法有效，当事人本应当按照约定全面履行自己的义务。但国务院发函撤销某某地区建制，设立地级某某市。新的某某市政府为了统筹经济社会的发展，加快城市建设，提升城市品味和形象，调整和重新制定了市域城镇体系规划和城市整体规划，案涉《房屋搬迁补偿安置协议书》涉及的Ａ安置区宅基地的土地规划已变更，该市规划范围内禁止私人建房。某某区政府据此作出的《拆迁安置通知》，对原协议的安置方式进行变更，取消用宅基地进行安置的方式，实行参与式开发建设安置。二审法院据此认定该变更行为系为了公共利益的需要，该单方变更行为合法，并无不当。与此同时，本案所涉地块亦已挂牌出让，城投公司经过投标竞得该地块，童某某请求按原《房屋搬迁补偿安置协议书》约定的宅基地进行安置建房已无实现的可能。故童某某要求某某区政府按照《房屋搬迁补偿安置协议书》的约定向其交付安置宅基地的请求，原审法院不予支持，不违反法律规定。

《行政诉讼法》第七十八条第二款规定，被告变更、解除本法第十二条第一款第十一项规定的协议合法，但未依法给予补偿的，人民法院判决给予补偿。《行政诉讼法解释》（2015年）第十五条第三款规定，被告因公共利益需要或者其他法定理由单方变更、解除协议，给原告造成损失的，判决被告予以补偿。作为国家机关，维护公共利益是行政机关的重要职责，在公共利益与私人利益发生矛盾时，应优先考虑公共利益的实现，但是承认公共利益优先并不否认个人利益的存在及实现。某某区政府出于公共利益的需要，单方变更、解除协议，必须对相对人进行补偿。二审法院判决某某区政府对童某某房屋被征收拆迁履行行政补偿的法定职责，并无不当。该行政补偿既包括某某区政府依据变更后的《拆迁安置通知》，对童某某进行安置补偿，亦包括某某区政府因单方变更协议给童某某造成损失的补偿。某某区政府应及时履行上述补偿的法定职责，童某某亦可就上述补偿依法要求某某区政府履行法定职责。

综上，童某某的再审申请不符合《行政诉讼法》第九十一条规定的情形。依照《行政诉讼法》第一百零一条、《民事诉讼法》第二百零四条第一款之规定，裁定如下：驳回童某某的再审申请。

[根据最高人民法院（2017）最高法行申4587号行政裁定书编写]

◎作者分析

本案所解决的是某某区政府如何履行《房屋搬迁补偿安置协议书》约定的安置童某某宅基地的义务问题。我们在这里分析其中的行政优益权的问题。

某市中院认为，某某区政府在变更协议前，需要征得相对方的同意，未征得相对方的同意，单方变更协议内容的行为不合法，于是否定了行政优益权。最高人民法院在本案的评判中指出："行政协议既有行政性又有合同性，是行政性和合同性的创造性结合，其因行政性有别于民事合同，又因其合同性不同于一般行政行为。行政协议因协商一致而与民事合同接近，但又因其为实现行政管理和公共服务的一种方式而具有行政性而有别于一般民事合同。行政协议强调行政性是必要的，唯有如此才能解释为什么行政协议需要在行政程序相关法律中进行规定，并且应获得行政复议、行政诉讼救济，也能解释在行政协议中行政机关为什么享有单方变更、解除行政协议等有别于民事合同的优益权。""维护公共利益是行政机关的重要职责，在公共利益与私人利益发生矛盾时，应优先考虑公共利益的实现。"据此理念，最高人民法院认为，国务院发函某某地区"撤地建市"，新市政府调整和重新制定了城市整体规划，禁止私人在规划区范围内建房，某某区政府据此作出《拆迁安置通知》，对原协议的安置方式进行变更，取消用宅基地进行安置的方式，系公共利益需要，该单方变更行为合法，故童某某要求某某区政府按照《房屋搬迁补偿安置协议书》的约定向其交付安置宅基地的请求不予支持。

但行政优益权并不排除相对方的合法权益，行政机关单方变更、解除行政协议的，根据《行政诉讼法》及其司法解释的有关规定，必须对相对方进行补偿。所以，法院判决本案的某某区政府对童某某房屋被征收拆迁履行行政补偿的法定职责。

◎【裁判案例 5】

行政协议约定解除条件成就，行政主体行使行政优益权单方解除不妥，应按照约定和合同法规定解除。

[案情简介]

2009 年 8 月 31 日，某市开发区管委会与某某饮料公司签订《招商项目投资合同》，饮料公司向开发区投资，以出让方式获取投资项目所需土地。该合同中约定：饮料公司投资总额 3 亿元人民币，在开发区依照法定程序以出让方式取得国有土地（使用权）289.5 亩；如一方违约或不适当履行承诺可能给对方造成重大损失，或者致合同无法继续履行时，对方有权解除合同，并追究赔偿责任。当日，双方又签订了一份《补充合同》，其中约定：饮料公司一期项目投产后，

2011 年实现年度税收 1000 万元；二期投产后，2013 年实现年度税收 2000 万元；三期投产后，2015 年实现年度税收 5000 万元。

上述合同签订后，饮料公司通过出让方式取得了 194.11 亩的《国有建设用地使用权证》。后某某建设公司承建饮料公司的一期基建工程，由于基建工程存在质量问题，市建设工程质量监督站于 2011 年 1 月 25 日对建设公司下达了《建筑工程停工通知书》。此后，饮料公司对投资项目也再无后续资金投入，该建设工程一直处于停滞状态。

2015 年 3 月 23 日，省国土资源厅通知下属国土资源局报送专项督查发现的闲置土地整改台账，开展闲置土地整改工作。饮料公司取得的土地闲置四年之久，属于报送整改之列。2015 年 9 月 23 日，开发区管委会对饮料公司作出《合同自行终止通知书》，并送达至饮料公司。

饮料公司以开发区管委会为被告，向某市中院提起诉讼，请求依法撤销开发区管委会作出的《合同自行终止通知书》，判令开发区管委会继续履行《招商项目投资合同》和《补充合同》约定的义务。

[一审判决]

某市中院认为：开发区管委会是某市政府的派出机构，根据《某省经济开发区管理条例》授权代表某市政府对开发区实行统一管理，行使相应职权，具有独立的诉讼主体资格。开发区管委会在开发区范围内具有行使一级政府的行政管理职能，其以土地、税收优惠政策吸引民间资本投资建厂，属于行使行政权力的行为。开发区管委会与饮料公司签订的《招商项目投资合同》及《补充合同》为行政合同，其特征之一就是必须贯彻行政优益性原则，即行政合同当事人的地位不完全平等，行政主体享有合同履行的指挥权、监督权，可以根据国家管理和社会共同利益的需要单方行使合同变更权和解除权。

根据本案查明事实，饮料公司在前期投入一部分资金后无后续资金投入，使得已经取得的 194.11 亩土地长期处于闲置状态，投资项目也一直未予启动，已构成对合同的违约。开发区管委会为了更好地实现投资开发目的以及社会公共利益的需要，作出《合同自行终止通知书》，单方终止与饮料公司所签订的《招商项目投资合同》及《补充合同》，是行使行政优益权的行为，合法有效，合同至此依法予以解除。

根据《合同法》第九十七条规定，合同解除后，尚未履行的，终止履行。饮料公司亦无权要求开发区管委会继续履行合同约定的义务。但是，行政优益性原则要求行政主体在行使单方解除权造成合同相对人财产损失时，应予以赔偿或补偿，开发区管委会应做好合同解除后的善后工作。

某市中院判决驳回饮料公司的诉讼请求。

饮料公司不服某市中院判决，向某省高院提起上诉。

[二审判决]

某省高院认为：开发区管委会与饮料公司签订的《招商项目投资合同》及《补充合同》，为开发区管委会出于行使行政管理职能、完成行政管理目标而签订，属于行政协议。在行政协议的履行过程中，行政机关享有优益权，可以基于行政管理和公共利益的需要变更或解除协议，不必征得合同相对方的同意。本案中，饮料公司在前期投入一部分资金后无后续资金投入，使已经取得的约194.11亩土地长期处于闲置状态，投资项目也一直未予启动，双方签订《招商项目投资合同》及《补充合同》的投资开发目的长期没有实现。饮料公司主张因其与建设公司产生建设工程合同纠纷造成无法继续投资开发，与本案无关，不能成为双方签订的行政协议可以继续履行的理由。开发区管委会为了更好地实现投资开发目的以及行政管理的需要，行使行政优益权作出《合同自行终止通知书》，单方终止与饮料公司所签订的《招商项目投资合同》及《补充合同》，该行为合法有效，双方签订的行政协议至此依法予以解除。

某省高院判决驳回饮料公司的上诉，维持原判。

[申请再审]

饮料公司向最高人民法院院申请再审称：

1.开发区管委会作出的《合同自行终止通知书》没有法律依据。开发区管委会与其签订的《招商项目投资合同》及《补充合同》属于行政协议，如果开发区管委会基于行政管理需要或为实现公共利益而单方解除合同，应当对如何基于行政管理需要或者公共利益的具体内容做出说明，但开发区管委会从头至尾都没有明确说明。

2.开发区管委会作出《合同自行终止通知书》的行为，其目的不是民事合同守约方为维护自身权益而进行的自我救济，而是行使行政优益权单方解除协议，却没有告知并给予饮料公司陈述、申辩等权益，属程序违法。

3.《合同自行终止通知书》所依据的事实错误。项目未投产的原因是饮料公司与建设公司发生建设施工合同纠纷，导致工程被责令停工整改。饮料公司多次向开发区管委会相关部门提交开工报告，但一直未办理。

4.开发区管委会无权代表国土资源管理部门收回国有土地使用权，其在《合同自行终止通知书》中明确告知收回，超出法定职责范围。

请求撤销二审行政判决，确认开发区管委会作出的《合同自行终止通知书》违法。

[最高人民法院裁定]

最高人民法院认为：行政协议虽然与行政机关单方作出的行政行为一样，都是为了实现行政管理或者公共服务目标，但与单方行政行为不同的是，它是一种双方行为，是行政机关和行政相对人通过平等协商，以协议方式设立、变更或者消灭某种行政法上的权利义务的行为。行政协议既保留了行政行为的属性，又采用了合同的方式，由这种双重混合特征所决定，一方面，行政机关应当与相对方平等协商订立协议；协议一旦订立，双方都要依照协议的约定履行各自的义务；当出现纠纷时，也要首先根据协议的约定在《合同法》的框架内主张权利。另一方面，"协商订立"不代表行政相对人与行政机关是一种完全平等的法律关系。法律虽然允许行政机关与行政相对人缔结协议，但仍应坚持依法行政，不能借由行政协议扩大法定的活动空间。法律也允许行政机关享有一定的行政优益权，当继续履行协议会影响公共利益或者行政管理目标实现时，行政机关可以单方变更、解除行政协议，不必经过双方的意思合致。

具体到本案，开发区管委会与饮料公司签订《招商项目投资合同》及《补充合同》，系行政管理机关以土地、税收优惠政策吸引民间资本投资建厂，属于以行政协议的方式行使行政权力的行为。在行政协议的订立、履行过程中，不仅行政机关应当恪守法定权限，不违背法律、法规的强制性规定，履行协议约定的各项义务，行政协议的相对方也应严格遵守相关法律、法规的规定和协议的约定，否则行政机关有权依照《合同法》的相关规定以及合同的约定行使解除合同的权利。《合同法》第九十三条第二款规定："当事人可以约定一方解除合同的条件。解除合同的条件成就时，解除权人可以解除合同。"饮料公司与开发区管委会签订的《招商项目投资合同》第六条约定：如一方违约或不适当履行承诺可能给对方造成重大损失，或者致合同无法继续履行时，对方有权解除本合同，并追究赔偿责任。

根据原审法院查明的事实，在合同签订六年之后，饮料公司项目既未投产，也未按约定缴纳相应税收，致使合同目的不能实现；在这同时，饮料公司取得的194.11亩土地也闲置四年之久。饮料公司的行为已符合合同约定解除条件，开发区管委会据此作出《合同自行终止通知书》，符合《合同法》第九十三条第二款的规定，也符合《招商项目投资合同》的约定。

一审和二审法院的裁判结果虽无不当，但其一方面认定饮料公司的行为已符合合同约定解除条件，另一方面又以行政优益权肯认开发区管委会作出的单方终止行为，既无必要，也一定程度上存在对于行政优益权的不当理解。通说认为，行政机关既然选择以缔结行政协议的方式"替代"单方行政行为，则应于缔结协议后，切实避免再以单方行政行为径令协议相对方无条件接受权利义务变动。如果出尔反尔，不仅显失公平，亦违背双方当初以行政协议而不是单方行政行为来形塑当事人之间法律关系的合意基础。固然，基于行政协议和行政管理的公共利益目的，应当赋予行政机关一定的单方变更权或解除权，但这种行政优益权的行使，通常须受到严格限制。首先，必须是为了防止或除去对于公共利益的重大危害；其次，当作出单方调整或者单方解除时，应当对公共利益的具体情形作出释明；再次，单方调整须符合比例原则，将由此带来的副作用降到最低；最后，应当对相对人由此造成的损失依法或者依约给予相应补偿。尤为关键的是，行政优益权是行政机关在《合同法》的框架之外作出的单方处置，也就是说，行政协议本来能够依照约定继续履行，只是出于公共利益考虑才人为地予以变更或解除。如果是因为相对方违约致使合同目的不能实现，行政机关完全可以依照《合同法》的规定或者合同的约定采取相应的措施，尚无行使行政优益权的必要。

我们进行以上讨论，是因为再审申请人饮料公司认为，"如果开发区管委会基于行政管理需要或为实现公共利益而单方解除合同，应当对如何基于行政管理需要或者公共利益的具体内容做出说明，但开发区管委会从头至尾都没有明确说明。""开发区管委会作出《合同自行终止通知书》的行为，其目的不是民事合同守约方为维护自身权益而进行的自我救济，而是行使行政优益权单方解除协议，却没有告知并给予饮料公司陈述、申辩等权益，属程序违法。"但本院注意到，开发区管委会作出《合同自行终止通知书》，并非基于行政优益权，仍是在《合同法》规定和合同约定的框架内行事。《合同法》第九十六条第一款规定："当事人一方依照本法第九十三条第二款、第九十四条的规定主张解除合同的，应当通知对方。合同自通知到达对方时解除。对方有异议的，可以请求人民法院或者仲裁机构确认解除合同的效力。"再审申请人与开发区管委会签订的《招商项目投资合同》及《补充合同》中亦未约定一方在解除合同之前要听取对方的陈述和申辩。本院还注意到，开发区管委会在《合同自行终止通知书》中告知再审申请人饮料公司："请贵公司收到告知书后 7 日内安排人员处理合同终止后的相关事宜。"这也说明，开发区管委会有意对后续事宜进行处理。至于再审申请人认为，"开发区管委会无权代表国土部门收回土地"，但根据一审查明的事实，饮料公司取得的 13.94 公顷土地闲置四年之久，为国土资源系统专项督查发现，属于报送整改之列。开发区管委会在《合同自行终止通知书》中仅是表示"已履行的土地将依法予以收回"，并未实际实施"代表国土部门收回土地"的行为。

最高人民法院裁定，驳回饮料公司的再审申请。

［根据最高人民法院（2017）最高法行申 3564 号行政裁定书编写］

◎作者分析

本案中，涉案解除条件已经成就是没有问题的，问题在于从行政行为角度解除，还是从民事合同角度解除。

某市中院根据行政优益性原则，认为开发区管委会单方解除涉案合同合法，并据此判决驳回饮料公司的诉讼请求。而最高人民法院认为，某市中院和某省高院存在对于行政优益权的不当理解，从民事角度解除更为合法，主要理由是：

1. 行政优益权的行使，通常须受到严格限制。首先，必须是为了防止或除去对于公共利益的重大危害；其次，当作出单方调整或者单方解除时，应当对公共利益的具体情形作出释明；再次，单方调整须符合比例原则，将由此带来的副作用降到最低；最后，应当对相对方由此造成的损失依法或者依约给予相应补偿。

2. 行政优益权是行政机关在《合同法》的框架之外作出的单方处置，也就是说，行政协议本来能够依照约定继续履行，只是出于公共利益考虑才人为地予以变更或解除；如果是因为相对方违约致使合同目的不能实现，行政机关完全可以依照《合同法》的规定或者合同的约定采取相应的措施，因而无行使行政优益权的必要。

3. 行政机关既然选择以缔结行政协议的方式"替代"单方行政行为，则应于缔结协议后，切实避免再以单方行政行为径令协议相对方无条件接受权利义务变动。如果出尔反尔，不仅显失公平，亦违背双方当初以行政协议而不是单方行政行为来形塑当事人之间法律关系的合意基础。

本案中，开发区管委会与饮料公司在《招商项目投资合同》中约定"如一方违约或不适当履行承诺可能给对方造成重大损失，或者致合同无法继续履行时，对方有权解除合同，并追究赔偿责任"。饮料公司一期基建工程自2011年1月25日被停工起，至2015年9月23日开发区管委会作出《合同自行终止通知书》止，四年多闲置土地，严重违反《招商项目投资合同》的约定，解除条件已经成就，因此，开发区管委会据此作出《合同自行终止通知书》，既符合合同约定又符合《合同法》第九十三条第二款的规定。据此，最高人民法院认为"开发区管委会作出《合同自行终止通知书》，并非基于行政优益权，而是在《合同法》规定和合同约定的框架内行事。"

由此可见，行政主体基于"实现行政管理或者公共服务目标"目的的考虑必须解除行政协议的，如果行政协议已约定解除条件，且该条件已经成就的，应当按照约定和合同法的规定进行解除；该条件未成就或者没有约定解除条件的，才可以行使行政优益权单方解除。

第二章　行政协议与民事合同

第一节 行政协议与民事合同的区别

《行政诉讼法》2014年第一次修正时，将"具体行政行为"修改为"行政行为"，并引入行政协议行为，此后行政协议纳入了行政诉讼范围。但在司法实践中，至今还经常发生行政机关与公民、法人或其他组织订立的协议是行政协议还是民事合同的争议。这就需要把两者严格地区别开来。

我们认为，行政协议的四大要素即四大特征，是行政协议区别于民事合同的主要标志，看一个协议或者合同是行政协议还是民事合同，关键是看这个协议是否同时具备四大要素，同时具备上述四个要素的是行政协议，不具备上述四个要素的是民事合同。具体而言，两者有以下几个区别：

一是主体地位不同。行政协议中的一方当事人必须是具有行政管理权的行政机关，而行政机关与公民、法人或者其他组织在行政法律上是管理者与被管理者的不平等关系。民事合同双方当事人在民事法律上的主体地位是平等的，就民事合同的内容而言，双方不存在管理者与被管理者的关系，而只有约定关系。因此，在没有行政机关作为一方当事人参与的情况下，任何协议和合同都不是行政协议，而是民事合同或者其他合同。

二是协议目的不同。行政机关与相对方签订行政协议的目的是"为了实现行政管理或者公共服务目标"，明显具有国家利益和公共利益的特性。而平等主体之间签订民事合同的目的，通常是为实现个人或组织的利益，属于私法调整范围。某一协议或者合同，不存在"为了实现行政管理或者公共服务目标"这一目的的，即使其中有行政机关作为一方当事人，该协议或者合同就不是行政协议，而是民事合同或者其他合同。

三是实质内容不同。行政协议的实质内容或说主要内容是"行政法上权利义务"。行政机关为了实现行政管理或者公共服务目标，通过行使行政职权和履行行政职责而与相对方订立的协议或者合同，也就必然具有《行政协议解释》第一条规定的"具有行政法上权利义务内容"。如果某一协议或者合同是基于当事人自身利益而约定民事权利义务的，该内容所反映的民事合同，而不是行政协议。

此外，在某一协议或者合同中是否约定行政优益权，或者该协议有无法律上规定的行政优益权，也是判断该协议是行政协议还是民事合同的标准之一，如有约定或法定的行政优益权的，该协议或者合同是行政协议。如果某一协议是民事合同，双方当事人不可能约定行政优益权，民事法律上也存在行政优益权。

下面引编两个案例，说明行政协议与民事合同的区别。

◎【裁判案例6】

最高人民法院以"五个要素""二个标准"和"三个判断"划清行政协议与民事合同的区别。

[案情简介]

某县县委为实现节能减排目标，专门召开会议研究某某公司的处置方案，并形成〔2013〕23期《会议纪要》。该纪要载明：一、由某镇政府全权负责某某公司关闭处置工作；二、对某某公司清退及补偿按照资产评估的方式进行；三、补偿资金由两部分组成，一由县经信局积极向上争取专项资金支持，二由县国土局在某镇内划定一块土地进行公开拍卖，将土地收益作为补偿资金；四、某某公司要尽快将厂区土地手续过户到某镇政府，在未完成土地过户前，补偿资金的支付须扣减土地价款；五、某镇政府与县级各部门确保处置工作在2013年8月10日前全面完成。

某某公司总资产价值经评估为人民币30032609.20元。同年9月6日，某镇政府根据上述纪要的要求和评估结果，与某某公司签订了《资产转让协议书》。其中约定：1.某某公司自愿于2013年8月10日前主动关闭，退出造纸产业，将公司土地、房屋等资产在清算后转让给某镇政府，由某镇政府处置；2.转让费1217万元，某镇政府分别于2013年8月10日前支付给某某公司100万元，其余差额在 2014 年 2 月 10 日前由某镇政府在土地出让收益中进行支付，如不能按约支付，按月息 1 分 5 计息，由某镇政府按月支付；3. 某某公司于 2013 年 10 月 10 日前将《国有土地使用权证》《房屋所有权证》申请相关部门过户于某镇政府名下，由此产生的费税由某镇政府承担；4. 某某公司于 2013 年 8 月 10 日前将企业的相关资料移交给某镇政府，并向政府相关部门申请依法注销各类证、照，若不能办理土地房屋过户，某镇政府扣转让费 100 万元作为土地款，用于办理过户手续；5. 如有违反，违约方支付 300 万元违约金。

上述协议签订后，某某公司没有按照约定于 2013 年 10 月 10 日前将土地使用权证和房屋所有权证过户登记到某镇政府名下，公司资产也是在次年的 1 月 13 日才移交。同时，某县政府和某镇政府只支付某某公司 322.4 万元，尚有 894.6 万元没有支付。

某某公司向某市中院提起行政诉讼，请求判令某县政府、某镇政府支付某某公司转让费 894.6 万元及利息。

［一、二审裁判］

某市中院认为，本案首先要确定《资产转让协议书》的主体问题。从形式要件审查，某镇政府是本案适格被告。同时，某县政府在县委主要领导参与决策的机制之下对某某公司作出关闭的决定，根据《环境保护法》相关规定，某县政府作为其行政区域环境保护的责任主体，在本案中也是适格被告。某镇政府与某某公司签订的《资产转让协议书》，实际上是落实会议纪要和某县政府的决定，因而应认定某镇政府是接受某县政府安排代其签订的行为，相应的法律责任依法应当由某县政府承担。

其次，本案需要认定所涉协议的性质和效力问题。涉案协议是某县政府为了履行职责，达到维护社会公共利益与实现节能减排和环境保护的行政管理目的，以会议纪要形式决定关闭企业，通过与某某公司协商一致的办法和途径，征收某某公司使用的土地及厂房等资产，并在评估的基础上给予货币补偿，其具有行政法意义上的权利义务的约定，符合行政协议的本质特征。涉案协议符合国家法律法规和政策的规定，且经双方当事人协商一致，其内容是双方真实意思表示，因而合法有效，当事人应当按照约定全面履行。

第三，本案需要明确何方违约及违约责任的承担问题。在协议履行过程中，某某公司没有按照约定时间将土地和房屋权证过户登记，资产管理权的移交也晚于约定时间，应属违约。按照《资产转让协议书》"若不能办理土地房屋过户，某镇政府扣转让费100万元作为土地款，用于办理过户手续"的约定，双方知晓而且在协商和签署协议时已预判和前瞻到，由于资产权属变更等方面的原因，某某公司不可能会办理变更登记手续，所以，某县政府或某镇政府没有按照约定的时间支付补偿款，也构成违约。根据《合同法》第一百二十条"当事人双方都违反合同的，应当各自承担相应的责任"的规定，本案由于双方当事人都违约，对于某某公司提出的在应收款中扣除100万元作为某县政府、某镇政府自行办理土地和房屋过户登记相关手续费用的主张，依法予以支持。

某市中院判决：一、某某公司与某镇政府签订的《资产转让协议书》合法有效，双方应当履行；协议中有关某镇政府的权利和义务，由某县政府享有和承担；二、某县政府应当给付尚欠某某公司的征收补偿费用人民币794.6万元及资金利息，限在本判决生效之日起十日内付清；三、驳回某某公司的其他诉讼请求。

某县政府不服某市中院一审判决向某省高院提起上诉，某省高院裁定驳回其上诉，维持原判。

［申请再审］

某县政府对某省高院终审判决仍不服，向最高人民法院申请再审。某县政府在再审申请中提出，原审判决认定事实错误，某县政府不是缔约当事人，协议目的无法实现应予以解除；《资产转让协议书》是典型的民事合同，本案不属于行政诉讼的受案范围，依法应当裁定驳回某某公司起诉；案涉《资产转让协议书》若属行政协议，某某公司不履行约定义务将导致某县政府无法救济。

［最高人民法院裁定］

针对某县政府认为涉案《资产转让协议书》是典型的民事合同，不属于行政诉讼的受案范围的再审意见，最高人民法院经审查认为，依据《行政诉讼法解释》（2015年）第十一条第一款规定，行政协议主要包括以下五个方面的要素：1. 主体要素。合同法等民事法律规范规定民事合同的主体是平等主体的自然人、法人或者其他组织，而行政协议的主体则是行政主体和行政相对人，其中具有优势地位的行政主体是不可缺少的主体。2.目的要素。与民事合同主要是为了追求私人利益不同，行政协议的目的是为了实现公共利益或者行政管理目标这一行政法上的目的。3.职责要素。职责要素是指行政机关签订行政协议必须是行使行政职权、履行行政职责的一种方式。4.内容要素。内容要素是指行政主体与行政相对人之间签订合同的内容是行政法上的权利义务。5.意思要素。意思要素是指行政主体与行政相对人签订行政协议必须经过协商，意思表示一致。因此，与民事合同相比，除协商一致与民事合同相同外，识别行政协议和民事合同的标准主要有二：一方面，形式标准。形式标准也就是主体标准，即它发生在具有行政职权、履行行政职责的机关和组织及其工作人员与行政职权所作用的公民、法人或者其他组织之间。另一方面，实质标准。实质标准也就是标的及内容标准。行政协议的标的及内容是行政法上的权利义务，意在提供一种指引，强调行政协议不同于民事合同，这一标准排除了行政机关基于自身民事权利义务而签订的协议。行政法上的权利义务可以从以下三方面进行判断：一为是否行使行政职权、履行行政职责；二为是否为实现公共利益或者行政管理目标；三为在协议里或者法律上是否规定了行政机关的优益权。其中，行使行政职权、履行行政职责及行政机关具有优益权构成了行政协议的标的及内容，而是否属于上述标的及内容无法判断时，还可以结合"实现公共利益或者行政管理目标"这一目的要素进行判断。从所起的作用看，是否行使行政职权、履行行政职责为本质要素，只要符合该要素，所涉协议即为行政协议，而实现公共利益或者行政管理目标及行政机关的优益权这两个要素为判断是否行使行政职权的辅助要素。

在本案，案涉《资产转让协议书》是某镇政府落实《会议纪要》决定与某某公司签订的，符合行政协议的主体要素，满足识别行政协议的形式标准。案涉《资产转让协议书》在内容上主要涉及资产转让，并不属于土地房屋征收补偿协议，从形式上尚无法判断是行政还是民事性质。依据《环境保护法》的相关规定，某县政府具有环境保护治理的法定职责，有权对涉污企业作出责令停业、关闭、限期治理等决定。案涉《资产转让协议书》实质上系某县政府为履行环境保护治理法定职责，由某县政府通过某镇政府与某某公司订立案涉协议替代作出上述行政决定，其意在通过受让涉污企业某某公司资产，让某某公司退出造纸行业，以实现节能减排和环境保护的行政管理目标，维护公共利益。故案涉《资产转让协议书》亦符合识别行政协议的实质标准，原审认定案涉

《资产转让协议书》系行政协议，并无不当。某县政府关于案涉《资产转让协议书》不属行政协议，本案不属于行政诉讼受案范围的申请再审理由不能成立。

我国行政诉讼虽是奉行被告恒定原则，但并不影响作为行政协议一方当事人的行政机关的相关权利救济。在相对人不履行约定义务的情况下，行政机关可以通过向人民法院申请非诉执行或者自己强制执行寻求救济。行政协议中约定了强制执行条款，一旦强制执行条件成就，而相对人又不履行约定义务的，行政机关就可以依法直接将行政协议作为执行依据，向法院申请强制执行或者自己强制执行；协议未约定强制执行条款，行政机关可以作出要求相对人履行义务的决定，相对人拒不履行的，行政机关可以该决定为执行依据向人民法院申请强制执行或者自己强制执行。故某县政府、某镇政府关于案涉《资产转让协议书》若属行政协议，某某公司不履行约定义务将导致其无法救济，因而主张本案不属于行政诉讼受案范围的申请再审理由不能成立。

最高人民法院最后认定，某县政府的再审申请不符合《行政诉讼法》第九十一条规定的情形，裁定驳回某县政府的再审申请。

[根据最高人民法院（2017）最高法行申 195 号行政裁定书编写]

◎作者分析

本案有多个争议，其中焦点之一是《资产转让协议书》属于行政协议还是民事合同的问题。某县政府认为，本案《资产转让协议书》是典型的民事合同，不属于行政诉讼的受案范围。就此，最高人民法院在本案中根据《行政诉讼法解释》（2015 年）第十一条第一款规定（《行政协议解释》第一条规定），从法理角度阐述了行政协议的"五个要素""二个标准"和"三个判断"，这对行政协议构成的法定条件以及界定行政协议与民事合同的区别具有普遍的指导意义，我们只要领会和掌握上述的精神，就能对行政机关与公民、法人、其他组织订立某一协议或合同属于行政协议还是民事合同作出准确的判断。由于"五个要素""二个标准"和"三个判断"对行政协议已经作了精辟地阐述，我们在这里就不再展开分析了。

◎【裁判案例 7】

房开公司与村民签订拆迁安置合同，镇政府虽在上面盖章，但该合同无行政权利义务内容，故不是行政协议而是民事合同。

[**案情简介**]

2011 年 10 月 21 日，某房开公司与白某某签订《拆迁安置合同》。该合同第一条约定：因某某村进行危旧房改造需要，经双方协商，就拆除白某某原有房屋回迁安置的事项订立本合同。第二条约定：白某某同意某房开公司整体拆迁，白某某选择回迁安置方式，放弃其他安置方式。某房开公司在该协议上盖章，白某某该协议上签名，某镇政府也在该协议上盖章，该镇镇长也在该协议上签字。

2014 年 6 月 10 日，某镇政府和某房开公司项目部贴出《回迁公告》，告知回迁户："望在此一期工程范围内的回迁户，见此公告后速来小区物业办公室办理相关回迁手续。"

2015 年 2 月，白某某以某镇政府为被申请人，向某县政府申请行政复议，请求：1.确认某镇政府对其房屋、土地实施征收的具体行政行为违法；2.责令某镇政府停止侵害；3.某镇政府应承担因其行政行为违法造成的相关损失。

某县政府认为，白某某提供的土地证、拆迁安置合同及回迁公告等证据材料均不能证明某镇政府实施了具体行政行为，该案不属于《行政复议法》的调整范围，不适用行政复议程序，遂依据《行政复议法实施条例》第四十八条第一款第二项之规定，于 2015 年 3 月 3 日作出《驳回行政复议申请决定书》，驳回了白某某的行政复议申请。

白某某不服上述复议决定，以《驳回行政复议申请决定书》违法为由，向某市中院提起行政诉讼，请求依法撤销该行政复议决定。

[**一审判决**]

一审法院认为：本案争议焦点是，某镇政府对白某某的宅基地及其上房屋是否实施过征收行为。

根据《土地管理法》的相关规定，因公共利益的需要，经省级以上人民政府批准，可将集体所有的土地征为国有，并由国家对地上附着物进行补偿。本案中，涉案某某村的集体土地并未改变性质，县土地部门也未对附着物进行补偿，可见位于某某村的白某某的宅基地和房屋未被征收。白某某与某房开公司签订的《拆迁安置合同》性质上属于民事合同。综合考虑前述因素，白某某申请确认违法的具体行政行为即土地及房屋征收行为并不存在，故其复议申请不符合《行政复议法实施条例》第二十八条第二项、第五项的规定，某县政府依据《行政复议法实施条例》第四十八条第一款第二项之规定驳回白某某的复议申请并无不当。

某市中院依照《行政诉讼法解释》（2000年）第五十六条第四项之规定[作者注：《行政诉讼法解释》（2018年）第六十九条规定。下同。]，判决驳回白某某的诉讼请求。

[二审判决]

白某某不服某市中院一审判决，向某区高院提起上诉，请求撤销一审判决及案涉的复议决定，改判支持其一审提出的诉讼请求。

某区高院认为：本案争议的焦点是某县政府作出的《驳回行政复议申请决定书》是否合法。

依据《行政复议法》第二条有关"公民、法人或者其他组织认为具体行政行为侵犯其合法权益，向行政机关提出行政复议申请，行政机关受理行政复议申请、作出行政复议决定，适用本法"的规定，因白某某提供的拆迁安置合同及回迁公告等证据均不能证明某镇政府对其房屋、土地实施了征收行为，故某县政府作出驳回白某某复议申请的决定并无不当，白某某的上诉理由不能成立。

某区高院依照《行政诉讼法》第八十九条第一款第一项之规定，判决驳回白某某上诉、维持一审判决。

[申请再审]

白某某对某区高院终审判决不服，向最高人民法院申请再审称：1.某镇政府在《拆迁安置合同》、回迁公告上盖章，该镇镇长也在《拆迁安置合同》上签字，表明某镇政府实施了具体行政行为，行政复议决定认为不存在行政行为与客观事实不符；2.某镇政府实施的是实质意义上的征收行为，而依据相关法律法规的规定，某镇政府无权组织实施房屋征收补偿工作，故其行为是违法的。请求撤销原审判决，依法再审本案，并改判支持其诉讼请求。

［最高人民法院裁定］

最高人民法院认为：本案主要争议在于某县政府作出的案涉行政复议决定是否合法，而这又取决于某镇政府是否实施了行政行为。为证明某镇政府从事了行政行为，白某某向法院提交了回迁公告、《拆迁安置合同》等证据。其中，通知被拆迁人前来办理回迁手续的回迁公告，性质上属于催告，是履行《拆迁安置合同》的一个环节，本身并不直接引起当事人间权利义务关系的变动。《拆迁安置合同》是某房开公司与白某某之间就房屋拆迁安置补偿事项签订的合同，某房开公司并非行政机关。从原审查明的事实看，也没有证据证明某房开公司系接受某镇政府的委托从事拆迁行为，故难以认定该合同属于行政协议。白某某认为，某镇政府在《拆迁安置合同》中的经办人处盖章，该行为表明某镇政府从事了行政行为，但从该合同的内容看，某镇政府既不享有合同权利，也不负有合同义务，且某镇政府亦不负有法定的拆迁安置职责，故不能仅仅根据某镇政府在合同上盖章这一行为就认定其从事了行政行为。就此而言，某县政府以没有证据证明某镇政府从事了行政行为为由，认定白某某的行政复议申请不符合受理条件，并作出驳回复议申请的决定，在事实认定、法律适用上均无不当，白某某的再审申请不能成立。最高人民法院裁定驳回白某某的再审申请。

［根据最高人民法院（2016）最高法行申2012号行政裁定书编写］

◎作者分析

本案的关键在于涉案《拆迁安置合同》是行政协议还是民事合同的问题。

识别行政协议和民事合同，从主体上看，行政协议发生在具有行政职权、履行行政职责的机关与公民、法人或者其他组织之间；从内容上看，行政协议具有行政法上权利义务内容。行政法上权利义务内容又可以从以下两个方面进行判断：一为是否行使行政职权、履行行政职责；二为是否为实现行政管理或者公共服务目标。如果在协议里又肯定和体现行政优益权的，该协议属于行政协议无疑。

据此分析本案，第一，与白某某订立《拆迁安置合同》的对方是某房开公司，而某房开公司是营利性法人而不是行政机关，某镇政府也无委托其与白某某签订此合同，故涉案《拆迁安置合同》不存在行政主体，也不存在行政主体履行行政职责的行为。第二，某房开公司作为法人与自然人白某某在民法上属于"平等主体"，平等主体相互之间订立的合同是民事合同，而不是行政协议。第三，涉案《拆迁安置合同》的内容虽为拆迁白某某的房屋并进行安置，但这是某房开公司与白某某约定的是民事权利义务，而非行政权利义务。第四，某镇政府虽在《拆迁安置合同》上盖章，该镇镇长虽也在拆迁安置合同》上签名，但该合同不存在某镇政府的行政权利和义务的约定。第五，某房开公司跟白某某订立《拆迁安置合同》，目的是开发房地产，而非某镇政府"为了实现行政管理或者公共服务目标"。

综上，涉案《拆迁安置合同》不具有行政协议的法律特征，而是纯民事合同，因此，白某某申请行政复议、提起行政诉讼都不能成立。

第二节　民事与行政的诉权争议

在司法实践中，行政机关与公民、法人或者其他组织订立协议后，相对方认为是民事合同，以行政机关为被告向人民法院提起民事诉讼，而行政机关主张是行政协议，请求法院驳回相对方的民事起诉，或者行政机关认为是民事合同，以相对方为被告向法院提起民事诉讼，而相对方主张是行政协议，请求法院驳回行政机关的民事起诉。这些争议实际上是程序意义上的诉权争议，即有无民事或行政的起诉权利，以及属于民事诉权还是属于行政诉权的问题。

行政机关与公民、法人或者其他组织订立协议发生纠纷后，一方认为是行政协议，而另一方认为是民事协合同，根据"一事不再审"原则，当事人不能就同一协议既提起民事诉讼又提起行政诉讼，而只能选择其一行使诉权，要么提起民事诉讼，要么提起行政诉讼，至于涉诉协议属于民事合同还是行政协议的问题，则应根据"四大要素"来判断，当事人已经提起诉讼并为人民法院受理的，则由法院审查后予以确认，然后确定原告有无相应的诉权问题。

《行政协议解释》第八条规定："公民、法人或者其他组织向人民法院提起民事诉讼，生效法律文书以涉案协议属于行政协议为由裁定不予立案或者驳回起诉，当事人又提起行政诉讼的，人民法院应当依法受理。"据此规定，相对方就其与行政机关签订的协议提起民事诉讼，法院在受理后，经审查确认涉案协议属于行政协议的，应当根据《民事诉讼法》第一百二十四条"依照行政诉讼法的规定，属于行政诉讼受案范围的，告知原告提起行政诉讼"的规定，受案法院应当向原告释明转换诉讼类型，即告知转换为行政协议诉讼，原告拒绝转换的，人民法院可以判决驳回其起诉。

行政协议诉讼是公法诉讼，具有维护国家利益和社会公共利益的客观诉讼性质，不因公民、法人或者其他组织提起民事诉讼被人民法院裁定不予立案或者驳回起诉而丧失行政诉权，在人民法院裁定不予立案或者驳回起诉或者原告撤诉等法律文书生效后，该当事人又提起行政诉讼的，人民法院应当依法受理。

这条规定仅适用于"公民、法人或者其他组织"作为原告提起的民事诉讼，而不包括行政机关提起民事诉讼。主要是由于行政相对人是行政诉讼的恒定原告，"当事人又提起行政诉讼的"，行政诉讼原告只能是行政相对人。如果行政机关就协议纠纷作为原告向人民法院提起民事诉讼，而法院确认涉案协议属于行政协议的，因行政机关不能成为行政协议诉讼的原告，所以，人民法院在此情况下以涉案协议属于行政协议为由裁定不予立案、驳回起诉的，也就不存在行政机关"又提起行政诉讼的"问题。

◎【裁判案例8】

行政机关对相对方提起民事诉讼被驳回起诉后，相对方有权再行提起行政协议诉讼。

[案情简介]

2008 年，某县城建监察中队将某段公路两旁的 20 个小高炮广告位经营权出让给大山广告公司经营广告业务，双方就此订立了《广告制作管理协议书》。该协议约定：广告牌由大山广告公司制作和经营管理，经营管理期限从 2008 年 6 月 1 日起至 2015 年 12 月 31 日止，但所有权归属城建监察中队，大山广告公司每年需交城建监察中队 23 万元。2010 年，城建监察中队与其他两家单位合并改建为某某城管大队。

2016 年 3 月 29 日，城管大队以大山广告公司为被告向某县法院提起广告合同纠纷诉讼。城管大队诉称：2008 年，其前身城建监察中队与大山广告公司签订一份《广告制作管理协议书》，该协议签订后，大山广告公司支付了前几年的费用，但自 2012 年以来，大山广告公司以税务部门收取相关税金和广告空置率较高为由拖欠广告经营使用费，故诉请法院判令：一、确认案涉 20 个广告牌归属城管大队所有；二、大山广告公司立即支付城管大队广告经营使用费 103.5 万元及利息损失。

大山广告公司辩称：大山广告公司与城建监察中队签订的《广告制作管理协议书》属于行政协议，不属于人民法院受理民事诉讼的范围，请求法院依法驳回城管大队的起诉。

[一审裁定]

某县法院认为：根据《民事诉讼法》第一百一十九条第四项之规定，原告向人民法院提起民事诉讼，应属于人民法院受理民事诉讼的范围。《广告法》第四十一条规定："县级以上地方人民政府应当组织有关部门加强对利用户外场所、空间、设施等发布户外广告的监督管理，制定户外广告设置规划和安全要求。户外广告的管理办法，由地方性法规、地方政府规章规定。"《行政诉讼法解释》（2015 年）第十一条第一款规定："行政机关为实现公共利益或者行政管理目标，在法定职责范围内，与公民、法人或者其他组织协商订立的具有行政法上权利义务内容的协议，属于行政诉讼法第十二条第一款第十一项规定的行政协议。"由于户外广告的监督管理属于行政机关的行政职权，因此行政机关在行使该行政职权的过程中与公民、法人或者其他组织签订的协议，属于行政协议，而非普通平等主体之间的合同。也就是说，城管大队起诉所依据的《广告制作管理协议书》本质属于行政协议,而非普通平等主体之间的合同,不属于人民法院受理民事诉讼的范围。同时,大山广告公司已以行政协议为由向本院提起针对城管大队以及某镇政府的行政诉讼,而且本院已经受理,本案也不应作为民事案件审理。综上,城管大队的起诉不符合民事诉讼的起诉条件,依法应当予以驳回。据此,某县法院依照《广告法》第四十一条,《行政诉讼法解释》(2015年)第十一条第一款,《民事诉讼法》第一百一十九条第四项之规定,裁定驳回城管大队的起诉。

[二审裁定]

城管大队不服一审上述裁定向某市中院提起上诉称:

一、原裁定认定《广告制作管理协议书》属于行政协议错误。该协议是关于广告位使用权出让的合同,协议对广告位的位置、数量、使用年限和费用进行了约定,不具有行政法上权利义务内容的协议,且签订协议的目的不是为实现公共利益或者行政管理目标。

二、原裁定驳回上诉人城管大队的起诉,违反法律规定。1.涉案协议是民事合同,而非行政协议,城管大队要求大山广告公司履行合同义务,支付广告位使用费用的争议属于民事纠纷;2.原裁定认为大山广告公司已以行政协议为由提起行政诉讼且已受理,本案也不应作为民事案件审理的理由不成立,城管大队在本案中的诉讼请求是要求大山广告公司支付费用,大山广告公司提起的另案诉讼是确认行政协议无效,二者属不同诉讼。

三、原裁定驳回起诉,致使城管大队的合法权益得不到司法救济与保护。如果认定本案不属于民事纠纷,对于大山广告公司不履行行政协议的行为,城管大队无法通过有效的司法途径解决,城管大队的合法权益得不到保障。

综上,原裁定事实认定不清,法律适用错误,请求二审法院依法撤销原审裁定,并指令原审法院对本案进行审理。

某市中院认为:《广告法》第四十一条规定:"县级以上地方人民政府应当组织有关部门加强对利用户外场所、空间、设施等发布户外广告的监督管理,制定户外广告设置规划和安全要求。户外广告的管理办法,由地方性法规、地方政府规章规定。"上诉人城管大队作为承担行政管理职能的事业单位法人,基于法律法规规定对户外广告具有监督管理的行政职权。城管大队起诉所依据的其与被上诉人大山广告公司签订的《广告制作管理协议书》，是行政机关为实现公共利益或者行政管理目标，在法定职责范围内，与公民、法人或者其他组织协商订立的具有行政法上权利义务内容的协议，根据《行政诉讼法解释》（2015年）第十一条第一款规定，应认定为行政协议。因此，本案非普通平等主体之间的合同纠纷，不属于人民法院受理民事诉讼的范围。原审法院驳回城管大队的起诉正确，应予以维持。综上，原审裁定正确，依照《民事诉讼法》第一百七十一条之规定，裁定如下：驳回上诉，维持原裁定。

[行政诉讼]

某县法院受理广告合同纠纷案件后，大山广告公司于2016年4月22日以城管大队、某镇政府为被告向同一县法院提起行政诉讼称：原城建监察中队受某镇政府委托与大山广告公司签订《广告制作管理协议书》后，城管大队以大山广告公司拖欠广告经营使用费为由，非法强制拆除大山广告公司所建的广告设施；某镇政府和原城建监察中队不是广告管理的行政主体，不具有与原告大山广告公司签订《广告制作管理协议书》的主体资格。请求法院确认《广告制作管理协议书》无效，确认城管大队强制拆除的行为违法，并赔偿损失。县法院认为，大山广告公司提起行政协议诉讼符合法定条件便予立案，并分别于2016年4月29日和4月27日向被告某某镇政府、城管大队送达了应诉通知书和起诉状副本，后组成合议庭开庭审理。因同一《广告制作管理协议书》正在进行民事诉讼，某县法院便裁定中止审理行政协议纠纷案。某市中院对广告合同纠纷的民事案件作出上述裁定后，原告大山广告公司于2016年7月7日申请撤回行政协议的起诉。

[根据温州市中级人民法院（2016）浙03民终2410号裁定书和永嘉县人民法院（2016）浙0324行初41号裁定书编写]

◎作者分析

这是一起典型的行政协议诉权争议案例。

城管大队认为《广告制作管理协议书》是民事合同，向法院提起广告合同纠纷诉讼，请求法院判令大山广告公司支付广告经营使用费。大山广告公司辩称《广告制作管理协议书》属于行政协议，不属于民事诉讼范围，并且另行以城管大队、某镇政府为被告向法院提起行政协议诉讼，请求法院确认城管大队强制拆除的行为违法并赔偿损失。大山广告公司提起行政协议诉讼，首先是否定城管大队的民事诉权，即涉案《广告制作管理协议书》不属于民事诉讼范围而属于行政协议范围，城管大队无权提起广告合同纠纷诉讼。一审法院支持了大山广告公司的诉讼主张，裁定驳回城管大队的起诉，二审法院裁定驳回了城管大队上诉，从而否定了城管大队的民事诉权。民事诉权是基于民事诉讼范围而产生的，而行政诉权是基于行政诉讼范围而产生的，正因如此，当某一协议被确认为行政协议后，当事人享有行政诉权而不存在民事诉权，同样，当某一协议被确认为民事合同后，当事人享有民事诉权而不存在行政诉权。

城管大队提起的民事诉讼被法院裁定驳回起诉，大山广告公司提起行政协议诉讼被法院受理后又主动撤诉，于是，本案从头到尾只是解决程序意义上的诉权问题，并未解决实体权益问题，此后，城管大队作为行政主体又不能作为原告提起行政诉讼解决《广告制作管理协议书》的实体问题。因此，城管大队在上诉中提出"原裁定驳回起诉，致使城管大队的合法权益得不到司法救济与保护。如果认定本案不属于民事纠纷，对于大山广告公司不履行行政协议的行为，城管大队无法通过有效的司法途径解决，城管大队的合法权益得不到保障。"当时，这个问题确实是行政协议的立法缺陷和司法实践的难题。

《行政协议解释》第二十四条第一款规定："公民、法人或者其他组织未按照行政协议约定履行义务，经催告后不履行，行政机关可以作出要求其履行协议的书面决定。相对方收到书面决定后在法定期限内未申请行政复议或者提起行政诉讼，且仍不履行，协议内容具有可执行性的，行政机关可以向人民法院申请强制执行。"类似本案的行政协议案件，现在应当适用这条规定，可以申请人民法院非诉强制执行解决问题。

第三节　民事诉讼对行政协议裁判的羁束力

这里的"羁束力"，是指当事人起诉所指向的诉讼标的物的归属或者法律关系的性质已经被生效的人民法院判决所确认而不在具有可争议性的拘束力。当事人的诉讼标的已为生效裁判文书确定后，未经法定程序撤销，不仅对当事人具有拘束力，对人民法院也具有拘束力，当事人不能就原标的再向人民法院提起诉讼，人民法院也不得违反"一事不再理"的原则再就该标的进行审理。

《行政诉讼法解释》（2000 年）第四十四条第一款第十项规定"诉讼标的为生效判决的效力所羁束"，原告起诉的，应当裁定不予受理；已经受理的，裁定驳回起诉。《行政诉讼法解释》（2018 年）第六十九条第一款第九项规定"诉讼标的已为生效裁判或者调解书所羁束的"应当裁定驳回起诉。两者比较，前者仅限于"生效判决"，而后者包括生效判决、裁定和调解书，羁束力范围显然大于前者。

在近几年的司法实践中，经常出现这样一种情况：在《行政诉讼法》第一次修正前，相对方就行政协议提起民事诉讼，人民法院作出民事裁判文书生效后，相对方在 2017 年《行政诉讼法》实施后，就同一标的再提起行政诉讼。对此，人民法院根据上述司法解释的规定，基于先前的民事裁判文书的羁束力，对而后提起的行政诉讼不应予以受理，已经受理的裁定驳回起诉。

但是，《行政诉讼法（2014 年）》实施后，法院若将行政协议纠纷作为民事案件受理并作出裁判的，属于诉讼程序违法，因此，不可能羁束后来的行政诉讼，相对方可以根据《行政协议解释》第八条"当事人又提起行政诉讼的，人民法院应当依法受理"的规定，通过申诉、申诉等途径解决问题。

◎【裁判案例 9】

法院已对行政协议作出民事裁判，相对方再提行政诉讼受羁束而被驳回起诉。

[案情简介]

郑某某与岳A、伍某某与岳B、阮某某与岳C均系夫妻关系，岳A、岳C、岳B系向某某之女。向某某病故后，留有房屋。

2013年7月25日，某市政府因铁路建设项目需要发布《房屋征收公告》。公告发布后，某区政府成立铁路建设项目援建指挥部（以下简称援建指挥部）。援建指挥部征收向某某房屋，与郑某某等人协商房屋拆迁安置补偿事宜。2013年8月15日，援建指挥部与岳A、岳B及岳C之夫阮某某签订了《房屋征收补偿协议书》。该协议书约定，援建指挥部以集体土地上房屋征收补偿标准给予补偿，并约定了补偿金额。同日，郑某某等人领取了全部补偿款，并将被征收房屋腾空交付给援建指挥部，该房屋后已被拆除完毕。

2015年4月7日，郑某某、伍某某提起民事诉讼称：1.岳A、岳B、阮某某无权擅自与援建指挥部签订征收补偿协议；2.涉案房屋为国有土地上房屋，协议约定按集体土地上房屋征收补偿价格予以补偿，违反法律、行政法规的强制性规定，请求确认《房屋征收补偿协议书》无效。2015年6月20日，某区法院作出民事判决，认定《房屋征收补偿协议书》合法有效，驳回郑某某、伍某某的诉讼请求。郑某某、伍某某提起上诉。二审判决驳回其上诉，维持原判。

2015年11月17日，郑某某等人以某区政府为被告向某市中院提起行政诉讼称：1.补偿标准过低，显失公平；2.援建指挥部误导当事人，告知各户都是按照集体土地上房屋征收补偿标准予以补偿，签署协议存在重大误解。请求撤销《房屋征收补偿协议书》。

[一审裁定]

某市中院认为，岳A、岳C、阮某某与援建指挥部签订《房屋征收补偿协议书》后即领取安置补偿款，该协议已履行完毕，某区政府没有不依法履行、未按照约定履行协议，或者单方变更、解除补偿协议的情形，郑某某等人请求撤销《房屋征收补偿协议书》，不属于行政案件受案范围。依照《行政诉讼法解释》（2000年）第四十四条第一款第一项之规定，裁定驳回郑某某等人的起诉。郑某某等人不服，向某省高院提起上诉。

[二审裁定]

某省高院认为，郑某某等人于2015年4月提起民事诉讼，请求确认涉案《房屋征收补偿协议书》无效；某市中院确认《房屋征收补偿协议书》有效，补偿标准并无不当。现郑某某等人再次提起行政诉讼，以补偿标准过低为由，请求撤销前述协议，属于《行政诉讼法解释》（2000年）第四十四条第一款第十项规定的"诉讼标的为生效判决的效力所羁束的"情形。一审认定郑某某等人的起诉不属于行政案件受案范围不妥，但裁定对本案驳回起诉并无不当。某省高院依照《行政诉讼法》第八十九条第一款第一项之规定，裁定驳回其上诉，维持原裁定。

[申请再审]

郑某某、伍某某、岳A、岳B、岳C对某省高院裁定不服，向最高人民法院申请再审称：在2015年5月1日后，征收补偿协议可以作为行政案件受理，不应适用《行政诉讼法解释》（2000年）第四十四条第一款第十项规定。请求撤销一、二审裁定，对本案予以再审。

某区政府答辩称：本案不属于行政诉讼受案范围，双方已就协议履行完毕。郑某某等人曾以协议无效为由提起过民事诉讼，并被终审判决驳回诉讼请求，再次起诉受民事生效判决约束。请求驳回郑某某等人的再审申请。

[再审裁定]

最高人民法院经审查认为，《行政诉讼法解释》（2000年）第四十四条第一款第八项规定，起诉人重复起诉的，人民法院不予受理；第十项规定，诉讼标的为生效判决的效力所羁束的，人民法院不予受理。所谓重复起诉，是指当事人对同一被诉行政行为提起诉讼，经人民法院依法处理后，再次提起诉讼的情形。其特点是原告和被诉行政行为均为同一个。当事人提起民事诉讼败诉后，又对同一争议所涉行政行为再次提起行政诉讼的，亦属于重复起诉的情形。所谓"诉讼标的为生效判决羁束"是指当事人起诉所指向的诉讼标的已经不具有可争议性，诉讼标的物的归属或者法律关系的性质，已经被生效的人民法院判决所确认。此种情形中，起诉人并非一定是生效判决的起诉人，包括生效判决案件的诉讼当事人，也包括其他相关联的案外人。生效判决具有对世的法律效力，不仅对案件当事人有拘束力，对案件当事人之外的公民、法人或者其他组织同样具有拘束力。

本案中，郑某某、伍某某曾就《房屋征收补偿协议书》的效力问题，以援建指挥部为被告提起过民事诉讼。征收补偿协议的效力争议，与本案对签订协议行为提起的行政诉讼，实质属于同一纠纷。在《行政诉讼法》修改之前，征收补偿协议争议究竟应当通过行政诉讼途径解决，还是通过民事诉讼途径解决，确实存在争议。但是，无论是选择民事诉讼，还是行政诉讼，当事人对同一纠纷只能选择一次救济。郑某某、伍某某在民事诉讼败诉后，再次提起行政诉讼，属于重复起诉，一、二审裁定驳回两人的起诉，处理结果并无不当。对岳 A、岳 B、岳 C 而言，先前并未提起过民事诉讼，但是终审民事判决的结果已经对其本次提起的行政诉讼的诉讼标的——《房屋征收补偿协议书》的效力作出明确确认，协议效力已经不具有可争议性。郑某某等人又针对该协议的效力问题提起行政诉讼，受民事生效判决的羁束。一、二审裁定驳回郑某某等人的起诉，亦无不当。郑某某等人主张，2015 年 5 月 1 日后征收补偿协议属于行政诉讼的受案范围，起诉不属于受生效判决羁束的情形，系对法律条文的错误理解。以此为由申请再审，本院不予支持。

应当指出的是，行政协议案件属于行政诉讼的受案范围。行政协议行为既包括行政机关不依法履行、未按照约定履行或者单方变更、解除行政协议的行为，也包括行政机关与协议相对人签订行政协议的行为。一审裁定将签订行政协议行为排除在行政诉讼受案范围之外不妥，二审裁定予以纠正。修改后的《行政诉讼法》（2014 年）第十二条第一款第十一项列举的可诉行政协议行为并非完全列举，凡是有可能对公民、法人或者其他组织人身权、财产权等合法权益造成侵害或者不利影响的行政协议行为，包括本案签订协议的行为，都是可诉的行政行为，均属于行政诉讼的受案范围。

最高人民法院认定，郑某某等人的再审申请不符合《行政诉讼法》（2014 年）第九十一条第（一）、（三）、（四）项规定的情形，于是依照《行政诉讼法解释》（2000 年）第七十四条的规定，裁定驳回郑某某、岳 A、伍某某、岳 B、岳 C 的再审申请。

[根据最高人民法院（2017）最高法行申 5519 号行政裁定书编写]

◎作者分析

本案解决的是先前的民事裁判羁束后来提起的行政诉讼的问题，而这与涉案《房屋征收补偿协议书》是行政协议还是民事合同直接有关。

以《行政诉讼法》自 2015 年 5 月 1 日起施行为界，此前的行政协议一直被认为是民事合同，所以适用民事诉讼程序进行审理。此后，《行政诉讼法》将行政协议视为一种行政行为，并纳入行政诉讼范围，不再适用民事诉讼进行审理。这就涉及人民法院对此前的行政协议已经作为民事合同作出裁判，此后，相对方又提起行政诉讼如何处理的问题。

从本案的审判中可以看出，处理这个问题的法律依据是《行政诉讼法解释》（2000 年）第四十四条第一款规定的"起诉人重复起诉"和"诉讼标的为生效判决的效力所羁束"。本案中，岳 A 等人与援建指挥部签订的《房屋征收补偿协议书》，同日就领取了房屋拆迁安置补偿款，后将被征收房屋腾空，交付给援建指挥部拆除，整个协议已经履行完毕，而郑某某等人提起民事诉讼，某区法院作出民事判决驳回其诉讼请求。郑某某等人不服提起上诉，二审判决驳回其上诉，维持原判。此后，郑某某等人又以征收其房屋补偿标准过低、显失公平为由提起本案行政诉讼。

某省高院二审在确认涉案《房屋征收补偿协议书》合法有效的基础上，认定郑某某等人请求撤销《房屋征收补偿协议书》属于"诉讼标的为生效判决的效力所羁束"的情形，于是裁定驳回其上诉，维持一审驳回其起诉的裁定。

最高人民法院在再审本案中，就重复起诉、生效判决的羁束力及对世效力作了明确的阐述，值得我们借鉴。这里再就本案所述的"对世效力"作些说明，以便读者加深理解。

对世效力是指效力及于一切人，包括不特定的任何人。人民法院生效民事判决具有拘束力和确定力，对世效力是其拘束力和确定力的扩张，也就是说，人民法院民事判决所形成的法律效果及于第三人。本案中，先前提起民事诉讼的只有郑某某、伍某某，而岳 A、岳 B、岳 C 不是先前民事诉讼的原告，但因终审民事判决明确确认《房屋征收补偿协议书》合法有效，已经不具有可争议性，而岳 A、岳 B、岳 C 本次提起的行政诉讼，标的同为该《房屋征收补偿协议书》，即为同一"诉讼标的"，且相反主张该协议书无效。因法院生效民事判决及于一切人的对世效力，所以，最高人民法院一并裁定驳回郑某某、伍某某、岳 A、岳 B、岳 C 的再审申请。

Chapter 3

第三章　行政协议与行政行为

第一节　行政协议与抽象行政行为

2014 年修正《行政诉讼法》时，虽将其中的"具体行政行为"修改为"行政行为"，但行政行为本身，在法理上仍可以其对象是否特定为标准，分为抽象行政行为与具体行政行为；仍可以其内外不同效力为标准，分为内部行政行为与外部行政行为；仍可以其表现状态为标准，分为行政法律行为与行政事实行为。这一章分析行政协议与行政行为有关联系与区别的问题。

抽象行政行为，是指国家行政机关针对不特定管理对象实施而制定法规、规章和有普遍约束力的决定、命令等行政规则的行为，包括行政法律文件、行政规范性文件和非规范性行政文件。根据《行政诉讼法》第十三条规定，公民、法人或者其他组织对"行政法规、规章或者行政机关制定、发布的具有普遍约束力的决定、命令"提起诉讼的，人民法院不予受理。由此可见，抽象行政行为被排除在行政诉讼之外，只有行政相对人在行政诉讼中提出国务院部门和地方人民政府及其部门制定的规范性文件（不含规章）不合法的，法院才可以予以审查。

具体行政行为，是指行政机关行使行政权力，对特定的公民、法人和其他组织作出的有关行政权利义务的单方行为，如行政处罚、行政许可、行政强制执行等。具体行政行为与抽象行政行的主要区别是，抽象行政行为具有普遍约束力，指向的对象是不特定的；具体行政行为指向的对象是特定的，对特定对象以外的个人和组织（除利害关系人外）不具法律约束力。

行政机关实施的行政协议行为，实际上是单方具体行政行为演化的双方行为，是行政机关与公民、法人或者其他组织合意而形成的契约行为。行政协议虽然具有很强的行政性，但既不是行政机关的抽象行政行，又不是行政机关单方作出的具体行政行为，而是兼具行政与民事双重性质的行政法律行为，但与具体行政行为一样是可诉的行政行为。

在实践中，基层行政机关（如乡镇级政府、县市级政府及其有关职能部门）为了实施和推进某一公共服务项目的建设，或者为了实现某一事项的行政管理目的，制定发布"工作方案""实施办法""会议纪要"等文件，一般都是对不特定的主体作出的，或者针对政府部门内部工作要求作出的，具有普遍适用性的特征，指向的对象是不特定的，所以大多属于抽象行政行为。在这些文件中，如果对特定相对人作出，但只在行政机关上下级或者行政机关内部传文，对相对人不直接产生效力的，是内部行政行为。

因这些文件往往与某个群体的相对人有着利益关系，故有相对人认为这些文件侵害了他们的财产权益，并以此为由向人民法院提起行政行为诉讼或者行政协议诉讼，请求法院判决违法、赔偿其损失。对其中抽象行政行为，根据《行政诉讼法》第十三条规定，人民法院不予受理；已经受理的，应当判决驳回原告的起诉或者诉讼请求。

但是，基层政府作出的某些文件并非都是抽象行政行为，如果在有关相对人参与下，经协商一致形成的会议纪要、处理意见等文件，解决特定相对人某一问题的，虽然不以协议或者合同形式出现，但若具有行政协议四大要素的，该文件就不是抽象行政行，而是具体行政行为或者是行政协议行为，这种行政行为是可诉的。

◎【裁判案例 10】

"老百姓"不能以政府针对不特定对象发出的规范性文件为标的提起行政协议诉讼。

[案情简介]

张某某、白某某、韩某某三人（以下简称"张某某等三人"）于 2015 年向某市中院提起行政诉讼称：被告某县政府为推行"蓝天工程"，于 2008 年 5 月 15 日、2008 年 6 月 11 日分别通过下达的《关于印发〈城区禁烧烟煤工作实施办法〉的通知》及《城区禁烧烟煤工作实施办法》作出行政决定，在城区开展禁烧烟煤工作，并由县城建局具体负责实施。原告张某某等三人虽未与被告某县政府签订书面合同，但为了配合被告某县政府在城区开展禁烧烟煤工作，应被告某县政府的要求租赁土地、修建厂房、采购设备、购进无烟煤、雇佣工人兴建无烟煤场，并且按被告某县政府的要求于 2008 年 10 月 1 日筹建完成，具备了营销条件。由此可见，原告张某某等三人与被告某县政府之间事实上形成了行政合同法律关系，并且原告张某某等三人已经履行了合同的主要义务。被告某县政府主导的无烟煤项目因价格高、补贴无法控制等原因一直没有推进实施，被告某县政府转而决定实施天然气改造工程，构成了行政合同的根本性违约，导致原告张某某等三人购进的无烟煤无法销售，投资无法收回，造成直接经济损失约 180 万元。

［双方诉辩］

原告张某某等三人请求：一、依法确认被告某县政府改变行政决定的行政行为违法；二、由被告某县政府赔偿原告张某某等三人为筹建无烟煤场支出的各项直接经济损失人民币 1768031.4 元。

某县政府答辩称：一、某县政府不是本案适格被告。某县政府印发的《城区禁烧烟煤工作实施办法》第十四条明确规定，原县城乡建设局（2011 年机构改革时更名为县住房和城乡建设局）为城区禁烧烟煤工作的组织实施主体，在禁烧烟煤工作组织实施过程中发生纠纷或者产生责任的，相关权利人应当向县住房和城乡建设局提出主张。二、某县政府与原告张某某等三人不存在行政合同关系，原告张某某等三人投资损失应当自行承担。某县政府作为一级政府提出要约或者作出承诺，必须以书面的形式，最终协商结果也必须以书面的形式进行体现。本案中，某县政府既未向原告张某某等三人发出要约，也未向原告张某某等三人作出任何承诺，更未签订过任何行政合同，不存在行政合同关系。其次，某县政府在实施禁烧无烟煤工作中，制定规范性文件、发出工作通知，均为政策性规定或者对所属部门的工作要求，不针对特定个人或企业作出的行政决定，也未指令任何特定公民或者企业为特定行为，原告张某某等三人以某县政府发出规范性文件或者工作通知，并由此认定针对原告作出了行政决定，进而认定双方形成行政合同关系错误。原告张某某等三人投资兴办无烟煤场系自觉自愿的投资行为，属于市场经营活动，由此造成的损失应当由原告自己承担。请求法院驳回原告的诉讼请求。

[一审判决]

某市中院认为：本案中，某县政府印发《关于印发〈城区禁烧烟煤工作实施办法〉的通知》《城区禁烧烟煤工作实施办法》，属针对不特定的主体作出的规范性文件，具有普遍适用性；某县政府印发的《关于近期推进禁烧烟煤工作有关事项的会议纪要》，属针对政府部门内部作出的工作要求文件。上述规范性文件和会议纪要明确了开展禁烧烟煤工作的优惠政策方案等相关配套措施，是本案讼争无烟煤建设项目得以执行的主要依据，但无证据证明某县政府曾邀请了原告张某某等三人参加县政府办公会议并与之协商，或征求过原告张某某等三人的同意，某县政府作出的单方意思表示，没有原告张某某等三人的意思配合，故被告某县政府印发的规范性文件及办公会议纪要不是双方经协商共同签订的行政协议。张某某等三人现主张其曾应被告某县政府的要求，租赁土地、修建厂房、采购设备、购进无烟煤、雇佣工人积极兴建无烟煤场，于 2008 年 10 月 1 日筹建完成，具备了营销条件，与被告某县政府之间事实上形成了行政协议法律关系的观点，无事实根据和法律依据。

《行政诉讼法解释》（2015 年）第十五条规定：原告主张被告单方变更、解除协议违法，理由成立的，人民法院方可根据原告的诉讼请求分别判决，其中，给原告造成损失的，判决被告予以赔偿。本案中，被告某县政府的赔偿责任，首先应当以其单方变更协议违法为前提，现根据双方当事人的举证、质证及陈述所查明的事实，不能认定双方当事人间成立行政协议，故对原告提交的行政赔偿方面的证据不再进行分析认证。原告张某某等三人关于确认被告某县政府改变行政决定的行政行为违法及由被告某县政府赔偿张某某等三人各项直接经济损失的诉讼请求，缺乏事实根据和法律依据，依法不能成立，应予驳回。

某市中院依照《行政诉讼法解释》（2000 年）第五十六条第一款第四项之规定［作者注：《行政诉讼法解释》（2018 年）第六十九条，下同］，判决驳回原告张某某等三人的诉讼请求。

[上诉理由]

张某某等三人向某省高院上诉称：一审法院认定事实不清、适用法律错误。张某某等三人建无烟煤场是根据某县政府文件要求进行，并经县城乡建设局批准。在建设过程中，县城乡建设局曾多次派工作人员会同张某某等三人进行实地调研，并对无烟煤场的建设提出了具体的要求。后某县政府改变行政决定给上诉人带来损失，理应作出赔偿。请求：（一）撤销某市中院行政判决并确认某县政府行政行为违法；（二）判令某县政府赔偿上诉人直接经济损失1768031.4元。

［二审判决］

某省高院认为，某县政府印发的《关于印发〈城区禁烧烟煤工作实施办法〉的通知》《城区禁烧烟煤工作实施办法》属于针对不特定主体作出的规范性文件，具有普遍适用性。某县政府印发的《关于近期推进禁烧烟煤工作有关事项的会议纪要》属于针对所属部门作出的内部工作要求文件。该规范性文件和会议纪要是某县政府单方制定，上诉人张某某等三人无证据证明与某县政府之间存在合意行为。故上诉人张某某等三人主张其曾应某县政府的要求兴建无烟煤场，与被上诉人某县政府之间事实上形成了行政协议法律关系的观点缺乏证据，不能成立。上诉人张某某等三人诉请由于某县政府改变行政决定导致其受到损失，并要求赔偿的诉讼请求，亦无事实根据和法律依据。

某省高院判驳回张某某等三人的上诉，维持原判。

［根据陕西省榆林市中级人民法院（2015）榆中行初字第00021号行政判决书和陕西省高级人民法院（2016）陕行终29号行政判决书编写］

◎**作者分析**

本案中，张某某等三人提起行政协议诉讼，诉讼目标直指某县政府的三个文件。假如，涉案三个文件直接针对张某某等三人兴建无烟煤场的话，该行政行为的对象便具有特定性，属于具体行政行为。再假如，张某某等三人曾与某县政府协商兴建的无烟煤场，并参与制定涉案三个文件，且这三个文件专门为张某某等三人兴建无烟煤场而制定的话，就有可能是行政协议。但是，本案的事实并非如此，涉案三个文件非双方协商一致的结果，也非张某某等三人独享这三个文件兴建无烟煤场，这三个文件并不排除其他个人或组织在其规定条件的情况下兴建无烟煤场，所以，这三个文件针对的对象是不特定的，具有普遍适用性，属于不可诉的抽象行政行为。

在行政行为中，只有具体行政行为和行政协议是可诉的。行政协议虽然不是行政机关单方作出的具体行政行为，但除了由双方自愿协商约定外，其他基本特征与具体行政行为没有多大区别。但若涉案三个文件中对张某某等三人兴建无烟煤场直接作出决定，并只对张某某等三人具有约束力的，其决定便有可能是具体行政行为。但在本案中，某县政府没有与张某某等三人签订兴建无烟煤场的行政协议，也没有对张某某等三人兴建的无烟煤场作出具体行政行为，所以，张某某等三人以涉案这三个文件为诉讼标的提起的行政诉讼，不属法院行政诉讼的受案范围。

第二节　行政协议与内部行政行为

内部行政行为是外部行政行为的对称。外部行政行为是指行政机关在实施行政管理活动过程中针对行政系统以外的被管理者公民、法人或者其他组织所作的行政行为。内部行政行为是指行政主体在内部行政组织管理过程中所作的只对行政组织内部产生法律效力的行政行为。内部行政行为与外部行政行为有以下两个主要区别：

一是行政机关与相对人之间的关系不同。实施内部行政行为的行政机关与该行政行为的相对人之间必定存在一种领导与被领导的隶属关系，或者存在一种监督与被监督的法定关系。实施外部行政行为的行政机关与相对人之间基本上不存在领导与被领导的隶属关系或者其他隶属关系，而只存在行政上的管理与被管理的关系。这种管理与被管理关系最终取决于外部行政行为的实施者所拥有的对某类行政事务的管理职能而不源于该行政机关的领导职能。

二是行政行为的作用力不同。内部行政行为通常只涉及行政机关的内部行政事务，其作用主要与行政机关的正常运转有关，不影响外部相对人的权利和义务。外部行政行为是行政机关对外行使公共权利的行为，因而直接影响着外部相对人的利益。

由于这两种行政行为有着上述区别，行政机关行使这两种权利的性质和依据也不同，因此，不同性质的行为引起的争议应由不同的途径予以解决，即内部行政争议由行政机关自身解决，外部行政争议可以通过司法途径解决。因此，《行政诉讼法》第十三条第三项规定，当事人对"行政机关对行政机关工作人员的奖惩、任免等决定"的，人民法院不受理。《行政协议解释》第三条第二项进一步规定，当事人就"行政机关与其工作人员订立的劳动人事协议"提起行政协议诉讼的，不属于人民法院行政诉讼的受案范围。这里只提及"劳动人事协议"，其实，行政机关所有的内部协议，如果属于内部行政行为的，通常都不可提起行政协议诉讼，也就是说都不属于行政诉讼范围。

但在实践中，有些内部行政行为往往与外部行政行为纠缠在一起难解难分，这需要根据行政行为对相对人有无直接财产权益关系进行处理。譬如，行政机关依照法定条件和程序决定对国家和社会作出突出贡献或者模范地遵纪守法的某些个人、单位给予精神奖励和物质奖励，如果该行政奖励是行政机关对内部工作人员的奖励，属于行政内部奖励是不可诉的；如果是对外单方承诺的奖励，如行政机关通过发布公告，承诺对举报人给予奖励，则是可诉的外部行政行为；如果是行政协议奖励，即行政机关与相对方通过订立协议形式给予相对方奖励的，则是可诉的行政协议行为。行政奖励的内容有精神奖励和物质奖励，其中精神奖励不具财产权益内容是不可诉的，而物质奖励具有财产权益内容则是可诉的。

◎【裁判案例11】

行政机关作出的"会议纪要"不直接对外影响相对人权利义务的，是不可诉的内部行政行为。

[案情简介]

2004年7月26日，某市政府发布《关于印发国有企业产权制度改革实施意见的通知》。某某市政公司属于国有企业，被列为试点改制单位。为此，某市政府召开专题会议，研究市政公司产权出售问题，尔后，某市政府于2005年11

月 14 日印发了《会议纪要》，该纪要的主要内容为：同意市政公司产权公开竞价出售方案，出售价款全部用于解除 45 名职工劳动关系的补偿金和清偿职工债务，土地出让金用于清偿企业职工的债务，产权受让人全额承继购买企业的债权债务，市政公司 165 名退休人员移交给市社会保险公司管理，与企业解除劳动关系的职工档案移交给市就业服务局管理。后杜某某等 6 人摘牌购买了市政公司。2006 年 3 月 16 日，市政公司的主管单位某市建设局、市政公司与杜某某等 6 人签订《市政公司产权出售协议》，协议的主要条款与《会议纪要》内容相同。

丁某某是市政公司职工，1997 年缴纳公司入股款 1000 元。2007 年 7 月 6 日，丁某某提起民事诉讼，请求判令市政公司产权出售行为无效。某区法院作出民事裁定，认为该案系企业改制行为，不属于人民法院受理案件范围，裁定对丁某某的起诉不予受理。

2011 年初，丁某某提起行政诉讼，请求撤销《会议纪要》并给予行政赔偿。2011 年 2 月 25 日，某市中院作出行政裁定，认为丁某某的诉求不属于行政诉讼受案范围，裁定不予受理。丁某某不服上诉，某省高院于 2011 年 5 月 24 日作出行政裁定，驳回上诉，维持一审裁定。

2015 年 5 月 18 日，丁某某提起本案行政诉讼，请求：1. 确认《会议纪要》和市政公司产权出售协议违法，并撤销市政公司产权出售协议；2. 确认丁某某持有的市政公司出资证明书合法有效；3. 责令某市政府等公开市政公司产权出售时资产总额和负债总额明细；4. 判令某市政府、市住建局赔偿丁某某各项损失。

［一审裁定］

某市中院认为：1. 丁某某请求确认《会议纪要》违法，属于重复起诉；2. 请求撤销市政公司产权出售协议、确认其持有的出资证明书合法有效、要求市政府公开市政公司产权出售时资产总额和负债总额明细的诉讼请求，均不属于人民法院受案范围。于是裁定对丁某某的起诉不予立案。

丁某某不服，向某省高院提起上诉。

［二审裁定］

某省高院认为，《会议纪要》是某市政府召集相关部门就市政公司产权出售相关事项商议后所形成意见的记录，是内部行为，未通过送达等途径外化，并不直接对外产生法律效力，不属于行政诉讼受案范围。产权出售协议系某市建设局、市政公司与杜某某等六人签订的，不属于某市政府的行政协议。丁某某持有的出资证明，同样不属于行政诉讼受案范围。丁某某要求某市政府公开市政公司产权出售时资产总额和负债总额明细，不符合《政府信息公开条例》规定的政府信息公开的内容，亦不属于行政诉讼受案范围。于是裁定驳回丁某某上诉，维持一审裁定。

［最高人民法院裁定］

丁某某向最高人民法院申请再审称：某省高院二审裁定认为《会议纪要》是某市政府的内部行为，对外并不直接产生法律效力，而该《会议纪要》剥夺了丁某某的股东资格，请求确认出资证明书有效，属于行政诉讼受案范围，请求判令某市政府予以赔偿损失。

最高人民法院经审查认为，《行政诉讼法解释》（2000 年）第四十四条第一款第八项规定［作者注：《行政诉讼法解释》（2018 年）第六十九条规定］，起诉人重复起诉的，应当裁定不予立案。丁某某于 2011 年初曾以《会议纪要》为被诉行政行为提起行政诉讼，某市中院已经作出不予受理的生效行政裁定。现丁某某又以该《会议纪要》为对象提起本次诉讼，属于重复起诉。一、二审据此对其该项诉讼请求裁定不予立案，于法有据。

《行政诉讼法》第二条规定，公民、法人或者其他组织认为行政机关的行政行为侵犯其合法权益，有权依法提起行政诉讼。对非行政行为提起行政诉讼，不属于行政诉讼的受案范围。本案中的产权出售协议和出资证明，均是民事行为，不是行政行为。丁某某以民事行为为对象提起行政诉讼，不符合法定起诉条件，一、二审裁定对其该项诉讼请求不予立案，亦无不当。

《国家赔偿法》第二条规定，国家机关和国家机关工作人员行使职权，有本法规定的侵犯公民、法人和其他组织合法权益的情形，造成损害的，受害人有依照本法取得国家赔偿的权利。第九条第二款规定，赔偿请求人要求赔偿，应当先向赔偿义务机关提出，也可以在申请行政复议或者提起行政诉讼时一并提出。本案中，丁某某系在提起行政诉讼时一并提起行政赔偿之诉。因丁某某提起的行政诉讼均不符合法定起诉条件，故其一并请求行政赔偿没有事实根据，亦不符合法定的起诉条件。一、二审裁定不予立案，已包含对其行政赔偿诉讼请求的处理，不存在遗漏诉讼请求的情形。丁某某的该项申请再审理由也不能成立。

最高人民法院裁定驳回丁某某的再审申请。

[根据最高人民法院（2016）最高法行申 1541 号行政裁定书编写]

◎作者分析

本案有多个争议，我们在这里只分析其中的内部行政行为问题。

本案中，某市建设局、市政公司于 2006 年 3 月 16 日与杜某某等 6 人签订《市政公司产权出售协议》，虽然该协议的主要条款与《会议纪要》内容相同，但某市政府印发的《会议纪要》所解决的是市政公司改制问题，只对市政公司和有关政府部门作出指导，不直接涉及丁某某的行政权利义务，且对丁某某个人不直接产生约束力，故该会议纪要是内部行政行为。《行政诉讼法解释》(2000 年) 第一条第二款和《行政诉讼法解释》(2018 年) 第一条第二款都规定，公民、法人或者其他组织对"不具有强制力的行政指导行为""对公民、法人或者其他组织权利义务不产生实际影响的行为"不服提起诉讼的，不属于人民法院行政诉讼的受案范围。所以，丁某某于 2011 年提起行政诉讼，请求撤销《会议纪要》，某市中院当时就作出裁定不予受理。

人民政府及其职能部门形成的会议纪要属于内部行政行为的，则是不可诉的。但会议纪要是内部行政行为还是外部行政行为，不能只从"会议纪要"这种形式来判断，而应从其性质、内容以及对外是否直接产生法律效力进行分析。譬如，政府及其部门邀请特定的自然人、法人或者其他组织参与，并与其协商一致再形成会议纪要，且该会议纪要直接设定双方行政权利义务，对双方都具有法律约束力的，就有可能是具有外部行政行为性质的行政协议，而不是内部行政行为，因而是可诉的。某个会议纪要只是指导或规范政府及其部门相关工作的，在法律上不直接约束特定的自然人、法人或者其他组织的，该会议纪要是内部行政行为，而不是外部行政行为。

◎【裁判案例 12】

行政部门向相对人书面承诺给予行政奖励，法院判决其履行行政协议义务。

[案情简介]

某某信息总部是某市中心城区的一家民办人力资源中介机构。2006年某市政府因建设需要拆迁信息总部原址。某区政府领导为保证拆迁工作的顺利进行，要求信息总部支持拆迁工作。信息总部同意拆迁，但要求区政府给予补偿10万元。某区政府领导要求区劳动就业管理局给信息总部奖励10万元。区劳动就业管理局以信息总部在经营过程中解决了部分下岗失业人员的再就业问题为理由，于2006年9月24日向信息总部出具书面承诺："为奖励某某信息总部多年来为就业再就业工作所做的贡献，特奖励其人民币计十万元整，资金于10月底前到位。"该承诺书上加盖有区劳动就业管理局公章，区政府领导在该条据上签署了"同意"意见。拆迁工作完成后，信息总部分多次向区劳动就业管理局申领奖励资金。由于区劳动就业管理局不明确经费的支出渠道，一致未予给付，致使信息总部未能取得奖励资金。

[双方诉辩]

2015年5月13日，信息总部以区劳动就业管理局为被告向法院提起行政诉讼称：被告区劳动就业管理局给原告信息总部作出的承诺是一个行政补偿行为，被告区劳动就业管理局应该全面履行，被告区劳动就业管理局未按行政协议履行，侵犯了原告信息总部的合法权利。请求判令：1.被告区劳动就业管理局履行行政补偿义务，给付原告信息总部补偿款人民币10万元。

区劳动就业管理局辩称：为保证拆迁工作的顺利进行，原区政府主管领导要求我局支持拆迁工作，并要求我局给信息总部奖励10万元。我局考虑信息总部经营过程中确实解决了部分下岗失业人员的再就业问题，就出具了承诺书，原区政府主管领导也签署"同意"意见。拆迁工作完成后，信息总部确实多次到我局申领奖励资金。由于我局不明确支出该费用的经费渠道，多次向原区政府主管领导汇报，该领导答复说让信息总部找他。根据省财政厅劳动和社会保障厅《促进下岗失业人员再就业资金管理办法》的规定，可以给予职业介绍机构职业介绍补贴。

[法院判决]

法院认为：根据某某省财政厅、劳动和社会保障厅《促进下岗失业人员再就业资金管理办法》的规定，具备资质条件各类职业培训、职业介绍机构，可按其职业培训和职业介绍服务后实际就业人数，向当地劳动保障部门申请再就业培训和职业介绍补贴。原告信息总部是一家具备资质条件的民办人力资源中介机构，依照该规定，被告区劳动就业管理局奖励原告信息总部10万元的行为，符合法律规定，被告区劳动就业管理局做出的奖励承诺，应当予以履行。依照《行政诉讼法》第七十三条的规定，判决被告区劳动就业管理局于本判决生效之日起六十日内，履行向原告信息总部支付人民币10万元的义务。

[根据荆州市沙市区人民法院（2015）鄂沙市行初字第00036号
行政判决书编写]

◎作者分析

这是一起简单的行政案件，但其中有三个法律问题值得说明和分析。

关于承诺书的性质问题。从书面上看，涉案承诺书是区劳动就业管理局单方向信息总部出具的文书，但该承诺书是基于信息总部提出补偿要求而产生的，故应视为双方协商的结果，属于行政协议，而不是区劳动就业管理局单方作出的行政行为。

关于行政行为的属性问题。信息总部在诉讼中的主张区劳动就业管理局出具承诺书属于"行政补偿行为"，涉案10万元属于补偿款。就信息总部原址拆迁而言，10万元属于"补偿款"是有可能的，但区劳动就业管理局并非拆迁人，不可能承担拆迁补偿责任，而承诺书明确载明"为就业再就业工作所做的贡献"的"奖励"资金，所以区劳动就业管理局此行为不是行政补偿行为，而是行政奖励行为。

关于承诺书的效力问题。行政奖励协议只有合法有效，行政主体才应履行奖励义务。本案的行政奖励行为，符合某省财政厅劳动和社会保障厅《促进下岗失业人员再就业资金管理办法》的规定，且无违反法律法规的禁止性规定，故承诺书为有效的行政协议。

当时适用的《行政诉讼法解释》（2015年）第十五条规定（《行政协议解

释》第十九条规定），原告主张被告不依法履行行政协议理由成立的，人民法院可以根据原告的诉讼请求判决确认协议有效，判决被告继续履行协议，并明确继续履行的具体内容。据此，法院判决涉案承诺书有效后，判决区劳动就业管理局向信息总部支付 10 万元奖金是正确的。

第三节　行政协议与行政事实行为

行政事实行为是相对行政法律行为而言的。行政法律行为是行政主体依法实施行政管理，直接或间接产生行政法律效果的行为。行政事实行为是行政主体基于职权实施的不能产生、变更或者消灭行政法律关系的行为。行政事实行为一经作出即为一种客观存在，如行政机关执法人员强制拆除行政相对人的建筑物，其后果实际存在而不能恢复原态，因而不存在撤销、变更、消灭行政法律关系的问题。行政事实行为可以独立存在，但更多的是依附于行政法律行为，并作为行政法律行为的辅助行为、阶段行为或衍生行为而出现。

行政协议作为一种行政法律行为，与行政事实行为既有联系又有区别。行政协议以双方意思表示为必备要素，而行政事实行为完全不以意思表示为条件；行政协议依据意思表示的内容而发生效力，而行政事实行为依行为人的实际行为直接产生法律后果。如行政机关与被拆迁人签订安置补偿协议后拆除被拆迁人的房屋，在这里，签订安置补偿协议是行政法律行为，行政机关拆除被拆迁人的房屋是行政事实行为，拆除房屋依附于安置补偿协议。

行政机关及其工作人员实施行政事实行为，有的是作出书面的行为，但更多的是直接作出的实际行为。行政事实行为也有合法与违法之分。合法的行政事实行为应当达到以下几个基本要求：一是必须在法定职权和职责范围内实施；二是内容、方法和手段具有必要性和适当性；三是目的是为了实现行政管理或者公共服务目标；四是不违反行政法律法规的实体和程序的规定；五是不侵犯相对人的人身、财产等合法权益。

行政事实行为有的是可诉的，有的是不可诉的。行政机关超越法定职权职责实施行政事实行为，侵犯行政相对人的人身、财产等合法权益的，是可诉的；没有侵犯相对人的人身、财产等合法权益，或者对相对人权利义务不产生实际影响的，是不可诉的。可诉的行政事实行为被依法确认违法后，构成犯罪的应当追究相关人员的刑事责任，造成行政相对人财产损失的，按照《国家赔偿法》的规定予以赔偿。

◎【裁判案例 13】

行政机关按照安置补偿协议的约定拆除相对方的房屋是合法的行政事实行为。

[案情简介]

2013 年 1 月 4 日，某市政府决定对某某棚户区国有土地上的房屋予以征收。赵某某的房屋在征收范围内。赵某某同意征收拆迁，并根据某市政府《征收补偿方案》的补偿标准和内容，决定向某区棚户区改造办公室（以下简称改造办）高买安置房，并向改造办递交了高买房屋申请书。2013 年 3 月 22 日，赵某某与改造办签订了《安置补偿协议书》。该协议签订后，赵某某按照双方的约定，向改造办交付了被征收房屋的权属证书。改造办在赵某某移交房屋时，要求赵某某结清其尚欠的水电费，赵某某按照改造办的要求结清了之前尚欠的 400 元电费。此后，改造办向赵某某提供了过渡期的周转房，赵某某于 2014 年 10 月 21 日入住了该周转房。2014 年 10 月 18 日，改造办按照征收拆迁程序拆除了赵某某的房屋。

事后，赵某某以改造办强制拆除其房屋侵犯其合法权益为由，向某某铁路运输法院提起行政诉讼，请求确认改造办强制拆除其房屋违法。

[法院判决]

铁路运输法院经审理认为，改造办作为棚户区改造工作的主管部门，具有实施棚户区改造工作的管理职责。《国有土地上房屋征收与补偿条例》第二十一条规定："被征收人可以选择货币补偿，也可以选择房屋产权调换。被征收人选择房屋产权调换的，市、县级人民政府应当提供用于产权调换的房屋，并与被征收人计算、结清被征收房屋价值与用于产权调换房屋价值的差价。"第二十二条规定："因征收房屋造成搬迁的，房屋征收部门应当向被征收人支付搬迁费；选择房屋产权调换的，产权调换房屋交付前，房屋征收部门应当向被征收人支付临时安置费或者提供周转用房。"本案中，赵某某选择了产权调换的补偿方式，改造办作为改造涉及房屋征收的实施单位，根据《征收补偿方案》的补偿标准和内容，在同意赵某某高买房屋申请书中房屋面积的情况下，双方自愿签订了《安置补偿协议书》。该《安置补偿协议书》明确了被征收人赵某某选择补偿的方式、安置房屋的面积、补偿费用的明细及价格等约定，向改造办转交了被征收房屋的权属证书。改造办在拆除赵某某房屋前，赵某某也自愿结清了其房屋之前尚欠的电费，同时，赵某某接受并入住了改造办为其提供的周转房。赵某某与改造办之间的房屋征收行为，从《安置补偿协议书》的签订、被征收房屋权属证书的移交至被征收人入住周转房等房屋征收程序，均按照房屋征收法定程序进行，不存在强制拆除的情形，故赵某某的诉请，无事实和法律依据。

铁路运输法院判决驳回原告赵某某的诉讼请求。赵某某不服一审判决向铁路运输中院提起上诉。铁路运输中院判决驳回赵某某上诉，维持原判。

［根据西安铁路运输中级法院（2017）陕71行终292号行政判决书编写］

◎作者分析

本案的争议焦点是，改造办拆除赵某某房屋是否属于强制行为以及是否合法的问题。

因行政事实行为在通常情况下依附于行政法律行为而存在或实施，故改造办拆除赵某某房屋是否违法，首先要看《安置补偿协议书》是否合法。从事实上看，赵某某同意征收拆迁，向改造办递交了高买房屋申请书，签订了《安置补偿协议书》，按约交付了被征收房屋的权属证书，按照改造办的要求结清了之前的电费，后又入住了改造办提供的过渡期周转房，赵某某这一系列行为说明，其是完全自愿签订《安置补偿协议书》的，该协议又无违反法律法规的禁止性规定，故为合法有效的行政协议。

　　根据《行政诉讼法》第十二条第一款第十二项公民、法人或者其他组织"认为行政机关侵犯其他人身权、财产权等合法权益的"属于人民法院行政诉讼受案范围的规定，改造办拆除赵某某的房屋，与赵某某的财产权直接相关，故为可诉的行政行为。但改造办在涉案《安置补偿协议书》合法有效，且拆除被征收房屋的约定条件已经成就的情况下，改造办拆除赵某某的房屋是实现行政协议目的的后续行为，属于协议拆除行为，而不是强制拆除行为，那么这种拆除作为行政事实行为当属合法行为。所以，赵某某以改造办强制拆除其房屋侵犯其合法权益为由，请求确认改造办强制拆除其房屋违法的主张是不能成立的。

Chapter 4

第四章　行政协议的诉讼程序

第一节　行政协议诉讼的受案范围

行政诉讼，是指公民、法人或者其他组织认为行政机关和组织及其工作人员所实施的行政行为，侵犯其合法权利，依法向人民法院起诉，人民法院在当事人及其他诉讼参与人的参加下，依法对被诉行政行为进行审查并做出裁判的一种诉讼制度。行政诉讼的特点是当事人双方的诉讼地位是恒定的，原告只能是行政管理中的相对方即公民、法人或者其他组织；被告只能是行政管理中的管理方即行政机关和法律法规授权的组织，而不允许行政主体作为原告起诉行政相对人。这里先分析行政协议的受案范围问题。

行政协议的受案范围主要是根据行政协议的种类来确定的，因此，行政协议的种类与受案范围是有关联的，搞清楚行政协议种类有利于对受案范围的理解。

一、可诉的行政协议种类

从实践来看，行政机关与他人订立的协议或者合同的种类是很多的，包括行政机关之间公务协助协议、上下级委托协议、劳动人事协议、租赁协议、政府采购合同、买卖房屋合同等等，也包括这里所说的行政协议。但可诉的行政协议种类，是按照"具有行政法上权利义务内容"为标准划分各种不同类型的行政协议。划分行政协议种类的意义在于明确不同种类行政协议的不同权利义务内容，有利于确定行政协议的受案范围。

《行政诉讼法》第十二条第一款第十一项规定，公民、法人或者其他组织"认为行政机关不依法履行、未按照约定履行或者违法变更、解除政府特许经营协议、土地房屋征收补偿协议等协议的"，属于人民法院行政诉讼的受案范围。这里的"等"，应当属于"等外等"，表示列举未尽的意思，也就是说，可诉的行政协议种类不限于上述规定列举的情形，而应包括其他行政协议种类。

二、行政协议诉讼的受案范围

根据《行政诉讼法》第十二条第一款第十一项规定，《行政协议解释》第二条规定了公民、法人或者其他组织对六类行政协议以行政机关为被告提起行政诉讼的，人民法院应当依法予以受理。这里的"行政诉讼"，在严格意义上讲是"行政协议诉讼"，从而区别其他行政诉讼。

1. 政府特许经营协议

特许经营有商业特许经营与政府特许经营之分。

商业特许经营是特许者将自己所拥有的商标、商号、产品、专利或者专有技术、经营模式等以特许经营合同的形式授予被特许者使用，被特许者按合同规定，在特许者统一的业务模式下从事经营活动，并向特许者支付相应的费用。如商业服务领域的特许连锁或加盟连锁等。商业特许经营属私法调整范围，其协议是民事合同，与行政协议无关。

政府特许经营是政府按照有关法律、法规规定，通过市场竞争机制选择投资者或者经营者投资、经营公共服务或者公用事业的具有行政性质的行为。如城市供水、供气、供热、公共交通、污水处理、垃圾处理等政府特许经营的项目。政府特许经营协议一般属公法契约。需要注意的是，政府特许经营协议中的被特许者，通常需要具备一定资格的法人企业，这一点与其他行政协议有所不同。

2. 土地、房屋等征收征用补偿协议

（1）关于土地征收补偿协议。土地征收，是指政府因公共利益的需要，依据法律规定的程序和批准权限，依法给予农村集体经济组织及其成员补偿后，将农民集体所有土地收为国有的行政行为。因征收土地是土地所有权的转移，故应依法及时足额支付土地补偿费、安置补助费以及农村村民住宅、其他地上附着物和青苗等的补偿费用，并安排被征地农民的社会保障费用。其中，土地补偿费归农村集体经济组织所有，地上附着物及青苗补偿费归所有者所有。

根据《土地管理法》第四十五条规定，为了公共利益的需要，有下列情

形之一，确需征收农民集体所有的土地的，政府可以依法实施征收：

（1）军事和外交需要用地的；

（2）由政府组织实施的能源、交通、水利、通信、邮政等基础设施建设需要用地的；

（3）由政府组织实施的科技、教育、文化、卫生、体育、生态环境和资源保护、防灾减灾、文物保护、社区综合服务、社会福利、市政公用、优抚安置、英烈保护等公共事业需要用地的；

（4）由政府组织实施的扶贫搬迁、保障性安居工程建设需要用地的；

（5）在土地利用总体规划确定的城镇建设用地范围内，经省级以上人民政府批准由县级以上地方人民政府组织实施的成片开发建设需要用地的；

（6）法律规定为公共利益需要可以征收农民集体所有的土地的其他情形。

《土地管理法》第四十七条还规定，县级以上地方人民政府征收土地的，应当与拟征收土地的所有权人、使用权人就补偿、安置等签订协议。这种补偿、安置协议是可诉的行政协议。

（2）关于土地征用补偿协议。土地征用，是指政府关因公共利益的需要，依据法律规定的程序和批准权限批准，依法给予农村集体经济组织及农民补偿后，将农民集体土地使用权收归国有的行政行为。土地征收与土地征用的主要区别是：土地征收中的征收人通过行政征收程序取得土地所有权，然后用于公共服务或者公用事业的项目，而土地征用是通过行政征用程序取得土地使用权，用于公共服务或者公用事业的项目，到期后应将土地归还原土地所有人。

需要注意的是，我国1998修订的《土地管理法》没有区分土地征用与土地征收的区别而统称"征用"。2004年第十届全国人民代表大会常务委员会第十一次会议关于修改《中华人民共和国土地管理法》的决定，将1998修订的《土地管理法》中的有关"征用"修改为"征收"。2019修正的《土地管理法》也没有出现"征用"一词。

现行的《土地管理法》第五十七条第一款规定："建设项目施工和地质勘查需要临时使用国有土地或者农民集体所有的土地的，由县级以上人民政府自然资源主管部门批准。其中，在城市规划区内的临时用地，在报批前，应当先经有关城市规划行政主管部门同意。土地使用者应当根据土地权属，与有关自然资源主管部门或者农村集体经济组织、村民委员会签订临时使用土地合同，并按照合同的约定支付临时使用土地补偿费。"第二款规定："临时使用土地的使用者应当按照临时使用土地合同约定的用途使用土地，并不得修建永久性建筑物。"第三款规定："临时使用土地期限一般不超过二年。"其中，土地使用者与自然资源主管部门签订的临时使用土地合同，具有征用性质，应为行政协议，而土地使用者与农村集体经济组织或者村民委员会签订的临时使用土地合同，因农村集体经济组织或者村民委员会不是行政机关，故这类临时使用土地合同不是行政协议，而是民事合同。

（3）房屋征收补偿协议

房屋征收是政府根据公共利益的需要有偿收回单位、个人的房屋及土地使用权的行政行为。房屋征收的对象有两种：一是农村集体土地上房屋（主要是农民住宅），这类房屋的征收主要在土地征收中一并进行；二是国有土地上房屋，这类房屋的征收适用《国有土地上房屋征收与补偿条例》的规定。

根据《国有土地上房屋征收与补偿条例》第八条规定，因公共利益的需要征收房屋的，由市、县级人民政府作出房屋征收决定：

（1）国防和外交的需要；

（2）由政府组织实施的能源、交通、水利等基础设施建设的需要；

（3）由政府组织实施的科技、教育、文化、卫生、体育、环境和资源保护、防灾减灾、文物保护、社会福利、市政公用等公共事业的需要；

（4）由政府组织实施的保障性安居工程建设的需要；

（5）由政府依照城乡规划法有关规定组织实施的对危房集中、基础设施落后等地段进行旧城区改建的需要；

（6）法律、行政法规规定的其他公共利益的需要。

据此规定，市、县级人民政府因公共利益的确需征收单位、个人房屋的，应当依法作出房屋征收决定。房屋征收虽应遵循决策民主、程序正当、结果公开的原则，但政府在此基础上作出的房屋征收决定，仍为单方作出的行政行为，且具有一定的强制性，而非与被征收人协商一致达成协议的结果，因此，房屋征收决定不是行政协议，但被征收人对政府作出的房屋征收决定不服的，可以依法申请行政复议，也可以依法提起行政诉讼。

根据《国有土地上房屋征收与补偿条例》第二条和第十七条规定，政府征收国有土地上单位、个人的房屋，应当对被征收房屋所有权人给予公平补偿，补偿范围包括：被征收房屋价值的补偿，因征收房屋造成的搬迁、临时安置的补偿，因征收房屋造成的停产停业损失的补偿。此外，还包括给予被征收人的补助和奖励。

根据《国有土地上房屋征收与补偿条例》第二十五条规定，房屋征收部门与被征收人应就补偿方式、补偿金额和支付期限、用于产权调换房屋的地点和面积、搬迁费、临时安置费或者周转用房、停产停业损失、搬迁期限、过渡方式和过渡期限等事项，订立补偿协议。这种补偿协议具有行政协议的四大要素，故为可诉的行政协议。

3. 矿业权等国有自然资源使用权出让协议

国有自然资源使用权出让，是指国家以国有自然资源所有者的身份，将国有自然资源使用权有期限地让与使用者使用，并由使用者向国家支付土地使用金的行为。根据我国《宪法》第九条规定，除由法律规定属于集体所有的森林和山岭、草原、荒地、滩涂外，矿藏、水流、森林、山岭、草原、荒地、滩涂等自然资源，都属于国家所有即全民所有。

为了合理利用自然资源，国务院于 2016 年 12 月 29 日印发了《关于全民所有自然资源资产有偿使用制度改革的指导意见》(国发〔2016〕82 号)，该意见推行"自然资源资产有偿使用制度"，实行"两权分离、扩权赋能"机制，强调"在坚持全民所有制的前提下，创新全民所有自然资源资产所有权实现形式，推动所有权和使用权分离，完善全民所有自然资源资产使用权体系，丰富自然资源资产使用权权利类型，适度扩大使用权的出让、转让、出租、担保、入股等权能，夯实全民所有自然资源资产有偿使用的权利基础。"据此，地方政府为了充分利用国有自然资源增加财政收入，代表国家依照《土地管理法》《草原法》等国有自然资源法律、行政法规的规定，将国有自然资源的使用权出让给单位、个人而与之签订的协议是行政协议。

《行政协议解释》第二条第三项特别例举了国有自然资源中的矿业权出让。矿业权，是指自然资源主管部门依据法律法规规定，采取招标、拍卖、挂牌、协议、申请审批等方式，向符合要求的矿业权申请人授予探矿权、采矿权的行为。矿业权包括探矿权、采矿权。根据国务院《关于全民所有自然资源资产有偿使用制度改革的指导意见》，自然资源主管部门可以协议方式向特定主体出让矿业权，但除特殊情形外，自然资源主管部门向特定主体出让矿业权的，应当采取公开招标、拍卖、挂牌方式出让，然后经批准与招标出让的中标人、拍卖挂牌出让的竞得人等签订出让合同，依法约定相关权利义务出让收益缴纳的计划和方式。

自然资源主管部门是政府的组成部门，负责自然资源的合理开发利用和自然资源资产有偿使用工作是其重要职责，因此，其与招标出让的中标人、拍卖挂牌出让的竞得人等签订的矿业权出让合同属于行政协议。

4. 政府投资的保障性住房的租赁、买卖等协议

保障性住房，是指根据国家政策以及法律法规的规定，由政府统一规划、统筹，提供给特定的人群使用，并且对该类住房的建造标准和销售价格或租金标准给予限定，具有社会保障作用的住房。这种住房是我国城镇住宅建设中具有特殊性的一种类型住宅。

保障性住房包括经济适用房、公租房、廉租房等，但保障性住房的租赁协议、买卖协议不一定都是行政协议，只有政府投资或者提供优惠政策的保障房并有处分权所形成的租赁、买卖协议才是行政协议。如经济适用住房，是政府以划拨方式提供土地，免收城市基础设施配套费等各种行政事业性收费和政府性基金，实行税收优惠政策，以政府指导价出售给有一定支付能力的低收入住房困难家庭的房屋，经济适用住房属于有限产权。又如，廉租房是政府或政府机构拥有，用政府核定的低租金租赁给低收入家庭的房屋，属于非产权的保障房，廉租房是没有房产证的，其所有权归政府。

政府建设保障性住房是解决中低收入家庭和个人等特定人群的住房困难问题，具有公共利益的目的，且对保障性住房拥有全部产权或部分权益，有关部门对保障性住房又有行政管理职权，因此，政府及有关部门与符合申请条件的家庭或居民签订经济适用房买卖协议、廉租房租赁协议等，属于可诉的行政协议。但租赁、买卖非政府投资的保障性住房的协议，因不具有行政协议要素，故不属于行政诉讼受案范围。

5. 符合本规定第一条规定的政府与社会资本合作协议

政府和社会资本合作即PPP（Public-PrivatePartnership），是指政府选择具有投资、运营管理能力的社会资本投资人，双方按照平等协商原则订立合同，明确责权利关系，由社会资本提供公共服务，政府依据公共服务结果向社会资本支付相应对价，保证社会资本获得合理收益的一种合作运作模式。有学者称之为公私合营模式。

2013 年 11 月 12 日，党的十八届三中全会通过的《中共中央关于全面深化改革若干重大问题的决定》第 23 条提出："建立透明规范的城市建设投融资机制，允许地方政府通过发债等多种方式拓宽城市建设融资渠道，允许社会资本通过特许经营等方式参与城市基础设施投资和运营，研究建立城市基础设施、住宅政策性金融机构。"为贯彻党中央的上述精神，国务院办公厅转发了财政部、发展改革委、人民银行《关于在公共服务领域推广政府和社会资本合作模式指导意见》。此后，我国迅速掀起政府和社会资本合作的 PPP 模式，大大推进了城市基础设施建设。

PPP 是政府将公共基础设施建设以特许经营权的方式转移给社会主体投资，与社会主体建立起"利益共享、风险共担、全程搁置"的合作关系。这种合作关系是以合同形式予以维系的，因此也就有了"政府和社会资本的合作合同"即 PPP 项目合同。有学者认为，PPP 合同是民事合同，主要理由是：根据财政部《政府和社会资本合作模式操作指南（试行）》《政府和社会资本合作项目政府采购管理办法》《财政部关于规范政府和社会资本合作合同管理工作的通知》和发改委《国家发展改革委关于开展政府和社会资本合作的指导意见》的有关规定，PPP 合同是民事法律关系主体成立的"平等主体之间的民商事合同"，且双方合同履行过程中发生争议的解决方式可申请仲裁或提起民事诉讼。但上述规范性文件并非法律和行政法规，因而不能作为 PPP 合同的定性和效力的依据。

根据《行政协议解释》第二条第五项"符合本规定第一条规定的政府与社会资本合作协议"的规定，我们认为，从 PPP 项目全过程来看，广义上的 PPP 合同应当由框架性合同（即项目合同）和实施性合同（附属合同）组成。PPP 框架性合同和 PPP 一系列实施性合同共同构成 PPP 项目的合同体系。但从狭义上看，PPP 合同仅指框架性合同。框架性 PPP 合同是政府与社会资本的投资人之间签订的项目合同，主要表现为政府和社会资本的合作在总体上作出的安排，是整个 PPP 项目合同体系中的核心合同和基础合同，如无框架性 PPP 合同，就不可能产生一系列的实施性合同。为实施 PPP 项目，框架性 PPP 合同成立后，必将产生一系列实施性合同，如项目设计合同、施工承包合同、监理合同、供货合同、融资合同、劳动合同、保险合同等等，这些合同的主体通常都是项目公司与其他企业或个人。据此分类，我们认为，PPP 合同的性质不能笼统地划归行政协议或者民事合同，而应根据框架性合同、实施性合同的签订主体和具体内容进行区分。对此，《行政协议解释》第二条第五项规定解决了这个问题，即"符合本规定第一条规定的"是行政协议，也就是说，PPP 合同具有行政协议四大要素的才是行政协议。框架性 PPP 合同的一方当事人是行政机关，签订框架性 PPP 合同目的是为了实现公共事业、公共安全、社会福利的需要，且有较为具体的行政法上权利义务内容，故应为行政协议；在没有行政机关作为一方当事人参与的实施性 PPP 合同是民事合同，而不是行政协议。

6. 其他行政协议

《行政协议解释》第二条采取列举式规定行政协议的种类及受案范围，因而不能穷尽所有行政协议的种类，且随着行政管理模式逐步向协议化扩大，上述五类行政协议不一定满足公民、法人和其他组织的诉讼要求，于是最后规定"其他行政协议"也属行政协议诉讼的受案范围。但"其他行政协议"必须与上述五类行政协议一样具有"四大要素"才具有可诉性，否则，所谓的"其他行政协议"不属行政协议诉讼的受案范围。

这里有个问题需要注意，即行政协议不只是个文本，而有着订立、履行、变更、终止这么一个动态的过程，在这个过程中，双方当事人若发生争议，相对方作为原告以行政机关为被告提起行政诉讼的，根据《行政协议解释》第四条规定，当属行政协议本身纠纷而具有可诉性，故也属于人民法院的受案范围。

三、不属受案范围的相关协议

根据《行政协议解释》第三条规定，因行政机关订立的下列协议提起诉讼的，不属于人民法院行政诉讼的受案范围：（1）行政机关之间因公务协助等事由而订立的协议；（2）行政机关与其工作人员订立的劳动人事协议。

这两类协议虽然都是行政机关作为一方当事人依职权与对方签订的协

议，且同样具有行政性和契约性的特征，但属于是行政机关之间或者行政机关内部的行政行为，而不是行政机关与公民、法人或者其他组织发生的外部行政行为，因而不属《行政诉讼法》的调整范围，也不属行政协议诉讼的受理范围。

我们认为，《行政协议解释》第三条仅规定"行政机关之间因公务协助等事由而订立的协议"和"行政机关与其工作人员订立的劳动人事协议"不属行政协议诉讼的受理范围是不够的，作者认为，行政机关之间或者行政机关内部形成的所有协议，除有外部行政行为以及"管理者"与"被管理者"的特定法律关系外，根据《行政诉讼法》的有关规定都不是可诉的行政行为。

◎【裁判案例 14】

行政协议的受案范围应当包括所有的行政协议争议。

[原告起诉]

2016 年 7 月 21 日，蒋某某向某市第五中院提起行政诉讼称：2015 年 12 月 25 日，某市高新技术产业开发区征地服务中心（以下简称"开发区征地服务中心"）与其签订的《征地拆迁补偿安置协议》主体不适格，实体内容及程序均违法，请求法院判决撤销该《征地拆迁补偿安置协议》。

[一、二审裁定]

某市第五中院认为：蒋某某认为其与开发区征地服务中心签订的《征地拆迁补偿安置协议》侵害其合法权益，以开发区管委会为被告提起诉讼属于错列被告，经释明后仍拒绝变更，依法应予驳回起诉。《行政诉讼法》第十二条第一款第（十一）项规定，公民、法人或者其他组织"认为行政机关不依法履行、未按照约定履行或者违法变更、解除政府特许经营协议、土地房屋征收补偿协议等协议的"属于人民法院行政诉讼的受案范围。蒋某某起诉请求撤销《征地拆迁补偿安置协议》，其起诉状中所诉理由均系对签订协议时主体、程序以及协议约定和适用法律所提出的异议，不属于行政机关不依法履行、未按照约定履行或者违法变更、解除协议内容的范畴。故蒋某某的起诉不属于人民法院行政诉讼受案范围。某市第五中院依照《行政诉讼法解释》（2015年）第三条第一款第（一）、（三）项之规定，裁定驳回蒋某某的起诉。

蒋某某不服一审裁定，向某市高院提出上诉。某市高院二审以同一理由裁定驳回蒋某某的上诉，维持一审裁定。

[申请再审]

蒋某某不服某市高院裁定，向最高人民法院申请再审，主要理由为：依据《行政诉讼法》第七十五条以及《行政诉讼法解释》（2015年）第十一条第二款、第十五条第二款规定，案涉《征地拆迁补偿安置协议》具有可诉性，属于行政诉讼的受案范围；根据《行政诉讼法解释》（2000年）第二十条第一款规定，开发区征地服务中心系事业单位，不具备行政主体资格，其以自己名义签订的征收补偿合同，应当以组建该中心的开发区管委会作为被告。

开发区管委会辩称：一、根据相关文件规定，自2013年12月10日起，开发区管委会将组织实施开发区集体土地征收职能移交某区政府行使，其已无组织实施集体土地征收的职能，故对开发区集体土地征收进行补偿安置的实施主体应是某区国土分局；二、开发区征地服务中心是根据某区编制委员会的规定，依法成立能独立承担法律责任的事业单位法人，签订《征地拆迁补偿安置协议》是受某区国土分局委托实施，行为法律后果依法由某区国土分局承担；三、蒋某某曾就房屋征收补偿安置标准问题向某区政府申请行政协调，并向某市政府申请行政裁决，其完全知晓开发区管委会从2013年12月10日起即无组织实施集体土地征收的职能。原审裁定驳回蒋某某起诉正确，蒋某某再审请求不能成立，应予驳回。

[最高人民法院裁定]

最高人民法院对本案的争议焦点作如下评判：

一、蒋某某提起撤销本案行政协议的诉讼请求是否属于行政诉讼的受案范围问题

蒋某某以被诉《征地拆迁补偿安置协议》的签订主体、程序、内容以及补偿标准存在异议为由，请求人民法院撤销该协议，原审法院以该诉请不属于《行政诉讼法》第十二条第一款第（十一）项规定的四种情形为由，认为蒋某某

的起诉不属于人民法院行政诉讼受案范围。因此，本案争议焦点之一在于蒋某某在本案提起撤销行政协议的诉讼请求是否属于行政诉讼受案范围。

就行政争议类型而言，除《行政诉讼法》第十二条第一款第（十一）项所列举的四种行政协议争议外，还包括协议订立时的缔约过失，协议成立与否，协议有效无效，撤销、终止行政协议，请求继续履行行政协议、采取相应的补救措施、承担赔偿和补偿责任以及行政机关监督、指挥、解释等行为产生的行政争议。将行政协议争议仅理解为《行政诉讼法》第十二条第一款第（十一）项规定的四种情形，既不符合现行法律及司法解释的规定也在理论上难于自圆其说，且在实践中容易造成不必要的混乱。

（一）从现行行政诉讼法、合同法及其司法解释的相关规定看，对行政协议的起诉不仅限于《行政诉讼法》第十二条第一款第（十一）项列举的四种情形，而应包括所有的行政协议争议。

1. 依据《行政诉讼法》第七十五条"行政行为有实施主体不具有行政主体资格或者没有依据等重大且明显违法情形，原告申请确认行政行为无效的，人民法院判决确认无效"规定，行政协议作为行政行为的重要组成部分，如其有上述规定情形，公民、法人或者其他组织申请确认行政协议无效的，人民法院判决确认无效；

2. 依据《行政诉讼法解释》（2015年）第十五条第二款"原告请求解除协议或者确认协议无效，理由成立的，判决解除协议或者确认协议无效，并根据合同法等相关法律规定作出处理"规定，公民、法人或者其他组织可以依法请求解除行政协议或者确认行政协议无效；

3. 依据《行政诉讼法解释》（2015年）第十四条"人民法院审查行政机关是否依法履行、按照约定履行协议或者单方变更、解除协议是否合法，在适用行政法律规范的同时，可以适用不违反行政法和行政诉讼法强制性规定的民事法律规范"及《合同法》第五十四条规定是可变更或者撤销的情形，公民、法人或者其他组织可以依法请求变更或者撤销行政协议。

综上，公民、法人或者其他组织可以依法向人民法院请求变更、撤销及解除行政协议或者确认行政协议无效等，而不应仅限于《行政诉讼法》第十二条第一款第（十一）项规定的四种情形。

（二）从理论和实践上看，将《行政诉讼法》第十二条第一款第（十一）

列举之外的行政协议争议不纳入行政诉讼的受案范围，可能会出现以下问题：

一是如将相关行政协议争议纳入民事诉讼，既造成了同一性质的协议争议由行政民事分别受理并审理的混乱局面，又增加了行政裁判和民事裁判不一致的风险，不利于彻底化解行政协议纠纷；

二是如相关行政协议争议不纳入行政诉讼的受案范围，又因其行政性民事诉讼不予受理，极易造成行政诉讼和民事诉讼均不受理的尴尬局面，亦有悖于现代行政诉讼为公民、法人或者其他组织提供无漏洞、有效的司法保护的主要宗旨；

三是将相关行政协议争议排除出行政诉讼的受案范围，意味着有关行政协议争议游离行政法制轨道，既不能及时有效地依法解决相关行政争议，也不利于监督行政机关依法行使职权。

故而，不应将"行政机关不依法履行、未按照约定履行或违法变更、解除协议"四种情形设定为提起行政协议诉讼的受理条件，原审法院对《行政诉讼法》第十二条规定作狭义的文义理解，属于适用法律错误，依法应予纠正。

二、蒋某某在本案中是否错列了被告问题

原审法院认为，蒋某某提起诉讼以开发区管委会为被告属于错列被告，且经一审法院释明仍拒绝变更，应予驳回起诉。故本案另一个争议焦点在于蒋某某以开发区管委会作为被告，以开发区征地服务中心作为第三人提起诉讼是否属于错列被告的问题。

行政诉讼的被告是指被公民、法人或者其他组织起诉某一行政行为侵犯其合法权益，而由人民法院通知应诉的具有国家行政职权的机关或者组织。在我国确定行政诉讼被告时，应当考虑以下四个要素：

一是在程序上，受公民、法人或其他组织起诉，且由人民法院通知应诉的机关或组织；

二是在实体上，行使国家行政管理职权职责并作出行政行为（作为或者不作为），且该行为被公民、法人或者其他组织认为侵犯其合法权益的机关或者组织；

三是在组织上，属于能够独立承担法律责任的机关或组织，亦即行政主体；四是在方便性上，即使不属于行政主体，为便利当事人诉权的行使，通过法律、法规或者规章授权亦可将非行政主体的组织在行政诉讼中作为被告。

本案集体土地征收系经某市政府批准，开发区管委会负责，并由开发区征地服务中心具体签订补偿安置协议的，而开发区征地服务中心受开发区管委会领导，在原某市国土资源和房屋管理局开发区分局的具体指导下，代表开发区管委会承担征地工作的事业单位，本身不具备行政主体资格，亦没有法律、法规或者规章授权其实施补偿安置。根据《行政诉讼法解释》（2000 年）第二十一条［作者注：《行政诉讼法解释》（2018 年）第二十条，下同］"行政机关在没有法律、法规或者规章规定的情况下，授权其内设机构、派出机构或者其他组织行使行政职权的，应当视为委托。当事人不服提起诉讼的，应当以该行政机关为被告"规定，结合本案开发区征地服务中心作为代表开发区管委会承担征地工作的机构这一事实，本案可以认定由开发区管委会委托开发区征地服务中心实施了补偿安置，且依据《行政诉讼法解释》（2000 年）第二十条第一款"行政机关组建并赋予行政管理职能但不具有独立承担法律责任能力的机构，以自己的名义作出具体行政行为，当事人不服提起诉讼的，应当以组建该机构的行政机关为被告"规定，本案当事人以开发区管委会作为被告提起诉讼，并无不当。同时开发区征地服务中心因涉及本案协议签订，其在本案诉讼中作为第三人加入，亦属适当。开发区管委会再审辩称，由于政府职能调整，开发区集体土地征收职能已经移交某区政府行使，开发区征地服务中心系受某区国土分局委托实施的行政行为，故本案的适格被告为某区国土分局。

本院认为，根据《行政诉讼法》第二十六条第五款"行政机关委托的组织所作的行政行为，委托的行政机关是被告"规定，本案适格被告为某区国土分局必须以其委托开发区征地服务中心承担本案征地事宜为前提，目前并无合法有效的证据证明某区国土分局对开发区征地服务中心进行了委托。开发区管委会的该项答辩理由不能成立，本院不予支持。故在本案，原审法院认为"蒋某某提起诉讼以开发区管委会为被告属于错列被告，且经一审法院释明仍拒绝变更，裁定驳回其起诉"显属不当，依法应予纠正。

最高人民法院认定，蒋某某提起本案诉讼，符合行政诉讼法定受理条件，一、二审裁定驳回其起诉违反法律规定。最高人民法院裁定：一、撤销某市第五中院一审行政裁定及某市高院二审行政裁定；二、指令某市第五中院继续审理本案。

［根据最高人民法院（2017）最高法行再 49 号行政裁定书编写］

◎作者分析

本案有两个争议焦点，一是蒋某某请求撤销《征地拆迁补偿安置协议》是否属于行政诉讼的受案范围，二是开发区管委会是否属于适格被告。这里分析行政协议的受案范围问题。

在《行政协议解释》出台之前，由于我国尚未形成完整统一的行政协议制度，司法实践中也就容易出现"碎片化"现象。某市第五中院和某市高院认为，蒋某某请求撤销《征地拆迁补偿安置协议》不属于行政诉讼的受案范围，主要理由是《行政诉讼法》第十二条第一款第（十一）项只规定"行政机关不依法履行、未按照约定履行或者违法变更、解除政府特许经营协议、土地房屋征收补偿协议"四种情形属于人民法院行政诉讼受案范围，而蒋某某请求撤销《征地拆迁补偿安置协议》的理由均系对签订协议时主体、程序以及协议约定和适用法律所提出的异议，不属于上述四种情形之一。

对此"碎片化"认识，最高人民法院认为"对行政协议的起诉不仅限于《行政诉讼法》第十二条第一款第（十一）项列举的四种情形，而应包括所有的行政协议争议。"并指出，除上述列举的四种行政协议争议外，"还包括协议订立时的缔约过失，协议成立与否，协议有效无效，撤销、终止行政协议，请求继续履行行政协议、采取相应的补救措施、承担赔偿和补偿责任以及行政机关监督、指挥、解释等行为产生的行政争议。"最高人民法院上述观点和分析，现也符合《行政协议解释》第二条第六项"其他行政协议"和第四条第一款"因行政协议的订立、履行、变更、终止等发生纠纷，公民、法人或者其他组织作为原告，以行政机关为被告提起行政诉讼的，人民法院应当依法受理"以及第四条第二款"因行政机关委托的组织订立的行政协议发生纠纷的，委托的行政机关是被告"的规定。

第二节　行政协议诉讼的原告主体资格

行政相对人是行政管理法律关系中与行政主体相对应的另一方当事人，即行政主体的行政行为影响其权益的公民、法人或者其他组织。在行政协议中，相对人通常是参与签订协议的公民、法人或者其他组织，但行政协议直接或间接影响非签订人公民、法人或者其他组织的财产权益的，非签订人作为利害关系人也是相对人。相对人在行政诉讼程序是原告，而行政机关是被告。

根据法律主体在法律关系中的不同地位，可以分为纵向法律主体与横向法律主体。纵向法律主体是不平等的法律主体，行政法律关系中的行政主体与行政相对人是典型的纵向法律主体。横向法律主体是平等地位的法律主体，民事法律关系中的主体是典型的横向法律主体。

我们在这里先分析行政协议法律关系中的相对人即公民、法人或者其他组织的主体资格问题。

一、相对人的原告主体资格

行政协议作为一种合同形式出现，当其有行政机关一方时，必定有另一方相对人，即法律上规定的"行政行为的相对人"，亦即《行政诉讼法》第二条规定的"公民、法人或者其他组织"。公民、法人或者其他组织作为相对人是广义上的意义，个案中的行政相对人仅指具体的某个自然人、某个法人或者某个其他组织，譬如，某一行政机关与张三订立行政协议，该张三是行政相对人，而不能泛指"自然人"。

公民、法人或者其他组织不一定都能成为订立行政协议的相对方，若为相对人有两个基本条件：一是自身必须具备民事法律规定的权利能力和行为能力，如法人必须已经依法成立；二是处于行政管理法律关系中的一方当事人，且行政机关作出的行政行为与其有利害关系。相对人一旦提起行政协议诉讼，其身份就演变为原告。

在行政诉讼中，除"直接行政相对人"具有原告主体资格外，还有一些

"间接行政相对人"也可为行政诉讼的原告。根据《行政诉讼法》第二十五条和《行政诉讼法解释》(2018年)的有关规定,以下"间接行政相对人"具有原告主体资格:

1. 与行政行为有利害关系的人(后面将作专题分析这个问题)。

2. 法人或者其他组织终止,承受其权利的法人或者其他组织。

3. 死亡公民的近亲属,包括配偶、父母、子女、兄弟姐妹、祖父母、外祖父母、孙子女、外孙子女和其他具有扶养、赡养关系的亲属。

4. 合伙企业。合伙企业以其核准登记的字号为原告;未依法登记领取营业执照的个人合伙企业,以全体合伙人为共同原告。

5. 个体工商户。个体工商户以营业执照上登记的经营者为原告;有字号的,以营业执照上登记的字号为原告。

6. 股份制企业的股东大会、股东会、董事会。这些企业内部机构认为行政机关作出的行政行为侵犯企业经营自主权的,可以企业名义提起诉讼。

7. 联营企业、中外合资或者合作企业的联营、合资、合作者。这些企业的各方认为企业权益或者自己一方合法权益受行政行为侵害的,可以自己的名义提起诉讼。

8. 事业单位、社会团体、基金会、社会服务机构等非营利法人的出资人、设立人。这些人认为行政行为损害法人合法权益的,可以自己的名义提起诉讼。

9. 业主委员会和业主。业主委员会对于行政机关作出的涉及业主共有利益的行政行为,可以自己的名义提起诉讼;业主委员会不起诉的,专有部分占建筑物总面积过半数或者占总户数过半数的业主可以提起诉讼。

◎【裁判案例15】

相对人在行政协议履行完毕后提起撤销行政协议之诉的,仍有原告主体资格。

[案情简介]

2015年9月8日,某县政府下发了《关于某片区项目房屋征收决定》,其中包括某片区项目集体土地上房屋征收补偿安置方案。马某某的房屋在某片区内，属于征收对象。同年9月10日，该县某街道办事处与马某某签订了《安置补偿协议》，该协议签订后，马某某领取了临时安置费、搬迁费、奖励金，并腾空房屋交由某街道办事处处理。2015年12月30日，某省政府批准同意征收上述土地。

2015年12月4日，马某某向某市中院提起诉讼称：1.某县政府非法征用原告马某某所使用的农村集体土地，没有及时给原告马某某合理补偿；2.根据《土地管理法》第四十五条规定，只有省政府和国务院才有权征地，某县政府无权征地；3.街道办事处是县级市人民政府的派出机构，没有独立的民事行政主体地位，而某街道办事处代县政府签订《安置补偿协议》，该协议无效。请求法院：一、依法确认被告的征地、拆迁行为违法；二、依法确认原、被告双方签订的《安置补偿协议》因征地拆迁违法而至始无效并撤销。

［一、二审裁定］

某市中院认为：本案的《安置补偿协议》是行政机关为实现公共利益，履行行政职权而签订的具有行政权利义务内容的行政协议，具体涉及集体土地上房屋征收的权利义务内容，属于行政协议。某县政府是征收集体土地上房屋的组织实施主体，某街道办事处作为具体实施单位，其代为某县政府签订房屋征收安置补偿协议，签订协议的后果由某县政府承受。马某某与某街道办事处就补偿安置经协商一致达成《安置补偿协议》，且原告马某某已接受安置，并领取了搬迁费、临时安置费、奖励金，房屋现已拆除。本案《安置补偿协议》已经履行完毕，马某某再就征收机关的征收土地行为提起行政诉讼，已经不存在可以主张的合法权益，故已不具备行政诉讼的原告主体资格，其主张因征地拆迁违法而导致的《安置补偿协议》至始无效，亦无事实依据和法律依据。某市中院根据《行政诉讼法解释》（2015年）第四十四条第一款第（二）项之规定，裁定驳回马某某的起诉。

马某某不服某市中院上述裁定向某省高院上诉。某省高院裁定驳回马某某上诉，维持原裁定。

［最高人民法院裁定］

马某某对某省高院上述裁定仍不服，向最高人民法院申请再审。

最高人民法院认为：本案争议的焦点问题是马某某是否具备行政诉讼的原告主体资格的问题。根据《行政诉讼法》第二十五条第一款之规定，行政行为的相对人以及其他与行政行为有利害关系的公民、法人或者其他组织，有权提起诉讼。某县政府是征收集体土地上房屋的组织实施主体，某街道办作为具体实施单位与马某某签订涉案《拆迁补偿协议》，该协议应属于行政协议。马某某作为集体土地上房屋被征收应获补偿的一方，在签订《安置补偿协议》后，对双方此协议提起撤销之诉，符合《行政诉讼法》关于原告主体资格的规定，应当具有本案原告主体资格，一、二审法院关于马某某不具有本案原告主体资格的认定错误，再审申请人马某某关于自己具有原告资格的主张成立。但是，根据一、二审法院查明的事实，马某某已经接受安置方案并领取了相关安置补偿费用，该安置补偿协议已经实际履行完毕，且涉案房屋已被拆除。马某某向本院申请再审并未提供相反证据证明相关安置补偿未落实到位。在此情况下，即使本院指令原审法院进行审理判决，因马某某不存在实体上应受保护的合法权益，也会得到一个驳回诉讼请求的判决，这样做不仅于事无补，反而增加当事人的诉累和浪费有限的司法资源。因此，尽管再审申请人马某某的再审理由有其道理，但对于本案而言并无提起再审之必要。最高人民法院裁定：驳回马某某的再审申请。

〔根据山东省高级人民法院（2016）鲁行终 1417 号行政裁定书和最高人民法院（2017）最高法行申 830 号行政裁定书编写〕

◎作者分析

本案中，一审法院和二审法院都认为马某某不具备行政诉讼的原告主体资格，理由是，涉案《安置补偿协议》已经履行完毕，马某某已经不存在可以主张的合法权益，不能再就此提起行政协议诉讼，故裁定驳回马某某的起诉。而最高人民法院认为，马某某作为集体土地上房屋被征收应获补偿的一方，在签订《安置补偿协议》后，对双方此协议提起撤销之诉，符合《行政诉讼法》的规定，应当具有本案原告主体资格。

我们认为，在通常情况下，行政协议因履行完毕会使权利义务消灭，进而消灭了特定主体之间的行政协议法律关系，某一具体法律关系消灭，由该法律关系的主体也就不再存在，但行政相对人就已履行完毕的行政协议提起无效、撤销之诉的情况有所不同，法院经审理如果确认行政协议无效或者予以撤销，由此侵害一方权益的，行政机关有过错的，则应返还财产或者赔偿损失。因此，马某某就《安置补偿协议》提起撤销之诉，应当认为其仍是行政相对人，仍有原告主体资格，有权提起行政诉讼。一审法院以马某某不再存在原告主体为由，在程序上驳回其起诉，属于适用法律错误。

本案行政相对人马某某提出涉案《安置补偿协议》违法、无效，请求予以撤销，当属行政诉讼的受案范围。法院经审理，如果认为马某某上述诉讼请求不成立的，应当驳回其诉讼请求，而不能驳回其起诉。但因涉案《安置补偿协议》已经履行完毕，马某某请求确认《安置补偿协议》违法、无效并予以撤销没有事实根据和法律依据，所以最高人民法院认为，"马某某不存在实体上应受保护的合法权益，也会得到一个驳回诉讼请求的判决，这样做不仅于事无补，反而增加当事人的诉累和浪费有限的司法资源。""尽管再审申请人马某某的再审理由有其道理，但对于本案而言并无提起再审之必要"。因此，最高人民法院才裁定驳回马某某的再审申请。

◎【裁判案例 16】

行政机关征收投资人使用的土地，投资人创办的公司不具有原告主体资格。

[案情简介]

2002 年 5 月 29 日，王某某与某镇政府签订《农贸市场投资建设协议书》，由某镇政府提供土地，王某某出资承建农贸市场并自行管理，合同期为 50 年。2012 年 4 月 26 日，A 市政府作出《征地公告》，王某某的农贸市场在拟征收范围内。2012 年 6 月，A 市国土资源局制作《拟征土地现状调查结果确认单》，王某某作为地上附着物产权人在该确认单上予以签字。2013 年 4 月 9 日，某省国土资源厅经某省政府同意后作出《土地征收批复》，同意 A 市政府对农村集体建设用地进行征收。2013 年 5 月 17 日，A 市政府发布《征用土地公告》《征地补偿、安置方案公告》。2014 年 6 月 16 日，某镇政府以王某某没有达到协议约定的投资标准、没有达到强化和繁荣市场的目的等为由，制作了《解除〈农贸市场投资建设协议书〉通知书》，并向王某某送达。

2014年7月，王某某向法院提起民事诉讼，要求确认《农贸市场投资建设协议书》有效并继续履行。法院作出民事判决，确认王某某与某镇政府签订的《农贸市场投资建设协议书》有效。在上述民事诉讼期间，某镇政府拆除了农贸市场内地上建筑物。

王某某投资创办的农贸公司向A市中院提起行政诉讼，要求确认被告A市政府作出的《征用土地公告》《征地补偿、安置方案公告》违法。

[一审判决]

A市中院一审认为：一、根据《最高人民法院关于审理涉及农村集体土地行政案件若干问题的规定》第四条规定，农贸公司的法定代表人王某某与某镇政府签订了《农贸市场投资建设协议书》，对被征收土地享有使用权，具备行政诉讼的原告诉讼主体资格。二、征收土地公告和安置补偿方案公告行为是对征收土地决定和安置补偿方案的复制与告知，其本身并未给行政相对人设定新的权利和义务，况且作出公告是集体土地征收的法定程序，负责组织实施集体土地征收的县级以上地方人民政府作出公告的行为符合法律规定，对农贸公司请求确认A市政府作出《征用土地公告》《征地补偿、安置方案公告》行政行为违法的诉讼请求不予支持。三、虽然2013年7月23日某镇政府对农贸公司地上附着物实施了拆除行为，但由于某镇政府实施拆除行为是在《土地征收批复》作出后。根据《土地管理法实施条例》第二十六条第一款、《征收土地公告办法》第十五条规定，农贸公司作为地上物的所有权人，应当享有地上附着物的补偿利益。四、在享有征收补偿利益的农贸公司地上附着物被拆除的情况下，A市政府对农贸公司补偿问题仍未作出结论就终结征收程序，农贸公司要求确认A市政府征收程序违法的主张成立。A市中院判决：一、A市政府在组织实施集体土地征收过程中，未对农贸公司的地上附着物进行补偿的行为违反《土地管理法实施条例》第二十六条第一款的规定；二、驳回贸易公司要求确认作出《征用土地公告》《征地补偿、安置方案公告》的行政行为违法的诉讼请求。

[二审裁定]

A市政府不服上述判决，向某省高院提起上诉。

某省高院另查明：根据农贸公司营业执照记载，农贸公司成立于2014年6月11日，公司类型为个人独资有限责任公司，投资人为王某某。

某省高院认为：《行政诉讼法》第二十五条规定，与被诉行政行为有利害关系的公民、法人或者其他组织，是行政诉讼的适格原告。《最高人民法院关于审理涉及农村集体土地行政案件若干问题的规定》第四条规定："土地使用人或者实际使用人对行政机关作出涉及其使用或实际使用的集体土地的行政行为不服的，可以以自己的名义提起诉讼。"本案中，2002年与某镇政府签订《农贸市场投资建设协议书》并出资建设农贸市场的均系王某某个人，且王某某与某镇政府签订的《农贸市场投资建设协议书》已被生效的民事判决确认有效，王某某是涉案土地的使用权人和地上附着物的所有权人。农贸公司成立于2014年6月11日，鉴于涉案《土地征收批复》作出时间为2013年4月9日，《征用土地公告》发布时间为2013年5月17日，此时农贸公司尚未成立，因此，农贸公司既不是被征土地的使用权人，也不是地上附着物的所有权人，与被诉征收行为没有利害关系，农贸公司不具备提起本案之诉的原告主体资格。一审判决认定农贸公司具备原告主体资格错误。

某省高院认定在农贸公司不具备原告主体资格的情况下，一审法院对本案作出实体判决，显属不当。于是裁定：一、撤销A市中院行政判决；二、驳回贸易公司的起诉。

[根据吉林省高级人民法院（2016）吉行终550号行政裁定书编写]

◎作者分析

本案涉及多个争议，这里仅分析农贸公司作为行政相对人和行政诉讼原告的主体资格问题。

本案中，A市中院一审判决认为农贸公司具备原告主体资格，而某省高院二审认定农贸公司不具备原告主体资格。

本案中的农贸公司虽然是王某某个人创办的独资企业，但农贸公司与王某某个人是不同的两个民事主体，王某某是自然人主体，而农贸公司是企业主体。

涉案《农贸市场投资建设协议书》是王某某于2002年与某镇政府签订

的，并由王某某个人投资建设农贸市场，且该协议已为后来的法院民事判决确认有效，王某某是涉案土地的使用权人和地上附着物的所有权人。而农贸公司成立于 2014 年 6 月 11 日，既不是被征土地的使用权人，也不是地上附着物的所有权人，更不是《农贸市场投资建设协议书》的签订人，所以不是本案的行政相对人。

与行政主体订立行政协议的公民、法人或者其他组织其是行政相对人，行政相对人就行政协议纠纷将行政主体作为被告提起诉讼，其身份就转化为行政诉讼的原告。反之亦然，公民、法人或者其他组织是否具备行政诉讼的原告资格，要看其是不是行政相对人，若不是行政相对人，又与被诉行政行为没有利害关系的，就不具行政诉讼的原告资格。因本案的行政相对人是王某某个人，而非农贸公司，所以某省高院二审裁定驳回贸易公司的起诉。

当然，王某某作为本案的行政相对人，在贸易公司的起诉被驳回后，其本人仍可作为原告提起行政诉讼主张补偿。

二、利害关系人的原告主体资格

这里的利害关系，是指直接行政相对人以外的个人或者单位的合法权益与行政主体作出的行政行为之间存在权益上利弊的一种因果关系。利害关系人，是指与本案的原被告有关系或者与本案结果有利害关系的人。利害关系人分为直接利害关系人与间接利害关系人。直接利害关系人有权向法院起诉或可能被提起诉讼，间接利害关系人对当事人之间的诉讼标的没有直接的利害关系，但当事人一方的败诉可能使自己遭受不利后果时，可以参加到诉讼中辅助一方当事人进行诉讼。这里所讨论的是行政协议诉讼中的直接利害关系人的原告主体资格问题。

《行政诉讼法》第二十五条第一款规定："行政行为的相对人以及其他与行政行为有利害关系的公民、法人或者其他组织，有权提起诉讼。"其中"其他与行政行为有利害关系的公民、法人或者其他组织"即利害关系人。

根据《行政诉讼法解释》（2018 年）第十二条规定，"与行政行为有利害关系"是指下列情形：

（1）被诉的行政行为涉及其相邻权或者公平竞争权的；

（2）在行政复议等行政程序中被追加为第三人的；

（3）要求行政机关依法追究加害人法律责任的；

（4）撤销或者变更行政行为涉及其合法权益的；

（5）为维护自身合法权益向行政机关投诉，具有处理投诉职责的行政机关作出或者未作出处理的；

（6）其他与行政行为有利害关系的情形。

《行政协议解释》根据上述规定和行政协议的特定点，第五条规定下列与行政协议有利害关系的公民、法人或者其他组织提起行政诉讼的，人民法院应当依法受理：

（1）参与招标、拍卖、挂牌等竞争性活动，认为行政机关应当依法与其订立行政协议但行政机关拒绝订立，或者认为行政机关与他人订立行政协议损害其合法权益的公民、法人或者其他组织；

（2）认为征收征用补偿协议损害其合法权益的被征收征用土地、房屋等不动产的用益物权人、公房承租人；

（3）其他认为行政协议的订立、履行、变更、终止等行为损害其合法权益的公民、法人或者其他组织。

根据上述规定，在行政协议诉讼中，利害关系人有两种主体身份：一是原告，根据《行政诉讼法》第二十五条第一款规定，利害关系人有权作为原告直接对行政机关提起行政协议诉讼；二是第三人，根据《行政诉讼法》第二十九条第一款规定，他人已经提起行政协议诉讼而利害关系人没有提起诉讼的，利害关系人可以作为第三人申请参加诉讼，也可以由人民法院通知其作为第三人参加诉讼。

需要注意的是，行政协议诉讼中的利害关系人，通常是非签订行政协议的单位或者个人。某一单位或者个人如果作为一方当事人参与签订行政协议的是当事人，而不是利害关系人。

◎【裁判案例17】

房屋租赁人因添附产生的权益与征收协议有利害关系，故具有原告的主体资格。

[案情简介]

2008 年 4 月 18 日，某某中学与汪某某签订《租赁协议》，其中约定：1. 汪某某承租某某中学 2000 平方米旧危教学楼一栋，租赁时间自 2008 年 8 月 20 日到 2018 年 8 月 19 日，租赁费用前 5 年每年使用费 4 万元，后 5 年每年使用费 4.85 万元；2. 在租赁期间，政府要拆迁，某某中学搞基本建设，某某中学提前 2 个月通知汪某某，汪某某应搬出，汪某某若终止合同，租赁期间政府拆迁赔偿，双方按照投资比例评估后分成，合同期满该楼改建装修的部分归某某中学所有。汪某某租赁该楼后，对该楼内外进行了加固和整修，还在租赁地块上开辟了道路，作为幼儿园经营场所使用。

根据某市政府建设生态廊道的需要，汪某某承租的教学楼在拆迁范围内。为了弥补某某中学主动拆除房产的损失，街道办事处考虑到幼儿园在改善办学条件、美化办学环境等方面的投入及搬迁的损失，与某某中学签订了《拆迁补偿协议》，对幼儿园的办学投入及搬迁给某某中学 55 万元补偿，并于 2013 年拆除清理了《租赁协议》中的旧危教学楼。

[双方诉辩]

汪某某以某区政府为被告，向某中院提起行政诉讼称：根据《某某省城市房屋拆迁管理条例》第十五条"拆迁租赁房屋的，拆迁人应当与被拆迁人、房屋承租人订立拆迁补偿安置协议"的规定，原告汪某某作为拆迁房屋的承租人应享有拆迁补偿，但被告某区政府却以该教学楼属于国有资产不给原告拆迁补偿款，原告汪某某迄今未得到一分钱的拆迁补偿款，显失公平。请求判令被告某区政府给付拆迁补偿款 190 万元，支付利息 11.685 万元。

某区政府辩称：街道办事处作为政府的基层组织拆迁涉案房屋，整个过程不涉及行政强制行为，某区政府也从未参与其中，与汪某某之间不存在行政法上的法律关系，因此，原告起诉被告属于起诉对象错误。街道办事处对产权人已经进行了补偿，其做法符合法律规定，汪某某向某区政府及其他任何行政单位主张权利都没有法律和事实依据。如果汪某某与某某中学之间确实存在租赁合同，其民事权利受到侵害，则应通过民事诉讼的方式在租赁合同纠纷中予以解决。政府部门对此楼的拆除不应再进行补偿，请求驳回原告的诉讼请求。

第三人某某中学答辩称：1. 第三人与原告汪某某之间存在的是房屋租赁合

同关系，房屋租赁合同关系显然是民法调整的关系，而本案是行政诉讼，第三人诉讼主体不适格；2.原告汪某某起诉没有法律和事实依据，按照房屋拆迁的规定，不履行拆迁补偿安置的费用，首先应当查明拆迁人与被拆迁人达成协议是前提，原告汪某某与没有拆迁人签订协议，就要求补偿显然是没有事实和法律依据；3.第三人与原告之间的纠纷，应当通过民事诉讼解决，本案无法解决民事纠纷。

[一审裁定]

某市中院认为：依据查明的事实，汪某某与某某中学于2008年4月18日签订《租赁协议》。本案所涉房屋的权利人系某某中学，汪某某仅为该房屋的承租人，不是该房屋征收的行政相对人。汪某某的起诉不属于人民法院行政诉讼的受案范围，不符合《行政诉讼法》第四十九条规定的起诉条件依据《行政诉讼法解释》（2015年）第三条第一款第一项之规定，裁定驳回汪某某的起诉。

[上诉理由]

汪某某不服某市中院上述裁定，向某省高院提起上诉称：某区政府是征用拆迁人，根据《某某省城市房屋拆迁管理条例》第十五条第二款"拆迁租赁房屋的，拆迁人应当与被拆迁人、房屋承租人订立拆迁补偿安置协议"的规定，承租人应享有拆迁补偿，与行政行为有利害关系，汪某某有权提起行政诉讼。请求撤销一审裁定，依法改判或发回重审。

[二审裁定]

某省高院认为，汪某某具备本案原告诉讼主体资格。汪某某租赁某某中学的一栋旧危教学楼后，对该教学楼进行加固、整修以维持该教学楼正常使用，并实际作为幼儿园使用，汪某某对该教学楼进行的添附行为使其取得对该教学楼获取拆迁补偿的权利。该教学楼因在生态廊道绿线规划范围内，属于应拆除地面附属物的范围，某区政府对该教学楼进行拆迁补偿时，未对汪某某进行补偿，侵犯了汪某某的合法权益，因此，汪某某具备提起本案行政诉讼的原告主体资格。综上，上诉人的上诉理由成立；一审裁定错误，应依法予以纠正。于是裁定：一、撤销某市中院行政裁定；二、指令某中院继续审理。

[根据郑州铁路运输中级法院（2015）郑铁中行初字第189号行政裁定书和
河南省高级人民法院（2016）豫行终393号行政裁定书编写]

◎作者分析

本案的争议焦点是承租人汪某某是否具有行政诉讼的原告主体资格的问题，而这一问题与租赁、添附、拆迁、补偿等一系列行为直接相关。

关于租赁产生的权益问题。本案中，汪某某与某某中学签订《租赁协议》，承租某某中学旧危教学楼，租赁期限为10年，即自2008年8月20日到2018年8月19日，而街道办事处因某市政府建设生态廊道的需要，于2013年拆除汪某某承租的教学楼，至此，汪某某剩余的五年租期权益受到损害。

关于添附产生的权益问题。汪某某为使用承租的旧危教学楼，投入资金对该教学楼采取加固、整修等，属于添附行为。添附是指不同所有人的物结合在一起而形成不可分离的物或具有新物性质的物。最高人民法院《关于贯彻执行〈中华人民共和国民法通则〉若干问题的意见（试行）》第86条规定："非产权人在使用他人的财产上增添附属物，财产所有人同意增添，并就财产返还时附属物如何处理有约定的，按约定办理；没有约定又协商不成，能够拆除的，可以责令拆除；不能拆除的，也可以折价归财产所有人；造成财产所有人损失的，应当负赔偿责任。"由此可见，在所有权人同意增添的情况下，增添附属物的处理有五种方式：一是有约定的，按约定处理；二是没有约定的可以协商处理；三是协商不成的，能够拆除的，可以责令拆除；四是不能拆除的，可以折价归财产所有人；五是擅自拆除造成财产所有人损失的，应当负赔偿责任。涉案《租赁协议》虽然约定"合同期满该楼改建装修的部分归某某中学所有"，但在街道办事处拆除教学楼时，《租赁协议》尚未到期，"改建装修的部分归某某中学所有"的条件尚未成就。且《租赁协议》约定"租赁期间政府拆迁赔偿，双方按照投资比例评估后分成"，而某某中学取得55万元补偿后，未按此约定给汪某某分成。

由于汪某某在被拆迁的教学楼上尚存五年租期和增添附属物的权益，故与街道办事处上述行为存在利害关系。《某某省城市房屋拆迁管理条例》第十五条"拆迁租赁房屋的，拆迁人应当与被拆迁人、房屋承租人订立拆迁补偿安置协议。"据此，街道办事处在拆迁前应当与某某中学、汪某某按照上述规定和约定先处理增添附属物的问题，但街道办事处在未处理增添附属物，并未与汪某某订立拆迁补偿安置协议的情况下就拆除了教学楼，显然损害了汪某某的权益。

关于汪某某的原告主体资格问题。街道办事处与某某中学签订的《拆迁补偿协议》是行政协议，街道办事处拆迁教学楼的行为是行政行为。《行政诉讼法》第二十五条第一款规定，行政行为的相对人以及其他与行政行为有利害关系的公民、法人或者其他组织，有权提起诉讼。由此可见，一审法院认为"本案所涉房屋的权利人系某某中学，汪某某仅为该房屋的承租人，不是该房屋征收的行政相对人。汪某某的起诉不属于人民法院受案范围，不符合《行政诉讼法》第四十九条规定的起诉条件"，据此裁定驳回汪某某的起诉是错误的。

三、村民作为行政协议原告的主体资格

我国公民指具有我国国籍，并根据我国法律规定享有权利权和承担义务的自然人。自然人因身份不同有不同的称呼，如工人、农民、军人等等。村民作为自然人是农村集体经济组织的成员，属于行政相对人"公民"的范畴。

我们在这里专门挑出村民作为行政协议原告进行分析，是因为村民与当前广泛使用的土地征收、房屋拆迁及补偿、安置等协议有着直接的财产权益关系，是最多的典型的行政协议原告。

根据《土地管理法》第十条和《物权法》第六十条规定，农民集体土地属于村民集体所有，由村集体经济组织或者村民委员会代表集体行使所有权。因此，行政机关征收村民集体土地的行政相对人是农村集体经济组织或者村民委员会，对征收村民集体土地不服的，亦应由农村集体经济组织或者村民委员会作为原告代表集体行使诉权。此外，根据《最高人民法院关于审理涉及农村集体土地行政案件若干问题的规定》第三条规定，村民委员会或者村集体经济组织对征收农村集体土地的行政行为不起诉的，过半数的村民可以以集体经济组织名义提起诉讼，而作为农村集体经济组织的少数成员或个别村民对此不具有原告主体资格。

《最高人民法院关于审理涉及农村集体土地行政案件若干问题的规定》第四条规定："土地使用权人或者实际使用人对行政机关作出涉及其使用或

实际使用的集体土地的行政行为不服的，可以以自己的名义提起诉讼。"由此可见，村民与行政机关征收其农村集体土地是有"利害关系"的，如其是土地使用权人或者实际使用人，行政机关征收其使用或实际使用的集体土地，就会涉及其土地承包经营权、使用土地上的建筑物（如房屋）和附着物（如青苗）等权益，这就需要依法进行安置补偿，于是产生了利害关系。《最高人民法院关于审理涉及农村集体土地行政案件若干问题的规定》第一条规定："农村集体土地的权利人或者利害关系人（以下简称土地权利人）认为行政机关作出的涉及农村集体土地的行政行为侵犯其合法权益，提起诉讼的，属于人民法院行政诉讼的受案范围。"农村土地的使用权人和实际使用人，不论人数多少，只要其认为行政机关征收农民集体土地与其有利害关系的，都有原告主体资格，可以以自己的名义提起行政诉讼。

◎【裁判案例 18】

村民不是集体土地所有权人和征收签约人，不具有行政相对人和行政诉讼原告的主体资格。

[案情简介]

2010 年 8 月 20 日，某市土储中心与某某村村委会签订《土地征地补偿协议》，确定补偿面积为 44.54 亩，实际应支付征地补偿费 267.24 万元。2011 年 8 月 4 日，某市政府发布《征收土地预公告》，预告拟转征包括某某村 4.866 公顷在内的集体土地。2011 年 8 月 10 日，某某房开公司与某某村村委会签订《土地收储补偿协议》，收储土地面积 66.69 亩，每亩补偿 6 万元，补偿费用为400.14 万元。孙某某一家三人（以下简称"孙某某等人"）系该村村民，在某某村有承包旱田 8.4 亩，属于上述征地范围。

2015 年 8 月 5 日，孙某某等人以某市政府、某市土储中心为被告，向某市中院提起行政诉讼，请求确认某市土储中心与某某村村委会签订的《土地收储补偿协议》违法，并赔偿其经济损失。

[一、二审裁定]

某市中院认为，孙某某等人要求确认某市政府与某某村签订《土地收储补偿协议》违法，但并未举证证实某市政府与某某村签订《土地收储补偿协议》，被诉行政行为不存在。孙某某等人提供的某某房开公司与某某村村委会签订的《土地收储补偿协议》，不属于人民法院行政诉讼受案范围。孙某某等人提供的某市政府征收土地预公告，能够证明某市政府征收包括某某村在内的集体土地的意向，是一种预公告，不是正式下达的公告，更不是征收土地的决定，不属于对孙某某等人产生实质影响的行政行为，不属于行政诉讼受案范围。某市中院裁定对孙某某等人的起诉不予立案。

孙某某等人不服某市中院上述裁定向某省高院提起上诉。

某省高院认为，孙某某等人所诉的《土地收储补偿协议》是某某房开公司与某某村村委会签订的，被征用的土地是某某村集体土地，《土地收储补偿协议》是平等民事主体之间签订的协议，不属于行政诉讼受案范围。孙某某等人以某市政府为被告，提起行政诉讼，不符合《行政诉讼法》第四十九条第（三）、（四）项的规定，一审裁定对孙某某等人的起诉不予立案正确。某省高院裁定驳回孙某某等人上诉，维持一审裁定。

[最高人民法院裁定]

孙某某等人向最高人民法院申请再审称：1.孙某某等人起诉的是某市土储中心与某某村签订的《土地征地补偿协议》，而非某某房开公司与某某村签订的《土地收储补偿协议》；2.孙某某等人提交的《土地征地补偿协议》和《土地收储补偿协议》已经能够证明征收、征用事实的存在，孙某某等人已经完成举证责任。请求撤销一、二审裁定，指令某市中院再审本案。

最高人民法院经审查认为，《最高人民法院关于审理涉及农村集体土地行政案件若干问题的规定》第一条规定："农村集体土地的权利人或者利害关系人（以下简称土地权利人）认为行政机关作出的涉及农村集体土地的行政行为侵犯其合法权益，提起诉讼的，属于人民法院行政诉讼的受案范围。"第三条第一款规定："村民委员会或者农村集体经济组织对涉及农村集体土地的行政行为不起诉的，过半数的村民可以以集体经济组织名义提起诉讼。"本案中，孙某某等一审起诉状明确的诉讼请求为：请求确认某市土储中心与某某村村委会签订的

《土地收储补偿协议》违法并赔偿损失。土地征收过程中，土储中心与村委会签订的土地征收补偿协议，是土地所有权人与征收管理部门之间签订的行政协议，属于行政诉讼的受案范围。但是，土地征收补偿协议只是土地所有权人与征收管理部门关于土地征收补偿款达成的协议，只有集体土地所有权人或者过半数的村民可以以集体经济组织名义提起诉讼。涉案《土地征地补偿协议》不涉及土地使用权的行使，与土地使用权的行使相关联的是土地征收决定或者限期搬迁决定、强制清除地上附着物的行为等，作为土地使用人，与土地证征收补偿协议行为并不存在区别与其他村民的特别权利。因此，孙某某等人以土地使用权人的身份起诉土地征收补偿协议行为，不具有原告资格。一、二审裁定驳回其该项诉讼请求，处理结果并无不当。孙某某等人又坚称，其所诉的对象是某某房开公司与某某村村委会签订的《土地收储补偿协议》。但是，某某房开公司与某某村村委会签订的《土地收储补偿协议》，系平等主体之间签订的用地补偿协议，并非行政协议，不属于行政诉讼受案范围。故，一、二审裁定对其该项诉讼请求不予立案，亦无不当。最高人民法院裁定驳回孙某某等人的再审申请。

[根据最高人民法院（2016）最高法行申 1589 号行政裁定书编写]

◎作者分析

本案的争议焦点之一是孙某某一家三村民是否具有行政相对人及原告主体资格的问题。

从行政相对人构成的基本条件来看，孙某某一家三人都是成年人，具有完全的民事行为能力和民事权利能力，在自然人资格上是没有问题的。但只有行政主体对其作出行政行为且与其产生行政权利义务关系的，孙某某等人才能进入行政管理法律关系成为行政相对人，如果未与其发生行政权利义务关系，孙某某等人就不是行政相对人。

最高人民法院经审查认为，孙某某等人不具有原告资格。理由是：1.《土地征地补偿协议》是土储中心与村委会签订的行政协议，孙某某等人不是该协议的签订人。2.村民委员会或者农村集体经济组织对涉及农村集体土地的行政行为不起诉的，村民可以以集体经济组织名义提起诉讼，但根据《最高人民法院关于审理涉及农村集体土地行政案件若干问题的规定》第三条第一款规定村民要过半数。孙某某一家三人虽为本村村民，但远远没达到"过半数"的要求。3. 孙某某等人虽在某某村有承包旱田8.4亩，但其只享有承包土地的使用权而不享有所有权，对此，最高人民法院认为本案"土地征收补偿协议不涉及土地使用权的行使，与土地使用权的行使相关联的是土地征收决定或者限期搬迁决定、强制清除地上附着物的行为等，作为土地使用人，与土地证征收补偿协议行为并不存在区别与其他村民的特别权利。"也就是说，涉案的《土地征地补偿协议》征收的是农村集体所有的土地，暂不涉及村民行使土地使用权，只有行政主体对村民作出土地征收决定或者限期搬迁决定、强制清除地上附着物等行为时，村民作为土地使用人才是行政相对人，此时，某个或部分村民不存在区别与其他村民的特别权利，孙某某不能代表"过半数"村民提起行政诉讼。所以，孙某某等人不是本案的行政相对人，不具备行政诉讼的原告主体资格。

◎【裁判案例19】

村民承包土地与征地行为有利害关系的，有权提起行政协议诉讼。

[案情简介]

2004年，东关村委会批准将汪某某的0.56亩承包田拨给隋某某、万某某（系夫妻关系）承包耕种。2011年11月23日，某县土储中心与东关村签订《征地补偿协议》约定：某县土储中心征收东关村规划中的土地43.899亩，土地安置补偿费每亩3万元支付给土地承包者，土地补偿费已支付，另支付土地及地上附着物补偿费每亩175000元及道路补偿费、奖金、差额土地补偿费等。隋某某、万某某使用的0.56亩位于征收范围之内。某县土储中心与隋某某、万某某多次协商未达成补偿协议。2011年7月11日，某县国土局对隋某某、万某某作出《责令限期交付土地决定》。隋某某不服该决定申请行政复议，某县政府作出行政复议决定，维持《责令限期交付土地决定》。

2015年5月6日，隋某某、万某某以某县政府、某县土储中心、某某镇政府、东关村委会等为被告提起本案诉讼，并提出多项请求，其中：1. 撤销某县土储中心与某某镇政府、东关村委会签订的《征地补偿协议》，将该协议中第六条的 1 亩地（实为 0.56 亩）的使用权判决归隋某某、万某某所有；2.判令某县土储中心支付 20.57 亩土地的土地补偿费、安置补助费及遗漏的安置补助费。

[一、二审裁定]

某市中院认为：1.隋某某、万某某提出撤销县土储中心与某某镇政府、东关村委会签订的《征地补偿协议》，因隋某某、万某某不是签订该协议的当事人，故其提出撤销该协议，不具备主体资格，且请求撤销协议不属于行政诉讼受案范围。2.隋某某、万某某要求判令县土储中心支付 20.57 亩土地的土地补偿费、安置补助费的主张，因隋某某、万某某不是该宗土地的所有权人或使用权人，其提出该请求不具备主体资格。3.东关村委会不是行政机关，不属适格的被告。某市中院裁定驳回隋某某、万某某的起诉。

隋某某、万某某不服向某省高院提起上诉，某省高院以某市中院同样的理由裁定驳回其上诉，维持一审裁定。

[最高人民法院裁定]

隋某某、万某某向最高人民法院申请再审称：某县土储中心与某某镇政府、东关村委会签订的《征地补偿协议》，隋某某、万某某是被征收土地人，与其存在直接利害关系，应适用《行政诉讼法》第二十五条的规定，确认隋某某、万某某具有原告资格。

最高人民法院经审查对本案的争议焦点作如下评判：

一、关于请求撤销《征地补偿协议》的问题。《行政诉讼法》第二十五条第一款规定，行政行为的相对人以及其他与行政行为有利害关系的公民、法人或者其他组织，有权提起诉讼。《最高人民法院关于审理涉及农村集体土地行政案件若干问题的规定》第一条规定："农村集体土地的权利人或者利害关系人（以下简称土地权利人）认为行政机关作出的涉及农村集体土地的行政行为侵犯其合法权益，提起诉讼的，属于人民法院行政诉讼的受案范围。"第四条规定："土地使用权人或者实际使用人对行政机关作出涉及其使用或实际使用的集体土地的行政行为不服的，可以以自己的名义提起诉讼。"本案中，某县土储中心与某某镇政府、东关村村委会签订了《征地补偿协议》，隋某某、万某某享有承包权的 0.56 亩土地在征收补偿范围内。虽然隋某某、万某某并非签订协议的当事人，但二人作为土地承包人，与《征地补偿协议》涉及到的征收行为之间存在利害关系，具有提起行政诉讼的原告主体资格。一、二审认定，隋某某、万某某不具备原告资格，适用法律不当。另，《征地补偿协议》属于土地征收补偿协议，《行政诉讼法》第十二条第一款第十一项已经将此类协议明确为行政诉讼的受案范围，一、二审认为该协议不属于行政诉讼受案范围，亦属适用法律不当。

二、关于隋某某、万某某与某县土储中心征收 20.57 亩土地之间是否具有利害关系的问题。隋某某、万某某请求县土储中心支付其被征收的 20.57 亩土地的补偿费、安置补助费。经审查，该部分土地归某某镇西关村所有，不属于东关村，隋某某、万某某既不是该宗土地的所有权人，也不是该宗土地的使用权人，亦未提供证据证明二人与该地块的征收之间存在利害关系。故一、二审认定隋某某、万某某提出该项诉讼请求不具备原告资格，并无不当。

但因隋某某、万某某提起本案诉讼已经超过起诉期限，故最高人民法院裁定驳回隋某某、万某某的再审申请。

［根据最高人民法院（2016）最高法行申 1601 号行政裁定书编写］

◎作者分析

本案争议焦点是隋某某、万某某夫妇是否具有原告资格的问题。

根据合同相对性原则，签订行政协议的行政主体的对方当事人是参与签订该协议的行政相对人，行政相对人的对方当事人是参与签订该协议的行政主体，非行政协议的签订人不是该协议的当事人，在行政诉讼中通常不具有原告或被告的资格。但《行政诉讼法》第二十五条第一款规定"与行政行为有利害关系的公民、法人或者其他组织，有权提起诉讼"，也就是说，某一公民、法人或者其他组织虽非行政协议的签订人，但当行政主体与他人签订的行政协议与其"有利害关系"，且该利害关系人认为行政协议侵害其合法权益的，则有资格作为原告向法院提起行政诉讼，以维护自己的合法权益。

本案的《征地补偿协议》是由某县土储中心与某某镇政府、东关村村委会签订，隋某某、万某某不是农村集体土地的所有权人，也不是该协议的签订人，即不是该协议中的行政相对人，但是，隋某某、万某某是征收补偿范围内的 0.56 亩土地的承包人，享有该土地的使用权和承包权益，与涉案《征地补偿协议》中的征收行为有着利害关系，主要表现为，该承包土地如果被征收，隋某某、万某某应当得到合法的经济补偿，但某县土储中心在未与隋某某、万某某达成补偿协议的情况下，某县国土局就对隋某某、万某某作出《责令限期交付土地决定》，显然侵害了隋某某、万某某的土地承包权益，因此，根据《行政诉讼法》第二十五条第一款规定，隋某某、万某某对此具有行政诉讼的原告资格。

隋某某、万某某在本案中的另一诉讼请求是"判令某县土储中心支付20.57亩土地的土地补偿费、安置补助费及遗漏的安置补助费。"法院经审理查明，隋某某、万某某所诉的"20.57亩土地"属西关村所有，而不属于隋某某、万某某所在的东关村所有，隋某某、万某某是东关村村民，而不是西关村村民，该土地被征收，既不存在损害其合法权益，又不与其存在利害关系，就此，隋某某、万某某既不是行政相对人，又不是利害关系人，隋某某、万某某提出该项诉讼请求不具备原告资格。

◎【裁判案例20】

征收农村集体土地未公告补偿安置方案，村民认为侵犯其合法权益的，可以自己名义提起行政诉讼。

[原告起诉]

2015年9月25日，郑某某向某市第一中院提起行政诉讼称：2009年至2010年，某区政府委托某某物流园管委会征收某某镇某某村的大批土地，导致其土地遭到灭失，房屋宅基地、厂房被拆除。某区政府征收土地未发布征收补偿安置方案公告，违反了相关法律规定，请求法院判决确认某区政府征收其土地时未发布征地补偿安置方案公告违法。

[一、二审裁判]

某市第一中院认为：对征地补偿安置方案予以公告，系行政机关针对农村集体经济组织作出的行政行为。根据《最高人民法院关于审理涉及农村集体土地行政案件若干问题的规定》第三条之规定，村民委员会或者农村集体经济组织对涉及农村集体土地的行政行为不起诉的，过半数的村民可以以集体经济组织名义提起诉讼。经调查，以涉案土地被征收时之现实境况，郑某某以个人名义起诉未超过其所属集体经济组织村民的半数，其提起诉讼不符合法律规定，不具备诉讼主体资格。某市第一中院裁定驳回郑某某的起诉。

郑某某不服一审判决，向某市高院提起上诉。某市高院以同一理由裁定维持一审裁定。郑某某向最高人民法院申请再审。

[最高人民法院裁定]

最高人民法院经审理认为：本案争议焦点在于郑某某是否为本案的适格原告。

鉴于行政相对人可以分为行政行为中载明的直接相对人和行政行为中虽未载明但其合法权益受到行政行为实际影响的间接相对人，故《行政诉讼法》第二十五条第一款规定"行政行为的相对人以及其他与行政行为有利害关系的公民、法人或者其他组织，有权提起诉讼"。该规定强调了行政诉讼原告资格的标准为"与行政行为有利害关系"。

依据《行政诉讼法》规定，行政诉讼的原告资格要件有二：一方面，起诉人必须"与行政行为有利害关系"。这里所说的"与行政行为有利害关系"应当理解为"行政机关及其工作人员作出的行政行为对公民、法人或者其他组织的权益已经或将会产生实际影响"，主要指的是行政行为处分了行政相对人的权益。该处分也分为直接处分和间接处分两种。前者是指行政行为直接增加、剥夺或变更行政相对人的权益；后者是指行政行为虽然并未直接增加、剥夺或变更行政相对人的权益，但其存在会给其他法律行为的作出提供具有法律意义的根据，或者置行政相对人于不利的地位。也就是说，间接处分除包括对相对人权益或者地位确认外，还包括导致相对人权益的弱化。总而言之，这里所说的利害关系要从宽解释，只要某个公民、法人或者其他组织能够证明其与被诉行政行为具有别人所不具有的利害关系，或者具有某种特殊利益，那么，就应当认为其与行政行为具有利害关系。另一方面，原告必须具有法律上独立人格的公民、法人或者其他组织。因为只有具有法律上独立人格的公民、法人或者其他组织才能承担最后的诉讼后果。

《土地管理法》第十条规定"农民集体所有的土地依法属于村农民集体所有的，由村集体经济组织或者村民委员会经营、管理"；《物权法》第六十条规定"对于集体所有的土地和森林、山岭、草原、荒地、滩涂等，依照下列规定行使所有权：（一）属于村农民集体所有的，由村集体经济组织或者村民委员会代表集体行使所有权；（二）分别属于村内两个以上农民集体所有的，由村内各该集体经济组织或者村民小组代表集体行使所有权；（三）属于乡镇农民集体所有的，由乡镇集体经济组织代表集体行使所有权。"因此，作为村农民集体成员的个别村民认为村农民集体享有土地的所有权受到行政行为侵害，需要对有关行政机关主张权利的，应通过法定的途径和形式，将个别村民的意愿转化为村农民集体的意愿，以村农民集体的名义主张权利，作为村农民集体成员的个别村民未经授权原则上不能代表村农民集体提起行政诉讼。为此，个别村民对相关行政行为不服且村集体经济组织或者村民委员会又不主动提起诉讼，则该个别村民应当依照《村民委员会组织法》规定的程序，通过村民会议和村民代表会议形成集体决定，并由村民委员会执行，或者根据《最高人民法院关于审理涉及农村集体土地行政案件若干问题的规定》第三条第一、二款"村民委员会或者农村集体经济组织对涉及农村集体土地的行政行为不起诉的，过半数的村民可以以集体经济组织名义提起诉讼""农村集体经济组织成员全部转为城镇居民后，对涉及农村集体土地的行政行为不服的，过半数的原集体经济组织成员提起诉讼"之规定提起行政诉讼，以确保起诉代表整体村民的集体意志，或者也可根据《最高人民法院关于审理涉及农村集体土地行政案件若干问题的规定》第四条"土地使用权人或者实际使用人对行政机关作出涉及其使用或实际使用的集体土地的行政行为不服的，可以以自己的名义提起诉讼"的规定提起行政诉讼。

　　在本案中，郑某某的诉讼请求为请求人民法院确认某区政府未发布征地补偿安置方案公告违法。原审法院认为，发布征地补偿安置方案公告系行政机关针对农村集体经济组织作出的行政行为，根据《最高人民法院关于审理涉及农村集体土地行政案件若干问题的规定》第三条第一款规定，本案适格原告是村民委员会、农村集体经济组织或者过半数的村民，郑某某以个人名义提起本案诉讼不符合法律规定，不具备诉讼主体资格，故裁定驳回郑某某的起诉。但是，补偿安置方案涉及到农村集体经济组织及成员（包括被征地户）的切身利益，其公告发布后，农村集体经济组织及成员（包括被征地户）对补偿方案均可能有不同的意见，为了更好地听取各方面的意见，法律要求补偿安置方案予以公告。故公告补偿安置方案是土地征收过程中的法定程序，且同时涉及农村集体经济组织和村民个体的安置补偿权，与侵犯村农民集体土地所有权的行政行为不尽相同。主要体现为：一是从公告对象上看，《土地管理法》第四十八条规定"征地补偿安置方案确定后，有关地方人民政府应当公告，并听取被征地的农村集体经济组织和农民的意见"，故补偿安置方案的公告既针对农村集体经济组织也针对农民个体；二是从公告内容上看，《土地管理法实施条例》第二十六条第一款规定"土地补偿费归农村集体经济组织所有；地上附着物及青苗补偿费归地上附着物及青苗的所有者所有"，故补偿安置方案的公告内容既包括归农村集体经济组织所有的土地补偿费也包括归个人所有的地上附着物及青苗补偿费；三是从权益辐射上看，即使土地补偿费公告主要涉及农村集体经济组织，但受益的是全体成员（包括被征地户），涉及每一成员（包括被征地户）后续具体获得的补偿数额；四是从相关司法解释上看，依据《最高人民法院关于审理涉及农村集体土地行政案件若干问题的规定》第四条"土地使用权人或者实际使用人对行政机关作出涉及其使用或实际使用的集体土地的行政行为不服的，可以以自己的名义提起诉讼"规定，土地使用权人或者实际使用人对行政机关作出的涉及征地补偿安置的行政行为，可以以自己的名义提起诉讼。

综上，郑某某认为行政机关未发布征地补偿安置方案公告侵犯其合法权益（包括安置补偿权），可以自己名义依法提起本案诉讼。一、二审法院依据《最高人民法院关于审理涉及农村集体土地行政案件若干问题的规定》第三条第一款规定认为郑某某在本案中不具备诉讼主体资格，属于适用法律错误。

最高人民法院认定，郑某某提起本案诉讼，符合行政诉讼法定受理条件，一、二审裁定驳回其起诉违反法律规定，依法应予纠正。于是裁定：一、撤销某市第一中院的行政裁定及某市高院的行政裁定；二、指令某市第一中院对本案继续审理。

［根据最高人民法院（2017）最高法行再50号行政裁定书编写］

◎作者分析

本案中，某市第一中院适用《最高人民法院关于审理涉及农村集体土地行政案件若干问题的规定》第三条规定，认为郑某某以个人名义起诉未超过其所属集体经济组织村民的半数，不具备诉讼主体资格，于是裁定驳回郑某某的起诉。而最高人民法院适用《最高人民法院关于审理涉及农村集体土地行政案件若干问题的规定》第一条和第四条的规定，认为郑某某是土地使用权人或者实际使用人，某区政府征收其村的集体土地，与其有利害关系，请求法院判决确认某区政府征收其土地时未发布征地补偿安置方案公告违法，具有原告主体资格。此外，最高人民法院在处理本案中指出的几个法律问题值得我们在实践中借鉴：

一是行政机关"公告补偿安置方案是土地征收过程中的法定程序"，若未予公告听取村民意见，则违反法定程序；

二是征地补偿安置方案"涉及农村集体经济组织和村民个体的安置补偿权"，也就是说，征地农民集体土地的补偿安置方案，既涉及村集体土地所有权，又涉及村民个体的安置补偿权；

三是"土地补偿费公告主要涉及农村集体经济组织，但受益的是全体成员，涉及每一成员后续具体获得的补偿数额"，因此，土地补偿费公告与被征地农户有着利害关系。

本案中，郑某某系被征地村的村民，是该村土地使用权人之一，根据《最高人民法院关于审理涉及农村集体土地行政案件若干问题的规定》第四条规定，其与某区政府征收其村的集体土地有利害关系，故有权以自己的名义对某区政府提起行政诉讼。

◎【裁判案例21】

户主代表家庭成员签约后，其他非房地产权证登记人的家庭成员无权提起行政协议诉讼。

[案情简介]

杨A家庭共有8人，其中包括杨A夫妇和其子杨B、儿媳杜某等。2014年7月1日，杨A与某区开发建设指挥部（以下简称"指挥部"）签订了《某某街道片区村民住宅拆迁安置补偿协议》（以下简称《补偿协议》）。该协议约定：某区政府征收杨A所有的位于某某村的宅基地房屋；杨A选择了4套安置房。

双方还就拆迁补偿费在《补偿协议》中作了明确约定。

2016年，杨B、杜某夫妇对杨A与指挥部签订的《补偿协议》不服，以某区政府为被告、以杨A为第三人向某市中院提起行政诉讼。两原告诉称：征收集体土地实施集体土地上房屋拆迁，应严格适用《土地管理法》《土地管理法实施条例》之规定，集体土地禁止买卖。《补偿协议》实际上违反了法律、行政法规之强制性规定。《补偿协议》征用的宅基地房屋是原告杨B与杜某修建的，原告杨B与杜某及子女户口都某某村，并且实际居住在上述房屋里。原告杨B、杜某与《补偿协议》有法律上的利害关系。根据《行政诉讼法》第二十五条、《行政诉讼法解释》（2000年）第十二条相关规定，特提起行政诉讼，请求确认被告某区政府和第三人杨A签订的《补偿协议》无效。

某区政府辩称：1.《补偿协议》中相对人为户主杨A，原告杨B、杜某不是《补偿协议》的相对一方，因此原告杨B、杜某在本案中不具备原告主体资格。2.指挥部是由某区政府依法设立的负责具体拆迁工作的临时机构，其权利义务由某区政府承受，以其名义订立合同符合法律规定。杨A是建设用地使用权的权利人，依据我国土地法律及政策，农村集体土地使用权以户为单位，与户主签订协议符合法律规定。3.签订《补偿协议》主体合法，双方意思表示真实，协议未侵害他人利益，也存在《合同法》第五十二条规定的无效情形。请求人民法院查明事实，依法驳回原告起诉。

[法院裁定]

某市中院认为：指挥部系临时机构，对外不能独立承担责任，依据《行政诉讼法解释》（2000年）第二十条第一款之规定，相应法律责任应由被告某区政府承担。

《行政诉讼法》第二十五条第一款规定："行政行为的相对人以及其他与行政行为有利害关系的公民、法人或者其他组织，有权提起诉讼。"第四十九条规定，提起诉讼"原告是符合本法第二十五条规定的公民、法人或者其他组织"。本案中，现有证据证明，涉案房屋所在的集体土地建设用地使用证及房屋所有权证载明的权利人都为第三人杨A。杨A与被告指挥部签订《补偿协议》，主体适格。根据《土地管理法》第六十二条"农村村民一户只能拥有一处宅基地"的规定，涉案宅基地使用权属于杨A家庭户共同享有。杨A已就宅基地房屋及地面附着物与指挥部签订了《补偿协议》，并按户内人口数约定了补偿安置有关内容。上述《补偿协议》签订后，对全户均具有法律效力，根据《补偿协议》获得的 4 套安置房及补偿的有关款项的分配问题，系杨 A 家庭户成员内部之间的关系。

原告杨 B、杜某并非涉案集体土地建设用地使用权人及涉案房屋产权人，亦非签订《补偿协议》的当事人，两原告以其系涉案房屋的实际投资建设人及使用人为由主张其与《补偿协议》具有利害关系，本院不予采信。原告起诉请求确认被告某区政府和第三人杨 A 签订的《补偿协议》无效，不具备原告主体资格。

某市中院根据《行政诉讼法解释》（2015 年）第三条第一款第一项之规定，裁定驳回原告杨 B、杜某的起诉。

[根据山东省济南市中级人民法院（2016）鲁 01 行初 605 号行政裁定书编写]

◎ **作者分析**

本案中，杨 B、杜某的原告主体资格争议，与涉案宅基地房屋的使用权和所有权的登记直接相关。

在农村的现实生活中，我们常见村民房地产本应为家庭全体成员所有或夫妻共同共有，但在办理房地产登记时，不少家庭成员或夫妻没有刻意或留意登记为共有，而登记在一个家庭成员（主要是户主）或夫妻一方名下，当发生房屋转让、拆迁、分割的时候，却发生内部产权纠纷，本案中的杨家就发生这种情况。杨家共有 8 人，根据《土地管理法》第六十二条"农村村民一户只能拥有一处宅基地"的规定，涉案宅基地使用权登记在杨 A 一个人名下，实际属于杨家一户 8 人共同享有，这并不违反法律规定。

涉案宅基地上的房屋，杨家成员并未着意登记为家庭共有或杨 A 与其妻共同共有，而登记在杨 A 名下，杨 A 持有该房屋的所有权证。根据《物权法》第九条"不动产物权的设立、变更、转让和消灭，经依法登记，发生效力；未经登记，不发生效力，但法律另有规定的除外"的规定，杨 A 经登记持有的房屋所有权证，在法律上对该房屋享有所有权的效力，而其子杨 B

和儿媳杜某对涉案房屋未参与登记为共有，故在法律上不是共同所有权人。土地使用权证和房屋所有权证是法定凭证，且对外具有公示的公信力，因此在法庭上具有很强的证明效力。所以，某区政府与杨A签订《补偿协议》，杨A作为被征收的行政相对人，在法律上是没有问题的。

杨B和杜某在诉讼中提出，涉案房屋由其修建并实际居住，与《补偿协议》有法律上的利害关系。但这一事由不能对抗杨A持有土地使用权证和房屋所有权证的效力。因杨B和杜某不是法律上涉案房地产的持证人，故不是征收拆迁的行政相对人，无须参与签订《补偿协议》，因此也就不具备行政诉讼的原告主体资格。至于其家庭内部的房地产分割及处置，应由其家庭内部解决，或者通过民事诉讼解决，而行政诉讼不能同时审理此类案件。

第三节 行政协议诉讼的被告主体资格

行政诉讼被告，是指被行政相对人起诉指控侵犯其行政法上的合法权益而由人民法院通知应诉的行政主体。行政相对人就行政协议纠纷提起行政诉讼，对方当事人必须是适格的被告；如果被告不适格，法院就会裁定驳回行政相对人的起诉。

一、关于行政主体

行政主体，是指享有行政权力，能以自己的名义行使行政权作出影响行政相对人权利义务的行政行为，并能独立承担由此产生的相应法律责任的社会组织。行政主体与行政机关是两个不同的概念。行政机关是按照国家宪法和有关组织法的规定而设立的，代表国家依法行使行政权，组织和管理国家行政事务的国家机关，通常是指政府及其部门。

行政主体主要是行政机关，但不限于行政机关，还包括法律、法规或者规章授权行使行政职权的行政机关内设机构、派出机构或者其他组织等。行政主体的对方是行政相对人，而行政机关是相对公民、法人或者其他组织而言的。

行政主体实施行政行为的权源来自法律的授权，只有在法律授权的范围内实施行政行为才是适格的行政主体，所以，行政诉讼实行"谁行为谁为被告"的法定主体原则。

二、行政诉讼的被告主体

根据《行政诉讼法》第二十六条规定，行政诉讼中的被告有以下几种：

（1）公民、法人或者其他组织直接向人民法院提起诉讼的，作出行政行为的行政机关是被告。

（2）经复议的案件，复议机关决定维持原行政行为的，作出原行政行为的行政机关和复议机关是共同被告；公民、法人或者其他组织起诉复议机关不作为，或者复议机关改变原行政行为的，复议机关是被告；复议机关在法定期限内未作出复议决定，公民、法人或者其他组织起诉原行政行为的，作出原行政行为的行政机关是被告。

（3）两个以上行政机关作出同一行政行为的，共同作出行政行为的行政机关是共同被告。

（4）行政机关委托的组织所作的行政行为，委托的行政机关是被告。

（5）行政机关被撤销或者职权变更的，继续行使其职权的行政机关是被告。

根据上述规定，《行政诉讼法解释》（2018年）第十九条至第二十五条对行政诉讼被告的具体情形作出规定：

（1）经上级行政机关批准的行政行为，以在对外发生法律效力的文书上署名的机关为被告。

（2）行政机关组建并赋予行政管理职能但不具有独立承担法律责任能力的机构，以自己的名义作出行政行为，以组建该机构的行政机关为被告。

（3）法律、法规或者规章授权行使行政职权的行政机关内设机构、派出机构或者其他组织，超出法定授权范围实施行政行为，以实施该行为的机构或者组织为被告；没有法律、法规或者规章规定，行政机关授权其内设机构、派出机构或者其他组织行使行政职权的，属于行政诉讼法第二十六条规定的委托，以委托的行政机关为被告。

（4）由国务院、省级人民政府批准设立的开发区管理机构作出的行政行为，以该开发区管理机构为被告；对由国务院、省级人民政府批准设立的开发区管理机构所属职能部门作出的行政行为，以其职能部门为被告；对其他开发区管理机构所属职能部门作出的行政行为，以开发区管理机构为被告；开发区管理机构没有行政主体资格的，以设立该机构的地方人民政府为被告。

（5）行政机关被撤销或者职权变更，没有继续行使其职权的行政机关的，以其所属的人民政府为被告；实行垂直领导的，以垂直领导的上一级行政机关为被告。

（6）对村民委员会或者居民委员会依据法律、法规、规章的授权履行行政管理职责的行为，以村民委员会或者居民委员会为被告；对村民委员会、居民委员会受行政机关委托作出的行为，以委托的行政机关为被告。

（7）对高等学校等事业单位以及律师协会、注册会计师协会等行业协会依据法律、法规、规章的授权实施的行政行为，以该事业单位、行业协会为被告；对高等学校等事业单位以及律师协会、注册会计师协会等行业协会受行政机关委托作出的行为，以委托的行政机关为被告。

（8）市、县级人民政府确定的房屋征收部门组织实施房屋征收与补偿工作过程中作出行政行为，以房屋征收部门为被告；征收实施单位受房屋征收部门委托，在委托范围内从事的行为，以房屋征收部门为被告。

三、法定授权组织的被告问题

这里的法定授权组织，是指依具法律、法规或规章授权而行使特定行政职能的非国家机关的组织。我国非国家机关的组织是很多的，如社会团体、事业单位、基层群众性自治组织等，又如非行政机关但又属于政府系列的行政机构、职能部门的内部机构、派出机构等。这些非国家机关的组织原来不具有行政管理职权，但法律、法规、规章授予在某一行政事务方面管理权，公民、法人或其他组织如认为该组织所作的行政行为侵犯了其合法权益的，应以该组织为被告提起诉讼。如《行政诉讼法解释》（2018年）第二十五条规定："市、县级人民政府确定的房屋征收部门组织实施房屋征收与补偿工作过程中作出行政行为，以房屋征收部门为被告；征收实施单位受房屋征收部门委托，在委托范围内从事的行为，以房屋征收部门为被告。"这些法定授权组织享有与行政机关相同的行政主体地位，但若在法定授权范围内以其名义与相对人订立行政协议的，相对方应当以其为被告提起行政协议诉讼。

◎【裁判案例22】

法律法规授权行使特定行政职能的组织或机构享有行政主体资格。

[案情简介]

2014年6月，某县政府为实施该县2014年重点民生工程某棚户区改造项目，对该项目规划范围内国有土地上的房屋予以征收。2014年7月23日，陈某某、张某某与某县政府确定的负责房屋征收补偿相关具体工作的县国有土地房屋征收补偿办公室（以下简称"某县征补办"）签订房屋征收补偿协议。

2015年10月，陈某某、张某某以某县政府为被告向某市中院提起行政诉讼称：被告某县政府在房屋征收中，对原告采用欺骗施压方法，与原告签订了房屋征收补偿协议。协议内容不是原告的真实意思表示，且存在原告部分房屋未得到补偿、房屋评估价格不公平、土地使用权未予补偿、违法先予拆除房屋等情况。请求判决：1.撤销原、被告签订的房屋征收补偿协议；2.要求被告补偿或者恢复原告的房产，承担给原告造成的经济、名誉和精神损失。

某县政府辩称，县政府不是涉案房屋征收补偿协议的签订人，不是适格被告。

[一审裁定]

某市中院认为：某县征补办是某县政府确定的组织实施房屋征收补偿工作的房屋征收部门，其与陈某某、张某某签订房屋征收补偿协议，行政主体合法。陈某某、张某某诉请撤销该协议，依据合同相对性原则，应当以订立协议的房屋征收部门为被告，原告陈某某、张某某将某县政府列为被告系主体错误。某市中院告知陈某某、张某某，其所诉被告主体不适格，应予变更，但陈某某、张某某不同意变更，坚持以某县政府为被告。某市中院依照《行政诉讼法解释》

（2015 年）第三条第一款第三项之规定［作者注：《行政诉讼法解释》（2018 年）第六十九条规定。下同。］，裁定驳回陈某某、张某某的起诉。

陈某某、张某某不服该裁定向某省高院提起上诉。

［二审裁定］

某省高院二审认为：根据《国有土地上房屋征收与补偿条例》第四条第二款、第二十五条的规定，签订房屋征收补偿协议的主体，一方为房屋征收部门，另一方为被征收人。因征收补偿协议产生纠纷，被征收人提起诉讼的，应以协议的另一方即房屋征收部门为被告。本案中，房屋征收补偿协议的一方当事人为被征收人陈某某、张某某，另一方为某县征补办。被征收人陈某某、张某某起诉要求撤销房屋征收补偿协议，应以某县征补办为被告。陈某某、张某某错列某县政府为被告，且在一审法院明确告知后拒绝变更，属于"错列被告且拒绝变更的"情形，故一审法院裁定驳回其起诉并无不当。据此，某省高院裁定驳回陈某某、张某某上诉，维持一审裁定。

［最高人民法院裁定］

陈某某、张某某仍不服，向最高人民法院提出再审申请称：依据《国有土地上房屋征收与补偿条例》第四条第一款的规定，某县政府为征收补偿责任主体，一、二审法院依据《国有土地上房屋征收与补偿条例》第四条第二款认定本案错列被告，违反该条第一款规定，更不符合该条例的基本原则。故请求本院撤销一、二审裁定，撤销房屋征收补偿协议。

最高人民法院认为：陈某某、张某某针对其与某县征补办签订的房屋征收补偿协议，以某县政府为被告提起行政诉讼。某县政府辩称，其不是协议的签订人，不是适格被告。一审法院则认定再审申请人陈某某、张某某将某县政府列为被告系主体错误，并据此裁定驳回起诉，因而，适格被告问题成为本案的核心争议。本院经审查认为，以某县政府为被告提起本案诉讼，确系错列被告。在再审申请人拒绝变更的情况下，一审法院裁定驳回起诉，符合《行政诉讼法解释》（2015 年）第三条第一款第三项的规定。理由如下：

一、以协议相对方以外的其他主体为被告违背了合同相对性原则。根据《行政诉讼法》第十二条第一款第十一项的规定，认为行政机关不依法履行、未按照约定履行或者违法变更、解除政府特许经营协议、土地房屋征收补偿协议等协议的，属于行政诉讼受案范围。因此本案属于行政协议之诉。行政协议在主体、标的以及目标等方面与民事合同多有不同，但它的确是一种"最少公法色彩、最多私法色彩"的新型行政行为。与民事合同类似，行政协议同样是一种合同，同样基于双方或者多方当事人的意思合致，同样具有合同当事人地位平等以及非强制性等特点。正是基于这种类似性，《行政诉讼法解释》（2015年）第十四条才规定，在行政协议诉讼中"可以适用不违反行政法和行政诉讼法强制性规定的民事法律规范"。在民事合同法律规范中，合同相对性原则具有基础地位。该原则是指，合同主要在特定的合同当事人之间发生法律约束力，只有合同当事人一方才能基于合同向相对方提出请求或者提起诉讼，而不能向合同相对方以外的其他主体主张。本案中，某县征补办系依据《国有土地上房屋征收与补偿条例》第二十五条与再审申请人陈某某、张某某订立房屋征收补偿协议。而该条第二款"补偿协议订立后，一方当事人不履行补偿协议约定的义务的，另一方当事人可以依法提起诉讼"的规定也正是合同相对性原则的具体体现。所以，如果再审申请人陈某某、张某某针对补偿协议提起诉讼，只能以协议的相对方某县征补办为被告，其以合同相对方以外的其他主体某县政府为被告提起诉讼，是对合同相对性原则的违反，也是对《国有土地上房屋征收与补偿条例》第二十五条第二款规定的违背。

二、法定主体原则要求"谁行为谁为被告"。行政协议虽以合同的面貌出现，但说到底还是一种行政行为。即以传统的行政诉讼当事人规则审视本案，某县政府也不应成为适格的被告。在行政诉讼中，确定适格被告的依据是法定主体原则，即：行政机关作出了被诉的那个行政行为，或者没有作出被申请的行政行为，并且该机关在此范围内能对争议的标的进行处分。《行政诉讼法》第二十六条第一款"公民、法人或者其他组织直接向人民法院提起诉讼的，作出行政行为的行政机关是被告"的规定就是法定主体原则的具体体现。通常情况下，法定主体原则具体包括这样两个要件：第一，谁行为，谁为被告；第二，行为者，能为处分。以行政协议之诉而言，所谓"谁行为"，就是指谁是行政协议的相对方；"能处分"，就是指该相对方有能力履行协议所约定的给付义务。本案中，某县征补办是房屋征收补偿协议的另一方当事人，并无争议。再审申请人陈某某、张某某所强调的是，依照《国有土地上房屋征收与补偿条例》第四条第一款"市、县级人民政府负责本行政区域的房屋征收与补偿工作"的规定，这里所谓的"负责"，只是明确一种主体责任，并非是指该行政区域房屋征收与补偿方面的所有工作都由市、县级人民政府负责。考虑到房屋征收与补偿工作量大面广，不可能都由人民政府具体实施，所以该条第二款紧接着规定"市、县级人民政府确定的房屋征收部门组织实施本行政区域的房屋征收与补偿工作。房屋征收部门与市、县级人民政府在房屋征收与补偿工作中各有分工，各负其责。"例如，依照该条例第二十五条规定，与被征收人订立补偿协议就由房屋征收部门以自己的名义进行；达不成补偿协议的，则依照该条例第二十六条的规定，由房屋征收部门报请市、县级人民政府作出补偿决定。房屋征收部门虽然是由"市、县级人民政府确定"，但其职责并非由市、县级人民政府授权，也非由市、县级人民政府委托，其和市、县级人民政府一样，都是在该条例的授权之下以自己的名义履行职责。此外，某县征补办也有能力履行协议所约定的给付义务，从而具有诉讼实施权。依照该条例第十二条第二款的规定，在某县政府因涉案建设项目而作出房屋征收决定前，征收补偿费用应当足额到位、专户存储、专款专用。即使某县征补办在房屋征收补偿协议诉讼中被判令承担继续履行、采取补救措施或者赔偿损失等责任，也因其有充分的资金准备而具有承担法律责任的能力。

最高人民法院最后认定，陈某某、张某某提出的再审申请理由不能成立，其再审申请不符合《行政诉讼法》第九十一条规定的情形。依照《行政诉讼法》第一百零一条、《民事诉讼法》第二百零四条第一款之规定，裁定驳回再审申请人陈某某、张某某的再审申请。

[根据最高人民法院（2016）最高法行申 2719 号行政裁定书编写]

◎作者分析

最高人民法院以"合同相对性原则"和"法定主体原则"对本案被告的主体资格问题作了精准的评判。我们在这里再分析一下法定授权的行政主体资格问题。

根据《国有土地上房屋征收与补偿条例》（国务院第 590 号令，自 2011 年 1 月 21 日起施行）第四条第二款规定，市、县级人民政府确定的房屋征收部门组织实施本行政区域的房屋征收与补偿工作。本案中的"某县国有土地房屋征收补偿办公室"是某县政府确定的负责房屋征收补偿相关具体工作的机构,属于《国有土地上房屋征收与补偿条例》规定的"法规授权组织"。根据该条例第二十五条规定,该征补办属于房屋征收部门,有权与被征收人陈某某、张某某就补偿等事项订立补偿协议,因此具有行政主体资格。而本案原告陈某某、张某某将某县政府列为被告,某市中院一审告知其所诉被告主体不适格,应将被告变更为某县征补办,但陈某某、张某某不同意变更,坚持以某县政府为被告,属于"错列被告且拒绝变更的"情形,故某市中院一审裁定驳回其起诉,某省高院二审裁定驳回其上诉,最高人民法院裁定驳回其再审申请。

四、行政受托人的被告问题

行政委托,是行政机关在其职责范围内依法将其行政职权或行政事项委托给有关行政机关、社会组织或者个人,受委托者以委托机关的名义实施管理行为和行使职权,并由委托机关承担法律责任的一种法律行为。行政协议中,行政委托人是行政机关,受托人是接受委托的其他行政机关或者社会组织和个人。

《行政诉讼法》第二十六条第五款规定:"行政机关委托的组织所作的行政行为,委托的行政机关是被告。"《行政协议解释》第四条第二款也规定:"因行政机关委托的组织订立的行政协议发生纠纷的,委托的行政机关是被告。"行政机关作为委托人,因不发生职权职责、法律后果及行政主体资格的转移,故受托人在委托权限和委托事项的范围内与行政相对人订立行政协议,由此产生的行政权利义务都应由委托机关承受,而受托人在委托范围内代理行政机关行事则不承担法律责任。

◎【裁判案例 23 】

行政机关委托的组织与相对人签订行政协议,委托的行政机关是被告。

[**案情简介**]

孙某某房屋坐落于某县××路南侧区块旧城改造项目范围内。县国土资源局委托某某城建公司与孙某某签订征收安置补偿协议。2013 年 8 月 21 日，城建公司与孙某某签订《征收安置补偿协议》后，因协议履行发生了纠纷，孙某某遂以某县政府为被告，向某市中院提起行政诉讼。

[一审裁定]

某市中院认为：《土地管理法实施条例》第二十五条第三款规定："市、县人民政府土地行政主管部门根据经批准的征收土地方案，会同有关部门拟订征地补偿、安置方案，在被征收土地所在地的乡（镇）、村予以公告，听取被征收土地的农村集体经济组织和农民的意见。征地补偿、安置方案报市、县人民政府批准后，由市、县人民政府土地行政主管部门组织实施。对补偿标准有争议的，由县级以上地方人民政府协调；协调不成的，由批准征收土地的人民政府裁决。征地补偿、安置争议不影响征收土地方案的实施。"据此，某县国土资源局具有实施辖区范围内集体土地征地补偿安置方案的法定职责。某某城建公司受某县国土资源局的委托与孙某某签订涉案《征收安置补偿协议》，本案的适格被告应为该县国土资源局，现孙某某以某县人民政府为被告提起行政诉讼，被告主体不适格。经法院释明，孙某某拒绝变更被告。据此，裁定驳回孙某某的起诉。

[二审裁定]

孙某某不服某市中院上述裁定，向某省高院提起上诉称：城建公司是某县政府举办成立的国有公司，是受某县政府的领导和管理，某县政府是适格被告。

某省高院二审认为：被诉《征收安置补偿协议》所涉的土地性质为集体土地。根据《土地管理法实施条例》第二十五条第三款和《征用土地公告办法》第十一条之规定，征地补偿、安置方案经批准后应由人民政府土地行政主管部门组织实施。案涉《征收安置补偿协议》的签订以及履行行为均属于对补偿、安置方案的具体组织实施行为。因此，本案的适格被告应为某县国土资源局，而非某县人民政府。孙某某在一审法院予以法律释明之后仍拒绝变更被告，在此情况下，一审法院依照《行政诉讼法解释》（2015 年）第三条第一款第三项之规定，裁定驳回孙某某起诉，符合法律规定。孙某某上诉提出"城建公司是某县政府举办成立的国有公司，是受某县政府的领导和管理，某县政府是适格被告"等上诉理由，缺乏事实和法律依据。某省高院裁定驳回孙某某上诉，维持一审裁定。

[最高人民法院裁定]

孙某某仍不服向最高人民法院申请再审称：某县政府才是征收集体土地的组织实施主体，对确定拆迁补偿安置、补偿费用及时足额支付到位等负总责，而某某城建公司仅为具体实施单位，其所签订的安置补偿协议后果应由该县政府承受，所以孙某某提起的行政协议诉讼应以某县政府为被告。

最高人民法院认为：本案的争议焦点是孙某某的起诉是否符合法定起诉条件。《土地管理法实施条例》第二十五条第三款、《征用土地公告办法》第十一条规定，征地补偿、安置方案报市、县人民政府批准后，由市、县人民政府土地行政主管部门组织实施。《征用土地公告办法》第十二条第一款还规定："有关市、县人民政府土地行政主管部门将征地补偿、安置费用拨付给被征地农村集体经济组织后，有权要求该农村集体经济组织在一定时限内提供支付清单。"据此，市、县人民政府土地行政主管部门是集体土地征收补偿具体实施主体，依法具有订立征收补偿安置协议法定职责。本案旧城改造项目系集体土地征收，依法应当由该县国土资源局组织实施相关具体补偿安置工作。经一、二审法院查明，城建公司受某县国土资源局之委托，与孙某某订立补偿安置协议，某县政府并非合同订立一方。孙某某经一审释明后，坚持以某县政府为被告提起行政诉讼，不符合《行政诉讼法》第二十六条第五款："行政机关委托的组织所作的行政行为，委托的行政机关是被告"之规定，根据《行政诉讼法解释》（2015年）第三条第一款第三项规定，错列被告且拒绝变更的，已经立案的，应当裁定驳回起诉。因此，一、二审法院裁定驳回孙某某的起诉及上诉，并无不当。

最高人民法院裁定驳回孙某某的再审申请。

［根据最高人民法院（2017）最高法行申 5861 号行政裁定书编写］

◎作者分析

土地管理部门是土地行政主管机关，依法主管土地保护、开发、利用统一管理工作，负有对社会组织、单位和个人占有、使用、利用土地的过程或者行为所进行的组织和管理活动。土地行政主管机关也是集体土地征收补偿具体实施主体，依法具有订立征收补偿安置协议法定职责。

本案中，某县旧城改造项目需征收集体土地，依法应当由该县国土资源局组织实施相关具体补偿安置工作。某县国土资源局是本县土地行政主管机关，具有独立的行政主体资格，有权委托某某城建公司与孙某某订立《征收安置补偿协议》，但某某城建公司受托代理县国土资源局与孙某某订立《征收安置补偿协议》，所产生的法律责任应当由某县国土资源局承受。

本案中，某县政府既不是委托人，又不是协议签订人，而县国土资源局是委托人，城建公司是受托人。根据《行政诉讼法》第二十六条第五款"行政机关委托的组织所作的行政行为，委托的行政机关是被告"的规定，某县政府不是适格的被告，而某县国土资源局是适格的被告，所以，本案三级法院作出的裁定是正确的。

五、行政机关派出组织的被告问题

这里的"派出组织"，是指人民政府的派出机关和派出机构。政府派出机关，是指由县级以上地方人民政府经有权机关批准，在特定行政区划内设立的行使相当于一级人民政府管理职权的行政机关。派出机关属于一般权限的行政机关，具有相当于一级人民政府的地位和作用，因而具有行政主体的法律地位，如隶属于一级政府的开发区管委会，又如市辖区、不设区的市的人民政府设立的街道办事处。在行政诉讼中，派出机关可以成为适格的被告。

政府派出机构，是指政府或政府职能部门在一定区域或组织内设立、授权实施某方面行政管理职能的代表机构。派出机构主要有三种类型：一是各级政府驻外办事机构，如驻京办事处；二是政府在特殊经济区域或特殊地区的派出机构，如经济开发区、高新技术产业区、风景名胜管理区等机构；三是政府职能部门设立的派出机构，如公安派出所、国土分局等。政府派出机构的行政主体资格要视法律法规有无授权而定：法律法规有授权的，该派出机构在授权范围内具有行政主体资格，但不得超出授权范围实施行政行为；法律法规没授权的，该派出机构不具有行政主体资格，不能以自己的名义行使行政权力，若受上级政府委托行使某一行政权的，则其法律后果由委托政府承受。

《行政诉讼法解释》（2018年）第二十条第一款规定："行政机关组建并

赋予行政管理职能但不具有独立承担法律责任能力的机构，以自己的名义作出行政行为，当事人不服提起诉讼的，应当以组建该机构的行政机关为被告。"第二款规定："法律、法规或者规章授权行使行政职权的行政机关内设机构、派出机构或者其他组织，超出法定授权范围实施行政行为，当事人不服提起诉讼的，应当以实施该行为的机构或者组织为被告。"第三款规定："没有法律、法规或者规章规定，行政机关授权其内设机构、派出机构或者其他组织行使行政职权的，属于行政诉讼法第二十六条规定的委托。当事人不服提起诉讼的，应当以该行政机关为被告。"第二十一条规定："当事人对由国务院、省级人民政府批准设立的开发区管理机构作出的行政行为不服提起诉讼的，以该开发区管理机构为被告；对由国务院、省级人民政府批准设立的开发区管理机构所属职能部门作出的行政行为不服提起诉讼的，以其职能部门为被告；对其他开发区管理机构所属职能部门作出的行政行为不服提起诉讼的，以开发区管理机构为被告；开发区管理机构没有行政主体资格的，以设立该机构的地方人民政府为被告。"

在行政协议中，涉及行政机关派出组织的行政主体资格及被告行政主体资格的问题，在《行政诉讼法解释》（2018年）2018年2月8日施行前，应当适用《行政诉讼法解释》（2000年）的上述规定，此后应当适用《行政诉讼法解释》（2018年）的上述规定。

◎【裁判案例 24】

政府派出机构签订行政协议的主体资格要视法律法规有无授权而定。

[案情简介]

2012年4月17日，某某街道办事处征收孙某某的承包地，与孙某某签订了《土地补偿协议》。该协议以发放基本生活保障费、社会养老保险金和最低生活保障费的方式进行土地征收补偿。该协议签订后，孙某某交出土地，某某街道办事处便将该土地租赁给某某公司从事非农建设。2016年4月，孙某某通过信访和查询得知，该土地征收项目并未取得省级以上人民政府批准，也未取得农用地转建设用地的批复，便以某县政府和某某街道办事处为共同被告，向某市中院提起行政诉讼。

孙某某诉称：某某街道办事处是某县政府的派出机构，受某县政府领导，在辖区内行使相应的政府管理职能，故某某街道办事处是受委托机关，其作出的行政行为由某县政府承担相应责任；某某街道办事处不是土地征收补偿协议签订的法定主体，其与原告孙某某签订的《土地补偿协议》违反法律规定无效，且补偿方式不合法，无法实现原告孙某某的合同目的，并导致耕地遭受破坏。请求依法解除《土地补偿协议》，对土地恢复原状，向原告孙某某返还土地。

［一审裁定］

某市中院认为：某某街道办事处是经省政府批准后撤销某某镇而设立的，行使原来某某镇政府的行政职能。根据全国人大《地方各级人民代表大会和地方各级人民政府组织法》第六十八条第二款规定，街道办事处是派出机关，是独立的行政主体，可以独立承担相应责任。某县政府不是《土地补偿协议》的签订人，原告孙某某以某县政府作为本案被告，行政主体不适格；原告孙某某与被告某某街道办事处签订《土地补偿协议》的时间是2012年，原告于2016年才提起诉讼，已经超过法律规定的起诉期限。据此，某市中院裁定驳回原告孙某某的起诉。

［二审裁定］

孙某某不服某市中院的上述裁定向某省高院提起上诉。

某省高院二审认为：《行政诉讼法》第二十六条第一款规定，公民、法人或者其他组织直接向人民法院提起诉讼的，作出行政行为的行政机关是被告。根据《地方各级人民代表大会和地方各级人民政府组织法》第六十八条的有关规定，被上诉人某某街道办事处是经某省人民政府、某市人民政府批准设立的某县政府的派出机关，其行使的职能即原来某某镇人民政府的职能。因此，某某街道办事处属于能够独立承担法律责任的行政主体，上诉人对与其签订的《土地补偿协议》不服起诉，某某街道办事处是适格被告。因被上诉人某县政府并非《土地补偿协议》签订方，上诉人孙某某有关某县政府委托某某街道办事处签订涉案《土地补偿协议》的主张亦不能成立，所以，孙某某将某县政府列为共同被告属于错列被告。原审法院有关某县政府、某某街道办事处诉讼主体地位的认定并无不当。

本案孙某某与某某街道办事处签订《土地补偿协议》的时间是 2012 年，且上诉人也已实际领取有关补偿款，故上诉人签订协议时即已经知道该协议内容，其于 2016 年才提起本案诉讼，已经超过法律规定的起诉期限。上诉人孙某某关于其请求解除仍在履行中的行政协议、计算起诉期限的起算点尚未发生的主张，没有法律依据。

因本案没有进入实体审理，故孙某某与某某街道办事处签订的《土地补偿协议》的效力问题，不属于本案的审查范围。

某省高院认定：原审法院裁定认定事实清楚，适用法律正确，审判程序合法，上诉人的上诉理由不能成立。于是裁定：驳回孙某某上诉，维持原裁定。

[根据山东省高级人民法院（2017）鲁行终 846 号行政裁定书编写]

◎ **作者分析**

本案有两个争议焦点：一是起诉期限问题，二是某某街道办事处的行政主体资格问题。这里分析其中的第二个问题。

孙某某认为某某街道办事处是某县政府的派出机构，不是土地征收补偿协议签订的法定主体，其受某县政府委托作出的行政行为，应由某县政府承担相应责任。但若孙某某的主张成立，某某街道办事处属于某县政府的派出机构而不是派出机关，加之法律法规没给授权的话，根据《行政诉讼法解释》（2000 年）第二十条第一款规定 [作者注：《行政诉讼法解释》（2018 年）第二十条第三款规定]，该街道办事处不具有独立承担法律责任能力的机构，其以自己的名义与孙某某订立土地补偿协议，应当以组建该街道办事处的某县政府为被告。然而，本案中的某某街道办事处是经某省人民政府、某市人民政府批准设立的，属于某县政府的派出机关而不是派出机构，且其继续行使原某某镇人民政府的职能，符合《地方各级人民代表大会和地方各级人民政府组织法》第六十八条的有关规定，属于能够独立承担法律责任的行政主体，某某街道办事处是适格被告，所以，孙某某将《土地补偿协议》的非签订人某县政府列为共同被告属于错列被告。

某市中院依据《行政诉讼法解释》（2015 年）第三条第一款第二项"超过法定起诉期限且无正当理由"和第三项"错列被告且拒绝变更"的规定，

裁定驳回孙某某起诉以及某省高院裁定驳回孙某某上诉是正确的。

第四节　行政协议案件的管辖

行政协议案件的管辖，是指人民法院之间受理第一审行政协议案件的分工和权限，即解决哪些第一审行政协议案件由哪家人民法院和哪级人民法院受理的问题。

一、行政案件的管辖

根据《行政诉讼法》有关规定，行政案件有以下几种管辖：

1.级别管辖

级别管辖是指按照人民法院的组织系统来划分上下级人民法院之间受理第一审案件案件的分工和权限。根据《行政诉讼法》第十四条至第十七条规定。行政案件的级别管辖是：

（1）基层人民法院管辖第一审行政案件。

（2）中级人民法院管辖下列第一审行政案件：①对国务院部门或者县级以上地方人民政府所作的行政行为提起诉讼的案件；②海关处理的案件；③本辖区内重大、复杂的案件；④其他法律规定由中级人民法院管辖的案件。

（3）高级人民法院管辖本辖区内重大、复杂的第一审行政案件。

（4）最高人民法院管辖全国范围内重大、复杂的第一审行政案件。

根据《行政诉讼法解释》（2018年）第五条规定，有下列情形之一的，属于行政诉讼法第十五条第三项规定的"本辖区内重大、复杂的案件"：

（1）社会影响重大的共同诉讼案件；

（2）涉外或者涉及香港特别行政区、澳门特别行政区、台湾地区的案件；

（3）其他重大、复杂案件。

该解释第六条还规定，当事人以案件重大复杂为由，认为有管辖权的基层人民法院不宜行使管辖权或者根据行政诉讼法第五十二条的规定，向中级人民法院起诉，中级人民法院可以决定自行审理，或者指定本辖区其他基层人民法院管辖，也可以书面告知当事人向有管辖权的基层人民法院起诉。

2. 地域管辖

地域管辖是指同级人民法院之间在各自辖区内受理第一审案件的分工和权限。行政案件的地域管辖即在行政诉讼中按照最初作出具体行政行为的行政机关所在地划分的案件管辖。行政案件的地域管辖有以下三种情况：

一是《行政诉讼法》第十八条规定的地域管辖，即"行政案件由最初作出行政行为的行政机关所在地人民法院管辖；

二是经复议的行政案件，可由复议机关所在地人民法院管辖；

三是经最高人民法院批准，高级人民法院可以根据审判工作的实际情况，确定若干人民法院跨行政区域管辖。

此外，根据《行政诉讼法》第二十条规定，因不动产提起的行政诉讼，由不动产所在地人民法院管辖。

《行政诉讼法》第十九条还规定，对限制人身自由的行政强制措施不服提起的诉讼，由被告所在地或者原告所在地人民法院管辖，行政协议案件不涉及限制人身自由的行政强制措施问题，故不适用这条管辖规定。

3. 选择管辖

根据《行政诉讼法》第二十一条规定，行政案件在两个以上人民法院都有管辖权的情况下，原告可以选择其中一个人民法院提起诉讼，这是选择管辖。但是，原告向两个以上有管辖权的人民法院提起诉讼，最先接到诉讼的人民法院已经受理立案的，原告不能再选择其他有管辖权的人民法院管辖，其他有管辖权的人民法院不再受理同一行政案件。

4. 移送管辖

移送管辖，是指地方人民法院受理案件后，发现对该案无管辖权，依照法律规定将该案件移送给有管辖权的人民法院管辖。移送管辖的原因是人民法院受理案件后发现对该案无管辖权而移送给有管辖权的法院，故移送管辖是对管辖发生错误所采用的一种纠正措施。《行政诉讼法》第二十二条规定："人民法院发现受理的案件不属于本院管辖的，应当移送有管辖权的人民法院，受移送的人民法院应当受理。受移送的人民法院认为受移送的案件按照规定不属于本院管辖的，应当报请上级人民法院指定管辖，不得再自行移送。"

5. 指定管辖

指定管辖，是指上级人民法院以裁定方式，指定下级人民法院对某一案件行使管辖权。根据《行政诉讼法》第二十三条规定，指定管辖适用于以下两种情形：一是有管辖权的人民法院由于特殊原因不能行使管辖权的，可以报请上级人民法院指定管辖；二是人民法院对管辖权发生争议，争议双方协商解决不成的，报请共同上级人民法院指定管辖。此外，《行政诉讼法》第二十四条规定，下级人民法院对其管辖的第一审行政案件，认为需要由上级人民法院审理或者指定管辖的，可以报请上级人民法院决定。

二、行政协议案件的管辖

行政协议案件的管辖在总体上适用《行政诉讼法》的管辖规定，但因行政协议兼具民事性质，故可吸收民事诉讼法律关于民事案件的有关管辖规定，实现全面管辖原则，确保案件公正审理。

《民事诉讼法》第三十四条规定："合同或者其他财产权益纠纷的当事人可以书面协议选择被告住所地、合同履行地、合同签订地、原告住所地、标的物所在地等与争议有实际联系的地点的人民法院管辖，但不得违反本法对级别管辖和专属管辖的规定。"《行政协议解释》几乎全部吸收该条的规定，在第七条规定"当事人书面协议约定选择被告所在地、原告所在地、协议履行地、协议订立地、标的物所在地等与争议有实际联系地点的人民法院管辖的，人民法院从其约定，但违反级别管辖和专属管辖的除外。"这是行政协议约定管辖的规定，其中包括《行政诉讼法》没有规定而民事案件适用的"协议履行地""协议订立地""标的物所在地"等管辖。

民事诉讼法律上的约定管辖又称协议管辖，是指双方当事人在合同纠纷或者财产权益纠纷发生之前或发生之后，以协议的方式选择解决纠纷的管辖法院。约定管辖是民事法律尊重当事人意思自治而规定的，主要适用于合同纠纷或者财产权益纠纷。从行政协议的性质来看，行政协议纠纷本身兼具合同性质的纠纷，从相对人所涉及的内容来看，主要是财产权益纠纷，因此，行政机关与相对方在行政协议中完全可以约定管辖法院。但是，行政协议的约定管辖必须符合以下两个条件：一是只能采取书面协议约定，如果采取口头约定，除非对方予以认可外无效；二是约定管辖的范围限于被告所在地、原告所在地、协议履行地、协议订立地、标的物所在地等与行政协议纠纷有实际联系地点，而不得违反级别管辖和专属管辖的规定约定管辖，否则约定管辖无效。

三、行政案件的管辖权异议

管辖权异议，是指被告认为受理案件的第一审法院对该案没有管辖权而提出的意见或主张。《行政诉讼法解释》（2018年）第十条就行政案件的管辖权异议作了如下规定和要求：

第一款规定："人民法院受理案件后，被告提出管辖异议的，应当在收到起诉状副本之日起十五日内提出。"这是被告提出管辖权异议的时间要求，即被告在收到起诉状副本之日起十五日内提出管辖权异议；超过这个期限提出的，人民法院不予受理。

第二款规定："对当事人提出的管辖异议，人民法院应当进行审查。异议成立的，裁定将案件移送有管辖权的人民法院；异议不成立的，裁定驳回。"这是处理管辖权异议的规定，即人民法院经审查确定异议成立的，应当作出移送裁定，将案件移送有管辖权的人民法院审理；经审查确定异议不成立的，裁定驳回被告提出的管辖权异议，案件由受理法院审理。

第三款规定："人民法院对管辖异议审查后确定有管辖权的，不因当事人增加或者变更诉讼请求等改变管辖，但违反级别管辖、专属管辖规定的除外。"这是对增加或者变更诉讼请求不改变管辖的规定，也就是说，人民法院对管辖异议经审查后，确定受理法院有管辖权的情况下，当事人如果增加或者变更诉讼请求的，除违反级别管辖、专属管辖规定外，不再改变管辖，案件仍由受理法院审理。

◎【裁判案例 25】

不动产专属管辖可排除选择管辖和被告所在地管辖。

［案情简介］

2011年7月，某某矿业中心（住所地在鄂州市B区）受让某某采石场，双方签订了《采石场资产转让协议书》，因采石场采矿许可证有效期限至2011年8月10日届满，故该协议约定由矿业中心负责办理采石场及扩界区域的采矿许可证，费用由乙方承担。

2012年1月，矿业中心向鄂州市国土资源局提出变更矿区范围和扩大年生产能力的申请，鄂州市国土资源局出具《划定矿区范围审批责任表》中作出了"同意"的批复。同月，鄂州市国土资源局与矿业中心签订《采矿权出让合同》，将坐落在B区的采石场岩矿的采矿权出让给矿业中心，并约定价款135.39万元。该合同签订后，矿业中心依约支付了第一期价款。2012年3月，矿业中心向鄂州市国土资源局提交《关于采矿权许可证变更矿区范围的申请报告》，申请办理采矿许可证变更矿区范围的手续。2014年7月，鄂州市森林公安局向鄂州市政府办公室提交报告，指出矿业中心在开采过程中，没有按照《森林法》办理林业用地手续，属于非法开采，要求鄂州市国土资源局依法收回采矿许可证。2013年8月，B区政府办公室发文，对B区"现有矿山全面清理整顿，关停所有采石场与黏土砖厂，不再审批矿山项目"。因此，矿业中心变更矿区范围和扩大年生产能力的申请无法实现。

［一审裁定］

2016年，矿业中心以鄂州市国土资源局（住所地在A区）为被告，向鄂州市A区法院提起采矿权出让合同纠纷诉讼。A区法院经审查认为，本案系因不动产提起的民事诉讼，应由不动产所在地B区法院管辖，于是，裁定本案移送B区法院管辖。

［上诉理由］

矿业中心不服上述民事裁定，向B区法院提出管辖权异议称：本案属本辖区内重大、复杂案件，请求将本案移送鄂州市中院审理。B区法院审查认为，矿业中心提出的本案属本辖区内重大、复杂案件的理由不能成立，矿业中心请求将本案移送鄂州市中院审理的理由依法不予支持，于是裁定驳回矿业中心的管辖权异议。

矿业中心仍不服该裁定，向鄂州市中院提起上诉称：

1.一审裁定依据"不动产专属管辖规定"确定由 B 区法院管辖本案属适用法律不当。依据最高人民法院《关于国有资产产权管理行政案件管辖问题的解释》中"产权界定行为直接针对不动产作出的,由不动产所在地人民法院管辖"的规定,明确说明"不动产诉讼"系指因不动产产权界定行为所引起的诉讼,而本案系采矿权转让合同纠纷,实质上是合同履行过程中因颁发采矿权许可证所引起的争议,属债权纠纷,并不属于产权界定行为。此外依据《行政诉讼法》第二十一条规定"两个以上人民法院都有管辖权的案件,原告可以选择其中一个人民法院提起诉讼。原告向两个以上有管辖权的人民法院提起诉讼的,由最先立案的人民法院管辖"的规定,即使该案两个以上法院都有管辖权,也应由最先立案的 A 区法院管辖。

2.本案应由鄂州市中级人民法院审理。虽然本案应由 A 区人民法院审理,但依据《行政诉讼法》第二十四条"上级人民法院有权审理下级人民法院管辖的第一审行政案件"的规定,《行政诉讼法解释》(2000 年)第八条第一款第一项规定:有下列情形之一的,属于行政诉讼法第十四条第三项规定的本辖区内重大、复杂的案件:(一)被告为县级以上人民政府,且基层人民法院不适宜审理的案件的规定,本案应由鄂州市中级人民法院审理。被上诉人与 A 区人民法院在土地、经济方面均有利益关联,故该案不适宜由基层法院审理。被上诉人国土局是与县级人民政府平级的行政机关,且其违法行政与市、区两级政府的政策文件密切相关,本案的审理结果必将影响两级人民政府的决策。

综上,上诉人请求二审法院撤销 A 区人民法院的行政裁定并将本案移送鄂州市中级人民法院审理。

[二审裁定]

鄂州市中院经审查认为,本案属于行政相对人和行政主管机关在履行行政协议中发生的纠纷,行政协议既具有行政法的特点,同时又具有合同的一般属性。采矿权出让所涉矿产资源属于国有,国有矿产资源属于不动产,本案行政协议出让国有采矿权与不动产物权有密切联系,其中涉及到国有矿产资源的权利确认与行政许可,属于因不动产提起的诉讼,依照《行政诉讼法》第二十条的规定,依法应由不动产所在地人民法院管辖,而不应以被告所在地来确定管辖。本案被上诉人国土局为政府下属的职能部门,且本案不属于在本辖区内重大、复杂的案件，故本案不属于《行政诉讼法》第十五条第一款第一项、第三项规定的中级法院受案范围，矿业中心上诉称本案应由鄂州市中级人民法院管辖的上诉理由不能成立，本院依法不予支持。鄂州市中院依照《行政诉讼法》第八十九条第（一）款第一项之规定，裁定如下：驳回上诉，维持原裁定。

[根据鄂州市鄂城区人民法院（2016）鄂 0704 行初 24 号民事裁定书、

鄂州市梁子湖区人民法院（2016）鄂 0702 行初 2 号行政裁定书、

湖北省鄂州市中级人民法院（2016）鄂 07 行辖终 1 号行政裁定书编写]

◎作者分析

本案是一起典型的行政协议管辖权异议的案件，涉及地域管辖、级别管辖、选择管辖、被告所在地管辖和不动产专属管辖等争议。

首先需要说明一个问题：鄂州市国土资源局与矿业中心于 2012 年 1 月签订的《采矿权出让合同》在当时属于民事合同，但在《行政诉讼法（2015年）》施行后，应当属于行政协议；矿业中心 2016 年以鄂州市国土局为被告向鄂州市 A 区法院提起采矿权出让合同纠纷诉讼时，《行政诉讼法（2015年）》已经施行，根据司法解释遵循"实体从旧、程序从新"规则，A 区法院将该案作为民事案件受理是不妥的，而应作为行政案件受理。

关于本案的地域管辖与不动产专属管辖的问题。本案原告住所地和岩矿所在地均在 B 区，而被告住所地在 A 区。原告认为本案属债权纠纷，故根据民事案件"原告就被告"的地域管辖规则，向被告住所地的 A 区法院提起合同纠纷诉讼，而 A 区法院根据"不动产专属管辖规定"裁定将本案移送 B区法院管辖。不动产专属管辖与一般地域管辖是一种排斥关系，案件只要符合诉讼法律的专属管辖规定，就不得再适用被告所在地管辖，因此，A 区裁定将本案移送 B 区法院管辖是正确的。

关于本案的级别管辖问题。原告主张，本案属于《行政诉讼法》第十四条第三项规定的本辖区内重大、复杂的案件，且被告为县级以上人民政府，故本案不宜由基层法院审理，而应由中级法院审理。根据当时可适用的《行政诉讼法解释》（2000 年）（现已废止）第八条第一项"被告为县级以上人民政府，且基层人民法院不适宜审理的案件"的，属于行政诉讼法第十四条第三项规定的"本辖区内重大、复杂的案件"之一。这里指的是"被告为县级以上人民政府",所以,鄂州市中院认为,本案被上诉人国土局为政府下属的职能部门,且本案不属于在本辖区内重大、复杂的案件,不适用《行政诉讼法》有关级别管辖的规定,而应由基层法院审理。

关于本案的选择管辖问题。原告提出,依据《行政诉讼法》第二十一条规定"两个以上人民法院都有管辖权的案件,原告可以选择其中一个人民法院提起诉讼。原告向两个以上有管辖权的人民法院提起诉讼的,由最先立案的人民法院管辖"的规定,即使该案两个以上法院都有管辖权,也应由最先立案的A区法院管辖。也就是说,原告先向A区法院提起诉讼,且A区法院已先立案,根据上述规定,A区法院不能再裁定本案移送B区法院管辖。但是,选择管辖是不得违反专属管辖规定的,所以,本案二审法院没有采纳原告这一主张。

第五节　行政协议的起诉期限和诉讼时效

行政协议的起诉期限,是指相对人不服行政机关就行政协议作出单方行政性的行为,向人民法院提起诉讼的法定时间。诉讼时效是民事权利人向人民法院请求保护民事权利的有效期间,故又称诉讼时效期间。民事权利人在法定时效期间内不行使诉讼权利,义务人便获得诉讼时效抗辩权。因行政协议诉讼属于行政诉讼范围,故其起诉期限首先应当适用《行政诉讼法》和《行政诉讼法解释》(2018年)的有关规定,然后才可考虑适用《民事诉讼法》及其司法解释的诉讼时效期间。

一、诉讼时效与起诉期限的区别

诉讼时效是民事法律上的概念。民事法律上的普通诉讼时效期间是可变期间,即诉讼时效期间在进行中因发生特殊情况依法产生中止、中断和延长的效力而变动期间。民事权利人怠于行使诉讼权利，即诉讼时效期间届满才提起诉讼的，义务人可以提出不履行义务的抗辩。因诉讼时效抗辩权属于义务人的权利，故是否行使由其自行决定，其不主动行使诉讼时效抗辩权的，人民法院不主动适用诉讼时效的规定，所以，对原告超过诉讼时效期间起诉的案件，人民法院应当予以受理，被告提出诉讼时效抗辩的，人民法院查明无中止、中断、延长情形的，判决驳回原告的诉讼请求，使之丧失胜诉权。

起诉期限是行政诉讼法上的概念，适用于与传统行政诉讼审查对象一样体现单方性、高权性特点的行政机关单方变更、解除协议等行为；诉讼时效制度则适用于公民、法人或者其他组织对行政机关不依法履行、未按照约定履行协议提起诉讼或者其他因行政协议提起诉讼的案件。起诉期限属于相对除斥期间。相对除斥期间，是指法律规定某种行政实体权利在存在期间，行政相对人在法定起诉期限内不提起行政诉讼，除遇有法定事由可以延长外，在起诉期限届满后，该诉权消灭。因而，起诉期限不存在中止、中断，但有法律规定的"正当理由"的，则可延长，所谓的"相对"就是这个意义。行政相对人超过起诉期限提起诉讼的法律后果是丧失诉权，即法院裁定不予受理，已经受理的裁定驳回其起诉，使之丧失诉权。

综上所述，两者的主要区别在于：（1）前者有诉讼时效中止、中断的规定，而后者无中止、中断的规定；（2）前者有诉讼时效抗辩权，而后者无起诉期限抗辩权；（3）超期限提起诉讼的，前者的法律后果是丧失胜诉权，而后者的法律后果是丧失诉权。

二、行政协议的起诉期限

《行政诉讼法》第四十五条规定："公民、法人或者其他组织不服复议决定的，可以在收到复议决定书之日起十五日内向人民法院提起诉讼。复议机关逾期不作决定的，申请人可以在复议期满之日起十五日内向人民法院提起诉讼。法律另有规定的除外。"第四十六条第一款规定："公民、法人或者其他组织直接向人民法院提起诉讼的，应当自知道或者应当知道作出行政行为之日起六个月内提出。法律另有规定的除外。"第二款规定："因不动产提起诉讼的案件自行政行为作出之日起超过二十年，其他案件自行政行为作出之日起超过五年提起诉讼的，人民法院不予受理。"

《行政诉讼法解释》（2018年）在上述规定的基础上，对有关行政诉讼的起诉期限作出更为具体的规定：

（1）未告知相对人起诉期限的起诉期限。该解释第六十四条第一款规定："行政机关作出行政行为时，未告知公民、法人或者其他组织起诉期限的，起诉期限从公民、法人或者其他组织知道或者应当知道起诉期限之日起计算，但从知道或者应当知道行政行为内容之日起最长不得超过一年。"

（2）相对人不知道行政行为内容的起诉期限。该解释第六十五条规定："公民、法人或者其他组织不知道行政机关作出的行政行为内容的，其起诉期限从知道或者应当知道该行政行为内容之日起计算，但最长不得超过行政诉讼法第四十六条第二款规定的起诉期限。"即因不动产提起诉讼的案件自行政行为作出之日起最长不得超过二十年；其他案件自行政行为作出之日起最长不得超过五年。

（3）相对人申请保护人身权、财产权等合法权益的起诉期限。该解释第六十六条规定："公民、法人或者其他组织依照行政诉讼法第四十七条第一款的规定，对行政机关不履行法定职责提起诉讼的，应当在行政机关履行法定职责期限届满之日起六个月内提出。"

《行政诉讼法》第四十七条第一款规定的是相对人申请保护人身权、财产权等合法权益的问题，其中人身权不属于行政协议诉讼。

三、起诉期限的耽误及其延长

起诉期限的延误，是指在法定起诉期限内，因特殊情况致使起诉期限经过，在障碍消除后的法定时间内，法院依据相对人的申请将被耽误时间予以扣除的制度。

《行政诉讼法》第四十八条第一款规定："公民、法人或者其他组织因不可抗力或者其他不属于其自身的原因耽误起诉期限的，被耽误的时间不计算在起诉期限内。"第二款规定："公民、法人或者其他组织因前款规定以外的其他特殊情况耽误起诉期限的，在障碍消除后十日内，可以申请延长期限，是否准许由人民法院决定。"据此，起诉期限延误的法定原因有三：一是不可抗力；二是不属于相对人自身的原因；三是其他特殊情况。具有前两种事由的，耽误的时间不计算在起诉期限内；具有第三种事由的，相对人在障碍消除后十日内可以申请延长期限，然后由法院决定是否予以准许。

行政起诉期限是法律设定的起诉条件之一，相对人只有在起诉期限内提起诉讼，法院才予受理，因此，起诉期限及耽误的审查应当贯穿于立案受理和审理阶段，在立案受理阶段发现超过起诉期限的，应当裁定不予立案，如果进入审理阶段发现超过起诉期限的，则应裁定驳回起诉。

四、关于行政协议适用民事案件诉讼时效的问题

行政协议的起诉期限在总体上适用上述《行政诉讼法》和《行政诉讼法解释》的规定，但因行政协议的部分内容具有民事性质，故《行政协议解释》第二十五条特别规定适用《民事诉讼法》的有关诉讼时效的规定。该条规定："公民、法人或者其他组织对行政机关不依法履行、未按照约定履行行政协议提起诉讼的，诉讼时效参照民事法律规范确定；对行政机关变更、解除行政协议等行政行为提起诉讼的，起诉期限依照行政诉讼法及其司法解释确定。"据此，行政协议诉讼应当根据诉讼内容采取"两分法"规则来确定起诉期限或者诉讼时效：

（1）相对人对行政机关单方变更、解除行政协议提起诉讼的，应当适用行政诉讼法规定的起诉期限；

（2）相对人对行政机关不依法履行、未按照约定履行协议提起诉讼的，应当参照民事诉讼时效的规定。

根据《民法总则》和其他民事法律的有关诉讼时效的规定，行政协议参照适用的民事诉讼时效有：

（1）普通诉讼时效。即《民法总则》第一百八十八条第一款规定，除法律另有规定外，向人民法院请求保护民事权利的诉讼时效期间为三年。

（2）最长诉讼时效。《民法总则》第一百八十八条第二款规定，除法律另有规定外，诉讼时效期间自权利人知道或者应当知道权利受到损害以及义务人之日起计算，但自权利受到损害之日起超过二十年的，人民法院不予保护；有特殊情况的，人民法院可以根据权利人的申请决定延长。

（3）短期诉讼时效。指诉讼时效不满两年的时效，如身体受到伤害要求赔偿、出售质量不合格的商品未声明、延付或拒付租金、寄存财物被丢失或被损坏等，诉讼时效期间为一年。

此外还有特殊诉讼时效，如《合同法》规定涉外合同的诉讼时效期间为四年。

◎【裁判案例 26】

原告起诉超过法定期限且无正当理由，法院裁定驳回其起诉。

[案情简介]

2013 年 8 月 9 日，南某某与某区政府成立的西街片区旧城改建房屋征收办公室（以下简称旧改办）签订了《房屋征收实物安置与货币补偿协议书》（以下简称《补偿协议》），2013 年 8 月 19 日该协议已经实际履行完毕。2016 年 2 月 15 日，南某某以区政府为被告，向某市中院提起行政诉讼，请求撤销《补偿协议》，判令区政府对其房屋依法评估和补偿。

[法院裁定]

某市中院认为，南某某的起诉超过了法定起诉期限，且无正当理由，裁定驳回南某某的起诉。南某某不服向某省高院提起上诉，某省高院裁定驳回其上诉，维持一审裁定。

南某某仍不服向最高人民法院申请再审称：《补偿协议》是建立在评估报告上的，南某某 2015 年 6 月 15 日才看到评估报告；选定评估机构的行为违法，评估报告内容虚假。请求撤销某省高院作出的行政裁定和其与旧改办签订的《补偿协议》。

最高人民法院认为：本案的争议焦点为是否超过起诉期限。《行政诉讼法解释》（2000 年）第四十一条第一款规定［作者注：《行政诉讼法解释》（2018 年）第六十五条］，行政机关作出具体行政行为时，未告知公民、法人或者其他组织诉权或者起诉期限的，起诉期限从公民、法人或者其他组织知道或者应当知道诉权或者起诉期限之日起计算，但从知道或者应当知道具体行政行为内容之日起最长不得超过 2 年。本案中，根据原审查明的事实，南某某于 2013 年 8 月 9 日与旧改办签订了《补偿协议》，且《补偿协议》已于 2013 年 8 月 19 日实际履行完毕，南某某迟至 2016 年 2 月 15 日才向一审法院提起行政诉讼请求撤销

《补偿协议》，明显已经超过法定的起诉期限，且无正当理由。南某某称其2015年6月15日才看到评估报告、选定评估机构的行为违法、评估报告内容虚假等，因此未超起诉期限。本院认为，根据上引条款，起诉期限的起算条件，是公民、法人或者其他组织"知道或者应当知道作出行政行为之日"，而非"知道行政行为违法之日"，起诉期限的适用与行政行为是否合法无关。因此，南某某关于其起诉未超起诉期限的主张不能成立，本院不予支持。

最高人民法院认定，南某某的再审申请不符合《行政诉讼法》第九十一条规定的情形，裁定驳回南某某的再审申请。

［根据最高人民法院（2016）最高法行申4591号行政裁定书编写］

◎作者分析

这起案件并不复杂，但在起诉期限上有几个事情需要说明。

1. 起诉期限的适用问题

当时有效的《行政诉讼法解释》（2015年）第十二条规定（《行政协议解释》第二十五条）："公民、法人或者其他组织对行政机关不依法履行、未按照约定履行协议提起诉讼的，参照民事法律规范关于诉讼时效的规定；对行政机关单方变更、解除协议等行为提起诉讼的，适用行政诉讼法及其司法解释关于起诉期限的规定。"根据上述规定，除"行政机关不依法履行、未按照约定履行协议"两种情形外，"行政机关单方变更、解除协议"适用起诉期限。本案中，南某某与旧改办签订的《补偿协议》已经实际履行完毕，不属于"行政机关不依法履行、未按照约定履行协议"的情形，故应适用行政诉讼法及其司法解释的起诉期限规定。南某某与旧改办于2013年8月9日签订《补偿协议》，且《补偿协议》已于2013年8月19日已经实际履行完毕，南某某到2016年2月15日才提起行政诉讼，时隔两年半，且无正当理由耽误，也就超过了法定2年的起诉期限。

2. 正当理由的理解

这里的"正当理由"是指《行政诉讼法》第四十八条规定的"不可抗力或者其他不属于其自身的原因"和"其他特殊情况"。本案中，南某某没有举证证明存在或出现上述规定的正当理由，故不存在行政起诉期限的延长问题。

3. 起诉期限的起算日

南某某在再审申请中称：《补偿协议》是建立在评估报告上的，南某某2015年6月15日才看到评估报告，旧改办选定评估机构的行为违法。其意是"知道或者应当知道"是2015年6月15日，而《行政诉讼法》第四十六条规定的起诉期限起算日是"作出行政行为之日"。所以，最高人民法院在本案再审裁定中指出：起诉期限的起算条件是"知道或者应当知道作出行政行为之日"，而非"知道行政行为违法之"，起诉期限的适用与行政行为是否合法无关。

◎【裁判案例27】

行政协议起诉期限属于相对除斥期间，不存在中止、中断和抗辩的问题。

[案情简介]

2012年10月16日，某县发改委作出《关于某县长途客运中心站项目的立项批复》；2013年10月9日，该县国土资源局批复同意县交通运输局长途客运中心站项目建设使用城关镇面积39583平方米的土地；2014年12月30日，某省政府批复同意该县长途客运中心站项目征收农民集体农用地用；2015年1月6日，县政府发布了《征收土地公告》。

此前的2012年9月28日，因陈某某的土地在长途客运中心站项目拟征收范围内，某县政府有关部门便与其签订了《土地征收补偿协议》，征收陈某某2.93亩菜地，并给予经济补偿。

2015年7月21日，陈某某向某市中院提起诉讼，请求确认某县政府在征收车站用地中于2012年9月20日强征其2.93亩菜地的行为违法。

[一审裁定]

某市中院认为：陈某某要求确认某县政府在征收车站用地中于2012年9月20日强征其2.93亩菜地的行为违法，无事实根据，不符合《行政诉讼法》第四十九条规定的提起诉讼应当有事实根据的起诉条件。据此裁定驳回陈某某的起诉。

[二审裁定]

陈某某不服一审裁定，向某省高院提起上诉。

某省高院认为：陈某某在起诉状中称其土地在2012年9月被县政府丈量占用，并签订《土地征收补偿协议》，也即，其自2012年9月底就知道自己的土地被征用，而其于2015年7月21日才向人民法院提起行政诉讼，显已超过《行政诉讼法解释》（2000年）第四十一条第一款规定的二年起诉期限。一审认定起诉无事实根据虽有不妥，但裁定驳回其起诉结果并无不当。

某省高院裁定驳回陈某某上诉，维持原审裁定。

[申请再审]

陈某某向最高人民法院提出的再审申请，请求：1.依法撤销某省高院行政裁定；2.依法确认某县政府2012年9月20日征地行为违法；3.判决某县政府履行征地补偿义务。主要事实和理由为：根据民事诉讼时效的规定，被告在应诉时未提出诉讼时效抗辩的，视为放弃时效抗辩权利。本案中，某县政府并未以超过诉讼时效为由进行抗辩，应当视为放弃时效抗辩，故二审法院法律适用错误，不得以超过诉讼时效为由，裁定驳回陈某某上诉。

[最高人民法院裁定]

最高人民法院认为：陈某某主张本案应适用民事诉讼的时效规定，这一观点缺乏法律依据，不能成立。根据《行政诉讼法》第四十五条、第四十六条、第四十七条、第四十八条的规定，行政诉讼实行的是起诉期限制度。所谓起诉期限，是指法律规定的当事人不服某项行政行为时向法院请求司法救济、行使行政撤销权的时间限制。它是比照民法上的除斥期间和诉讼上的上诉期间进行设计和变造，在性质上属于程序法上的法定期间，不能中断或者中止，特殊情况下才可申请延长或扣除被耽误的时间。设置起诉期限制度的目的和功能，在于维护行政行为的效力，以确保行政法律关系的尽早安定。而民法通则对于诉讼时效的规定有所不同。超过诉讼时效期间，当事人自愿履行的，不受诉讼时效限制，而且，诉讼时效期间为可变期间。虽然《行政诉讼法解释》（2015年）

第十二条规定，对行政机关不依法履行、未按照约定履行行政协议提起诉讼的，参照民事法律规范关于诉讼时效的规定，但这是基于行政协议的履行之诉与民法上的合同履行之诉有诸多相同点而做出的特别规定，起诉行政机关作出的单方行政行为，仍然要适用行政诉讼的起诉期限的规定。本案中，陈某某请求人民法院确认某县政府征收其土地的行为违法，是针对行政机关单方作出的一个征收土地行为提起的诉讼。根据原审法院查明的事实，陈某某于 2012 年 9 月底便已知道被诉土地征收行为的内容，其于 2015 年 7 月 21 日才提起本案诉讼，显然已经超过《行政诉讼法解释》（2000 年）第四十一条第一款规定的二年起诉期限。二审法院裁定驳回陈某某上诉，维持一审驳回起诉的裁定，并无不当。

陈某某还主张，某县政府并未以超过诉讼时效为由进行抗辩，应当视为放弃时效抗辩权利，故二审法院不得以超过诉讼时效为由裁定驳回其上诉。本院认为，民法上的时效不是权利消灭的原因，它只给予义务人一个抗辩权。如果义务人不作为，即不行使他的抗辩权，则请求权可以通过司法程序得到执行。在民事诉讼中，当事人未提出诉讼时效抗辩，人民法院也不应对诉讼时效问题进行释明及主动适用诉讼时效的规定进行裁判。但在行政诉讼中，通常并不适用时效制度，而是适用起诉期限，已如前述。而按照《行政诉讼法解释》（2015 年）第三条的规定，是否遵守起诉期限属于起诉条件的一种，对于起诉条件的审查，人民法院应当依职权进行，不用等待当事人的申请，也不用基于当事人的抗辩。对于"超过法定起诉期限且无正当理由的"，人民法院可以迳行裁定驳回起诉。因此，二审法院的处理符合相关法律规定。

最高人民法院裁定驳回陈某某的再审申请。

[根据最高人民法院（2016）最高法行申 2645 号行政裁定书编写]

◎作者分析

陈某某在上诉中提出：本案适用民事诉讼时效规定，某县政府并未以超过诉讼时效为由进行抗辩，应当视为放弃时效抗辩。陈某某此主张，混淆了行政起诉期限与民事诉讼时效的区别。

本案是行政协议案件。行政协议案件除"行政机关不依法履行、未按照约定履行协议"参照适用民事诉讼时效的规定外，应当适用起诉期限，而不适用民事诉讼时效期间。陈某某起诉某县政府征收其土地违法，不属于适用民事诉讼时效的行政案件。诉讼时效抗辩权存在于民事案件，民事被告未以超过诉讼时效为由进行抗辩的，应当视其放弃时效抗辩权，案件应按未超过诉讼时效进行处理。而起诉期限属于相对除斥期间，除有正当事由耽误而可以延长外，不存在中止、中断和抗辩的问题。

本案原告陈某某未分清起诉期限与诉讼时效期间的区别，且将民事诉讼中的时效抗辩权适用于行政案件，显然不符行政诉讼法及其司法解释的有关规定。对此，最高人民法院在本案中指出："对于'超过法定起诉期限且无正当理由的'，人民法院可以迳行裁定驳回起诉。"

第六节　行政协议案件的诉讼请求

诉讼请求是原告向人民法院提出的希望通过裁判予以支持的要求。不论是行政诉讼还是民事诉讼，原告都必须提出诉讼请求。诉讼请求既是诉讼的最基本要求，也是整个案件的诉讼思路和诉讼方向的引导。原告提起诉讼，如果没有诉讼请求，该诉讼是无法成立的。《行政诉讼法》第四十九条规定，行政相对人提起诉讼应"有具体的诉讼请求"。行政协议诉讼也一样，相对方作为原告向人民法院提起诉讼，必须"有具体的诉讼请求"。

一、行政协议案件的具体诉讼请求

根据《行政诉讼法》第四十九条第三项规定，结合行政协议的受案范围，《行政协议解释》第九条规定了七种具体诉讼请求：

1. 请求判决撤销行政机关变更、解除行政协议的行政行为，或者确认该行政行为违法

这里规定的两种诉讼请求所形成的是变更之诉、撤销之诉和确认之诉。

行政机关与相对方签订行政协议后，该协议不一定一成不变，经双方协

商是可以变更、解除的，问题在于，行政机关因情势变更或者其他原因，在未经对方同意的情况下单方变更、解除行政协议，因这种行为不是约定行为，而是行政机关的单方行为，故被认为是单方"行政行为"。对此，原告认为，行政机关单方变更、解除行政协议违约且损害其利益的，可以提起撤销之诉，请求撤销行政机关变更、解除行政协议。原告认为，这种行政行为违法的，则可以提起确认之诉，请求确认这种行政行为违法。如果认为行政机关单方变更行政协议部分违法的，可以请求确认该部分行政行为违法。如果认为行政机关解除行政协议全部违法的，则可请求确认该行政行为为全部违法。

此外，在行政行为依法应当撤销的情况下，如果撤销行政协议会给国家利益、社会公共利益造成重大损害的，人民法院可以作出确认违法判决，但不予撤销。

2. 请求判决行政机关依法履行或者按照行政协议约定履行义务

《行政协议解释》根据中央提出"完善政府守信践诺机制"的要求，为确保行政机关按照行政协议约定严格兑现向相对方依法作出的行政承诺，在第十九条中规定"被告未依法履行、未按照约定履行行政协议，人民法院可以依据行政诉讼法第七十八条的规定，结合原告诉讼请求，判决被告继续履行，并明确继续履行的具体内容"。据此规定，行政机关未依法履行、未按照约定履行行政协议的，原告可以提起履行之诉，请求人民法院判决被告行政机关依法履行义务，或者按照行政协议约定履行义务。

3. 请求判决确认行政协议的效力

行政协议效力的确认之诉可分为有效之诉和无效之诉。从实践来看，原告提起行政协议的效力之诉以无效之诉为多，如原告认为行政机关违反自愿原则，采取胁迫、欺诈手段强迫其签订行政协议，致使其财产权益受到非法损害的，可以向人民法院提起确认行政协议无效之诉，并请求予以撤销。在某些特定情况下，原告也可以提起确认行政协议有效之诉，如行政机关以行政协议违法为由，单方决定撤销行政协议，相对方不服的，可以提起确认有效之诉。

4. 请求判决行政机关依法或者按照约定订立行政协议

这是一种缔约之诉。如行政机关通过要约，承诺与相对方签订某一行政协议，后又不签订行政协议，但仍要求相对方履行某种义务，或者未经协商程序就要求相对方履行某种义务，相对方要求行政机关先行签订行政协议，而行政机关不签订行政协议的，相对方可以向人民法院提出判令行政机关依法或者按照约定订立行政协议的诉讼请求。譬如，行政机关决定征收农民的宅基地及房屋，被征收农民要求先行签订安置补偿协议，而行政机关不其签订安置补偿协议就要求其拆除房屋征收宅基地的，被征收农民就可以提起订立行政协议的缔约诉讼。

5. 请求判决撤销、解除行政协议

这是行政协议案件最为常见的两种诉讼请求。《行政协议解释》第十四条规定："原告认为行政协议存在胁迫、欺诈、重大误解、显失公平等情形而请求撤销，人民法院经审理认为符合法律规定可撤销情形的，可以依法判决撤销该协议。"原告据此可以行使撤销行政协议的请求权。又如，《行政协议解释》第十七条规定："原告请求解除行政协议，人民法院认为符合约定或者法定解除情形且不损害国家利益、社会公共利益和他人合法权益的，可以判决解除该协议。"原告据此可以行使解除行政协议的请求权。

这里的撤销诉讼请求、解除诉讼请求与上述第一种"判决撤销行政机关变更、解除行政协议的行政行为"中的解除诉讼请求是不同的。前者是原告针对行政协议提出的解除诉讼请求，而后者是针对行政机关单方解除行政协议的行政行为而提出的撤销诉讼请求。

6. 请求判决行政机关赔偿或者补偿

在行政协议案件中，原告要求被告行政机关弥补损失的诉讼请求有两种情况。

（1）损害赔偿请求

这里的损害赔偿请求是基于行政机关在行政协议上的违法、违约造成相对方损失，相对方作为原告而提出的赔偿请求。这种赔偿请求通常属于《国家赔偿法》规定的行政赔偿。行政协议诉讼中的赔偿请求主要下两种情况：

一是原告单独提出赔偿请求。从实践来看，原告之所以单独提出赔偿请求是因为行政机关在行政协议上的违法、违约已经明确，只要得到赔偿即可实现诉讼目的，而别无他诉求。但是，依据《国家赔偿法》规定，单独提出行政赔偿请求的，请求权人应先向赔偿义务机关提出，在赔偿义务机关不

予赔偿或者双方对赔偿数额有异议的，才可以依法向人民法院提起行政赔偿诉讼。

二是一并提出行政赔偿请求。这是指原告在请求确认行政机关违法、违约的同时请求行政机关予以行政赔偿，并要求将两者并案处理。如《行政协议解释》第十五条第二款规定："因被告的原因导致行政协议被确认无效或者被撤销，可以同时判决责令被告采取补救措施；给原告造成损失的，人民法院应当判决被告予以赔偿。"

（2）行政补偿请求

行政补偿，是指行政机关合法行使行政权力的行为损害了行政相对人的合法权益，或行政相对人为公共利益而使自己的合法权益受到损害时，国家弥补行政相对人损失的一种给付救济。如《行政协议解释》第十六条规定："在履行行政协议过程中，可能出现严重损害国家利益、社会公共利益的情形，被告作出变更、解除协议的行政行为后，原告请求撤销该行为，人民法院经审理认为该行为合法的，判决驳回原告诉讼请求；给原告造成损失的，判决被告予以补偿。"

7. 其他有关行政协议的订立、履行、变更、终止等诉讼请求

后面对此将作专题分析。

二、原告提出诉讼请求的基本要求

原告向人民法院提起行政协议诉讼，在起诉书中表述的诉讼请求必须具体、明确、扼要。诉讼请求如果不具体不明确或者过于笼统，致使人民法院无法对案件进行审理和裁判的，人民法院将裁定驳回起诉。

原告有多个请求的，应在诉讼中一并提出，并逐项列明。原告提出多个诉讼请求必须保持法律关系的一致性，如原告请求法院判决确认行政协议无效，同时认为因行政协议无效造成其损失的，可以同时请求判决被告予以赔偿。但在请求判决确认行政协议无效的同时，又请求判决变更行政协议的，两者就会出现矛盾，理由是，协议变更是在协议有效基础上进行的，因此，原告在主张无效的同时，一般是不能再主张变更；既然已经主张变更，也就不能再主张无效。

三、诉讼请求的增加和变更

原告提起行政协议诉讼，在法院决定的开庭审理前或者在法庭辩论终结前，可以提出增加或者变更诉讼请求。增加诉讼请求是指在起诉时提出诉讼请求事项的基础上另加其他诉讼请求事项，如原告起诉时只是请求确认行政协议无效，后提出增加被告赔偿损失的请求。变更诉讼请求是指原告相对人将先前提出的诉讼请求更换为新的诉讼请求，如原告起诉的请求为确认行政协议无效，后放弃这个请求而改变为变更行政协议的部分内容。

◎【裁判案例 28 】

相对人提起行政协议诉讼的请求不具体明确或相互矛盾，法院裁定驳回起诉。

[案情简介]

2014 年 7 月 19 日，某区高速连接线建设指挥部（以简称"区指挥部"）和某乡政府（甲方）因高速连接线建设的需要，与田某某（乙方）签订了《房屋拆迁协议书》。该协议约定：1. 拆迁安置方式确定为"分散迁建安置"；2. "拆迁内容及补偿"包括房屋补偿、搬家费、过渡费、奖励等，共 251733 元；3. 乙方重建宅基地用地 400 平方米，应付给甲方重建宅基地用地费按 70 元 / 平方米计 28000 元；4. 甲方应给予乙方各种奖励 55188 元；5. 甲方向乙方实付金额 278921 元。田某某于 2014 年 7 月 24 日领取房屋拆迁补偿款 242129 元，于 2014 年 8 月 11 日领取房屋拆迁倒房奖励、配合奖励 36792 元。在协议履行过程中，某乡政府扣除了《房屋拆迁协议》中约定的应当给付的 70 元 / 平方米宅基地调换补偿款 28000 元。某区政府后因无法通过"分散迁建安置"的方式找到合适的宅基地，向田某某承诺可以采取"集中安置"的方式进行安置，但一直未交付安置地。

2015 年 6 月 23 日，田某某向某市中院提起行政诉讼称：1. 签订《房屋拆迁协议书》时没有填写协议内容，协议不是其真实意思表示；2. 协议显失公平，没有为被拆迁人办理社会保险的条款；3. 同一项目、同一地段且属同一个乡，邻村采用货币安置,却对田某某采用所谓的"分散迁建安置",签订协议时未释明"分散迁建"的含义;4.该协议以"分散迁建安置"为名行统一迁建安置之实,大部分村民在征地后成为失地农民,无法自行寻找宅基地,协议中称安排宅基地,却要求支付宅基地费用;5.区政府、乡政府均不是合格的拆迁人,无权签订拆迁协议。请求:撤销《房屋拆迁协议》,判决赔偿损失 186877 元。

[一审裁定]

某市中院认为,本案系房屋行政征收案件。田某某集体土地上的房屋被征收,其本人已与区指挥部、某乡政府签订了《房屋拆迁协议书》,且已全部领取补偿款。现田某某以同一地段的邻村拆迁补偿标准高为由提起行政诉讼,要求撤销已签订的《房屋拆迁协议》。根据《最高人民法院关于审理涉及农村集体土地行政案件若干问题的规定》第十条规定,田某某对补偿标准有异议,应先向行政机关申请行政裁决。田某某直接向人民法院提起行政诉讼,人民法院应不予受理。依照《最高人民法院关于审理涉及农村集体土地行政案件若干问题的规定》第十条、《行政诉讼法解释》(2015 年)第三条第一款第十项的规定,裁定驳回田某某的起诉。

田某某不服某市中院上述裁定,向某省高院提起上诉。

[二审裁定]

某省高院认为,田某某起诉的是请求撤销其与某区政府、某乡政府签订的《房屋拆迁协议》,未就某区政府、某乡政府在征地过程中行政行为的合法性提起行政诉讼,也未向法院提起请求履行交付安置地之诉,故本案审理的焦点是《房屋拆迁协议》。

《房屋拆迁协议》的补偿依据是《土地管理法》《某市集体土地上房屋征收与补偿安置办法》。涉案《房屋拆迁协议》签订后,田某某已领取了补偿款。田某某以"同一项目、同一地段且属同一个乡,却采用了两种补偿安置标准"等为由,对土地补偿提出异议,起诉要求撤销已签订的《房屋拆迁协议》,实际是对房屋拆迁协议中进行补偿所依据的补偿标准有异议。根据《土地管理法实施条例》第二十五条第三款及《最高人民法院关于审理涉及农村集体土地行政案件若干问题的规定》第十条之规定,田某某对土地补偿有异议,直接向人民法院提起行政诉讼的,人民法院应不予受理,但应告知其先申请行政机关裁决。

根据《行政诉讼法解释》（2015年）第三条第一款第十项之规定，对不符合法定起诉条件的案件，已经立案的，应当裁定驳回起诉。依照《行政诉讼法》第八十九条第一款第一项之规定，裁定驳回上诉，维持一审裁定。

［申请再审］

田某某向最高人民法院申请再审称：

1.本案是典型的行政合同纠纷，某区政府和某乡政府作为签约方，没有完全履行合同义务，属于违约行为，田某某请求的赔偿款属于违约金，争议的核心问题并不是对"土地行政管理部门组织实施过程中确定的土地补偿有异议"。一审裁定称该合同已履行完毕属于认定事实错误，该合同的履行包括补偿款的支付和安置地的交付，某区政府和某乡政府只履行了补偿款的支付义务，至今未履行安置地的审批手续和土地的交付义务。

2.一、二审裁定适用《最高人民法院关于审理涉及农村集体土地行政案件若干问题的规定》第十条以及《行政诉讼法解释》（2015年）第三条第一款第十项的规定裁定驳回起诉和上诉，属于适用法律错误。

3.协议中的补偿数额明显低于当时土地租金市场价，使田某某利益遭受损害；该协议并非在自愿协商的基础上签订，违反《土地管理法》第四十八条规定，且协议内容显失公平，依《合同法》第五十四条规定为可变更或可撤销。

请求：撤销一、二审行政裁定，责令某市中院进行审理并判决赔偿损失。

［最高人民法院裁定］

最高人民法院经审查认为，《行政诉讼法》第四十九条第三项规定，行政相对人提起行政诉讼，应当有具体的诉讼请求和事实根据。据此，原告提起行政诉讼必须要有明确的被诉行政行为，只有认为被诉行政行为侵犯其合法权益，对被诉行政行为提出具体的诉讼请求和理由，才符合法定的起诉条件。行政诉讼是对被诉行政行为的合法性进行审查，当事人所诉行政行为不明确，人民法院将无法进行案件的审理和裁判。

根据《行政诉讼法》第十二条第一款第十一项的规定，认为行政机关不依法履行、未按照约定履行行政协议的行为，属于行政诉讼的受案范围。但是，行政协议行为不是一个单一的行政行为，包括协议的签订、履行、变更以及解除等一系列行政行为。当事人针对行政协议行为提起诉讼，必须明确具体的被诉行政协议行为，笼统请求撤销或者确认行政协议行为违法，属于诉讼请求不明确。本案中，田某某与区指挥部、某乡政府签订的《房屋拆迁协议》属于行政协议，其一审的诉讼请求为撤销行政协议，但是其诉讼的具体理由中既包括了签订协议时的协议缺乏真实性、协议显失公平、对补偿标准提出异议，又包括了安置宅基地没有履行到位等履行问题。也就是说，田某某在本案中既对行政协议的签订行为提出异议，又对行政协议的履行行为提出异议，其诉讼请求不够具体明确。

根据《行政诉讼法》第五十一条第三款之规定，起诉状内容欠缺或者有其他错误的，应当给予指导和释明，并一次性告知当事人需要补正的内容；不得未经指导和释明即以起诉不符合条件为由不接收起诉状。指导和释明应当是人民法院的法定程序义务，未履行相应的指导和释明义务的，属于审判程序违法。在起诉状内容欠缺或者未正确表达诉讼请求的情况下，人民法院应当进行指导和释明，要求当事人完善起诉状内容、明确诉讼请求，尤其是要明确被诉行政行为。本案中，田某某提交的起诉状中的诉讼请求并不明确。在此情形下，一审本应依法通过指导和释明方式，要求田某某明确被诉行政行为包括哪些。但是一审未进行指导和释明，而是仅以田某某对补偿标准有异议这一行为进行审查，给当事人行使诉权造成了一定的影响，程序存在瑕疵，本院予以指正。

在田某某的诉讼请求不明确的情况下，一审将田某某所诉的行政行为确定为签订《房屋拆迁协议》的行为，针对其诉请的撤销该协议进行审查。根据《最高人民法院关于审理涉及农村集体土地行政案件若干问题的规定》第十条之规定，土地权利人对土地管理部门组织实施过程中确定的土地补偿有异议，直接向人民法院提起诉讼的，人民法院不予受理，但应当告知土地权利人先申请行政机关裁决。根据《征用土地公告办法》第十五条规定，因未按照依法批准的征用土地方案和征地补偿、安置方案进行补偿、安置引发争议的，由市、县人民政府协调；协调不成的，由上一级地方人民政府裁决。田某某对签订协议行为不服，实质上是对补偿标准提出异议，应当先行申请裁决，一、二审就该项诉讼请求作出的认定和驳回起诉的处理结果并无不当。

《房屋拆迁协议》中约定采用"分散迁建安置"方式，但是某区政府从应付补偿款中扣除了重建安置宅基地用地费，并承诺由政府统一安置宅基地，实际上改变了《房屋拆迁协议》中的拆迁安置方式。根据《行政诉讼法解释》（2015

年）第十五条第一款规定，原告主张被告不依法履行、未按照约定履行协议或者单方变更、解除协议违法，理由成立的，人民法院可以根据原告的诉讼请求判决确认协议有效、判决被告继续履行协议，并明确继续履行的具体内容；被告无法继续履行或者继续履行已无实际意义的，判决被告采取相应的补救措施；给原告造成损失的，判决被告予以赔偿。如果田某某明确自己的诉讼请求是要求履行《房屋拆迁协议》，则可以另行提起要求继续履行行政协议的诉讼，在符合其他起诉条件的情况下，人民法院应当依法进行实体审查。故即使田某某认为自己的诉讼请求不是针对签订协议的行为，仍可以继续循法律途径对履行协议行为进行救济。故一、二审裁定驳回起诉，并未对其诉讼权利产生影响。

最高人民法院裁定驳回田某某的再审申请。

［根据最高人民法院（2017）最高法行申 3772 号行政裁定书编写］

◎作者分析

涉案《房屋拆迁协议》属于行政协议。田某某在一审中有两个主要诉讼请求：一认为该协议缺乏真实性、显失公平，主张予以撤销；二是对补偿标准提出异议、宅基地安置未到位等履行问题。我们仔细分析这两个诉讼请求，就会发现其有相互矛盾之处。双方签订行政协议如果意思表示不真实、显失公平，则可依法予以撤销使之无效，合同无效自始无效，当事人不得履行，而继续履行则应在合同有效的基础上进行。所以，田某某既主张撤销涉案协议又主张继续履行，两者之间存在法律上的相互矛盾，因此，最高人民法院认为其诉讼请求不够具体明确，于是裁定驳回田某某的再审申请。

本案审判结果告诉我们，行政相对人提出的诉讼请求，必须具体明确，且将案件事实与法律规定保持一致，同时要求：

1. 诉讼请求要言简意赅、简明扼要，用最概括、最凝炼的语言表达出来；

2. 诉讼请求不能含糊其词、抽象笼统；

3. 诉讼请求应当合理合法，否则不能得到人民法院的支持；

4. 诉讼请求的提出要有充分可靠的证据证实，否则难以成立；

5. 已经提出的诉讼请求如有不足之处，应当根据法院的指导和释明及时变更、补正和完善。

第七节　行政协议诉讼的举证责任

举证责任是当事人在诉讼过程中对案件事实和诉讼主张的成立所承担的提供证据的义务。依法负有举证责任的一方当事人若不能完成举证责任，则有败诉的风险。

一、行政诉讼的举证规则

我国民事诉讼一直奉行"谁主张谁举证"原则，但行政诉讼实行"被告举证"原则。《行政诉讼法》第三十四条第一款规定："被告对作出的行政行为负有举证责任，应当提供作出该行政行为的证据和所依据的规范性文件。"第二款规定："被告不提供或者无正当理由逾期提供证据，视为没有相应证据。但是，被诉行政行为涉及第三人合法权益，第三人提供证据的除外。"据此，行政机关在行政诉讼中负有举证责任，若不能提供证据，则将承担败诉或对其不利裁判的后果。

但是，被告行政机关并非对所有的待证事实都要承担举证责任，原告相对人对某些事项也应实行"谁主张谁举证原则"而承担一定的举证责任。如根据《行政诉讼法》第三十八条规定，在原告起诉被告不履行法定职责的案件中，除被告应当依职权主动履行法定职责、原告因正当理由不能提供证据外，原告应当提供其向被告提出申请的证据；在行政赔偿、补偿的案件中，原告应当对行政行为造成的损害提供证据。又如，最高人民法院《关于行政诉讼证据若干问题的规定》第四条规定："公民、法人或者其他组织向人民法院起诉时，应当提供其符合起诉条件的相应的证据材料。""在起诉被告不作为的案件中，原告应当提供其在行政程序中曾经提出申请的证据材料。"第五条规定："在行政赔偿诉讼中，原告应当对被诉具体行政行为造成损害的事实提供证据。"

二、行政协议诉讼的举证责任分配

因行政协议是行政行为与民事行为的混合体，故在行政协议诉讼的举证责任分配上，在适用行政诉讼"被告举证"原则的同时，根据上述规定应当适当考虑"谁主张谁举证"，并根据行政协议的不同诉讼类型和不同诉讼请求明确原被告举证责任。为此，《行政协议解释》第十条作出以下三款规定：

第一款规定："被告对于自己具有法定职权、履行法定程序、履行相应法定职责以及订立、履行、变更、解除行政协议等行为的合法性承担举证责任。"由此可见，在行政协议诉讼中，被告行政机关仍负主要的举证责任，且举证范围较广，但一般限于其职权职责和合法性范围内的承担举证责任。

第二款规定："原告主张撤销、解除行政协议的，对撤销、解除行政协议的事由承担举证责任。"这里采用了民事诉讼上的"谁主张谁举证"原则，即原告提出的主张由原告举证，但限于原告提出撤销、解除行政协议诉讼请求的范围。

第三款规定："对行政协议是否履行发生争议的，由负有履行义务的当事人承担举证责任。"这是对行政协议履行专门规定的举证责任分配，即由负有履行义务的当事人承担举证责任，行政机关如果由负有履行行政协议义务的，则由行政机关承担是否履行的举证责任；如果相对方负有履行行政协议义务的，则由相对方承担是否履行承担举证责任。

◎【裁判案例 29 】

相对人提起行政协议诉讼，不能提供事实根据的证据，法院裁定驳回其起诉。

[原告起诉]

2006 年，某市政府发出关于公路征地拆迁补偿标准的 28 号文件。马某某、刘某某以某市政府、某县政府、某镇政府、某村村民委员为被告，向某市中院提起行政诉讼称：根据上述 28 号文件，某镇政府在拆迁中与刘某某达成拆一补二的行政协议，并由某村委会在拆迁户会议上予以公开宣读协议内容；某村委会以履行协议为由胁迫马某某交纳的5000元；某镇政府口头承诺补偿马某某、刘某某5680元。马某某、刘某某在起诉时提交了拆迁承诺书、公路拆迁建筑物调查表及卫某某证词等证据。请求：1.判令某市政府28号文件违法；2.判令四被告履行拆迁协议，对原告宅基地权属予以确认；3.判令四被告给予相应经济补偿。

[一审裁定]

某市中院认为，某市政府28号文件属于行政机关制定的具有普遍约束力的决定，不属于行政案件的受案范围。马某某、刘某某要求四被告履行拆迁协议，其所诉事实与诉请不能对应，亦没有拆迁协议等相关证据，属于没有事实根据，同时对宅基地的权属确认的请求不属于行政案件的受案范围。马某某、刘某某要求给予其经济补偿的诉请，没有事实和法律根据。某村民委员会不具有行政职权，不应作为行政诉讼的被告。某市中院认定，马某某、刘某某的起诉不符合起诉条件，依照《行政诉讼法》第五十一条第二款之规定，裁定对起诉人马某某、刘某某的起诉不予立案。

[上诉理由]

马某某、刘某某不服某市中院一审判决，向某省高院上诉称：

1.某市政府（2016）第26号文件是属于行政机关制定的针对特定人群的拆迁补偿标准，是具体的行政行为，而非裁定所称具有普遍约束力的决定，请求法院一并审查规范性文件。

2.本案的诉求为履行拆迁协议对诉争宅基地予以确认并予以经济补偿，符合《行政诉讼法》十二条第一款等一款第十一项之规定，原裁定认为所诉事实与诉请不能对应，亦没有拆迁协议等相关证据，没有事实和法律根据，属超越权限的枉法裁判。

3.原被上诉人某村委会是行政协议履行的执行者与本案存在法律上的利害关系，其理应成为被告。

请求二审法院撤销一审裁定，指令立案受理。

［二审裁定］

某省高院认为，上诉人马某某、刘某某一审起诉时共列四个被告、三项诉求。第一项诉求为判令某市政府28号文件违法。该文件是关于公路征地拆迁补偿标准，马某某、刘某某不能直接对该文件提起行政诉讼，该诉求不属于行政诉讼受理范围。第二项诉求为判令四被告履行拆迁协议，对诉争宅基地予以确认，对于该项诉求，上诉人马某某、刘某某主张曾与某镇政府达成过拆迁协议，但却提供不出曾签订过拆迁协议的相关证据，该项诉求，没有事实依据。第三项诉求为判令四被告给予相应经济补偿，但马某某、刘某某却提供不出四被告应该给予其经济补偿的事实依据和法律依据，故该项诉求没有事实依据。某省高院裁定驳回马某某、刘某某上诉，维持原裁定。

［再审裁定］

马某某、刘某某向最高人民法院申请再审。

最高人民法院认为：本案的焦点问题是马某某、刘某某的起诉是否符合法定起诉条件。《行政诉讼法》第四十九条规定："提起诉讼应当符合下列条件：（一）原告是符合本法第二十五条规定的公民、法人或者其他组织；（二）有明确的被告；（三）有具体的诉讼请求和事实根据；（四）属于人民法院受案范围和受诉人民法院管辖。"《最高人民法院关于行政诉讼证据若干问题的规定》第四条第一款规定："公民、法人或者其他组织向人民法院起诉时，应当提供其符合起诉条件的相应的证据材料。"根据上述规定，再审申请人马某某、刘某某提起本案诉讼，应当提供相应证据证明其符合起诉条件。

本案中，从一审起诉状看，再审申请人马某某、刘某某主张依据《行政诉讼法》第十二条第一款第十一项规定提起行政协议诉讼，请求判令四被告履行拆迁协议，但其并未向法院提供该拆迁协议，其提交的拆迁承诺书、路公路拆迁建筑物调查表及卫某某证词亦无法证明其所称"拆一补二行政协议"的存在。故原审法院认定马某某、刘某某提起履行行政协议之诉缺乏事实根据，并无不当。

马某某、刘某某要求四被告给予其经济补偿，从其陈述的理由来看，一是认为三级政府补偿不到位，要求追加补偿款；二是认为村委会胁迫马某某交纳的钱款应予退还；三是认为某镇政府对其损失予以补偿的口头承诺应予兑现。

由此可见，马某某、刘某某的该项诉求系针对多个主体提出的多个"补偿"请求，有些还并不属于"补偿"的范畴，既不适合在一个案件中予以解决，也缺乏相应的请求权基础。一审和二审法院认为其提出的该项诉求不符合起诉条件，亦无不当。

最高人民法院认定，马某某、刘某某的再审申请不符合《行政诉讼法》第九十一条规定的情形，于是裁定驳回马某某、刘某某的再审申请。

[根据最高人民法院（2017）最高法行申1483号行政裁定书编写]

◎作者分析

本案中，原告马某某、刘某某提出三项诉讼请求，我们在这里分析其中的事实根据和举证责任的问题。

根据《行政诉讼法》第四十九条规定，事实根据是公民、法人或者其他组织向人民法院提起行政诉讼的条件之一，而为证明事实根据，起诉人应当提供相应的证据材料。行政机关在征收相对人房屋时，通常都会与相对人签订拆迁安置补偿协议，但若个别情况下未签订的拆迁补偿协议就拆除相对人房屋的，事实也应是清楚的。但在本案中，起诉人马某某、刘某某起诉请求法院判令四被告履行拆迁协议诉讼时，虽然提交了拆迁承诺书、公路拆迁建筑物调查表及卫某某证词，但这些材料不能证明其所称"拆一补二行政协议"的存在。拆迁协议纠纷案件的主要证据是行政机关与相对人签订的征收拆迁及安置补偿协议，但本案中的起诉人未能提交其与某市政府、某县政府、某镇政府或其中之一签订的拆迁协议，也未提供其房屋系某市政府、某县政府、某镇政府或其中之一拆除的证据，属于不能举证的情形，故不符合《行政诉讼法》第四十九条规定的有具体的事实根据的起诉条件。所以，法院依照《行政诉讼法》第五十一条第二款"不符合起诉条件的，作出不予立案的裁定"之规定，裁定对起诉人马某某、刘某某的起诉不予立案。

第八节　被告行政机关应诉

应诉是被告针对原告起诉提出答辩，陈述自己的意见和主张，并参加开庭审理的行为。在行政诉讼中，应诉是被告行政机关应当履行的义务，答辩是被告行政机关应有的权利，行政机关应当履行应诉、答辩的法定职责。

一、行政机关应诉的意义

《国务院办公厅关于加强和改进行政应诉工作的意见》（国办发〔2016〕54 号）指出："行政诉讼是解决行政争议，保护公民、法人和其他组织合法权益，监督行政机关依法行使职权的重要法律制度，做好行政应诉工作是行政机关的法定职责。""各地区、各部门要从协调推进'四个全面'战略布局的高度，充分认识做好行政应诉工作对于依法及时有效化解社会矛盾纠纷、规范行政行为、加强政府自身建设的重要意义，把加强和改进行政应诉工作提上重要议事日程，切实抓紧抓好。"

根据《行政诉讼法》有关规定，最高人民法院专门发布《关于行政诉讼应诉若干问题的通知》（法〔2016〕260 号），该通知指出，上述国务院办公厅的《意见》，对于人民法院进一步做好行政案件的受理、审理和执行工作，全面发挥行政审判职能，有效监督行政机关依法行政，提高领导干部学法用法的能力，具有重大意义，并就行政机关应诉工作作出具体规定。

二、行政机关答辩

行政协议诉讼属于行政诉讼，在应诉上没有另行特别规定，故应适用《行政诉讼法》的规定，《行政诉讼法》第六十七条第一款规定："人民法院应当在立案之日起五日内，将起诉状副本发送被告。被告应当在收到起诉状副本之日起十五日内向人民法院提交作出行政行为的证据和所依据的规范性文件，并提出答辩状。人民法院应当在收到答辩状之日起五日内，将答辩状副本发送原告。"第二款规定："被告不提出答辩状的，不影响人民法院审理。"据此，相对人向法院提起行政诉讼，被告行政机关接到法院起诉状副本和应诉通知书后，应当严格按照《行政诉讼法》的上述规定，向人民法院提交形式规范的答辩状，并提交具有法定职权、履行法定程序、履行相应法定职责以及订立、履行、变更、解除行政协议等行为的证据和所依据的规范性文件。行政机关不得拒绝答辩，或者无正当理由迟延答辩；被告行政机关不提交答辩状的，不影响法院对行政案件的审理。

三、行政机关负责人出庭应诉

在行政机关应诉过程中，值得强调的是行政机关负责人出庭应诉的问题。《行政诉讼法》第三条第三款规定："被诉行政机关负责人应当出庭应诉。不能出庭的，应当委托行政机关相应的工作人员出庭。"《国务院办公厅关于加强和改进行政应诉工作的意见》指出，"被诉行政机关负责人要带头履行行政应诉职责，积极出庭应诉。不能出庭的，应当委托相应的工作人员出庭，不得仅委托律师出庭。对涉及重大公共利益、社会高度关注或者可能引发群体性事件等案件以及人民法院书面建议行政机关负责人出庭的案件，被诉行政机关负责人应当出庭。经人民法院依法传唤的，行政机关负责人或者其委托的工作人员不得无正当理由拒不到庭，或者未经法庭许可中途退庭。"

国家确立行政机关负责人出庭应诉制度，将行政机关与公民、法人和其他组织置于平等诉讼地位，不仅能破解"民告官不见官"的困境，有利于行政纠纷的解决，更是司法改革朝民主化方向发展的一大进步。但是，被告行政机关负责人出庭应诉为行政诉讼上的义务，而不以原告相对人申请为前提，也不以直接维护行政相对人合法权益为目的，因此，被告行政机关负责人未出庭应诉，只是未履行法定诉讼义务而已，对行政裁判内容不产生实质性影响。根据《行政诉讼法解释》（2018年）第一百三十二条规定，行政机关负责人不出庭应诉的，人民法院应当记录在案和在裁判文书中载明，并可以建议有关机关依法作出处理。

◎【裁判案例30】

行政机关负责人不出庭应诉是不作为的诉讼行为，但不是可诉的行政行为。

[案情简介]

2015年12月17日，孙某某以某区政府为被申请人向某市政府提出行政复议申请。请求：1.确认被申请人某区政府的行政负责人在2015年3月以来申请人孙某某诉被申请人某区政府的三个行政诉讼中拒不出庭应诉违法；2.安排申请人孙某某查阅被申请人某区政府提出的书面答复、提供的证据、法律法规依据和其他有关材料；3.向申请人孙某某邮寄或由申请人孙某某当面领取本申请对应的行政复议决定书。

某市政府经审查，认为孙某某此次要求审查的"被申请人某区政府的行政负责人在2015年3月以来申请人孙某某诉被申请人某区政府的三个行政诉讼中拒不出庭应诉"的事项是行政机关依照《行政诉讼法》的规定参与行政诉讼的行为，应当接受人民法院的司法监督，但不属于行政机关履行行政管理职责作出的具体行政行为，因而不属于行政复议法规定的行政复议范围。因此，孙某某的行政复议申请不符合《行政复议法实施条例》第二十八条第五项规定的受理条件，根据《行政复议法》第十七条第一款的规定，某市政府决定不予受理。2015年12月22日，某市政府作出《行政复议申请不予受理决定书》(以下简称《不予受理决定》)，并邮寄送达孙某某。

孙某某不服《不予受理决定》，向某市第二中院提起行政诉讼，请求撤销《不予受理决定》，判令某市政府依法受理其行政复议申请。

[一、二审判决]

某市第二中院认为，根据《行政复议法》第三条的规定，某市政府作为行政复议机关，具有受理孙某某所提行政复议申请并作出处理的法定职责。《行政复议法》第十七条规定，行政复议机关收到行政复议申请后，应当在五日内进行审查，对不符合本法规定的行政复议申请，决定不予受理，并书面告知申请人。除前款规定外，行政复议申请自行政复议机关负责法制工作的机构收到之日起即为受理。《行政复议法实施条例》第二十八条第五项规定，属于行政复议法规定的行政复议范围系行政复议机关受理行政复议申请的前提条件。本案中，孙某某向某市政府提出的行政复议申请所涉审查事项是某区政府依照《行政诉讼法》的规定参与行政诉讼的行为，并非行政机关履行行政管理职责所作具体行政行为，故不属于《行政复议法》规定的行政复议范围，某市政府对其所提行政复议申请决定不予受理正确。某市政府所作《不予受理决定》认定事实清楚、适用法律正确、程序合法。据此，根据《行政诉讼法》第六十九条之规定，判决驳回孙某某的诉讼请求。

孙某某不服一审判决，向某市高院提起上诉。某市高院判决驳回孙某某上诉，维持一审判决。

[申请再审]

孙某某向最高人民法院申请再审称：《行政诉讼法》将行政机关负责人出庭应诉明确为法律义务，被诉行政机关负责人在行政案件中均应当出庭应诉。该规定的目的是强化行政机关的法治意识，促进行政争议实质性化解。在一审开庭审理孙某某诉某区政府的三个案件时，该府的行政机关负责人屡次不出庭应诉，违反《行政诉讼法》及相关司法解释的规定。孙某某就此申请行政复议，某市政府决定不予受理，未切实履行法定职责。故请求撤销一、二审判决及某市政府所作的《不予受理决定》，改判某市政府依法受理其行政复议申请。

[最高人民法院裁定]

最高人民法院认为，本案的核心争议是孙某某向再审被申请人某市政府提出的行政复议申请是否符合法定受理条件，申请再审阶段的审查重点是孙某某就某区政府负责人在三个行政诉讼中不出庭应诉申请行政复议是否属于行政复议范围。通常认为，《行政复议法》第六条规定的行政机关履行法定职责，一般应当是请求行政机关履行法定行政管理职责对外作出行政行为，直接保护公民、法人或其他组织的合法权益。依照《行政诉讼法》第三条第三款"被诉行政机关负责人应当出庭应诉。不能出庭的，应当委托行政机关相应的工作人员出庭"的规定，被诉行政机关负责人出庭应诉是我国的一种基本行政诉讼制度。被诉行政机关负责人虽有法定义务参与行政诉讼活动，但该义务的履行不以公民、法人或其他组织的申请为前提，亦不以直接保护公民、法人或其他组织的合法权益为目的。设立该制度的基本立法本意是，被诉行政机关负责人通过出庭应诉，参与行政诉讼活动，直接面对公民、法人或其他组织，了解本行政机关的执法情况，有效解决行政争议，有利于全面推进依法行政，加强法治政府建设。

被诉行政机关负责人不能出庭的，应当委托相应的工作人员出庭。如果被诉行政机关负责人不出庭应诉也不委托相应的工作人员出庭，需要就此追究有关人员责任的，应当通过《公务员法》《行政监察法》等规定的内部追责程序加以解决，而不属于行政复议和行政诉讼的受案范围。因此，被诉行政机关负责人实施的出庭应诉行为属于行政诉讼行为，并非行政机关出于行政管理目的履行行政法律、法规等规定的应当履行的法定职责，再审申请人所称某区政府负责人在三个行政诉讼中未出庭应诉不属于《行政复议法》规定的行政机关未履行法定职责范畴，不属于行政复议范围。一审法院判决驳回诉讼请求，二审法院判决驳回上诉、维持一审判决，均无不当。

最高人民法院裁定驳回孙某某的再审申请。

［根据最高人民法院（2017）最高法行申 559 号行政裁定书编写］

◎作者分析

本案的主要问题是孙某某混淆了具体行政行为与行政诉讼行为的区别。

具体行政行为，是指行政主体在行政管理活动中行使行政职权，针对特定的公民、法人或者其他组织，就特定的具体事项，作出的有关该公民、法人或者其他组织权利义务的单方行为。其基本特征：一是对象是特定的公民、法人或者其他组织，即行政相对人；二是无需行政相对人同意，行政机关就可以单方作出；三是行政相对人如果不服从，行政机关可以强制执行或者申请人民法院强制执行；四是表现形式为行政命令、行政征收、行政许可、行政确认、行政监督检查、行政处罚、行政强制、行政裁决等。行政诉讼行为是行政诉讼主体包括原告行政相对人、被告行政机关、第三人、诉讼代理人等所实施的能够引起一定诉讼效果的行为。

《行政复议法》只规定公民、法人或者其他组织认为具体行政行为侵犯其合法权益的，有权申请行政复议；《行政诉讼法》只规定公民、法人或者其他组织认为行政行为侵犯其合法权益的，有权提起行政诉讼。而这两部法律都没有规定公民、法人或者其他组织对行政机关及其负责人的行政诉讼不作为行为可以申请行政复议或提起行政诉讼。《行政诉讼法》规定行政机关负责人出庭应诉，是行政机关负责人应当履行的法定职责。在法院通知被告行政机关应诉后，行政机关负责人不出庭应诉，也不委托相应的工作人员出庭应诉，是一种违反《行政诉讼法》的不作为诉讼行为。对此，最高人民法院在本案裁定中指出："需要就此追究有关人员责任的，应当通过《公务员法》《行政监察法》等规定的内部追责程序加以解决，而不属于行政复议和行政诉讼的受案范围。"

◎【裁判案例31】

行政机关负责人因工作原因不能出庭应诉，原告不同意开庭，法院裁定驳回其起诉。

[案情简介]

滕某某原有房屋被征收拆迁，当时领取了全部拆迁补偿款178200元，这笔补偿款大于其安置所购的房款。2005年7月24日，滕某某填写经济适用住房申请表，申请购买位于铁心桥的经济适用住房。2006年3月15日，滕某某与某某房开公司签订了意向性购房协议书，并就房屋价款、付款方式、交付日期等进行了约定。

2008年10月15日，某市发改委决定建设地点位于铁心桥的经济适用住房项目由某某置业公司具体承建。2008年12月15日，滕某某入住该房。在房屋交付时，滕某某认为其所购房屋不是经济适用住房，拒绝与置业公司签订经济适用住房买卖合同，因而未办理房屋所有权证。

[双方诉辩]

2016年1月6日，滕某某以某区政府为被告，以房开公司、置业公司为第三人，向某市中院提起行政诉讼称：滕某某与房开公司签订的意向性购房协议书约定，若房屋的建筑面积与实际面积有误差，按某市房产局实测面积为准，多退少补；2007年12月31日前将房屋交付滕某某，置业公司协助滕某某办理产权证、土地证等相关手续。现房屋存在面积差价，政府没有履行多退少补的承诺，且要求滕某某签订征地拆迁专用的房屋买卖合同，否则不予办理产权证明。请求判决：1.某区政府履行意向性购房协议书中协助办理房屋产权证的义务；2.支付违约金 15 万元。

某区政府辩称：1.原告滕某某被拆迁房屋位于另一个区，并不是本区的被拆迁户，原被告双方之间并不存在房屋征收拆迁补偿关系。原告滕某某所提交的其与开发公司签订的意向性购房协议书，也并不属于法律规定的行政协议，滕某某据此提起行政诉讼没有依据。2.本案所涉房屋属于铁心桥的经济适用住房项目，对于经济适用住房供应管理的职权由相关部门行使，区政府并无此项职权。同时，该项目实际是由置业公司具体承建，应由置业公司负责。3.原告滕某某在本案中所提出的两项诉讼请求，所针对的都是合同义务，应属于民事诉讼的范畴，不应属于行政诉讼的受理范围。而且原告与被告之间也没有直接的合同关系，其起诉区政府没有合同依据。4.原告滕某某提起本案诉讼所依据的只是一份意向性协议，而并非正式的经济适用住房购房合同。根据有关经济适用住房供应的管理规定，申购家庭应与建设单位签订正式的购房合同，只有在签署正式合同之后，才能办理有关的产权登记手续。本案中，原告滕某某尚未与建设单位置业公司签订正式的购房合同，因此，其要求办理两证的诉求也缺乏依据。请求驳回原告的起诉。

第三人置业公司述称：置业公司依据政府委托，开发建设涉案的经济适用住房，在立项、销售均定性为经济适用住房，并非原告滕某某认为的产权置换房和商品房。置业公司一直按照政府相关部门要求，积极办理涉案房屋所在项目各项审批手续，协助业主办理产权证等相关手续，按照协议约定履行义务。由于原告滕某某至今不愿意配合办理，由此产生的法律风险和后果应由原告滕某某自行承担。置业公司并无违约行为，不需要承担违约责任，也不需要支付违约金。请求驳回原告滕某某的诉讼请求。

［一审裁定］

为审理本案，某市中院依法组成合议庭，于 2016 年 3 月 28 日公开开庭审理本案，原告滕某某，被告某区政府工作人员倪某某以及委托代理人，第三人开发公司的委托代理人，第三人置业公司的委托代理人到庭参加诉讼。

某市中院认为，根据《某某市经济适用住房管理实施细则》规定，经济适用住房的立项、建设以及购买经济适用住房的资格审批等事项属于相关行政机关的行政职责；而经济适用住房申购人与建设单位就办理房屋所有权证和国有土地证等履行协议的事项，属于平等主体之间的民事行为。经济适用住房申购人如认为建设单位存在不履行协议的情形，应当直接要求合同相对方履行协议约定的义务，该义务并不及于进行行政审批的行政机关，行政机关对此亦不承担行政责任。因此，本案中原告滕某某如认为开发公司或置业公司未协助其办理产权证明、存在违约行为，原告滕某某就此所请求事项并不属于行政诉讼受案范围。

某市中院裁定驳回原告滕某某的起诉。滕某某不服一审裁定向某省高院提起上诉。

[二审裁定]

在某省高院二审庭审中，滕某某对某区政府区长未出庭提出异议，同时认为房开公司、置业公司总经理未出庭不符合法律规定。法官当庭出示加盖公章的某区政府区长因工作原因不能出庭的情况说明等材料，并告知滕某某，某区政府委托其工作人员出庭符合法律规定，并多次询问滕某某是否继续参加庭审。滕某某坚持某区政府区长如不出庭，则应委托副区长出庭，否则不同意开庭，导致庭审无法正常进行。

某省高院认为：当事人在诉讼中享有一定的诉讼权利，但同时也承担着相应的诉讼义务，当事人及诉讼参加人参加庭审活动应自觉遵守法庭纪律并听从法庭指导。根据《行政诉讼法》第三条第三款规定，被诉行政机关负责人应当出庭应诉，不能出庭的，应当委托行政机关相应的工作人员出庭。本案中，某区政府已提供了其区长因工作原因不能出庭的情况说明，并委托相应工作人员出庭，不违反上述法律规定。法院经核查某区政府、房开公司、置业公司诉讼参加人身份及代理权限后，多次向滕某某法律释明，而滕某某基于自己对法律规定的理解，在庭审中不听从法庭指导，应视同放弃自己的诉讼权利。根据《行政诉讼法》第五十八条规定，原告或者上诉人经合法传唤，无正当理由拒不到庭，或者未经法庭许可中途退庭的，可以按撤诉处理。滕某某虽然到庭参加诉讼，但其庭审中的上述行为实际上是拒绝法院对案件进行审理和裁判。其虽然没有中途离开法庭，但因其自身原因拒绝法院依法审理的行为，所产生的法律效果等同于未经法庭许可中途退庭。于是某省高院裁定按撤诉处理。

［最高人民法院裁定］

滕某某向最高人民法院申请再审，请求撤销一、二审裁定，责令某区政府履行意向性购房协议书并支付违约金 20 万元。事实和理由为：房开公司经某区政府授权与滕某某签订的意向性购房协议书，性质上属于行政协议，针对该协议书提起的诉讼，属于行政诉讼受案范围；某区政府负责人二审庭审未出庭应诉不符合法律规定，二审法院不支持滕某某要求相关负责人出庭应诉的主张并裁定按撤诉处理错误。

最高人民法院认为：在行政诉讼中，被告行政机关的负责人出庭应诉是其履行职责的重要方式。对此，《行政诉讼法》《最高人民法院关于行政诉讼应诉若干问题的通知》《国务院办公厅关于加强和改进行政诉讼工作的意见》均分别作出明确、具体规定。根据上述规定精神，行政机关负责人确有不能出庭应诉理由的，应当告知人民法院，并委托相应的工作人员到庭。对应当出庭应诉的行政机关负责人未出庭应诉的，人民法院应当在裁判文书中载明，并可以依照《行政诉讼法》第六十六条第二款规定作出处理。但只要行政机关委托相关工作人员出庭，就不影响人民法院依法开庭审理，人民法院不能仅以行政机关负责人未出庭为由，中止庭审活动。

法庭是人民法院代表国家依法审判各类案件的专门场所，庭审是司法审判的中心环节，遵守法庭纪律，理性合法表达诉求，保障庭审活动正常进行，既是人民法院公正及时审理案件的需要，更是当事人依法维护自身权益的需要。根据《行政诉讼法》第一百零一条、《民事诉讼法》第一百三十七条规定，对当事人和其他诉讼参与人是否到庭，被诉行政机关负责人是否出庭应诉等事项，由书记员在开庭审理前查明，并由审判长在开庭审理时核对，而不宜作为庭审辩论内容。当事人应当根据法庭引导，在庭审的不同环节，适时表达相应不同的诉求。当事人如果对被诉行政机关负责人未出庭应诉有异议，可以向人民法院提出，由人民法院记录在案并作出法律释明；当事人如果进一步认为庭审活动存在不当或者违法之处，还可以根据《人民法院法庭规则》第二十二条第二款规定，在庭审活动结束后向人民法院反映。但当事人不能无视法庭审判秩序，在庭审环节反复纠缠法庭已经审查完毕的事项，更不能以此妨碍人民法院庭审活动正常进行。

本案中，某区政府庭前提交了其负责人因工作原因无法出庭应诉的书面说明材料，并委托相应工作人员和律师出庭，符合《行政诉讼法》《最高人民法院关于行政诉讼应诉若干问题的通知》《国务院办公厅关于加强和改进行政应诉工作的意见》的规定。滕某某对此提出异议，二审法院予以反复释明，告知滕某某被诉行政机关负责人未出庭应诉不影响人民法院的开庭审理活动，但滕某某坚决要求某区政府区长出庭应诉，并多次表示法院不能强迫其参加庭审，导致庭审无法继续进行。滕某某在二审庭审中无视法院释明，拒绝服从指挥，拒不参加庭审活动，其法律后果与拒不到庭无异，应当视为主动放弃上诉权。二审法院参照《行政诉讼法》第五十八条"经人民法院合法传唤原告无正当理由拒不到庭，或者未经法庭许可中途退庭的，可以按照撤诉处理"的规定，将此案裁定按撤诉处理，并不违反法律规定。

最高人民法院裁定驳回滕某某的再审申请。

〔根据江苏省南京市中级人民法院（2016）苏01行初11号行政裁定书和
最高人民法院（2017）最高法行申145号行政裁定书编写〕

◎作者分析

本案中，滕某某一审诉讼请求是判决某区政府履行意向性购房协议书中协助办理房屋产权证的义务，并支付违约金15万元。此请求被一审裁定驳回起诉后，滕某某在上诉时将诉讼请求重点转向"某区政府区长未出庭"上。对此，某省高院和最高人民法院在裁判文书中已经阐明，这里再说明以下有关"被诉行政机关负责人出庭应诉"的法律适用问题。

《行政诉讼法》第三条第三款规定："被诉行政机关负责人应当出庭应诉。不能出庭的，应当委托行政机关相应的工作人员出庭。"最高人民法院在《关于行政诉讼应诉若干问题的通知》中指出，"出庭应诉的行政机关负责人，既包括正职负责人，也包括副职负责人以及其他参与分管的负责人。"如本案中的某区政府，其"行政机关负责人"包括区长和所有副区长。

《行政诉讼法》虽然强调行政机关负责人"应当"出庭，但行政机关负责人因工作需要，不一定都能按时出庭应诉，所以，《行政诉讼法》又规定行政机关负责人"不能出庭的，应当委托行政机关相应的工作人员出庭。"这里的"行政机关相应的工作人员"，是指被诉行政机关具有国家行政编制身份的工作人员以及其他依法履行公职的人员，包括地方政府法制工作机构的工作人员，以及被诉行政行为具体承办的机关工作人员。

根据《行政诉讼法》及其司法解释的规定，行政机关负责人有正当理由不能出庭应诉的，应当向人民法院提交情况说明，并加盖行政机关印章或者由该机关主要负责人签字认可。行政机关负责人和行政机关相应的工作人员均不出庭，仅委托律师出庭的或者人民法院书面建议行政机关负责人出庭应诉，行政机关负责人不出庭应诉的，人民法院将此情况记录在案，并在裁判文书中载明，然后建议有关机关依法作出处理。本案中，某区政府区长不能出庭应诉，某区政府已提供了因工作原因的情况说明，且已委托其工作人员倪某某以及委托代理人出庭，因此并不违反《行政诉讼法》及其司法解释的有关规定。法庭多次询问滕某某，某区政府区长因工作原因不能出庭，其是否继续参加庭审，滕某某坚持某区政府区长如不出庭，则应委托副区长出庭，否则不同意开庭，导致庭审无法正常进行。所以，某省高院二审驳回滕某某的上诉，最高人民法院驳回滕某某的再审申请。

第九节　行政协议的反诉

反诉，是指本诉的被告在诉讼程序中以本诉原告为被告提出与本诉有牵连的独立的反请求。原告提起的诉讼是本诉，被告提出的反请求是反诉；本诉的被告是反诉原告，本诉的原告是反诉被告。

在民事诉讼中，反诉权是当事人法律地位平等原则的重要体现，是本诉被告所享有的保障民事权益的重要权利。被告提出反诉符合法定条件的，法院将反诉与本诉合并审理，从而减少当事人讼累，降低诉讼成本，解决双方的权益争议。

据此，有人认为，行政机关有无反诉权，应当根据行政协议的订立和内容来确定：行政协议所涉的单方行政行为，相对人不履行的，行政机关应当按照法定程序直接强制执行或申请法院强制执行，没有必要在行政诉讼中提出反诉，但其中具有民事协议性质的内容，相对人就民事内容提起行政协议诉讼，行政机关在不影响实现行政管理或者公共服务目标的前提下，可以参照民事诉讼法的有关规定提起反诉。例如，行政机关将廉租房出租居民使用并订立了租赁协议，这种租赁协议属于行政协议。承租人到期未交租金，行政机关强制承租人迁出将该块出租方造成承租人损失，承租人提起行政协议诉讼，请求法院判令行政机关赔偿损失，而行政机关主张承租人交付租金的，应属正当反诉。

《行政协议解释》第六条规定："人民法院受理行政协议案件后，被告就该协议的订立、履行、变更、终止等提起反诉的，人民法院不予准许。"主要理由是，《行政诉讼法》是一部"民告官"的法律，原告主体是恒定的行政相对人，被告主体是恒定的行政机关，如果允许被告行政机关提出反诉成为反诉原告，也就等于行政机关具有原告主体资格，这不符合行政诉讼的立法精神，而被告行政机关对相对人的有关财产权益问题，如上例承租人拖欠廉租房租金，则可通过有关法律程序申请人民法院强制执行来实现。

◎【裁判案例 32】

被告行政机关请求撤销被诉行政协议并判决原告返还款项，法院对此反诉不予支持。

[案情简介]

敖某某居住的某某镇粮仓砖瓦房系从郭某某处租赁的，位于镇中心幼儿园内。镇政府为了教育事业的发展，让敖某某从粮仓砖瓦房内搬离。2017年2月16日，镇政府与敖某某签订了《搬离补偿协议》。该协议约定：一、敖某某于2017年2月19日前搬离镇中心幼儿园；二、敖某某搬离后5天内，镇政府支付敖某某搬离补偿费伍万元；三、敖某某如不按期搬离，镇政府有权强制拆出，如镇政府不按时付款，按违约责任对敖某某进行相应补偿；四、镇政府付清敖某某伍万元后，敖某某不得以任何理由再向镇政府索取任何费用。该协议签订后，敖某某按约搬离其居住的粮仓砖瓦房，并于2017年3月7日领取协了3万元补偿款，镇政府干部向敖某某出具了 2 万元的欠条。

此后，敖某某以受镇政府胁迫为由，以镇政府为被告向某某区法院提起诉讼，请求撤销《搬离补偿协议》，被告镇政府赔偿其搬离过程中的经济损失 53 万元。

［一审判决］

区法院认为：原告敖某某与被告某某镇政府签订的《搬离补偿协议》，系在自愿、平等、合法的基础上签订的，对原、被告双方均具有约束力，且该协议已经履行。故原、被告签订的《搬离补偿协议》合法、有效。原告请求确认《搬离补偿协议》无效的诉讼请求，本院不予支持。根据最高人民法院《关于民事诉讼证据的若干规定》第二条"当事人对自己提出的诉讼请求所依据的事实或者反驳对方诉讼请求所依据的事实有责任提供证据加以证明。没有证据或者证据不足以证明当事人的事实主张的，由负有举证责任的当事人承担不利后果。"之规定，原告敖某某请求被告镇政府赔偿其搬离过程中的经济损失 53 万元，无事实及法律依据。区法院依照《行政诉讼法》第六十九条之规定，作出（2017）黔 0321 行初 114 号行政判决，驳回原告敖某某的诉讼请求。

［二审判决］

敖某某不服上述判决向某市中院上诉称：一审判决认定事实不清，被诉协议不是在平等自愿基础上签订，而是被告工作人员强迫上诉人签订的，请求撤销一审判决，依法改判或发回重审。

镇政府答辩称：1.上诉人提出一审判决认定事实不清，无任何事实证据；2.上诉人对其长期居住的粮仓砖瓦房不享有任何权利；3.答辩人同意撤销《搬离补偿协议》，并请求判决上诉人退还 2013 年、2017 年 3 月 7 日分两次领取的款项五万元，同时驳回上诉人的其他诉讼请求。

二审法院认为，本案被诉《搬离补偿协议》系镇政府为实现建设幼儿园的目的与敖某某签订的，系双方系平等协商、真实意思表示的结果。敖某某以受胁迫签订为由主张撤销该协议，但其未提供被告对其实施了胁迫行为的证据，并且敖某某于同年 3 月 7 日领取部分补偿款并收取被告工作人员出具的欠条，如敖某某确系受胁迫签订协议，则其在收款前有充足的时间以合法途径维权，因此，敖某某主张其受胁迫签订搬迁补偿协议明显违背常理，本院不予支持。

一审判决驳回敖某某的诉讼请求，符合法律规定。

关于镇政府请求撤销被诉行政协议，并判决敖某某返还已领取的五万元款项的诉讼请求属于反诉，而行政机关在行政诉讼中提出反诉没有法律依据，本院不予支持。

某市中院认为，一审判决认定事实清楚，适用法律正确，程序合法。上诉人的上诉理由不成立，本院不予支持。于是依照《行政诉讼法》第八十九条第一项之规定，判决驳回敖某某上诉，维持原判。

[根据贵州市遵义市中级人民法院（2017）黔03行终241号判决书编写]

◎作者分析

本案一审中，原告敖某某有两个诉讼请求，一是请求撤销《搬离补偿协议》，二是请求判令被告镇政府赔偿经济损失53万元。

但因涉案协议不存在"胁迫"等无效情形，且敖某某已经领取补偿款，本案不存在可撤销的法定事由，因此，一审法院驳回敖某某的上述诉讼请求，某市中院二审维持原判。

本案二审中，被上诉人镇政府的意见虽以答辩形式提出，但实际上构成两个反诉请求：一是请求撤销《搬离补偿协议》，二是请求判令上诉人敖某某退还五万元款项。本案如果是民事合同纠纷，镇政府的反诉是成立的，且双方都同意撤销协议，该协议应当作解除处理，剩下只需解决赔偿损失与返还款项的问题。但当将《搬离补偿协议》作为行政协议定性处理时，情况就不一样。一是镇政府与敖某某签订《搬离补偿协议》目的是实现建设镇中心幼儿园这一公共利益，此目的是正确的，且镇政府已向敖某某支付五万元补偿款，又不存在"胁迫"而使协议无效的情形。在此情形下，如果允许镇政府和敖某某撤销该协议，则不能达到上述公共利益目的，且双方撤销协议的事由都不能成立。再者，镇政府在上诉中提出的请求属于反诉，而被告行政机关在行政诉讼中提出反诉是没有法律依据的，因此某市中院明确表示对被上诉人镇政府提起反诉不予准许，即不准镇政府撤销《搬离补偿协议》和要求敖某某退还五万元款项。

第十节　行政协议案件的调解

行政协议的诉讼调解，是指当事人在行政诉讼过程中就有关诉讼标的达成协议，经人民法院认可后全部或部分终结诉讼活动的一种结案方式。这种诉讼调解，具有化解双方矛盾，减少当事人的诉累，及时实现行政管理或者公共服务目标的功能与作用。

一、行政协议诉讼调解的适用范围

《行政诉讼法》第六十条第一款规定："人民法院审理行政案件，不适用调解。但是，行政赔偿、补偿以及行政机关行使法律、法规规定的自由裁量权的案件可以调解。"《行政协议解释》第二十三条第一款规定："人民法院审理行政协议案件，可以依法进行调解。"后者规定的行政协议案件可以调解，并不是说所有行政协议案件都可以调解，其调解范围一般限于行政协议案件中具有民事性质的诉讼事项和行政机关行使法律、法规规定的自由裁量权范围内的诉讼事项，即前者规定的"行政赔偿、补偿以及行政机关行使法律、法规规定的自由裁量权的案件"；如果涉及行政性质的诉讼事项，如处分行政职权、不利实现行政管理目的、影响公共服务目标实现的诉讼事项，若也适用调解的话，则有可能违反行政法的规定而构成违法调解。

二、行政协议诉讼调解的基本原则

《行政诉讼法》第六十条第二款规定："调解应当遵循自愿、合法原则，不得损害国家利益、社会公共利益和他人合法权益。"与之相应，《行政协议解释》第二十三条第二款规定："人民法院进行调解时，应当遵循自愿、合法原则，不得损害国家利益、社会公共利益和他人合法权益。"据此，行政协议诉讼调解应当遵循以下原则：

1.自愿原则

这里的自愿原则有两个基本要求：一是相对人与行政机关都必须自愿采取调解方式终结部分或者全部诉讼事项，包括相对人申请调解为行政机关接受，也包括相对人同意行政机关提出的调解要求；二是双方当事人对调解内容（包括但不限于诉讼事项）必须自愿接受，然后形成调解协议。任何一方都不得强迫对方接受调解方式和自己一方提出的调解内容，否则无法达成调解协议。特别是行政机关，在调解过程中不能介入强权的因素，如果采取强迫、威胁等手段，迫使相对方在调解协议上签名，该协调解议是可以撤销或者无效的。

2. 合法原则

合法原则是所有法律行为的基本原则，包括行政协议和行政协议纠纷及其诉讼调解，这里不再作分析。

3. 不得损害国家利益、社会公共利益和他人合法权益的原则

《行政诉讼法》第六十条第二款和《行政协议解释》第二十三条第二款一致规定"不得损害国家利益、社会公共利益和他人合法权益"，说明行政协议的诉讼调解与行政诉讼调解是一致的。行政协议的目的是"为了实现行政管理或者公共服务目标"，行政协议的诉讼调解当然不能违背这个目的，否则，签订行政协议就无特定的意义。损害"他人合法权益"，不论是民事合同还是行政协议都是禁止的。

三、行政协议诉讼调解的几种方式

法庭调解，是指人民法院在庭审阶段，为解决诉讼纠纷，劝导、动员和敦促双方当事人通达互谅互让，达成调解协议的诉讼活动。当然的主流观点是行政协议诉讼调解是指法庭调解，这符合《行政协议解释》关于行政协议案件可以调解的规定。除此之外，行政机关与相对人可以自行调解，也可在上级行政机关主持下进行调解，由此达成调解协议的，原告应当向人民法院申请撤诉，从而终结诉讼活动；但若需要加强法律效力的，可以将自行调解协议转化为法院调解协议，由人民法院制作调解书送达双方当事人。

人民法院将行政协议案件的调解书送达双方当事人后，即发生法律效力。当事人和法庭经调解未达成调解协议或调解书送达前，一方或者双方当事人翻悔的，人民法院应当继续审判，以判决的方式结案。

四、强制执行程序中的和解

《行政强制法》第四十二条第一款规定："实施行政强制执行，行政机关可以在不损害公共利益和他人合法权益的情况下，与当事人达成执行协议。"由此可见，行政协议案件进入强制执行程序后，仍可以按照《行政诉讼法》第六十条和《行政协议解释》第二十三条的规定进行和解，但与诉讼条件一样，强制执行和解只适用于"行政赔偿、补偿以及行政机关行使法律、法规规定的自由裁量权的案件"。譬如，拆迁协议约定，相对人负有拆迁房屋义务，行政机关负有补偿义务，相对人到期不履行拆迁义务应当向行政机关支付违约金。在该拆迁协议的强制执行中，拆迁房屋义务是必须履行而不可和解的，否则就会损害拆迁协议所涉的公共利益导致行政管理目标不能实现，而拆迁补偿仅为金钱支付义务，补偿金额通过和解改变，不会影响公共利益或者行政管理目标的实现，因此是可以和解的；其中如有违约金约定，该约定对行政机关而言是一种自由裁量行为，且其对象也是金钱，故也可以通过和解进行解决。此外，在司法实践中，不少法官认为，在不影响公共利益或者行政管理目标的情况下，对有瑕疵的行政协议和被执行相对人无履行能力这两种情况，也可适用和解处理问题。

行政机关与相对人就行政协议的上述内容，在强制执行程序中自愿达成和解协议，该和解协议实际上是原行政协议有关内容的改变和代替，因此相对人应当按照和解协议继续执行；相对人不履行和解协议的，行政机关有权恢复对原行政协议的强制执行。

◎【裁判案例 33】

当事人自愿达成的执行和解协议应当履行，但不具有可诉性。

[案情简介]

某区政府因道路建设需要，于 2013 年发布道路建设项目补偿安置方案和征收决定，规定征收签约时间截止 2013 年 12 月 31 日，同时告知被征收人不服的，可以在征收决定公告发布之日起 60 日内向某市政府申请行政复议，或在 3

个月内向某区法院提起行政诉讼；征收补偿安置方案确定的补偿方式为货币补偿、产权调换和迁建安置三种补偿方式。

余某某的房屋在征收范围内，但在规定期限内未与某区征收办签订征收补偿协议，某区政府遂于 2014 年 8 月 19 日依照征收补偿安置方案确定的补偿标准，对余某某作出房屋征收补偿决定，同时告知诉权以及起诉期限。余某某在规定期限内既未申请行政复议亦未提起行政诉讼。某区政府遂申请某市中院强制执行，在某市中院审查过程中，双方于 2015 年 8 月 4 日签订了《产权调换协议书》。该协议书约定：1.余某某同意将房屋交由某区征收办征收，某区征收办补偿余某某被征收房屋价值的补偿、因征收房屋造成的搬迁、临时安置的补偿、因征收房屋造成的停产停业损失的补偿、奖励和补助款项共计 3422776.12 元；2.余某某选择某某小区的期房作为产权调换房屋，被征收房屋与产权调换房屋的差价款待产权调换房屋分配到户后再统一结算；3.余某某应于 2015 年 8 月 31 日前搬迁腾空房屋。

《产权调换协议书》签订后，某区政府向某市中院撤回强制执行申请，但余某某逾期仍未搬迁，双方遂于 2015 年 9 月 13 日又签订补充协议：1.某区政府给予余某某附属物补偿费、残疾低保户、停业损失费、临时安置补助费、搬迁费等款项共计 40950 元；2.住宅房屋货币补偿金用于与产权调换房屋一并结算差价。余某某领取补偿款后，某区征收办拆除其被征收的房屋。

余某某向某市中院起诉称：余某某与某区征收办于 2015 年 8 月 4 日签订的房屋征收补偿协议，1.对住改店面积的确定违法，2.约定"被征收房屋价值与产权调换房屋一并计算并结算差价"的内容违法，3.协议约定以期房作为产权调换房违法。请求法院判决撤销涉案的房屋征收补偿协议。

[一审判决]

某市中院认为：首先，某区征收办不具有独立承担法律责任的能力，根据《行政诉讼法解释》（2000 年）第二十条之规定［作者注：《行政诉讼法解释》（2018 年）第二十条］，应以组建该机构的某区政府为被告。同时根据《国有土地上房屋征收与补偿条例》第四条之规定，某区政府本身即负责本行政区域的房屋征收与补偿工作，故某区政府为本案的适格被告。根据查明的事实，余某某的房屋在征地范围内，且某区政府的征收程序亦符合《国有土地上房屋征收与补偿条例》的规定，协议约定的补偿内容系依照征收补偿安置方案确定，且额外还给予了余某某其他补助，并未损害余某某利益，符合法律规定。其次，征收补偿协议内容的约定系依照征收补偿安置方案确定，不存在《合同法》第五十二条规定的无效情形，符合《国有土地上房屋征收与补偿条例》的规定。

关于住改店的面积问题，余某某房屋仅有规划许可证，并无房屋产权证，征收部门从保护被征收人利益出发，根据被征收房屋部分面积的实际用途，按住改店政策酌情给予补偿，房屋总面积、住改店面积均由第三方测绘机构测量，且住改店面积经专门会议纪要讨论确定，程序上并无不当。

关于期房安置问题，《国有土地上房屋征收与补偿条例》并无明确规定，可由双方自愿协商，某区政府在征收公告中即已明确补偿方式有货币补偿、产权调换、迁建安置三种，余某某自愿选择产权调换的补偿方式并签订产权调换协议，未违反法律规定。

关于期房价格的评估时点问题，《国有土地上房屋征收与补偿条例》明确规定应当计算、结清被征收房屋价值与用于产权调换房屋价值差价，某区政府对两者以同一时点进行评估亦符合公平原则，并无不当。征收公告、征收补偿安置方案，以及征收补偿决定均已公告，余某某对此是明知的，不存在误解，也不存在是基于欺诈而作出违背真实意思表示的情形。

某市中院依照《行政诉讼法》第六十九条之规定，判决驳回余某某的诉讼请求。

[二审判决]

余某某不服某市中院一审判决，向某省高院提起上诉。

某省高院认为：某区政府向余某某户作出房屋征收补偿决定，因余某某未按该补偿决定的告知在法定期限内申请复议或提起行政诉讼，也未在补偿决定规定的期限内搬迁，某区政府向某市中院申请强制执行。在某市中院审查过程中，余某某与某区征收办签订了《产权调换协议书》，为此，某区政府向某市中院申请撤回强制执行申请。故被诉协议属于双方达成的执行和解协议，不具有可诉性，并非行政诉讼的受案范围。

某省高院依照《行政诉讼法解释》（2000年）第七十九条第一项之规定，裁定撤销一审判决；驳回余某某的起诉。

[最高人民法院裁定]

余某某不服某省高院终审判决，向最高人民法院申请再审。

最高人民法院认为，《行政强制法》第四十二条规定："实施行政强制执行，行政机关可以在不损害公共利益和他人合法权益的情况下，与当事人达成执行协议。执行协议可以约定分阶段履行；当事人采取补救措施的，可以减免加处的罚款或者滞纳金。执行协议应当履行。当事人不履行执行协议的，行政机关应当恢复强制执行。"本案中，某区政府于 2014 年 8 月 19 日作出房屋征收补偿决定，因该户未按该补偿决定的告知在法定期限内申请复议或提起行政诉讼，也未在补偿决定规定的期限内搬迁，某区政府向某市中院申请强制执行。涉案《产权调换协议书》对双方的权利义务关系进行的约定，系双方真实意思表示，并不违反法律规定，且补偿标准超过征收补偿决定的补偿标准，住宅房屋货币补偿金用于与产权调换房屋一并结算差价，其他款项均已由余某某领取。余某某主张《产权调换协议书》及补充协议的内容违法的理由不能成立。

最高人民法院最后认定，余某某的再审申请不符合《行政诉讼法》第九十一条规定的情形，依照《行政诉讼法》第一百零一条、《国民事诉讼法》第二百零四条第一款之规定，裁定驳回余某某的再审申请。

〔根据最高人民法院（2017）最高法行申 4285 号行政裁定书编写〕

◎作者分析

本案的争议焦点是在法院执行程序中形成《产权调换协议书》及补充协议的内容是否违法以及执行和解协议可否诉讼的问题。关于涉案协议内容的合法性问题，某省高院和最高人民法院已经阐明，这里主要分析执行和解的问题。

执行和解协议与行政协议虽然都由行政主体与行政相对人自愿协商而订立，但行政协议被视为行政行为是可诉的，而执行和解协议是不可诉的，理由是：执行和解是在原行政协议或原生效法律文书的基础上进行的，执行和解协议实质上是原行政协议或原生效法律文书的代替合同，尚未完全脱离原法律文书的效力，故其不具有独立法律效力。再者，原行政协议或原生效法律文书进入执行程序后，如果基于原行政协议或原生效法律文书达成的执行和解协议可诉的话，就会违反一事不再理原则。因此，无论《民事诉讼法》还是《行政诉讼法》都没有法院可以受理"执行和解协议"的规定。

　　本案中，余某某在规定期限内未与某区征收办签订征收补偿协议，某区政府依职权作出房屋征收补偿决定，余某某未按该补偿决定的告知在法定期限内申请复议或提起行政诉讼，也未在补偿决定规定的期限内搬迁，案件进入法院非诉执行程序后，余某某才与某区征收办签订了《产权调换协议书》及补偿协议。涉案的《产权调换协议书》及补偿协议因在法院执行程序中签订，故属执行和解协议。余某某如果按照上述执行和解协议履行搬迁义务，本案的执行程序就告终结。在执行和解协议被确认合法有效的情况下，余某某若再不搬迁的，某区政府可以向执行法院申请恢复对余某某的强制执行。

第十一节　行政协议的公益诉讼

　　公益诉讼，按照诉讼性质可分为民事公益诉讼和行政公益诉讼，按照起诉主体可分为检察机关提起的公益诉讼、其他社会团体和个人提起的公益诉讼。行政公益诉讼，仅指检察机关根据法律的授权，对负有监督管理职责的行政机关违法行使职权或者不作为侵害国家利益、社会公共利益的行为向法院提起诉讼，由法院依法追究相对人法律责任的诉讼活动。行政协议的公益诉讼属于行政公益诉讼，适用《行政诉讼法》及其司法解释的有关规定。

　　《行政诉讼法》第二十五条第四款规定："人民检察院在履行职责中发现生态环境和资源保护、食品药品安全、国有财产保护、国有土地使用权出让等领域负有监督管理职责的行政机关违法行使职权或者不作为，致使国家利益或者社会公共利益受到侵害的，应当向行政机关提出检察建议，督促其依法履行职责。行政机关不依法履行职责的，人民检察院依法向人民法院提起诉讼。"

　　检察机关适用上述规定提起行政协议公益诉讼以及法院受理行政协议公

益诉讼，需要注意以下几个问题：

一是起诉人只能是检察机关。公益诉讼是相对私益诉讼而言的，私益诉讼是公民、法人或者其他组织以自身利益受到侵害为由向法院提起的诉讼，行政公益诉讼是国家有关机关、其他社会团体以保护国家利益或者社会公共利益为由向法院提起的诉讼。行政机关与相对人订立行政协议，目的是实现行政管理和社会公共利益的目标，因此，行政协议也属于公益诉讼的范畴。在行政协议的订立和履行过程中，行政机关违法行使职权或者不作为，致使国家利益或者社会公共利益受到侵害的，因检察机关是国家法律监督机关，所以《行政诉讼法》规定检察机关可以行使行政公益诉讼的权利，且这种诉权只有检察机关行使，其他国家机关和社会团体不可代替。

二是诉因限于"行政机关违法行使职权或者不作为，致使国家利益或者社会公共利益受到侵害"。检察机关作为国家法律监督机关并不直接介入行政协议的签订和履行，也不参与解决日常的行政协议纠纷，只有在发现行政机关违法行使职权与相对人签订行政协议或者对行政协议的履行等不作为，致使国家利益或者社会公共利益受到侵害时，检察机关才可以向法院提起行政公益诉讼；若无此事由，检察机关不可行使行政公益诉权，有关行政协议纠纷应当通过正常的行政诉讼进行解决。

三是检察机关提起行政公益诉讼的直接目的是通过法院的行政裁判督促行政机关履行追究相对人责任的职责，而非要求法院直接裁判相对人履行行政协议约定的义务。

四是检察机关在提起行政公益诉讼之前必须先向"行政机关提出检察建议，督促其依法履行职责"。这是个前置程序，也是必经程序。检察机关未向行政机关提出检察建议，不得直接向法院提起行政公益诉讼，否则，法院依法裁定不予受理或者驳回起诉。

五是不排斥私益诉讼。行政机关与相对人签订行政协议虽以行政管理或者社会公共利益为主导，但所涉的相对人私益同样应受法律保护，因此，检察机关就行政协议提起公益诉讼并不排斥私益诉讼，相对人仍可就私益权利通过行政诉讼程序得以维护。

◎【裁判案例 34 】

相对人未按行政协议约定支付土地出让金和滞纳金，行政机关未能追收构成不作为，检察机关提起行政公益诉讼获胜。

[案情简介]

2013 年 12 月 10 日，昆成矿业公司在某开发区国土资源管理分局公开挂牌中取得一宗国有土地使用权，同日，与开发区国土资源管理分局签订《挂牌出让成交确认书》，此后双方签订了《国有建设用地使用权出让合同》。该合同约定的主要内容有：1.宗地用途为工业用地，出让年限为 50 年，出让价款为 834722 元；2.昆成矿业公司于合同签订之日起 60 日内一次性付清出让价款；3.受让人昆成矿业公司不能按时支付出让价款的，自滞纳之日起，每日按迟延支付款项的 1‰ 向出让人开发区国土资源管理分局缴纳违约金；延期付款超过 60 日，经出让人开发区国土资源管理分局催交后仍不能支付出让价款的，出让人开发区国土资源管理分局有权解除合同，受让人昆成矿业公司无权要求返还定金，出让人开发区国土资源管理分局并可向受让人请求赔偿损失。

2013 年 11 月 21 日，昆成矿业公司交纳土地竞买保证金 35 万元。2017 年 10 月 19 日，开发区国土资源管理分局向昆成矿业公司发出催交通知，限期于 2017 年 11 月 6 日前足额交纳土地出让价款。

2017 年 11 月 8 日，某市检察院向开发区国土资源管理分局发出《检察建议书》，建议开发区国土资源管理分局督促昆成矿业公司按照《国有建设用地使用权出让合同》缴纳尚欠土地出让金 48.4722 万元及违约金，防止国家利益遭受损害，并要求开发区国土资源管理分局在收到检察建议书后 30 日依法办理，并将办理情况及时书面回复某市检察院。

2017 年 11 月 30 日，昆成矿业公司向开发区国土资源管理分局递交《还款承诺书》，承诺 2017 年 12 月 25 日前交款 20 万元；余款于 2018 年 4 月底前力争全部交清。2017 年 12 月 12 日，开发区国土资源管理分局将此情况回复某市检察院。2018 年 2 月 22 日，昆成矿业公司缴纳土地出让金 20.4722 万元。2018 年 4 月 16 日，开发区国土资源管理分局再次向昆成矿业公司下发《通知》，要求昆成矿业公司于 2018 年 4 月 30 日前缴纳剩余土地出让款。2018 年 6 月 11

日，昆成矿业公司缴纳土地出让金 28 万元。2018 年 6 月，开发区国土资源管理分局向市仲裁委员会提出仲裁申请，要求昆成矿业公司支付 2014 年 2 月 30 日起至 2018 年 6 月 11 日止的违约金 725611.35 元。

[双方诉辨]

2018 年 6 月 15 日，市检察院作为公益诉讼人以开发区国土资源分局行政不作为为由，将其作为被告向某市法院提起行政公益诉讼。市检察院诉称：

昆成矿业公司违反《国有建设用地使用权出让合同》约定，直至 2018 年 6 月 11 日才将土地出让金付清，但至今未缴纳逾期缴纳土地出让金产生的滞纳金。公益诉讼起诉人认为，开发区国土资源分局作为本行政区域内国有土地使用权的监管机关，负有督促国有土地使用权受让人昆成矿业公司严格履行国有土地出让合同，确保将应缴国库的土地出让收入足额缴入地方国库的监管职责。对昆成矿业公司不按出让合同约定及时足额缴纳土地使用权出让金的，应当按日加收违约金额 1‰ 的违约金，或按照法律规定，收回国有建设用地使用权。公益诉讼起诉人向该局发出检察建议直至其回复期满，该局仍未采取有效措施，正确履行监管职责。为督促行政机关依法履行职责，避免国有土地使用权出让收入流失，保护国家利益和社会公共利益，特向你院提起诉讼，请求：1. 确认开发区国土资源管理分局不依法履行收缴昆成矿业公司国有建设用地土地出让金行为违法；2. 判令开发区国土资源管理分局履行行政监管职责，依法督促昆成矿业公司缴纳土地出让金产生滞纳金 735995.23 元。

被告某开发区国土资源管理分局辩称：一、被告已经依法追回昆成矿业公司拖欠的土地出让金 280000 元，违约金部分也正在催缴，但由于该公司投入了大量资金用于矿山建设而申请延期缴纳，对此被告也同意其承诺时间内缴纳。土地出让合同是民事合同，一方确有困难，给予合理期限并由其承诺相应违约责任是民事合同当事人合理行使权利的一种方式，且到 2018 年 6 月 11 日止，昆成矿业公司已结清全部土地出让金本金，违约金部分也正在催缴。二、被告在催缴违约金没有效果的情况下，于 2018 年 6 月 13 日已正式向市仲裁委员会申请裁决支付拖欠违约金，依法保障国家公益不受损失。

综上所述，被告并不存在违法行为和不作为行为，请求法院依法驳回市检察院的诉讼请求。

［法院判决］

某市法院认为，《中华人民共和国土地管理法》第六十六条规定："县级以上人民政府土地行政主管部门对违反土地管理法律、法规的行为进行监督检查。"《中华人民共和国城镇国有土地使用权出让和转让暂行条例》第六条规定："县级以上人民政府土地管理部门依法对土地使用权的出让、转让、出租、抵押、终止进行监督检查。"《国有土地使用权出让收支管理办法》第三条第四款规定："市、县国土资源管理部门具体负责土地出让收入征收工作。"依据上述规定，被告开发区国土资源管理分局作为本辖区国土资源行政主管部门，负有本辖区内组织实施土地使用权出让、土地出让金征收等法定职责。2013年12月30日，被告与昆成矿业公司签订的《国有建设用地使用权出让合同》约定：昆成矿业公司于本合同签订之日起60日内，一次性付清国有建设用地使用权出让价款。但昆成矿业公司未按约定履行交纳土地出让金的义务，被告开发区国土资源管理分局作为本辖区国土资源行政主管部门，理应履行其收缴土地出让金的职责，但直至2017年11月8日，公益诉讼起诉人向被告开发区国土资源管理分局提出检察建议书时止，昆成矿业公司仍未交清土地出让金。虽然昆成矿业公司于2018年6月11日付清涉案土地出让金，但被告开发区国土资源管理分局此前拖延履行其法定职责的事实清楚，证据充分，本院予以确认，故公益诉讼起诉人请求确认被告开发区国土资源管理分局不依法履行收缴昆成矿业公司国有建设用地土地出让金行为违法的理由成立，本院予以支持。

关于公益诉讼起诉人要求被告开发区国土资源管理分局履行行政监管职责，依法督促昆成矿业公司缴纳欠缴土地出让金的滞纳金735995.23元的诉讼请求，根据被告开发区国土资源管理分局与昆成矿业公司于2013年12月30日签订的《国有建设用地使用权出让合同》的约定，若不能按时支付国有建设用地使用权出让价款的，自滞纳之日起，每日按延迟支付款项的1‰向出让人缴纳违约金。虽然被告开发区国土资源管理分局已就昆成矿业公司应交纳的违约金向某市仲裁委员会申请仲裁，且已为市仲裁委员会受理，但相关费用至今未缴纳，致使国有资产流失的状态持续，故被告开发区国土资源管理分局应继续履行向昆成矿业公司收缴滞纳金的法定职责。被告开发区国土资源管理分局以其已履行其职责为由，要求驳回公益诉讼起诉人的诉讼请求的理由不能成立，本院不予支持。

某市法院根据《中华人民共和国土地管理法》第六十六条，《中华人民共和国城镇国有土地使用权出让和转让暂行条例》第六条,《国有土地使用权出让收支管理办法》第三条第四款及《中华人民共和国行政诉讼法》第二十五条第四款、第五十四条第一款、第七十二条、第七十四条第二款第二项及《最高人民法院、最高人民检察院关于检察公益诉讼案件适用法律若干问题的解释》第二十一条第三款之规定,判决如下:

一、确认被告开发区国土资源管理分局不依法履行收缴昆成矿业公司国有建设用地土地出让金行为违法;

二、被告开发区国土资源管理分局于本判决生效之日起继续履行向昆成矿业公司收缴滞纳金的法定职责。

〔根据青海省格尔木市人民法院(2018)青 2801 行初 124 号行政判决书编写〕

◎作者分析

本案是一起典型的行政公益诉讼,争议焦点在于以下两个问题:

1. 关于《国有建设用地使用权出让合同》是民事合同还是行政协议的问题

本案中,开发区国土资源分局在答辩中提出,涉案《国有建设用地使用权出让合同》是民事合同,对方确有困难,给予合理延期交付出让金和违约金,并由其承诺相应违约责任是合法行为。关于国有土地使用权出让合同是民事合同还是行政协议的问题,前几年一直存在争议,有一种观点认为,以国有资产为基础参与民事活动的,行政机关的身份是民事主体,所以《国有建设用地使用权出让合同》是民事合同。本案《国有建设用地使用权出让合同》如果是民事合同,开发区国土资源分局同意昆成矿业公司延期交付出让金和滞纳金是合法的,反而检察机关以开发区国土资源分局"行政不作为"为由向法院提起行政公益诉讼不能成立。

现在需要引起注意的是,自 2014 年修正后的《行政诉讼法》第十二条第一款第十一项规定实施后,行政机关为实现行政管理或者公共服务目标,在法定职责范围内与公民、法人或者其他组织协商订立的具有行政法上权利义务内容的协议为行政协议,属于法院行政诉讼受案范围。国有土地使用权转让合同是指国有土地管理部门作为出让方将国有土地使用权在一定年限内让与受让方，受让方支付土地使用权出让金的协议。按照上述规定，2015年5月1日后订立的国有土地使用权出让合同属于行政协议。本案《国有土地使用权出让合同》虽于2013年12月签订，但在2018年6月11日前，该合同尚未履行完毕，故应作行政协议定性处理，检察机关就此提起行政公益诉讼是没有问题的。

2.关于开发区国土资源是否构成行政不作为的问题

开发区国土资源管理分局辩称，到2018年6月11日止，其已经依法追回昆成矿业公司拖欠的全部土地出让金，违约金部分也正在催缴，且于2018年6月13日已正式向市仲裁委员会申请裁决支付拖欠违约金，依法保障国家公益不受损失。《城镇国有土地使用权出让和转让暂行条例》第十四条规定："土地使用者应当在签订土地使用权出让合同后六十日内，支付全部土地使用权出让金。逾期未全部支付的，出让方有权解除合同，并可请求违约赔偿。"涉案《国有建设用地使用权出让合同》约定的土地出让价款交付期限、违约金缴纳、解除合同等内容是符合上述规定的，因此该合同为有效的行政协议。然而，开发区国土资源管理分局将涉案合同作为民事合同看待，同意昆成矿业公司延期交付土地出让金，并在申请仲裁前不积极主张滞纳金，结果构成行政不作为行为。

检察机关提起行政公益诉讼必须以"行政机关违法行使职权或者不作为"行为和"致使国家利益或者社会公共利益受到侵害"结果为要件。在肯定开发区国土资源管理分局具有行政不作为的前提下，其结果两种情况：一是开发区国土资源管理分局到2018年6月11日止已经全部追回昆成矿业公司全部土地出让金，"致使国家利益或者社会公共利益受到侵害"的情形消失，市检察院于此后的2018年6月15日提起行政公益诉讼，故只能认定开发区国土资源管理分局此前有行政不作为，此后不能再行督促其履行追收土地出让金的职责；二是滞纳金部分，昆成矿业公司至市检察院提起行政公益诉讼时仍未缴纳，开发区国土资源管理分局虽已申请仲裁，但未向仲裁机构缴纳相关费用，故仍然存在"致使国家利益或者社会公共利益受到侵害"的情形，就此，检察机关仍有权督促开发区国土资源管理分局履行收缴滞纳金的职责，所以，法院判决"被告开发区国土资源管理分局于本判决生效之日起继续履行向昆成矿业公司收缴滞纳金的法定职责。"

Chapter 5

第五章　行政协议的效力判断

第一节　行政协议成立、生效和有效的判断

行政协议的法律效力即依法成立的行政协议所产生的法律约束力。行政协议的效力状态可分为有效、无效、待定、可变更、可撤销五类。

一、行政协议的成立和生效

行政协议成立，是指行政机关与相对方就协议的主要条款达成合意。行政协议生效，是指协议具备法定条件后产生法律上的效力。行政协议一旦成立，且符合法定生效条件的，就受法律的保护，并能够产生行政机关和相对方所预期的法律效果。

行政协议的成立是其生效的基础条件，行政协议的生效是对行政协议的成立在法律上的进一步肯定，行政协议若未成立，就谈不上生效。但是，行政协议的成立与生效两个不同的概念，两种的主要区别是：行政协议的成立属于事实上的判断，主要解决有没有行政协议、行政协议事实是否存在等问题；行政协议生效属于法律上的价值判断，是对已经成立的行政协议对行政机关和相对方是否具有法律约束力的衡量，是判断行政协议是否符合法律规定，即判断有效、无效还是效力待定的问题。

关于行政协议生效，实践中还需注意一个问题，即《行政协议解释》第十三条第一款规定："法律、行政法规规定应当经过其他机关批准等程序后生效的行政协议，在一审法庭辩论终结前未获得批准的，人民法院应当确认该协议未生效。"也就是说，法律、行政法规规定行政协议应经其他机关履行批准、同意等手续后，该行政协议才能生效的，在未获批准或未获同意前，该行政协议即使已经成立也未能生效，其效力处于待定状态；最终未获批准或未获同意，致使行政协议不能生效，造成相对方损失的，行政协议约

定负有履行批准程序义务的行政机关应当承担缔约过失责任，但无此约定或者约定免责的，行政机关可不承担缔约过失责任。

二、有效行政协议

有效行政协议，是指具备了生效要件并能够产生当事人预期法律效果的状态。行政协议的"生效"与"未生效"相对应，"有效"与"无效"相对应，因而生效与有效也是有区别的。行政协议未生效不等于无效，未生效行政协议不排除有效，如有效行政协议可能因所附条件尚未成就而未生效。行政协议生效也不等于行政协议有效，如生效的行政协议因违反法律法规禁止性规定，或者违背社会公共利益，就会被确认为无效。生效与有效侧重点不一样，有效与否侧重于对行政协议的定性，是对处于某一状态行政协议的法律性质进行评价；而行政协议生效与否，则侧重于行政协议开始发生效力的时间，亦即行政协议约定的权利义务对订约各方产生约束力的时间。

◎【裁判案例 35】

行政协议系双方真实意思表示且无法律规定无效情形的，应为有效。

[案情简介]

某市人工湖治理项目是经上级政府批准的重点工程，且已经某省国土资源厅批准征收农村集体建设用地。张某某的房屋在该项目的拆迁范围内，该重点工程领导小组（以下简称"领导小组"）多次与张某某协商拆迁补偿事宜，但直至人工湖拆迁工作基本结束，张某某仍拒绝签订拆迁补偿协议，其房屋严重阻碍了该工程的开展。2009 年 10 月 26 日，领导小组向张某某作出《限迁通知》，限张某某于 2009 年 11 月 4 日与领导小组洽谈、签订协议，自行拆除，否则，将强制拆除张某某的房屋。2011 年 6 月 21 日，张某某终于同意拆迁，领导小组（甲方）便与张某某（乙方）协商一致，签订了《拆迁补偿安置协议》。该协议约定，甲方一次性支付乙方拆迁补偿费、拆迁补贴合计人民币 208243.8元。后张某某领取了这笔款项，同时还领取了协议金额外的拆迁补偿费 50 万元。2011 年 7 月 11 日，领导小组还为张某某及其儿子提供两宗集体土地共计

200 平方米用于安置。

2015 年 6 月，张某某向某市中院提起行政诉讼称：某市政府没有依法办理征地手续，没有依法履行任何拆迁手续，就于 2011 年 6 月 21 日与原告张某某签订协议；在协议签订前，领导小组告诉张某某如不签协议，则一分钱都领不到，张某某签订该协议是被迫造成，是无效协议，侵犯了原告张某某合法居住权和合法财产权；领导小组在签订协议前曾口头答应给其两宗国有土地予以安置，但实际上只给其两宗集体土地，该协议的签订存在欺诈。因领导小组是某市政府所设的临时机构，张某某便以某市政府为被告提起诉讼，请求法院：一、判决确认原告张某某与某市政府所签的协议无效，并予撤销；二、责令某市政府对张某某房屋面积 591.82 平方米，应按市场价赔偿 146.3784 万元。

某市政府辩称：本案是平等主体间有关安置、补偿等民事权益纠纷，属民法调整的范围，不属于人民法院行政诉讼的受案范围，应当驳回原告张某某的起诉。

[一、二审判决]

某市中院认为，根据《行政诉讼法》第七十五条"行政行为有实施主体不具有行政主体资格或者没有依据等重大且明显违法情形，原告申请确认行政行为无效的，人民法院判决确认无效"的规定，行政协议属于行政案件受案范围的一种，也应适用《行政诉讼法》关于无效行政行为的规定。本案中，领导小组是由被告某市政府组建并赋予行政管理职能但不具有独立承担法律责任能力的机构，该领导小组作出的行政行为的后果应由被告某市政府承受，而被告某市政府具有针对本案所涉协议进行签订及履行的行政主体资格，故被告某市政府是本案适格被告。

根据《行政诉讼法解释》(2015 年) 第十四条"人民法院审查行政机关是否依法履行、按照约定履行协议或者单方变更、解除协议是否合法，在适用行政法律规范的同时，可以适用不违反行政法和行政诉讼法强制性规定的民事法律规范"和《合同法》第五十二条规定"有下列情形之一的，合同无效：（一）一方以欺诈、胁迫的手段订立合同，损害国家利益；（二）恶意串通，损害国家、集体或者第三人利益；（三）以合法形式掩盖非法目的；（四）损害社会公共利益；（五）违反法律、行政法规的强制性规定"的规定，本案中，原告张某某对其与领导小组签订《拆迁补偿安置协议》的真实性无异议，其亦承认领取到了该协议中的拆迁补偿费、拆迁补贴款，同时还领取了协议金额外的拆迁补偿费人民币 50 万元，被告某市政府还给原告张某某及其子提供了两宗集体土地进行安置。领导小组签订和履行该协议，是为了人工湖治理建设项目，属于公共利益，不存在违背公序良俗或严重损害公共利益或者他人合法权益等重大且明显违法的情形，故应确定双方签订的《拆迁补偿安置协议》合法有效。

原告张某某提出领导小组"欺诈、胁迫"其签订《拆迁补偿安置协议》，但其所提供的证据，不能证明领导小组存在欺诈、胁迫的手段，且被告某市政府对协议中约定的义务也已履行完毕，并对原告张某某给予了安置，故对原告张某某主张《拆迁补偿安置协议》无效的意见不予采纳。

本案原告张某某是针对其与领导小组签订的《拆迁补偿安置协议》提起行政诉讼，属于人民法院行政诉讼受案范围，故对被告某市政府辩称"本案是平等主体间有关安置、补偿等民事权益纠纷，符合民法调整的范围，不属于人民法院行政诉讼的受案范围"的意见不予采纳。

涉案《拆迁补偿安置协议》是领导小组与张某某在平等、自愿基础上订立的，是双方真实意思的表示，协议内容没有损害国家、集体或第三人利益，没有违反法律、行政法规的强制性规定，因此该协议应属合法、有效，且双方均已履行完毕，故原告张某某提出的诉讼请求缺乏事实和法律依据。

某市中院判决：驳回原告张某某的诉讼请求。张某某不服向某省高院提起上诉，某省高院判决驳回其上诉，维持原判。

[最高人民法院裁定]

张某某仍不服向最高人民法院申请再审称：《拆迁补偿安置协议》不能体现平等、自愿，且被申请人答应给的二块国有土地至今没有给，原审判决认定该协议合法有效是错误的，请求本院撤销原审判决，依法再审本案。

最高人民法院认为，依据《行政诉讼法解释》（2015 年）第十四条"人民法院审查行政机关是否依法履行、按照约定履行协议或者单方变更、解除协议是否合法，在适用行政法律规范的同时，可以适用不违反行政法和行政诉讼法强制性规定的民事法律规范"的规定，本案中，张某某对其与领导小组签订的《拆迁补偿安置协议》的真实性无异议，并认可领取该协议中的拆迁补偿费，同时还领取了协议金额外的拆迁补偿费 50 万元，某市政府还给张某某及其子提供了两宗集体土地进行安置。该协议已得到实际履行，且无《合同法》第五十二条规定的无效情形。因此，张某某主张安置补偿协议无效的诉请没有事实依据。最高人民法院裁定驳回再审申请人张某某的再审申请。

[根据最高人民法院（2016）最高法行申 3184 号行政定书编写]

◎作者分析

本案中，张某某认为，领导小组对其"欺诈""胁迫"，使其在不平等、不自愿的情形下签订了《拆迁补偿安置协议》。张某某该主张及其理由如果成立，根据《合同法》第五十二条"一方以欺诈、胁迫的手段订立合同的"该合同无效的规定（现可直接适用《行政协议解释》第十四条规定），由人民法院判决予以撤销。但是，张某某对其上述的主张，不能提供证据证明领导小组存在欺诈、胁迫的手段，涉案《拆迁补偿安置协议》也不存在其他效力争议和无效情形，所以，法院确认该协议合法有效是正确的。涉案《拆迁补偿安置协议》签订后，某市政府已经按约履行义务完毕，并对张某某作了安置，故张某某请求撤销涉案协议的主张是不能成立的。

值得一提的是，本案中为人工湖治理工程顺利进展，领导小组与张某某多次协商未能达成拆迁补偿协议，便向张某某作出《限迁通知》，限张某某于 2009 年 11 月 4 日与征地拆迁组洽谈、签订协议，自行拆除，否则，领导小组将对张某某的房屋进行强制拆除。这里的"强制拆除"不属于"胁迫"行为，而是行政机关单方作出的具体行政行为，张某某对此不服可以提起行政诉讼，请求法院撤销该《限迁通知》。然而，张某某没有就此提起行政诉讼，而与领导小组签订了《拆迁补偿安置协议》，那么《限迁通知》也就自然失效。

第二节　行政协议无效的判断

　　行政协议无效，是指已经成立的行政协议，因严重欠缺有效要件，在法律上不按当事人之间的合意产生效力。无效行政协议与无效民事合同一样，当被确认无效后，自始无效，即自协议成立时就不具有法律的约束力，以后也不能转化为有效合同。

　　《行政协议解释》第十二条第一款规定："行政协议存在行政诉讼法第七十五条规定的重大且明显违法情形的，人民法院应当确认行政协议无效。"第二款规定："人民法院可以适用民事法律规范确认行政协议无效。"因行政协议具有行政和民事的双重属性，故行政协议不论具有行政法律的无效情形，还是具有民事法律规定的无效情形，都将归于无效。

一、民事法律规定的无效情形

　　1.《民法总则》规定的无效情形：

　　（1）第一百四十四条规定，无民事行为能力人实施的民事法律行为无效；

　　（2）第一百四十六条第一款规定，行为人与相对人以虚假的意思表示实施的民事法律行为无效；

　　（3）第一百五十三条第一款规定，违反法律、行政法规的强制性规定的民事法律行为无效；

　　（4）第一百五十三条第二款规定，违背公序良俗的民事法律行为无效；

　　（5）第一百五十四条规定，行为人与相对人恶意串通，损害他人合法权益的民事法律行为无效。

　　上述无效情形，原来规定在《民法通则》第五十八条。这里需要提醒一下，《民法通则》第五十八条第一款第三项"一方以欺诈、胁迫的手段或者乘人之危，使对方在违背真实意思的情况下所为的"民事法律行为为无效行为，《民法总则》第一百四十八条、第一百四十九条、第一百五十条将其改为可撤销行为，也就是说，只有当事人对"欺诈、胁迫"行为行使撤销权，法院裁判予以撤销的，才归于无效；当事人不行使撤销权的，这种行为仍作有效处理。

2.《合同法》规定的无效情形

《合同法》第五十二条规定：有下列情形之一的，合同无效：

（1）一方以欺诈、胁迫的手段订立合同，损害国家利益；

（2）恶意串通，损害国家、集体或者第三人利益；

（3）以合法形式掩盖非法目的；

（4）损害社会公共利益；

（5）违反法律、行政法规的强制性规定。

这里需要注意的是，上述第一项"一方以欺诈、胁迫的手段订立合同，损害国家利益"是说，如果是损害了国家利益的当属无效，如果是损害的是合同相对人的利益，则可变更或撤销，而不再一律认定无效。《民法总则》规定，在没有"损害国家利益"的情况下，一律归于可撤销范围。

二、行政法律规定的无效情形

《行政诉讼法》第七十五条规定："行政行为有实施主体不具有行政主体资格或者没有依据等重大且明显违法情形，原告申请确认行政行为无效的，人民法院判决确认无效。"这里例举了两种无效情形：

（1）行政行为的实施主体不具有行政主体资格，如行政机关在非其法定职责范围内与行政相对人订立行政协议。

（2）行政主体实施行政行为的内容没有依据。如行政机关未经有权机关批准征用农村集体土地就擅自与村民委员会签订征收补偿协议。

三、行政协议的无效情形

根据《行政协议解释》第十二条规定，行政协议存在行政诉讼法第七十五条规定的重大且明显违法情形的无效，违反民事法律上述规范的无效。综合上述规定，基于行政协议的特点，行政协议无效应当包括下列情形：

（1）行政机关无职权或者超越职权与相对人订立的行政协议；

（2）行政机关严重违反法定程序与相对人订立的行政协议；

（3）行政行为无效而订立行政协议所设的内容亦为无效；

（4）依事件性质或者法律规定不得缔结而订立的行政协议；

（5）参照民事法律规定应当认定行政协议无效的情形。

行政协议在无效状态下，其内容经双方协商补正且不违法的，补正后的行政协议应为有效。

四、行政协议无效的法律责任

1.行政机关的法律责任

行政协议被依法确认无效归责于行政机关的，行政机关承担的责任是行政责任，故应适用行政法律规范和国家赔偿法律规定进行处理。如行政主体违法征收、征用的行政协议，被确认无效并造成相对方财产损失的，根据《国家赔偿法》第三十二条规定，通常只能赔偿直接损失。

行政赔偿的行政法律规范有：

（1）《行政诉讼法》第七十六条规定："人民法院判决确认违法或者无效的，可以同时判决责令被告采取补救措施；给原告造成损失的，依法判决被告承担赔偿责任。"

（2）《国家赔偿法》第三十二条规定："国家赔偿以支付赔偿金为主要方式，能够返还财产或者恢复原状的，予以返还财产或者恢复原状。"

（3）《国家赔偿法》第三十六条规定，侵犯公民、法人和其他组织的财产权造成损害的，按照下列规定处理：违法征收、征用财产的，返还财产；应当返还的财产损坏的，能够恢复原状的恢复原状，不能恢复原状的，按照损害程度给付相应的赔偿金；应当返还的财产灭失的，给付相应的赔偿金；财产已经拍卖或者变卖的，给付拍卖或者变卖所得的价款，变卖的价款明显低于财产价值的，应当支付相应的赔偿金；对财产权造成其他损害的，按照直接损失给予赔偿。

2.相对方的法律责任

行政协议被依法确认无效归责于相对方的，相对方承担的责任是民事责任，故不适用国家赔偿法律规定，而应适用民事法律规进行处理。

民事法律责任的依据有：

（1）《民法总则》第一百五十七条规定："民事法律行为无效、被撤销或者确定不发生效力后，行为人因该行为取得的财产，应当予以返还；不能返还或者没有必要返还的，应当折价补偿。有过错的一方应当赔偿对方由此所受到的损失；各方都有过错的，应当各自承担相应的责任。法律另有规定的，依照其规定。"

（2）《合同法》第五十八条规定："合同无效或者被撤销后，因该合同取得的财产，应当予以返还；不能返还或者没有必要返还的，应当折价补偿。有过错的一方应当赔偿对方因此所受到的损失，双方都有过错的，应当各自承担相应的责任。"

◎【裁判案例36】

拆迁补偿协议显失公平、意思表示不真实、违反法律法规强制性规定的无效。

[案情简介]

2003年6月3日，某县国土资源局认为某某公司非法占用土地8.769亩建造建油库，便作出没收其非法占用土地的处罚决定。某某公司申请复议，某市国土资源与城市规划局作出《行政复议决定书》，撤销某县国土资源局作出处罚决定。此后，某某公司（乙方）与某县工业园区管委会（甲方，以下简称"园区管委会"）订了油库《拆迁补偿协议》，该协议约定：1.甲方因建设需要征用乙方公司现有土地，甲方一次性付给乙方补偿款30万元人民币；2.甲方负责拆迁工作，油库所有固定资产归甲方所有；3.乙方公司的办公室及汽车等动产在合同签订后一日内，自行移走；4.乙方公司的土地使用证、房产证等有关手续在签订合同时交给甲方，由甲方负责注销，乙方应积极；5.乙方保证不再因此事起诉某县人民政府。该协议签订后，园区管委会按协议规定时间，拆迁、变卖某某公司的资产，并占有土地。

某某公司向某市中院提起行政诉讼，请求：1.确认园区管委会拆迁及变卖某某公司房屋资产行为及占地行为违法；2.判决园区管委会赔偿某某公司的各项损失3342268元。

园区管委会辩称，《拆迁补偿协议》系平等主体法人之间的权利义务民事合同关系，不应属于人民法院受理行政案件的收案范围，请求依法驳回原告某某公司的起诉。

某市中院根据某某公司的申请委托司法技术部门对某某公司的被拆迁资产进行鉴定，评估公司评估结果为1623793.00元。

[一审判决]

某市中院认为：一、关于园区管委会拆迁、变卖被诉资产及占地行为有无法律依据问题。根据《土地管理法》第二条、第四十六条第一款规定，国家为了公共利益的需要，可以依法对土地执行征收或者征用并予以补偿；国家征收土地的，依照法定程序审批后，由县级人民政府予以公告并组织实施。本案中，2003年7月11日，园区管委会以建设需要征用土地为理由与某某公司签订《拆迁补偿协议》，但本案所涉土地为集体土地，未办理任何征收土地的法定审批手续。因此，园区管委会拆迁、变卖某某公司资产及占地行为缺乏法律依据，属违法的事实行为。因园区管委会与某某公司未形成法律意义上的拆迁或征用行政行为，本案不适用《最高人民法院关于受理房屋拆迁补偿安置问题的批复城市房屋拆迁管理条例》第二条的规定。园区管委会认为《拆迁补偿协议》系平等主体法人之间的权利义务民事合同关系，不应属于人民法院受理行政案件的收案范围，请求依法驳回原告起诉的意见不能成立。

二、关于赔偿责任及赔偿数额问题。根据《国家赔偿法》第二条规定：国家机关和国家机关工作人员违法行使职权侵犯公民、法人和其他组织合法权益造成损害的，受害人有依照本法取得国家赔偿的权利。因园区管委会拆迁、变卖某某公司资产及占地行为缺乏法律依据，属违法的事实行为，而且给某某公司造成了损失。因此，园区管委会应对因违法拆迁给某某公司造成的损失进行赔偿。根据《国家赔偿法》第二十五条、第二十八条第四项、第七项规定，应当返还的财产灭失的，应支付相应的赔偿金；对财产权造成其他损害的，按照直接损失给予赔偿。园区管委会应赔偿某某公司的直接损失。因被诉行为是事实行为，且年代久远，只能根据被诉资产拆迁前双方委托鉴定目录、某某县物价中心出具的《价格评估鉴定委托物品明细表》，确定赔偿的物品名称、数量，并根据鉴定结果对某某公司予以赔偿，并应酌情考虑某某公司适当利息损失。参照评估公司出具的评估意见，某某公司被拆迁资产在2003年6月26日市场价值为1623793.00元。园区管委会应支付某某公司赔偿金1623793.00元，扣除《拆迁补偿协议》中已付给某某公司的30万元，应为1323793.00元。因该赔偿款项系2003年6月26日的市场价值，考虑物价变动情况，对其利息可酌情适当赔偿，按中国人民银行同期一年期存款利率支付，自2003年6月26日起计算至该判决履行完毕之日止。某某公司要求赔偿的其他损失，因无事实依据和法律依据，本院不予支持。

某市中院判决：一、确认某县工业园区管委会拆迁、变卖被诉资产及占地行为违法；二、园区管委会应赔偿某某公司1323793.00元以及利息（按中国人民银行同期一年期存款利率，自2003年6月26日起计算至该判决履行完毕之日止）；三、驳回某某公司的其他诉讼请求。

[上诉理由]

园区管委会与某某公司均不服某市中院一审判决，向某省高院提起上诉。

园区管委会上诉称：1.园区管委会与某某公司已在平等自愿基础上签订拆迁补偿协议，成立民事合同关系，一审法院将本属于民事争议案件按行政争议审理，没有法律依据，程序违法；2.涉案的《拆迁补偿协议》不具有行政行为的法律特征和行政赔偿案件的法律特征，不违背行政法律法规，一审法院判决行政行为违法无事实依据；3.一审判决依据评估意见，认定园区管委会向某某公司赔偿1623793元无事实依据。请求撤销一审判决，驳回某某公司的诉讼请求。

某某公司上诉称：一、一审判决在认定某某公司的损失时，没有计算营业损失，房屋面积也少算235.98平方米；适用赔偿标准应按国有土地上房屋征收补偿标准计算；另外，按同期一年期存款利率计息欠妥，应按五年贷款利率计息更合理，请求加判行政赔偿漏项损失951513.92元。

[二审判决]

某省高院另查明：在涉案资产被拆迁前后，某某公司法定代表人为卢某某因偷税、诈骗等罪名被拘，后被判无罪。涉案《拆迁补偿协议》签订时，卢某某正处于因涉嫌偷税被一审法院作出有罪判决后的上诉期，当时，卢某某被采取取保候审措施。

某省高院认为：一、本案被诉的园区管委会拆迁、变卖涉案资产及占地行为违法。园区管委会拆迁、变卖涉案资产及占地行为均起因于《拆迁补偿协议》，而对于该协议效力的认定，应考虑以下因素。

一是该协议内容显失公平。某某公司被拆迁资产在一审法院委托评估时鉴定意见为 2003 年 6 月市场价值 160 多万元，而协议仅约定 30 万元。

二是某某公司的意思表示不真实。判断当事人在签订协议时意思表示是否真实，不能仅局限于身体上是否受胁迫，还应考虑是否存在对当事人足以产生巨大的心理压力，而不能平等自愿地表示其真实意思的情况。从本案事实情况看，签订《拆迁补偿协议》时，协议签订的时间、地点、参与人以及没收某某公司涉案土地上的建筑及设施的行政处罚尚未被撤销、卢某某因有罪的刑事判决尚处于取保候审期间等多种因素并存，足以对某某公司的决策者产生巨大的心理压力而接受显失公平的征地补偿协议。

三是该协议违反法律、行政法规的强制性规定。《拆迁补偿协议》名义上是拆迁补偿，且园区管委会以建设需要征收土地为由，但当时并未办理任何征收土地的法定审批手续，且截止目前，园区管委会也不能提供充分证据证明其对涉案土地进行了征收，其与某某公司签订《拆迁补偿协议》，违反了《土地管理法》第四十六条第一款关于组织实施土地征收需先经法定程序获得批准之规定。

依据《行政诉讼法解释》(2015 年)第五十七条第二款第三项之规定，涉案的《拆迁补偿协议》明显缺乏事实基础、法律依据和正当性，应确认无效。园区管委会因此进行的拆迁、变卖涉案资产及占地行为亦缺乏事实及法律上的根据，应确认违法。

二、一审判决认定的赔偿数额并无不当。根据《国家赔偿法》第二条之规定，园区管委会应赔偿因拆迁、变卖涉案资产及占地行为违法对某某公司造成的损失。关于损失数额的确定，应考虑以下几个因素。

一是《拆迁补偿协议》确定的数额不能作为园区管委会赔偿某某公司实际损失的依据。从上述拆迁补偿协议的补偿价及签订背景看，该协议存在协议价与鉴定价格相差巨大、签订人不能表达真实意思等情况，不能作为计算赔偿数额的依据，而且补偿与赔偿的法律概念不同，二者可能形成不同的数额，不能用补偿来代替赔偿。

二是一审判决参照评估意见，并扣除《拆迁补偿协议》中已付给某某公司的 30 万元，认定园区管委会应支付某某公司赔偿金人民币 1323793.00 元并支付相应利息的意见符合法律规定。

　　某省高院认定，园区管委会、某某公司的上诉理由不足；原审判决事实清楚，适用法律正确，但在判决园区管委会应支付赔偿款时，应明确相应的支付期限。

　　某省高院判决：一、驳回上诉，维持某市中院一审行政判决；二、园区管委会自收到本判决之日起三十日内向某某公司支付某市中院一审行政判决第二项确定的赔偿款及利息，逾期则按照《民事诉讼法》第二百五十三条之规定加倍支付迟延履行期间的债务利息。

　　　　　　　　　　［根据河南省高级人民法院（2015）豫法行终字第00473号
　　　　　　　　　　　　　　　　　　　　　　　　　行政判决书编写］

◎作者分析

　　本案中，园区管委会与某某公司签订《拆迁补偿协议》，并对某某公司的资产实施处置，其行政行为存在以下严重违法情形。

一、没有法律依据，违反法律、行政法规的强制性规定

　　当时适用的《土地管理法》第四十六条第一款规定："国家征收土地的，依照法定程序批准后，由县级以上地方人民政府予以公告并组织实施。"这是一条强制性规定，也就是说，行政机关未经法定程序批准，不得实施土地征收行为。但园区管委会未办理任何征收土地的法定审批手续，就与某某公司签订《拆迁补偿协议》，征收某某公司占有的土地，显然没有法律依据，且违反了《土地管理法》第四十六条规定，属于违反行政法律强制性规定的行为。根据《行政诉讼法》第七十五条规定，行政行为没有法律依据且明显违法的，行政相对人申请确认行政行为无效的，法院应当确认并判决无效。《合同法》第五十二条也规定，合同违反法律、行政法规的强制性规定无效。

二、意思表示不真实，显失公平

　　某省高院在本案判决中指出："判断当事人在签订协议时意思表示是否真实，不能仅局限于身体上是否受胁迫，还应考虑是否存在对当事人足以产生巨大的心理压力，而不能平等自愿地表示其真实意思的情况。"某省高院

结合某某公司法定代表人卢某某在签订《拆迁补偿协议》时的背景，如某县国土资源局对某某公司作出没收非法占用土地的行政处罚尚未被撤销，又如卢某某因刑事犯罪在取保候审期间等，认定这些因素对卢某某产生巨大的心理压力而签订涉案《拆迁补偿协议》，当属"意思表示不真实"。再者，某某公司被拆迁资产市场价值160多万元，而《拆迁补偿协议》仅约定补偿30万元，当属"显失公平"。

意思表示不真实，是指行为人表现于外部的意志与其内心的真实意志不一致，即行为人表示所追求的某种法律效果并非其内心真正希望。意思表示不真实都为虚假表示、误解、欺诈、胁迫、乘人之危等原因引起。《民法通则》第五十八条规定，一方以欺诈、胁迫的手段或者乘人之危，使对方在违背真实意思的情况下所为的民事行为无效；《民法总则》第一百四十六条第一款规定，行为人与相对人以虚假的意思表示实施的民事法律行为无效。本案发生在《民法总则》实施之前，故适用当时《民法通则》的有关规定。

显失公平，是指一方当事人利用优势或对方缺乏经验，在订立合同时致使双方的权利和义务明显违反公平、等价有偿原则的行为。显失公平往往导致当事人双方的权利与义务极不对等，在经济利益上不平衡，违反了权利义务相一致和意思表示真实的原则。根据《合同法》第五十四条规定，订立合同显失公平的，当事人一方有权请求人民法院变更或者撤销。本案因存在无效情形，园区管委会对某某公司实施的行政行为已被判决违法，故无需再以显失公平为由撤销涉案《拆迁补偿协议》。

第三节 附条件行政协议的效力判断

《民法总则》第一百五十八条规定："民事法律行为可以附条件，但是按照其性质不得附条件的除外。附生效条件的民事法律行为，自条件成就时生

效。附解除条件的民事法律行为，自条件成就时失效。"《合同法》第四十五
条第一款规定："当事人对合同的效力可以约定附条件。附生效条件的合同，
自条件成就时生效。附解除条件的合同，自条件成就时失效。"上述两条规
定基本一致，但有两个不同：一是《民法总则》规定"附条件"的范围比
《合同法》广泛，除"合同"外还包括其他所有的"民事法律行为"；二是强
调了"按照其性质不得附条件的除外"，也就是说，民事法律行为包括民事
合同按其性质不得附条件的，当事人在其中附条件的，所附条件无效。

　　根据上述规定，当事人可以根据实际需要，在行政协议中约定附条件来
决定行政协议的效力。附条件包括附效力条件和附期限条件，附效力条件又
可分为附生效条件与附解除条件（即附失效条件）。

一、行政协议的附效力条件

　　附效力条件，是合同当事人约定的未来可能发生的用来限制合同效力的
某种合法事实。附效力条件具有四个法律特征：

　　（1）约定性。附效力条件不是法定条件，法定条件具有普遍的约束力，
不由当事人约定取舍，因而不能作为行政协议的附条件，附效力条件是法定
条件以外的由当事人特别约定的条件，只对本合同具有约束力。

　　（2）不确定性。合同所附的效力条件是将来可能发生也可能不发生的事
实，具有不确定性，过去或者现存的事实和将来必定发生或者必定不能发生
的事实不能作为附效力条件。

　　（3）附属性。合同所附效力条件不是合同的主要内容，而是附随合同内
容的条款，但可用来限制合同的效力。

　　（4）合法性。合同所附的效力条件必须是合法的事实，违法的事实不能
作为合同的附效力条件。

　　当事人在行政协议中约定附生效条件的，该条件决定行政协议生效或者
不生效，具体有三种情况：一是在附生效条件成就之前，该行政协议的效力
处于待定状态；二是附生效条件一旦成就，该行政协议即时生效；三是附生
效条件届时没有出现，该行政协议失效。

　　附生效条件的行政协议经行政主体与行政相对人协商一致成立后，在其
所附效力条件尚未成就或者尚未出现前这段时间内，其生效或者失效处于期

待状态，但对当事人仍然具有法律拘束力。所以，《合同法》第四十五条第二款还规定："当事人为自己的利益不正当地阻止条件成就的，视为条件已成就；不正当地促成条件成就的，视为条件不成就。"

这里的"不正当地阻止附条件成就"，对行政协议而言，主要是指当事人在合同订立后，对本能成就的所附条件，人为地采取不正当手段加以阻止使之不能成就，并以此为由不履行相关义务。对此，《合同法》第四十五条第二款规定，应当视为所附条件已经成就，并作有效处理。

这里的"不正当地促成附条件成就"，对行政协议而言，主要是指当事人在行政协议订立后，对本来不能成就的所附条件，人为地采取不正当手段加以成就。"不正当地阻止附条件成就"与"不正当地促成附条件成就"一样都违背诚实信用原则。《合同法》第四十五条第二款的规定，不正当促成附担保条件成就的，视为附担保条件不成就。

二、行政协议的附解除条件

附解除条件又称附失效条件，是指当事人约定的消灭合同效力的条件。《合同法》第四十五条规定"附解除条件的合同，自条件成就时失效"。对行政协议而言，附解除条件的效力表现为，在条件未成就时，行政协议效力处于待定状态；在条件已经成就时，行政协议效力自动消灭而解除；在条件不成就时，行政协议发生效力。

当然，行政机关基于行政优益权，出于实现行政管理或者公共服务目标的需要，即使行政协议没有约定附解除条件，也有权单方解除协议。

◎【裁判案例 37】

行政协议所附条件尚未成就，行政相对人请求支付剩余补偿款的，法院应驳回。

[案情简介]

某区政府因引进物流交运服务中心项目（以下简称"物流项目"）建设的需要，对朱某某的房产进行征收，双方于 2013 年 3 月 8 日就征收补偿事宜经协商一致达成《征收补偿协议》。该协议约定：某区政府暂时支付朱某某453.04万元，签订协议同时支付此补偿款，由朱某某自行全面拆除被征收的房屋；其中第三条还约定"待国家对集体土地上房屋征收补偿条例出台后三个月内，由某区政府对朱某某5600平方米集体土地建设用地上的房屋符合新条例规定的，给予一次性补偿。"

该协议签订后，某区政府按照约定向朱某某支付了补偿款453.04万元，朱某某拆除了全部房屋，并将土地交付给了某区政府。此后，朱某某以某区政府仅履行了协议中的部分补偿款为由，要求某区政府继续对其进行补偿。某区政府认为其已经履行了《征收补偿协议》约定的可以履行的全部补偿款，而协议中第三条约定的"待国家对集体土地上房屋征收补偿条例出台后三个月内，由某区政府对朱某某5600平方米集体土地建设用地上的房屋符合新条例规定的，给予一次性补偿"的条件尚未成就，故拒绝继续履行《征收补偿协议》。

朱某某便以某区政府为被告，向某市中院提起行政诉讼，请求判决某区政府继续履行《征收补偿协议》对其进行补偿。

[一审判决]

某市中院认为，《合同法》第四十五条规定："当事人对合同的效力可以约定附条件。附生效条件的合同，自条件成就时生效。附解除条件的合同，自条件成就时失效。"本案中，双方当事人对《征收补偿协议》的签订及已履行的部分没有异议，双方争议的焦点问题是《征收补偿协议》中约定的第三条，即"待国家对集体土地上房屋征收补偿条例出台后三个月内，由某区政府对朱某某5600平方米集体土地建设用地上的房屋符合新条例规定的，给予一次性补偿。"

某市中院认为，该条款系附条件的合同条款，在对原告朱某某被征收的资产给予补偿后，双方对原告朱某某可能获得更多的收益进行约定，是双方当事人真实的意思表示，并不违反法律规定，故应按照约定执行；在所附条件成就时，该条款生效，原告朱某某可向被告某区政府行使请求权。但原告朱某某起诉要求被告某区政府继续履行协议的条件不具备，其诉讼请求于法无据。

某市中院判决驳回原告朱某某的诉讼请求。

[上诉理由]

朱某某不服某市中院判决，向某省高院提起上诉称：

一、一审法院判决认定事实错误。1.涉案《征收补偿协议》并非一审法院所述的"在对上诉人被征收的资产给予补偿后，双方对上诉人可能获得更多的收益进行约定"，而是被上诉人某区政府就未能一次性给予上诉人按照市场价补偿后，如何再支付一部分补偿款进行补偿的约定。2.拆迁过程中不可以先搬迁后补偿，一审法院认定《征收补偿协议》设定附条件有效错误。3.该协议不是在真实意思表示的前提下签订，而是被上诉人某区政府欺骗上诉人朱某某称按照市场价进行补偿没有依据的基础上形成。

二、一审法院判决适用法律错误。1.一审法院适用《合同法》第四十四条、第四十五条，认定《征收补偿协议》第三条为附条件的合同条款错误。按照最高人民法院司法解释的相关规定，如所附条件是违背法律规定或者不可能发生的，应当认定该民事行为无效。2.被上诉人某区政府采取欺诈、胁迫手段与上诉人朱某某签订《征收补偿协议》，其以欺诈、胁迫为基础的行政行为部分无效。拆迁补偿应当按照现行的标准进行补偿，行政行为也必须以现行的法律为依据，不能以之后尚未出台的法律为依据。而且行政协议必须全面履行，行政义务的履行不能附条件。3.附条件合同是针对合同是否生效的条件，政府征收补偿是法定义务，不能附条件；本案《征收补偿协议》中所附条件因违反国家法律关于征收补偿必须足额到位、不能截留拖欠的规定，应为无效。

请求撤销一审法院判决，确认《征收补偿协议》第三条所附条件"待国家对集体土地上房屋征收条例出台后三个月内"违法；判令被上诉人某区政府继续依法履行《征收补偿协议》。

[二审判决]

某省高院认为，朱某某与某区政府签订了《征收补偿协议》，应视为双方的征收补偿事宜达成了一致意见。该协议签订后，某区政府已向朱某某实际支付补偿款453.04万元，协议涉及的房屋已经拆除，项下土地也已交付某区政府使用。朱某某提起本案诉讼，要求某区政府继续履行该协议的主要理由是认为某区政府未按该协议第三条的约定履行合同义务。而该协议第三条约定内容为"待国家对集体土地上房屋征收补偿条例出台后三个月内，由甲方对乙方5600平方米集体土地建设用地上的房屋符合新条例规定的，给予一次性补偿清"。根据《合同法》第四十五条"当事人对合同的效力可以约定附条件。附生效条件的合同，自条件成就时生效"之规定，某区政府以该协议条款所附条件未成就、无法据此计算并支付上诉人剩余补偿款为由主张的履行抗辩事由成立，一审法院据此判决驳回上诉人的诉讼请求，并无不当。朱某某可以在协议所附条件成就时，向某区政府主张继续履行该条款义务。朱某某如认为其房屋被征收但未获足额补偿，可以通过其他合法途径另行寻求救济。

某省高院判决：驳回朱某某上诉，维持原判决。

［山东省高级人民法院（2016）鲁行终548号行政判决书］

◎作者分析

本案的争议焦点是《征收补偿协议》所附的条件是否合法有效的问题。

涉案《征收补偿协议》约定"待国家对集体土地上房屋征收补偿条例出台后三个月内，由某区政府对朱某某5600平方米集体土地建设用地上的房屋符合新条例规定的，给予一次性补偿"。根据《合同法》第四十五条规定，该约定属于涉案《征收补偿协议》的附效力条件。

附生效条件具有约定性、附属性、不确定性、合法性四个法律特征。朱某某对涉案所附的效力条件的约定性、附属性、不确定性没有提出异议，但对合法性问题，朱某某认为，政府征收补偿是法定义务不能附条件，因此《征收补偿协议》中的所附条件应为无效。然而，我国法律并无政府征收补偿不能附条件的禁止性或强制性的规定，所以，某省高院在判决中认定，《征收补偿协议》中的所附条件符合《合同法》第四十五条规定，合法有效。

本案的判决还涉及附效力条件的不确定性问题。附效力条件的不确定性，表述为将来可能发生也可能不发生的事实。本案双方当事人在《征收补偿协议》时约定"待国家对集体土地上房屋征收补偿条例出台""集体土地建设用地上的房屋符合新条例规定"，不是过去或者现存的事实和将来必定发生或者必定不能发生的事实，而是将来可能发生也可能不发生的事实，故具有不确定性，可以作为附效力条件。在某区政府对朱某某5600平方米集体土地建设用地上的房屋符合新条例规定的，给予一次性补偿朱某某提起本案行政诉讼至二审下判时，国家对集体土地上房屋征收补偿的新条例尚未出台。根据《合同法》第四十五条"附生效条件的合同，自条件成就时生效"

的规定，因涉案的附效力条件尚未成就，故"给予一次性补偿"的效力处于待定状态。所以，某省高院在二审判决中指明"朱某某可以在协议所附条件成就时，向某区政府主张继续履行该条款义务"。

这里再附带说明一下，国家正在起草《农村集体土地征收补偿条例》，不久就将出台。等到《农村集体土地征收补偿条例》公布施行后，本案行政协议所附条件就告成就，某区政府应当在新条例出台后三个月内，按照新条例的规定标准，一次性支付朱某某的剩余补偿款。

第四节　口头行政协议的效力判断

根据民事合同的成立是否需要特定形式，法学界将民事合同分为要式合同与不要式合同。要式合同，是指法律、行政法规要求必须具备一定的形式和手续的合同。不要式合同，是指法律、行政法规没有要求必须具备一定形式和手续的合同。区别要式合同与非要式合同的意义在于，某些法律、行政法规对合同形式要求的规定将直接影响合同的效力。

《合同法》第十条规定："当事人订立合同，有书面形式、口头形式和其他形式。法律、行政法规规定采用书面形式的，应当采用书面形式。当事人约定采用书面形式的，应当采用书面形式。"据此规定，合同形式有三类，即书面形式、口头形式和其他形式。

书面形式是指合同书、信件和数据电文（包括电报、电传、传真、电子数据交换和电子邮件）等可以有形地表现所载内容的形式。口头形式是指双方当事人以谈话、电话等非书面表达合同内容的形式。其他形式是指根据当事人的行为或者特定情形推定成立的合同，也称之为默示合同。如房屋租赁合同满后，当事人没有重新签订合同，但承租人继续交付租金，出租人仍然接受租金的，就可推定该租赁合同仍然有效。

上述规定中的"法律、行政法规规定采用书面形式的，应当采用书面形式"仅为规范性规定，而不是决定合同效力的强制性规定，因此，民事主体之间形成的某种合同，按照法律、行政法规规定应当采用书面形式而采取口头形式的，并不必然导致口头合同无效，口头合同只要意思表示真实，内容不违反法律和行政法规的强制性规定，双方一致认可的，就能成立并具有法律约束力。

但行政协议有所不同。行政机关与相对方订立行政协议，属于行使国家职权的行政行为，且对相对方的利益产生重大影响，故应以书面形式作出。书面是行政协议"要式"的一种重要表现形式，如地方政府出让国有土地使用权给企业，就必须与受让企业订立书面的出让合同。在法律、行政法规规定行政协议应当采取书面形式的情况下，行政机关采取口头形式的，虽然不能据此直接确认无效，但属于缔约形式上违法。

从实践来看，口头行政协议有四个弊端：一是助长了"以权代法""以言代法"等官场邪风；二是容易造成有无缔约以及缔约内容纠纷，且难以举证证明客观事实；三是行政机关容易凭着强势地位以"空口为凭"为由对相对方造成侵害；四是破坏了行政行为规范化秩序。

我们在实践中经常发现，一些基层国家工作人员特别是领导干部，为了排除"老大难"阻力推进工作，随口答应或承诺相对方某些要求，而相对方基于对其的公信力和权威，大多信以为真，除了少数特别计较的外，一般不要求立下"字据"。后因行政领导或国家工作人员口头承诺的内容，或者不符合政策法律，或者组织上不予认可，进而不能采取规范的书面形式予以确定，也不能兑现口头承诺，于是酿成口头协议纠纷，有些相对人因此长期上访得不到解决。

基于上述弊端，有学者提出，根据现代行政规范化的要求，行政机关作出直接影响相对方实体权利与实体义务的行为，不论法律、行政法规有无行政协议形式的规定，都应采取书面形式留有依据，否则应为缔约形式违法。

我们认为，将口头行政协议归于缔约形式违法，对行政规范化确有促进作用，但口头行政协议的内容如果合法，则应允许行政机关与相对方继续订立书面协议，从而纠正缔约违法。相对方若已诉至法院，法院也可以判决确认行政机关口头协议违法，然后视案件的具体情况进行处理，如能继续订立行政协议的，判决继续订立行政协议；若不能继续订立行政协议的，应当认定口头行政协议不能成立，由此造成相对方损失的，应当判令行政机关予以赔偿。但是，口头行政协议已经履行完毕，相对方又提起行政协议无效诉讼的，法院不应予以支持。

此外，除法律、行政法规另有规定外，行政协议未采取书面形式，相对方要求确认行政协议生效的，法院亦不应予以支持，而只能作为未生效处置，但可由双方继续订立书面协议，不能继续订立书面协议而造成损失的，则有过错方承担缔约过错责任。

◎【裁判案例 38 】

相对方不能提供证据证明口头行政协议客观存在，属于缺乏事实根据的情形。

[**案情简介**]

张某某向某市中院提起行政诉讼称：因房屋被征收拆迁，张某某不服某区政府和某某街道的安置多次上访，某某街道书记和主任口头答应将某某小区二期 32 座 202 号和三期 8 座 508 号单元现房安置给张某某，但在安置房增加面积价格上仍然存在分歧，张某某再行上访，某某街道在信访事项答复中不承认某某街道与张某某有此"口头合同"，某区政府在信访事项复查答复时也否认张某某与某某街道有此"口头合同"，某某街道和某区政府的信访答复违反《信访条例》的规定，使得"口头合同"得不到履行，侵犯了张某某的合法权益。张某某请求：判令某区政府履行口头合同，依法确认某某小区二期 32 座 202 号单元和三期 8 座 508 号单元现房安置给张某某。

[**一、二审裁判**]

某市中院认为，根据《行政诉讼法》第四十九条规定，提起诉讼应当有具体的诉讼请求和事实根据。本案并无任何证据证明张某某与某区政府之间存在拆迁安置的"口头合同"。因行政协议不存在，张某某起诉某区政府履行协议没有事实根据。于是判决驳回张某某的起诉。

张某某不服某市中院一审判决，向某省高院提起上诉。某省高院二审认为，当事人提起行政诉讼应当符合法定的起诉条件。根据《行政诉讼法》第四十九条规定，有具体的事实根据是当事人提起诉讼应当具备的条件之一。本案中，张某某起诉某区政府不履行"口头合同"，主张其与某区政府存在有关房屋拆迁补偿安置的"口头合同"，但张某某提供的证据不足以证明其与某区政府之间存在有关"口头合同"，张某某的起诉缺乏具体的事实根据，不符合法定的起诉条件，原审裁定驳回其起诉并无不当。某省高院二审裁定驳回张某某上诉，维持原裁定。

［最高人民法院裁定］

张某某不服某省高院二审裁定向最高人民法院申请再审。

最高人民法院认为，再审申请人张某某起诉的是某某街道书记和主任的"口头合同"。根据原审法院查明的事实以及再审申请人张某某提交的再审材料，再审申请人并未提交有效证据证明被诉的"口头合同"客观存在。根据《行政诉讼法》第四十九条规定，提起诉讼应当有具体的诉讼请求和事实根据，再审申请人张某某的起诉缺乏事实根据。因此，张某某的再审申请不符合《行政诉讼法》第九十一条规定的情形。最高人民法院裁定驳回张某某的再审申请。

［根据最高人民法院（2016）最高法行申 5047 号行政裁定书编写］

◎作者分析

因征收拆迁涉及行政相对人的重大财产权益问题，故行政机关在通常情况下都会认真对待，按照有关规定与被拆迁人签订正式的书面安置补偿协议，然后按照书面安置补偿协议履行。行政机关与行政相对人就安置补偿事宜，在通常情况下都先通过口头形式进行协商，经口头协商一致后再订立书面协议，但是，只达成口头协议而未与相对方订立书面协议，如果违反法律、行政法规应当"采用书面形式"规定的，则属行政机关缔约形式违法，该行政协议就不能成立，因而也就不能产生履行的效力。再者，口头协议一个致命的缺陷是证据问题，如一方否认与对方达成口头协议，或与对方主张的内容不一致，又无其他证据予以有效证实的，这个口头协议是否成立以及内容如何就成大问题，在这种情况下，相对人诉至法院，就将承担败诉的风险。

　　本案就是一起典型的口头协议纠纷案件，从中院到高院再到最高人民法院，一致认为张某某没有提供证据证明有被诉"口头合同"客观存在，故判决驳回张某某的起诉。假如，张某某所诉的"口头答应"确实存在，也属违法缔约，该行政协议也不能成立，但"口头答应"内容合法，则可判决继续订立行政协议，若不能继续订立行政协议造成张某某损失的，则可判决赔偿张某某的损失。假如，张某某就"口头答应"的内容已与街道订立书面协议，也就不会造成败诉。

Chapter 6

第六章　行政协议的变更、解除、撤销

第一节　行政协议的变更

民事合同的变更有广义与狭义之分。广义上包括合同主体和合同内容的变更。合同主体变更即合同债权或债务的转让，而合同内容并无变化。狭义上仅指合同当事人的部分权利义务的变化，即合同的部分内容变更，合同部分内容变更并未使原合同关系消灭，未变更的内容应当继续履行。行政协议的变更引自民事合同的变更，通常是指狭义上的变更，即行政协议中的部分内容发生改变。据此，行政协议变更，是指行政机关和相对方对已经发生法律效力但尚未履行或者尚未完全履行的行政协议进行修改或补充。

行政协议一旦成立便产生法律拘束力，一方当事人不得擅自变更，否则造成对方损失的，应负补偿或者赔偿责任。但在以下三种情况下是可以变更的：一是行政协议约定变更的，可以按照约定变更；二是在行政协议履行过程中，双方当事人可以协商一致进行变更；三是法律、行政法规赋予行政机关单方变更权的，行政机关有权单方变更行政协议。

一、行政协议变更与民事合同变更的联系与区别

民事合同变更与行政协议变更，在法律性质基本相同，因此，行政协议的变更应当参照民事法律的相关规定进行处理。但由于行政协议的特点所决定，两者有着以下三个区别：

一是根据行政优益原则，在履行行政协议过程中，可能出现严重损害国家利益、社会公共利益的情形，行政机关依法有权单方变更行政协议的内容；民事合同变更在通常情形下只能约定变更，在法律没有特别规定的情况下，若单方变更则为无效。

二是行政机关单方变更行政协议的内容，在适用行政法律规范的同时，

可以适用不违反行政法律、法规强制性规定的民事法律规范，而民事合同的内容变更通常只适用民事法律规范，而不适用行政法律规范。

三是行政机关单方合法变更协议给相对方造成损失的，承担补偿责任，而民事当事人单方变更合同给对方造成损失的，所负的责任是赔偿责任。

二、行政机关单方变更行政协议

行政协议的变更有约定变更与单方变更之分。行政机关与相对方在行政协议中约定变更或者在行政协议履行过程中协商变更的，按照约定进行变更即可。实践中的主要问题是行政机关单方变更如何处理。

1. 行政机关单方合法变更及其补偿责任

《行政诉讼法》第七十八条第二款规定："被告变更、解除本法第十二条第一款第十一项规定的协议合法，但未依法给予补偿的，人民法院判决给予补偿。"《行政协议解释》第十六条第一款规定："在履行行政协议过程中，可能出现严重损害国家利益、社会公共利益的情形，被告作出变更、解除协议的行政行为后，原告请求撤销该行为，人民法院经审理认为该行为合法的，判决驳回原告诉讼请求；给原告造成损失的，判决被告予以补偿。"据此规定，在履行行政协议过程中，行政机关变更行政协议，不是协议行为，而是单方行政行为。

行政机关单方变更行政协议的内容应当具有合法的变更事由，即"可能出现严重损害国家利益、社会公共利益的情形"。但以此为由需要变更时，行政机关应当首选协商，即与相对方说明变更事由，经协商一致进行变更，以免单方变更引起纠纷。但若相对方不同意变更，行政机关才可以单方作出变更。相对方对行政机关单方变更不服，请求维持原行政协议不变，人民法院经审查认定行政机关单方变更合法的，应当驳回原告的诉讼请求。行政机关单方作出变更后，原告请求撤销该行为，人民法院经审理认为行政机关单方变更合法的，考虑行政协议所要"实现行政管理或者公共服务目标"的目的，应当判决驳回原告诉讼请求。但是，行政机关合法单方变更造成相对方造成损失的，行政机关应当给予适当补偿；行政机关不予补偿，或者相对方对补偿有异议的，相对方可向人民法院提起诉讼，由人民法院判令行政机关予以补偿。

2. 行政机关单方违法变更合法行政协议的救济方式

行政机关单方变更行政协议是否合法的判断标准主要是有无出现"可能出现严重损害国家利益、社会公共利益的情形"，行政机关在没有出现上述情形的情况下，行政机关单方作出变更属违法的行政行为。

《行政诉讼法》第七十八条第一款规定："被告不依法履行、未按照约定履行或者违法变更、解除本法第十二条第一款第十一项规定的协议的，人民法院判决被告承担继续履行、采取补救措施或者赔偿损失等责任。"《行政协议解释》第十六条第三款规定："被告变更、解除行政协议的行政行为违法，人民法院可以依据行政诉讼法第七十八条的规定判决被告继续履行协议、采取补救措施；给原告造成损失的，判决被告予以赔偿。"根据上述规定，行政协议依法成立并已有效，行政机关没有法定事由违法变更是无效的行政行为，就此，相对方提起行政协议诉讼，人民法院应当判决被告行政机关继续履行行政协议；相对方同意变更，但主张赔偿损失的，人民法院应当判决被告行政机关承担行政赔偿责任。

《行政协议解释》第十六条第二款规定："被告变更、解除行政协议的行政行为存在行政诉讼法第七十条规定情形的，人民法院判决撤销或者部分撤销，并可以责令被告重新作出行政行为。"

根据《行政诉讼法》第七十条规定，在没有出现"可能出现严重损害国家利益、社会公共利益的情形"下，行政机关"适用法律、法规错误""违反法定程序""超越职权""滥用职权"单方变更行政协议的，属于《行政诉讼法》第七十条规定的可撤销情形，相对方就此提起行政协议诉讼的，人民法院在认定变更违法的同时，判决撤销或者部分撤销被告的变更行为和内容，并可以责令被告重新作出行政行为，由此造成相对方损失的，判决被告承担行政赔偿责任。

三、相对方请求变更行政协议

根据现代法治的权利平等原则，既然行政机关有权单方提出变更行政协议，那么相对方也应有权单方提出变更行政协议。从实践情况来看，相对方要求变更行政协议应当先向行政机关提出，行政机关认为相对方提出变更请求有合法事由，可与相对方协商一致变更行政协议。行政机关不同意变更的，相对方可以法院提起行政协议诉讼，请求法院变更行政协议的部分内容。譬如，相对方认为《拆迁安置协议》约定的补偿金过低，请求按照规定标准增加补偿金数额，人民法院认为相对方的变更请求合法，且不损害社会公共利益和他人合法权益的，应当判决变更；人民法院经审理认为，相对方提出的变更请求没有事实根据和法律依据，或者有损社会公共利益、他人合法权益的，应当驳回相对方的诉讼请求。

四、行政协议约定变更

根据民事合同意思自治原则，行政协议在双方自愿、不违反行政法律法规和订立协议的行政目的的情况下，行政机关与相对方在行政协议中可以约定变更内容。从实践来看，行政协议约定相对方可以单方变更的极为少见，行政机关基于行政优益权而约定其可以单方变更的很多。如果约定行政机关可以单方变更行政协议某些内容且合法的，该协议也就体现了行政优益权，故应从其约定，届时出现约定变更情形的，行政机关可以单方行使变更权。相反，行政协议约定行政机关不得单方变更行政协议，该约定如果违背行政优益原则，届时，行政机关根据"实现行政管理或者公共服务目标"的需要，法定变更便优于约定变更，行政机关仍有单方变更行政协议的权利，相对方除另有正当理由外，以行政协议已经约定行政机关不得单方变更为由进行抗辩的，该抗辩不能成立。

总之，行政协议有效成立后，无论是约定变更还是行政机关单方变更，都不得违背"实现行政管理或者公共服务目标"这个法定的目的，否则变更无效。

◎【裁判案例 39】

行政机关基于情势变更后的公共利益有权单方变更行政协议的实质性内容。

[案情简介]

2011 年 8 月 23 日，原某某市政府办公室公布了《某某片区房屋征收补偿安置实施方案》，该方案确定对某某街道办某某片区用地规划范围内的所有建（构）筑物及附属物进行征收，房屋征收实行货币补偿、产权调换、异地安置三种方式。2011年9月27日，某某街道办、某某拆迁公司与童某某签订《房屋搬迁补偿安置协议书》，其中约定对童某某实行异地安置在A安置区，安置宅基地面积为120平方米，某某街道办负责完成安置地"三通一平"工作。此后，童某某按照《房屋搬迁补偿安置协议书》约定进行搬迁，某某区政府、某某街道办拆除了童某某被征收的房屋。

2011年11月，国务院发函撤销某某地区建制，设立地级某某市政府。某某市政府为了推进城镇化战略步骤，调整和重新制定市域城镇体系规划和城市总体规划，于2012年4月23日向所辖区县人民政府下发了《某某市人民政府关于在城市规划区范围内停止私人建房的紧急通知》，要求"从即日起，城市规划区范围内停止审批私人建房申报，已批准但还未开工建设的，由审批部门通知建房户停止建设；今后在城市规划区内农村居民确因困难或因拆迁需要安置建房的，必须分别由各区、县政府进行统一规划，并经市人民政府批准后方可实施。"2012年11月22日，某某区政府发出《关于印发某某片区房屋拆迁参与式开发建设安置补偿方案的通知》（以下简称《拆迁安置通知》），该通知对原来的安置方式进行了变更，取消了用宅基地进行安置的方式，实行参与式开发建设安置。同时明确对原签订的异地安置拆迁合同废止。2014年4月14日，经过招投标，某某片区地块由城投公司竞得。

因童某某被征收的房屋已被拆除，故某某区政府给予相关补偿并全部付清，但童某某多次要求某某区政府交付按原协议约定A安置区的宅基地，而某某区政府由于上述原因无法履行原协议约定的A安置区宅基地的义务，童某某于2014年11月提起民事诉讼，一审和二审法院均认为，童某某以原《房屋搬迁补偿安置协议书》为依据提起的民事诉讼，不属于民事诉讼的受理范围，于是裁定驳回童某某的起诉。

2015年11月2日，童某某向某市中院提起行政诉讼称：根据《房屋搬迁补偿安置协议书》约定，某某区政府最迟应在2013年3月30日前完成安置区"三通一平"工作，向童某某交付A安置区120平方米的宅基地，然而，某某区政府至今未完成"三通一平"工作，更没有向童某某交付A安置区120平方米的宅基地。童某某多次要求某某区政府交付A安置区宅基地，某某区政府却以种种理由进行搪塞。根据《行政诉讼法》第七十八条之规定，请求：1.判决某某区政府按照《房屋搬迁补偿安置协议书》的约定向童某某交付位于A安置区已完成"三通一平"、面积为120平方米的宅基地。

[一审判决]

某市中院认为，《房屋搬迁补偿安置协议书》合法有效，但由于情势变更，客观情况发生当事人在订立合同时无法预见的非不可抗力造成的不属于商业风险的重大变化，不能实现协议目的。某某区政府在变更协议前，需要征得相对方的同意，未征得相对方的同意，单方变更协议内容的行为不合法。现某某区政府已无法继续履行原协议，依法应采取相应的补救措施，给童某某造成损失的应予赔偿。于是判决：一、某某区政府与童某某签订的《房屋搬迁补偿安置协议书》合法有效；二、某某区政府对童某某房屋征收补偿安置采取补救措施。

童某某不服某市中院一审判决，坚持要求安置A安置区的宅基地，便向某省高院提出上诉。

[二审裁定]

某省高院二审认为：1.关于本案变更、解除原《房屋搬迁补偿安置协议书》是否合法的问题。本案中，某某区政府为加快城市建设，提升城市形象，对城镇城市规划建设进行调整，将与童某某签订的《房屋搬迁补偿安置协议书》中安置方式实质性变更为参与式开发建设安置方式，该变更、解除行为合法，应当予以认可。2.关于是否应予补偿的问题。某某区政府应当依据变更后的有关通知，对童某某履行安置补偿的法定职责，并对童某某因未能按原计划建房、过渡期延长等，依法给予补偿。某市中院一审判决认定事实清楚，审判程序合法，但适用法律错误。童某某所提依法撤销一审判决第二项的上诉请求，二审法院予以支持。但童某某所提改判某某区政府按照《房屋搬迁补偿安置协议书》的约定向其交付A安置区内宅基地的上诉请求，二审法院不予支持。故某省高院判决撤销一审判决，并由某某区政府对童某某房屋被征收拆迁履行行政补偿的法定职责。

[申请再审]

童某某对某省高院二审判决仍不服，向最高人民法院申请再审称：1.一审和二审判决认定某某区政府将《房屋搬迁补偿安置协议书》中的安置方式予以实质性变更，由用宅基地安置方式变更为参与式开发建设安置方式，该变更、解除的行为合法，属认定事实、适用法律错误；2.本案诉争土地至今还保持自然原貌，《房屋搬迁补偿安置协议书》约定交付 A 安置区宅基地的义务完全具备履行条件，应当继续履行。

[最高人民法院裁定]

最高人民法院经审查认为，本案审查的焦点是《房屋搬迁补偿安置协议书》应如何履行的问题。现在多数人认为，行政协议既有行政性又有合同性，是行政性和合同性的创造性结合，其因行政性有别于民事合同，又因其合同性不同于一般行政行为。行政协议因协商一致而与民事合同接近，但又因其为实现行政管理和公共服务的一种方式而具有行政性而有别一般民事合同。行政协议强调行政性是必要的，唯有如此才能解释为什么行政协议需要在行政程序相关法律中进行规定，并且应获得行政复议、行政诉讼救济，也能解释在行政协议中行政机关为什么享有单方变更、解除行政协议等有别于民事合同的优益权。与民事合同主体签订合同是为了自身利益不同，行政机关签订行政协议是为实现行政管理或者公共服务目标。不仅签订行政协议本身是实现行政管理或者公共服务目标的方式，而且在履行协议过程中，行政机关可以根据实现行政管理或者公共服务目标的需要单方变更、解除协议，甚至可以依法单方作出行政强制、行政处罚。当然，行政机关只有在协议订立后出现了由于实现行政管理或者公共服务目标的需要或者法律政策的重大调整，必须变更或者解除时，才能行使单方变更、解除权，由此造成公民、法人或者其他组织合法权益损失的，亦应依法予以补偿。

本案《房屋搬迁补偿安置协议书》并不违反法律、行政法规强制性规定，合法有效，当事人本应当按照约定全面履行自己的义务。但国务院发函撤销某某地区建制，设立地级某某市。新的某某市政府为了统筹经济社会的发展，加快城市建设，提升城市品味和形象，调整和重新制定了市域城镇体系规划和城市整体规划，案涉《房屋搬迁补偿安置协议书》涉及的 A 安置区宅基地的土地规划已变更，该市规划区范围内禁止私人建房。某某区政府据此作出的《拆迁安置通知》，对原协议的安置方式进行变更，取消用宅基地进行安置的方式，实行参与式开发建设安置。二审法院据此认定该变更行为系为了公共利益的需要，该单方变更行为合法，并无不当。与此同时，本案所涉地块亦已挂牌出让，城投公司经过投标竞得该地块，童某某请求按原《房屋搬迁补偿安置协议书》约定的宅基地进行安置建房已无实现的可能。故童某某要求某某区政府按照《房屋搬迁补偿安置协议书》的约定向其交付安置宅基地的请求，原审法院不予支持，不违反法律规定。

《行政诉讼法》第七十八条第二款规定，被告变更、解除本法第十二条第一款第十一项规定的协议合法，但未依法给予补偿的，人民法院判决给予补偿。《行政诉讼法解释》（2015年）第十五条第三款规定，被告因公共利益需要或者其他法定理由单方变更、解除协议，给原告造成损失的，判决被告予以补偿。作为国家机关，维护公共利益是行政机关的重要职责，在公共利益与私人利益发生矛盾时，应优先考虑公共利益的实现，但是承认公共利益优先并不否认个人利益的存在及实现。某某区政府出于公共利益的需要，单方变更、解除协议，必须对相对人进行补偿。二审法院判决某某区政府对童某某房屋被征收拆迁履行行政补偿的法定职责，并无不当。该行政补偿既包括某某区政府依据变更后的《拆迁安置通知》，对童某某进行安置补偿，亦包括某某区政府因单方变更协议给童某某造成损失的补偿。某某区政府应及时履行上述补偿的法定职责，童某某亦可就上述补偿依法要求某某区政府履行法定职责。

综上，童某某的再审申请不符合《行政诉讼法》第九十一条规定的情形。依照《行政诉讼法》第一百零一条、《民事诉讼法》第二百零四条第一款之规定，裁定如下：驳回童某某的再审申请。

[根据最高人民法院（2017）最高法行申4587号行政裁定书编写]

◎作者分析

本案所解决的是某某区政府如何履行《房屋搬迁补偿安置协议书》约定的安置童某某宅基地的义务问题。我们在这里分析其中行政优益权的问题。

某市中院认为，某某区政府在变更协议前，需要征得相对方的同意，未征得相对方的同意，单方变更协议内容的行为不合法。这一认识否定了行政优益权。

最高人民法院在本案的评判中指出："行政协议既有行政性又有合同性，是行政性和合同性的创造性结合，其因行政性有别于民事合同，又因其合同性不同于一般行政行为。行政协议因协商一致而与民事合同接近，但又因其为实现行政管理和公共服务的一种方式而具有行政性而有别于一般民事合同。行政协议强调行政性是必要的，唯有如此才能解释为什么行政协议需要在行政程序相关法律中进行规定，并且应获得行政复议、行政诉讼救济，也能解释在行政协议中行政机关为什么享有单方变更、解除行政协议等有别于民事合同的优益权。""维护公共利益是行政机关的重要职责，在公共利益与私人利益发生矛盾时，应优先考虑公共利益的实现。"据此理念，最高人民法院认为，国务院发函某某地区"撤地建市"，新市政府调整和重新制定了城市整体规划，禁止私人在规划区范围内建房，某某区政府据此作出《拆迁安置通知》，对原协议的安置方式进行变更，取消用宅基地进行安置的方式，系公共利益需要，该单方变更行为合法，故童某某要求某某区政府按照《房屋搬迁补偿安置协议书》的约定向其交付安置宅基地的请求不予支持。最高人民法院这一认定符合《行政诉讼法解释》（2015 年）行政机关有权单方变更、解除行政协议的规定，也符合《行政协议解释》第十六条的规定，体现了行政优益权。

但行政优益权并不排除相对人的合法权益。行政机关单方变更、解除行政协议的，根据《行政诉讼法》及其解释的有关规定，必须对相对人进行补偿。所以，法院判决本案的某某区政府对童某某房屋被征收拆迁履行行政补偿的法定职责。

◎【裁判案例 40】

县政府单方变更安置用地的性质和地址未予合理补偿，违反程序正当原则被法院判决撤销。

[案情简介]

李某某等 12 人系某县棚户区改造项目和农场危旧房改造项目的被征收人。2013 年 8 月，李某某等 12 人分别与某县住房和城乡建设局、某县农场棚户区改造建设指挥部签订《房屋征收安置补偿协议书》《危旧房改造协议书》。

2014年11月19日，某县规划管理局组织召开A路以北B路以西地块用地性质调整专家论证会。根据专家论证，某县政府和某县规划管理局决定对上述征收地块用地性质由居住用地调整为商业用地。2015年6月3日，某县商业综合体项目建设指挥部（以下简称指挥部）作出《关于某某路北侧临街房调整规划安置方案的公告》（以下简称《公告》），其中载明：一、原调换B路、C路临街房的征收户，按签订《房屋征收安置补偿协议书》执行；二、原调换某某大道北侧和商业街的征收户，按签订《房屋征收安置补偿协议书》的安置房面积，根据新规划设计调换到某某商业街或D路南侧，在原安置面积的基础上增加调换面积百分之二十；三、以上调换临街房的安置户，由于规划设计图的改变，原安置面积与调换后实际安置面积有差补的，按评估价格找差，多退少补。

李某某等12人对指挥部发布的《公告》不服，以某县政府为被告，向某市中院提起行政诉讼，请求予以撤销。

[一审判决]

某市中院认为，指挥部系某县政府设立的临设机构，某县政府系本案适格被告。李某某等12人作为棚户区改造项目和农场危旧房改造项目被征收人，其与征收人签订的《房屋征收安置补偿协议书》或《危旧房改造协议书》属于行政合同，行政主体单方变更行政合同系行政主体行使的行政优益权。某县政府作出的《公告》行为系对变更行政合同内容的对外公示告知，被诉行政行为事实清楚，证据充分，程序合法，适用法律、法规正确。李某某等12人请求撤销《公告》的诉讼请求无事实根据和法律依据。于是判决：驳回李某某等12人的诉讼请求。

[上诉理由]

李某某等12人不服某市中院一审判决，向某省高院提起上诉称：1.上诉人与被上诉人的下设机构某县住房和城乡建设局或临设机构指挥部在2012年内签订的《房屋征收安置补偿协议书》或《危旧房改造协议书》是生效的行政协议，被上诉人及其下属机构未经征得上诉人的同意，单方发布涉案公告，将安置上诉人的棚户区改造专项用地，变更为商业用地，把上诉人的安置房擅自调换了位置，被上诉人未经某省政府批准并报国务院备案，擅自变更土地利用规划，属行为违法。

2.上诉人与被上诉人是平等的合同法律关系，没有任何法律赋予被上诉人在合同上享有优益权，被上诉人单方强行变更既定生效合同，其行为侵害上诉人的合法权益。

综上，一审判决认定事实不清，适用法律错误，请求二审依法应予撤销，改判支持上诉人一审的诉讼请求。

某县政府答辩称：1.上诉人原所住居大部分属于危旧房，根据县城总体规划需要，2013年度开始对该区域实施棚户区改造，先是与棚户区居民签订了《房屋征收安置补偿协议书》，由于涉及23户居民存在门面房置换问题，县规划管理局于2014年11月19日召开用地性质调整专家论证会。与会专家根据《某县城市总体规划》方案论证后，同意该地块用地性质由居住用地调整为商业用地，并制作《专家论证会会议纪要》，并于2014年11月20日将用地性质调整进行公示，同时注明"凡对本公示内容有意见和建议的，在公示之日起30日内向我局提出申述或书面建议。逾期未提出的，视为放弃上述权利"。在公示期满后，没有任何单位或个人提出不同意见和建议，于是县政府批复同意调整。

2.新规划的商业综合体项目已经在涉案地上施工，不可能再建商住房，原安置补偿合同目的不能实现已成事实，现在被上诉人不是解除合同而是有条件的对补偿协议作出调整，并且将不能履行合同的事实及时通知了对方，也在合理期限内提供了证明，不但没有损害上诉人的可得利益，还对其应得利益作出了相应的额外补偿。

3.县政府用地性质调整的批复是根据县规划局请示履行的行政审批权，涉案公告是对安置补偿协议的补充。

综上，一审判决认定事实清楚，适用法律正确，上诉人上诉理由不能成立，请求二审依法驳回上诉，维持一审判决。

［二审判决］

某省高院认为，某县政府2015年6月3日作出的《公告》，是对李某某等12人签订的《房屋征收安置补偿协议书》或《危旧房改造协议书》中安置房位置的单方变更行为，由于上述协议中原安置房用地由居住用地调整为商业用地，客观上造成李某某等12人的安置房不能在上述协议中约定的位置进行安置。某县政府可以依法单方变更原协议中安置房位置，但同时应当对因变更安置房位置给李某某等 12 人造成的损失依法予以合理补偿。本案中，某县政府在对李某某等 12 人原安置房屋位置变更过程中，未就合理补偿问题与李某某等 12 人进行协商，也未给李某某等 12 人选择评估机构进行损失鉴定评估的权利，李某某等 12 人对某县政府单方确定的补偿标准（在原安置面积的基础上增加调换面积 20%）不予认可，某县政府确定上述补偿标准的行为违反了程序正当原则，其作出的调整安置房位置涉案公告中关于补偿标准的部分应当予以撤销。鉴于新规划的商业综合体项目已经在涉案地上施工，李某某等 12 人要求某县政府履行上述协议在原位置进行房屋安置已无可能，李某某等 12 人可以要求某县政府因单方变更安置房位置给其造成的损失进行合理补偿，或者要求某县政府因不能继续履行上述协议进行赔偿。

综上，依照《行政诉讼法》第八十九条第一款第二项之规定，判决如下：一、撤销某市中院的行政判决；二、撤销某县政府于 2015 年 6 月 3 日作出《公告》中的"在原安置面积的基础上增加调换面积 20%"的内容。

［根据河南省高级人民法院（2017）豫行终 1110 号行政判决书编写］

◎作者分析

本案中，某县住房和城乡建设局、某县农场棚户区改造建设指挥部与李某某等 12 人签订《房屋征收安置补偿协议书》《危旧房改造协议书》后，某县政府决定并通过《公告》将征收地块用地性质由居住用地调整为商业用地，并单方决定包括李某某等 12 人在内的原安置地某某大道北侧和商业街调换到某某商业街或 D 路南侧。这一调整使原已签订的《房屋征收安置补偿协议书》《危旧房改造协议书》的内容发生两个变更，一是用地性质变更，二是安置地址变更。

李某某等 12 人在上诉中提出：某县政府及其下属机构未经征得李某某等 12 人的同意，单方发布涉案公告，将安置李某某等 12 人的棚户区改造专项用地，变更为商业用地，把安置房擅自调换了位置，属违法行为；李某某等 12 人与某县政府是平等的合同法律关系，没有任何法律赋予被上诉人在合同上享有优益权。李某某等 12 人提出此观点，显然是将行政协议作为民事合同来看待。

行政协议虽然是行政主体与行政相对人在平等自愿的基础上订立，但不能因此从根本上改变行政主体作为管理者与行政相对人作为被管理者的法律地位，因此行政主体在行政协议中享行政优益权。根据行政优益原则，行政机关为实现行政管理或者公共服务目标，有权单方变更行政协议的内容。但被告行政机关因公共利益需要或者其他法定理由单方变更协议给原告相对方造成损失的，应当判决被告行政机关予以补偿。

本案中，某县政府单方决定变更《房屋征收安置补偿协议书》《危旧房改造协议书》约定的安置用地的性质和地址，虽在《公告》中采取了"在原安置面积的基础上增加调换面积20%"的补偿措施，但此补偿内容未与李某某等12人协商，事后李某某等12人对此补偿内容又不予认可。在此情况下，某市中院一审简单地依据行政优益权就判决驳回李某某等12人的诉讼请求，显然不当，故某省高院二审予以撤销。某省高院撤销某市中院的一审判决，并非否定某县政府行使行政优益权变更行政协议，而是否定《公告》中"在原安置面积的基础上增加调换面积20%"的内容未与李某某等12人协商一致，致使李某某等12人的合理补偿权益受到侵害。

第二节　行政协议的解除

行政协议的解除，是指行政协议订立后至尚未履行或尚未完全履行协议前，当事人提前结束权利义务关系的行为。从意思表示角度看，行政协议的解除与变更一样，分为合意解除和单方解除。

一、合意解除行政协议

这里的合意解除，是指双方当事人在平等、自愿的基础上协商一致对行政协议的解除。行政协议的合意解除有两种情况，一是在行政协议成立后双方合意解除；二是在行政协议中约定附条件解除。

民事合同的合意解除是比较自由的，不论法律有无解除情形的规定，只要不违反法律、行政法规的禁止性规定，并不损害他人合法权益的，双方当事人都可以经协商一致进行解除。而行政协议的合意解除有所不同，首先要考虑是否与"实现行政管理或者公共服务目标"相符合，再来决定可否解除，行政管理或者公共服务不再需要已经订立的行政协议的，可以合意解除，而行政管理或者公共服务仍需要的行政协议，则不可合意解除。譬如，某政府因公共利益的需要建设公园，与某个人签订了《房屋拆迁协议》，后因不再建设公园，某政府就可以与某个人合意解除《房屋拆迁协议》。如果该公园继续建设必须拆迁某个人的房屋的，则不可合意解除《房屋拆迁协议》。

在正常情况下，行政协议约定附条件解除，在约定解除条件成就时行政协议解除，约定解除条件未出现时行政协议不得解除。如上例某政府因建设公园在与某个人签订《房屋拆迁协议》，该协议中如果约定"如若公园建设规划发生改变不需拆迁房屋，双方一致同意解除本协议"，届时，公园建设规划确实发生改变而再不需拆迁某个人房屋的，约定解除条件成就，应当解除该协议；届时，公园建设规划未发生改变而需拆迁某个人房屋的，约定解除条件未出现，不得解除该协议。

二、行政机关单方解除行政协议

这里的单方解除，是指行政机关或者相对方未与对方协商或协商不成而主张解除行政协议的行为。在民事合同上，单方主张解除必须有法定的解除事由，即出现法律规定的可解除情形。根据《合同法》第九十四条规定，有下列情形之一的，当事人一方可以解除合同：（1）因不可抗力致使不能实现合同目的；（2）在履行期限届满之前，当事人一方明确表示或者以自己的行为表明不履行主要债务；（3）当事人一方迟延履行主要债务，经催告后在合理期限内仍未履行；（4）当事人一方迟延履行债务或者有其他违约行为致使不能实现合同目的；（5）法律规定的其他情形。但是，因"实现行政管理或者公共服务目标"需要和行政优益权的存在，上述规定的法定解除情形不一定完全适用于行政协议的单方解除。

当然，在行政协议履行过程中，行政机关也不能凭借行政优益权任意单方解除行政协议。行政机关单方解除行政协议主要适用于三种情形：一是因不可抗力致使不能实现行政协议目的；二是行政主体遇有法律政策重大调整或者其他情势变更，确实无法履行行政协议；三是履行行政协议将会出现严重损害国家利益或者公共利益等的重大情形。在这些情形下，行政机关单方决定解除行政协议的，根据《行政协议解释》第十六条规定，相对人不服提起行政诉讼的，法院经审查认为行政机关单方决定解除行政协议合法的，判决驳回相对人诉讼请求，若给相对人造成损失的，法院应当判令行政机关向相对人补偿；如果违法的，法院可以判决撤销行政机关单方作出的解除行政协议决定，而行政机关应当继续履行行政协议。

三、相对方提出解除行政协议

相对方向行政机关提出解除行政协议，行政机关不同意解除的，根据《行政协议解释》第四条规定，相对方可以向法院提起行政诉讼，请求法院判决解除行政协议。关于可否解除行政协议，适用《行政协议解释》第十七条"原告请求解除行政协议，人民法院认为符合约定或者法定解除情形且不损害国家利益、社会公共利益和他人合法权益的，可以判决解除该协议"的规定。这里设定了两种合法解除情形和一个合法解除件。两种合法解除情形：一是原告提出的解除请求符合行政协议约定条件的，从其约定解除行政协议；二是符合法定解除情形的，依照有关法律、行政法规的规定解除行政协议。一个合法解除件是，不论约定解除还是法定解除都不得"损害国家利益、社会公共利益和他人合法权益"，否则，人民法院不能判决解除行政协议。

此外，相对方解除行政协议的诉讼请求符合《合同法》第九十四条规定的有关情形，譬如，行政机关在行政协议履行期限届满之前明确表示或者以自己的行为表明不履行主要义务，譬如，不按照《拆迁补偿安置协议》约定向相对方支付拆迁补偿费，不按照《拆迁补偿安置协议》约定为相对方落实安置措施等，致使相对方不能实现协议目的，法院可以判决解除行政协议；但若解除行政协议有损于实现行政管理或者公共服务或者侵害他人合法权益的，则可不准解除，但必须采取其他补救措施，补偿或赔偿相对人的损失，以维护相对人的合法权益。

《行政协议解释》将行政协议的变更和解除一并在第十六条中进行规定，据此，其他有关行政协议的解除问题，可以参照上节的有关阐述，这里不再重复。

◎【裁判案例 41】

行政机关违约致使行政协议无法继续履行的，法院判决解除并赔偿损失。

[案情简介]

2009 年 10 月 12 日，某某科技发展公司与某县政府签订《投资（经营）天然气产业意向协议》，并就相关事宜进行约定，明确了各自职责及相关事项。2010 年 2 月 9 日，双方又签订了《补充协议》。2012 年 8 月 6 日，双方再签订了《天然气特许经营补充协议》。此后，该县有关部门批准了科技发展公司的天然气经营项目。2012 年 1 月 12 日，科技发展公司与中石油某某天然气公司签订了《天然气管道天然气购销意向书》《供气协议》，约定由中石油某某天然气公司向科技发展公司在某县的天然气项目供气。

2012 年 7 月，某县政府与案外人某供气公司签订了其与科技发展公司签订的《天然气特许经营补充协议》相同内容的协议。某省发改委于 2015 年批准由某供气公司开展该县天然气项目前期工作，此后，某供气公司开始在某县建设供气管网。

2014 年 2 月 17 日，科技发展公司向某县政府发出《协商解除我司与某县政府所签有关天然气经营项目的请示》，请求解除与某县政府签订的关于投资天然气项目的所有协议，而某县政府未予处置。

科技发展公司向某州中院提起行政诉讼称：科技发展公司与某县政府签订的三份协议系双方真实意思表示，符合法律法规，合法有效，对双方具有拘束力。某县政府不履行上述协议，将天然气特许经营权另授他人，导致科技发展公司工作无法开展，以致合同目的不能实现，并造成重大损失，属重大违约、违法行为，某县政府应向科技发展公司承担相应责任。请求：1. 确认双方签订的三份协议合法有效，并解除上述协议；2.判令某县政府承担违约责任，赔偿科技发展公司损失 93.4 万元。

[法院判决]

某州中院认为，第一，关于科技发展公司与某县政府签订的三份协议是否合法有效的问题。根据《行政诉讼法解释》（2015 年）第十一条第一款和《某省市政公用事业特许经营管理条例》、原建设部《市政公用事业特许经营管理办法》有关规定，本案双方在签订协议时，科技发展公司并未取得行政法意义上的天然气特许经营权，但上述协议系双方在平等协商基础上达成的就天然气项目进行前期合作的协议，属于双方真实意思表示，应当认定上述协议合法有效，对双方当事人具有法律约束力。

第二，关于科技发展公司要求解除双方签订的三份协议是否应予支持问题。根据《行政诉讼法解释》（2015 年）第十五条第一款"原告主张被告不依法履行、未按照约定履行协议或者单方变更、解除协议违法，理由成立的，人民法院可以根据原告的诉讼请求判决确认协议有效、判决被告继续履行协议，并明确继续履行的具体内容；被告无法继续履行或者继续履行已无实际意义的，判决被告采取相应的补救措施；给原告造成损失的，判决被告予以赔偿"之规定，结合科技发展公司在 2014 年 2 月已经发函给某县政府明确要求解除双方签订的协议，以及某省发改委批准由某供气公司开展该县天然气项目前期工作及该公司已在某县建设供气管网的情况，科技发展公司与某县政府签订的三份协议已无法继续履行，因此科技发展公司要求解除协议的理由成立，予以支持。

第三，关于科技发展公司主张某县政府违约的理由是否成立问题。在双方签订《投资（经营）天然气产业意向协议》时明确约定某县政府不再批准同一类型企业进入某县境内经营天然气，上述约定对双方均具有约束力。在本案审理过程中，双方均认可在科技发展公司与某县政府签订第三份协议之一个月前，某县政府已经与案外人签订了和上述协议相同内容的协议。换言之，在双方签订的第一、二份协议未依法解除前，某县政府与案外人签订相同内容协议的行为已经违反双方的约定。因此，科技发展公司主张某县政府违约的理由成立，予以支持。

第四，关于科技发展公司主张由某县政府赔偿其各项损失的理由是否成立及如何认定违约损失。根据《行政诉讼法解释》(2015年)第十五条第一款之规定,本案中,由于某县政府存在前述违约行为,因此其应当赔偿因违约行为给科技发展公司造成的相应损失。科技发展公司主张赔偿损失93.4万元无充分证据,但鉴于科技发展公司为履行双方协议的必然产生相关费用的实际,可酌定各项经济损失共计30万元较为适宜。

某州中院判决:一、科技发展公司与某县政府签订的《投资(经营)天然气产业意向协议》《补充协议》《天然气特许经营补充协议》均合法有效;二、对科技发展公司与某县政府签订的上述协议予以解除;三、某县政府赔偿科技发展公司经济损失30万元;四、驳回科技发展公司的其他诉讼请求。

科技发展公司不服某州中院一审的赔偿判决,向某省高院提起上诉。某省高院认为一审判决认定事实清楚,适用法律、法规正确,遂判决驳回上诉,维持原判。

[根据贵州省黔南布依族苗族自治州中级人民法院(2015)
黔南行初字第39号行政判决书编写]

◎作者分析

本案是一起相对方提起解除行政协议的诉讼案件。

本案中,某县政府与科技发展公司就天然气项目前期合作签订的三份行政协议原本合法有效,对双方都具有法律约束力,但某县政府另起锅灶与某供气公司签订相同的行政协议,将涉案天然气项目交由某供气公司建设,后某省发改委批准由某供气公司开展前期工作,且某供气公司已在建设供气管网,因此,某县政府明显违约,且其违约致使其无法继续履行与科技发展公司签订的三份协议。据此,科技发展公司于2014年2月17日向某县政府发出《协商解除我司与某县政府所签有关天然气经营项目的请示》,请求解除三份行政协议。该请示实际上是《合同法》第九十六条规定的解除通知。该解除通知到达某县政府后,某县政府未予处置,故引起本案的行政诉讼。

根据当时有效的《行政诉讼法解释》(2015年)第十五条第一款规定(《行政协议解释》第十九条规定),原告相对方主张被告行政机关不依法履行、未按照约定履行协议违法的理由成立,而被告行政机关无法继续履行的，法院判决被告行政机关采取相应的补救措施，给原告行政相对人造成损失的，判决被告行政机关予以赔偿。据此，某市中院判决解除涉案三份行政协议，同时判令某县政府赔偿损失是正确的。

我们从中还可以看出：1. 某县政府与科技发展公司签订三份协议后，又将天然气项目交由某供气公司建设，虽然并不影响"实现行政管理或者公共服务目标"，但违反了《合同法》的有关规定，明显属于违约行为。因其与科技发展公司签订协议属于行政行为，故其违约应当承担的责任是行政赔偿责任。2. 解除行政协议的前提是行政协议已经依法成立，但若行政协议尚未依法成立，则不存在所谓的解除问题。3. 无论是行政机关还是行政相对人单方解除行政协议，都可适用《合同法》第九十六条规定通知对方，对方不同意解除的，才可以提起行政诉讼。

◎【裁判案例 42】

行政机关因政策调整单方解除行政协议合法有效。

［案情简介］

1999 年 6 月 3 日，器材公司作为乙方、某县经济开发区管委会作为甲方签订了《投资意向书》。该意向书约定：一、甲方同意乙方在××主干道东侧选址 30 亩作为乙方企业用地；二、土地出让金暂定 860 万元，实际面积及金额以签订正式出让协议为准；三、双方签字后十日内，乙方向甲方缴纳 300 万元作为定金；四、乙方在签订该《投资意向书》后，必须在甲方所在地工商部门登记注册企业，银行开户，以便于企业的用地申报；五、企业用地申报批准后，乙方应积极及时前来办理施工进场的有关手续，若逾期，甲方有权中止该意向，定金不计息退还。此前的 1999 年 5 月 6 日，某某器材公司已经向经济开发区管委会缴纳 300 万元定金，经济开发区管委会向其出具内容为"地价款"的收款凭证。

2001 年 4 月 30 日，器材公司联合其他两家公司报批成立了某某房开公司。2002 年 5 月 17 日，经济开发区管委会向某县政府请示，要求将包括涉案土地在内的四宗地块统一划归房开公司联合开发，并将用地功能由商业转为房地产开发。2002年8月7日，某县政府召开常务会议决定，经济开发区管委会与器材公司签订协议的土地作为历史遗留问题，重新评估后出让。2008年11月20日，房开公司出具报告，要求经济开发区管委会办理涉案土地的"农转用"审批手续。2010年1月26日，某省政府审批同意涉案土地"农转用"。2013年8月31日，某县政府将含涉案土地在内的四宗地块挂牌公开出让，某某投资公司竞得。2014年4月10日，房开公司向某县政府等请求解决涉案土地挂牌出让给投资公司后的遗留问题，某县政府书面答复同意返还300万元，并按银行同期贷款利率计付单利。

2015年9月22日，房开公司向某市中院提起行政诉讼，请求判令：一、确认被告某县政府单方解除土地出让协议的行为违法；二、被告某县政府返还原告房开公司已缴纳的土地出让金300万元；三、被告赔偿原告直接经济损失6502万元。

[一审判决]

某市中院认为：经济开发区管委会与房开公司签订《投资意向书》系受某县政府委托，故原告房开公司对《投资意向书》不服提起诉讼，根据《行政诉讼法》第二十六条第五款的规定，应以某县政府作为本案被告；根据《行政诉讼法解释》（2015年）第十四条的规定，原告房开公司诉请确认被告某县政府单方解除行为违法，可以适用相应民事法律规范。

一、《投资意向书》的性质。《投资意向书》虽就拟出让土地进行了约定，但《投资意向书》签订时，涉案土地属于集体所有，未办理"农转用"审批手续，不符合作为国有土地使用权出让的前提条件，尚不具备签订正式土地出让合同的条件。同时，《投资意向书》明确约定了"实际面积及金额以签订正式出让协议为准""具体细则条款以签订正式合同为准"等，土地出让价格也需待正式出让时经评估再确定，故应确认《投资意向书》属于预约性质的合同。

二、《投资意向书》的效力及是否符合解除条件。2002年7月1日起施行的国土资源部令第11号《招标拍卖挂牌出让国有土地使用权规定》第四条规定，商业、旅游、娱乐和商品住宅等各类经营性用地，必须以招标、拍卖或者挂牌方式出让。2003年8月1日起施行的国土资源部令第21号《协议出让国有土地使用权规定》第三条规定，出让国有土地使用权，除依照法律、法规和规章的规定应当采用招标、拍卖或者挂牌方式外，方可采取协议方式。2007年修订的《招标拍卖挂牌出让国有建设用地使用权规定》第四条再次明确了上述规定。涉案《投资意向书》第四条约定涉案土地系商业用地，至2002年5月，涉案土地功能经请示由商业转为房地产开发并以商住用地性质进行重新评估，各方对此均无异议。因此，自2002年7月1日上述规定实施以来，涉案土地应当以招标、拍卖或挂牌方式出让，无法再按双方意向直接以协议方式出让给原告房开公司。故，《投资意向书》虽未明确正式土地出让合同签订的期限，但自2002年7月1日起至今，《投资意向书》的合同目的均已不能实现应当解除。

三、被告某县政府将涉案土地出让给第三方的行为能否认定已解除合同及该行为是否合法。《投资意向书》签订时，相关法律、法规及规章均未限定涉案土地的出让方式。2002年7月1日起施行的国土资源部令第11号《招标拍卖挂牌出让国有土地使用权规定》，双方签订《投资意向书》时均无法预见，且国家土地出让政策的变动，各方不能避免也不能克服，符合《合同法》第一百一十七条第二款规定的不可抗力情形。根据《合同法》第九十四条第一项的规定，因不可抗力致使不能实现合同目的，各方均可以解除合同。在本案不可抗力情形产生后，双方均未声明解除合同或催告对方行使解除权，因此2013年时被告某县政府将涉案土地挂牌出让给第三方，可视为以其行为表示单方解除了《投资意向书》，故被告某县政府行使解除权并不违反法律规定。原告房开公司诉请确认被告单方解除《投资意向书》的行为违法，并无法律依据。

四、原告诉请被告返还300万元及赔偿损失6502万元是否应予支持。根据《合同法》第九十七条的规定，合同解除后，已经履行的，根据履行情况和合同性质，当事人可以要求恢复原状、采取其他补救措施，并有权要求赔偿损失。《投资意向书》因合同目的不能实现而解除，原告房开公司请求被告某县政府返还已缴纳的300万元，本院予以支持。《合同法》第九十六条同时规定，当事人一方依照本法第九十四条规定解除合同的，应当通知对方。行政协议中被告方具有更强的政策信息优势及判断力，应对解除权的行使及行使方式负有高于原告方的责任。在上述政策变动的情形发生后，被告某县政府未及时通知原告房开公司协商解除《投资意向书》，存在过错。原告房开公司信赖被告某县政府作出的承诺而未协商解除《投资意向书》，该责任不能归咎于原告房开公司。

五、涉案定金和赔偿损失。本案中，器材公司于《投资意向书》签订前已缴纳的 300 万元，经济开发区管委会出具的收款凭证名为"地价款"，但在后签订的《投资意向书》第五条已明确约定该款项属于定金。根据《担保法》第九十一条的规定，定金的数额由当事人约定，但不得超过主合同标的额的百分之二十。故按照《投资意向书》约定的总标的 860 万元，则 300 万元中未超出 860 万元百分之二十的部分即 172 万元应作为定金，其余 128 万元应作为预交价款。根据《合同法》第一百一十五条的规定，被告某县政府应当双倍返还定金 344 万元，并返还预交款项 128 万元及支付 128 万元的利息损失。根据《行政诉讼法解释》（2015 年）第十五条的规定，被告无法继续履行或者继续履行无实际意义的，判决被告采取相应的补救措施；给原告造成损失的，判决被告予以赔偿。被告某县政府应对 2002 年 8 月 7 日起至今，未及时解除合同而继续给原告造成的损失承担赔偿责任，因原告未举证证明其具体损失，故该损失应以上述款项为基数计算利息损失，利息损失按照中国人民银行公布的同期同档次（五年期以上）贷款基准利率计算为宜。

某市中院判决：一、被告某县政府于本判决生效之日起十日内支付原告房开公司 4973705.6 元并赔偿损失（从 2002 年 8 月 7 日起计算至本判决确定的履行之日止，按中国人民银行公布的同期五年期以上贷款基准利率计收）；二、驳回原告房开公司的其他诉讼请求。

[二审判决]

某县政府和房开公司均不服某市中院一审判决，向某省高院上诉。

某省高院二审认为：一、关于某县政府实际解除或终止履行投资《投资意向书》是否符合法律规定的问题。涉案《投资意向书》系双方就用地事项达成的意向，但国家土地使用权出让政策的调整变化，系当事人签订涉案《投资意向书》不能预见的客观情况，属于《合同法》第一百一十七条规定的"不可抗力"情形。涉案《投资意向书》协议用地的目的在国土资源部有关规定施行之日起即不能实现，根据《合同法》第九十四条第一项之规定，当事人可以解除该《投资意向书》。被上诉人某县政府于 2013 年 10 月 9 日批准涉案土地以招标、拍卖挂牌方式出让给其他主体，该行为表明某县政府已实际解除或终止履行涉案投资《投资意向书》，该行为并不违反上述法律规定。

二、关于某县政府及某县经济开发区管委会在《投资意向书》签订后至实际解除前是否存在过错的问题。在投资《投资意向书》签订至在涉案《投资意向书》出现应当解除和实际解除情形，再至 2015 年 9 月 22 日房开公司对本案提起诉讼，某县政府及经济开发区管委会在此期间均未及时处理该《投资意向书》的解除及相关善后事宜，属于不履行或拖延履行相关职责，存在过错。房开公司在国土资源部《招标拍卖挂牌出让国有土地使用权规定》2002 年 7 月 1 日施行以后，应当明知涉案投资意向目的不能或难以实现，尤其是涉案土地公开招拍挂并被其他主体竞得的情况下，未及时提出解决相关善后事宜之请求，亦存在怠于行使权利情形。

三、关于本案是否适用定金罚则的问题。涉案投资《投资意向书》第五条载明"双方签字后十日内，乙方向甲方缴纳 300 万元作为定金"。第七条载明"企业用地申报批准后，乙方应积极及时前来办理施工进场的有关手续，若逾期，甲方有权中止该意向，定金不计息退还。"器材公司所交付的 300 万元为定金，但《投资意向书》并未约定定金罚则，某县政府和房开公司亦均认为不应当适用定金罚则。原审判决对此适用定金罚则，属于适用法律错误。

四、关于房开公司的赔偿请求的理由是否成立的问题。涉案《投资意向书》的协议用地目的因国家政策法律的调整变化不能实现，某县政府实际解除或终止履行该投资《投资意向书》后，器材公司交纳的 300 万元本金依法应当返还，其相应的利息损失应当予以赔偿。房开公司以涉案土地价格上涨前后的差额部分作为请求赔偿的金额，既与客观事实不符，也缺乏相应的法律依据。

某省高院最后认定，原审判决适用法律错误。于是判决：一、撤销某市中院一审行政判决；二、某县政府于收到本判决之日起三十日内返还房开公司款项 300 万元，并支付该款项的利息（从 1999 年 5 月 6 日起至本判决确定的履行之日，按中国人民银行同期五年期以上贷款基准利率计算）；三、房开公司的其他诉讼请求。

[根据浙江省高级人民法院（2016）浙行终 1178 号行政判决书编写]

◎作者分析

本案是行政机关单方解除行政协议的诉讼案件，争议焦点是某县政府解除《投资意向书》是否合法以及是否承担赔偿责任的问题。

1. 关于行政主体行使解除权的行为方式问题

《合同法》第九十六条规定："当事人一方依照本法第九十三条第二款、第九十四条的规定主张解除合同的，应当通知对方。合同自通知到达对方时解除。"据此规定，行政机关对已经成立的行政协议行使解除权应当采取明示方式，且应制作书面通知送达相对方。但是，该条只是规范性规定，而不是强制性规定，且没有不通知则为违法或无效的规定，也就是说，行为人也可以利用默示方式解除合同。默示方式是指不依赖语言或文字等明示形式，而通过某种事实即可推知行为人的意思表示而成立的法律行为，也就是说，行为人虽然没有作出明示的意思表示，但根据法律的规定，可以认定行为人的某种客观事实状态就是表达同意进行民事活动的意思。本案中，某县政府在未通知房开公司解除《投资意向书》的情况下，于 2013 年将涉案土地挂牌出让给第三方投资公司，可视为以其行为方式表示单方解除了《投资意向书》，故某县政府行使解除权并不违反法律规定。

2. 关于行政主体单方行使解除权的效力问题

根据《合同法》第九十四条规定，因不可抗力致使不能实现合同目的，当事人可以解除合同。本案中，《投资意向书》订立后，国家土地使用权出让政策由双方协议方式调整为招标、拍卖挂牌方式，这一情势变更属于《合同法》第一百十七条规定的"不可抗力"情形。再者，涉案土地已为投资公司通过招标方式竞得，房开公司已不能实现《投资意向书》约定的用地的目的，结果出现《合同法》第九十四条规定的"不可抗力致使不能实现合同目的"的情形，故某县政府单方解除《投资意向书》并不违反法律规定，应当有效。

由于某县政府单方解除《投资意向书》合法有效，故只能向房开公司返还定金本金，补偿相应利息损失，而不承担土地价格上涨造成损失的赔偿责任。

第三节　行政协议的撤销

这里的撤销，是指行政协议存在法定的可撤销情形，相对方提出予以取消使之失去法律效力的诉讼行为。因行政案件是"民告官"的诉讼，故行政协议诉讼中的撤销权人只能是相对方，而行政机关不可能成为这种撤销诉讼的原告。

一、行政协议的可撤销情形

行政协议撤销是沿袭民事法律行为包括民事合同的撤销权而来的，故行政协议的可撤销情形，在适用行政法律有关规定的同时，在不与行政法律规定相冲突的情况下，还应参照民事法律的有关规范。

1.民事法律规定的可撤销情形

根据《民法总则》第一百四十七条至第一百五十一条规定，当事人实施民事法律行为存在以下五种情形的，受损方有权请求人民法院或者仲裁机构予以撤销：（1）基于重大误解实施的民事法律行为；（2）一方以欺诈手段，使对方在违背真实意思的情况下实施的民事法律行为；（3）第三人实施欺诈行为，使一方在违背真实意思的情况下实施的民事法律行为，对方知道或者应当知道该欺诈行为；（4）一方或者第三人以胁迫手段，使对方在违背真实意思的情况下实施的民事法律行为；（5）一方利用对方处于危困状态、缺乏判断能力等情形，致使民事法律行为成立时显失公平。

根据《合同法》第五十四条规定，下列合同，当事人一方有权请求人民法院或者仲裁机构撤销：（1）因重大误解订立的；（2）在订立合同时显失公平的；（3）一方以欺诈、胁迫的手段或者乘人之危，使对方在违背真实意思的情况下订立的合同。

《行政协议解释》吸收上述规定，在第十四条中规定："原告认为行政协议存在胁迫、欺诈、重大误解、显失公平等情形而请求撤销，人民法院经审理认为符合法律规定可撤销情形的，可以依法判决撤销该协议。"

2. 行政法律规定的可撤销情形

《行政诉讼法》第七十条规定，行政行为有下列情形之一的，人民法院判决撤销或者部分撤销，并可以判决被告重新作出行政行为：（1）主要证据不足的；（2）适用法律、法规错误的；（3）违反法定程序的；（4）超越职权的；（5）滥用职权的；（6）明显不当的。

《行政协议解释》根据上述规定和行政协议的特点，在第十六条第二款中规定："被告变更、解除行政协议的行政行为存在行政诉讼法第七十条规定情形的，人民法院判决撤销或者部分撤销，并可以责令被告重新作出行政行为。"

这里有两个事情需要说明：一是撤销和变更属于同一法定情形的，根据当事人意思自治原则，应由撤销权人自行选择其一，如果选择变更的，人民法院得撤销，同样，当事人选择撤销的，人民法院不得变更；二是行政协议案件除法律、我国缔结或者参加的国际条约另有规定的外不适应仲裁，即使已经约定仲裁，该约定亦无效。

二、确认违法但不可撤销的情形

某些行政协议虽然具有违法因素，但根据行政优益原则，为实现行政管理目标，体现国家利益和社会公共利益，或者出于行政协议本身原因不需要撤销的，在肯定违法的基础上可以考虑不予撤销。

《行政诉讼法》第七十四条第一款规定，行政行为有下列情形之一的，人民法院判决确认违法，但不撤销行政行为：（1）行政行为依法应当撤销，但撤销会给国家利益、社会公共利益造成重大损害的；（2）行政行为程序轻微违法，但对原告权利不产生实际影响的。第二款规定：行政行为有下列情形之一，不需要撤销或者判决履行的，人民法院判决确认违法：（1）行政行为违法，但不具有可撤销内容的；（2）被告改变原违法行政行为，原告仍要求确认原行政行为违法的；（3）被告不履行或者拖延履行法定职责，判决履行没有意义的。

三、行政协议撤销权的消灭

关于行政协议撤销权的消灭，我国《行政诉讼法》没有规定，故可参照有关民事法律的规定。《民法总则》第一百五十二条规定，有下列情形之一的，撤销权消灭：（1）当事人自知道或者应当知道撤销事由之日起一年内、重大误解的当事人自知道或者应当知道撤销事由之日起三个月内没有行使撤销权；（2）当事人受胁迫，自胁迫行为终止之日起一年内没有行使撤销权；（3）当事人知道撤销事由后明确表示或者以自己的行为表明放弃撤销权；（4）当事人自民事法律行为发生之日起五年内没有行使撤销权的。行政协议撤销权根据上述规定消灭后，行政协议仍处于有效状态，当事人应当继续履行，相对方不能再提起撤销诉讼，否则人民法院不予支持。

四、行政协议被依法撤销或确认违法的法律后果

《行政诉讼法》第七十八条第一款规定："被告不依法履行、未按照约定履行或者违法变更、解除本法第十二条第一款第十一项规定的协议的，人民法院判决被告承担继续履行、采取补救措施或者赔偿损失等责任。"第二款规定："被告变更、解除本法第十二条第一款第十一项规定的协议合法，但未依法给予补偿的，人民法院判决给予补偿。"据此，《行政协议解释》第十六条第三款进一步规定："被告变更、解除行政协议的行政行为违法，人民法院可以依据行政诉讼法第七十八条的规定判决被告继续履行协议、采取补救措施；给原告造成损失的，判决被告予以赔偿。"

行政协议被法院判决撤销后，该行政协议不再发生法律效力，故依据该行政协议取得的财产应当予以返还；不能返还或者没有必要返还的，应当折价补偿或者赔偿；有过错的一方应当赔偿对方因此所受到的损失，双方都有过错的，应当各自承担相应的责任。

行政协议被法院判决确认违法但不撤销的，行政机关应当依照人民法院裁判，采取重新签订行政协议等相应的补救措施；造成相对方损害的，依照承担赔偿责任。

◎【裁判案例 43】

拆迁协议"明显不当"，法院判决予以撤销。

［案情简介］

姜某某向某某村民委员会购买某某小区 9 号楼 1 单元 3 层东户的房屋，双方于 2012 年 1 月 12 日签订了《认购合同》。2014 年 3 月 5 日，姜某某向宋某某出具《收到条》，内容为"收到宋某某壹拾伍万元现金，到 2014 年 9 月 5 日归还，逾期未还，把某某小区 9 号楼 1 单元 3 层东户的房屋归宋某某所有。"2014 年 7 月 27 日，姜某某又与李某某签订《房屋买卖合同》，以 12 万元价格将上述房屋卖给李某某，某某村民委员会在该合同上盖章。但姜某某尚未将该房屋过户给李某某。

2014 年 10 月 10 日，某区政府拆迁指挥部依据宋某某提供的由姜某某向宋某某出具的《收到条》，在房屋所有权人姜某某未到场的情况下，将某某小区 9 号楼 1 单元 3 层东户的房屋拆迁补偿的相关权益，与宋某某签订了《拆迁补偿安置协议》。

2016 年 6 月，李某某认为拆迁指挥部与宋某某签订的《拆迁补偿安置协议》侵犯了其合法权益，向某某中院提起行政诉讼，请求：撤销某区政府和宋某某签订的《拆迁补偿安置协议》，并与李某某签订拆迁补偿协议。

［一审判决］

某某中院一审认为：李某某提起行政诉讼与本案行政行为有利害关系，符合《行政诉讼法》第二十五条的规定，是本案适格原告。拆迁指挥部在与宋某某签订本案《拆迁补偿安置协议》时，仅凭宋某某提供的《收到条》，在房屋所有权人未到场，房屋权属等相关权利尚不明确的情况下，与宋某某签订《拆迁安置补偿协议》，明显不当，应当予以撤销。拆迁指挥部系某区政府设立的临时机构，不能独立承担法律责任，其实施的有关行政行为应由其设立机关即某区政府承担法律后果。李某某、宋某某等相关权利人可以通过民事诉讼等途径，对涉案房屋相关权利确认后，再与拆迁指挥部签订安置协议。根据《行政诉讼法》第七十条第六项规定（明显不当），某某中院作出行政判决：一、撤销某区政府与宋某某签订的《拆迁补偿安置协议》；二、驳回李某某的其他诉讼请求。

［二审判决］

宋某某不服某某中院一审行政判决，向某省高院提起上诉称：一审行政判决认定事实不清，拆迁指挥部与宋某某签订拆迁补偿安置协议不存在明显不当，李某某的原告主体不适格，请求撤销一审行政判决，支持其上诉。

某区政府答辩称：拆迁指挥部与宋某某签订的《拆迁补偿安置协议》不应予以撤销。

某省高院认为，某区政府设立的临时机构拆迁指挥部仅凭宋某某提供的《收到条》，在案外人姜某某未到场的情况下，与宋某某签订《拆迁补偿安置协议》，存在明显不当之处，依法应予撤销。拆迁指挥部所实施的相关行政行为应由设立机关即某区政府承担法律后果。一审法院行政判决正确，上诉人的上诉理由不成立。某省高院判决：驳回宋某某上诉，维持一审行政判决。

　　　　　　［根据河南省高级人民法院（2017）豫行终 685 行政判决书号编写］

◎作者分析

本案是一起简单的行政协议纠纷案件，但其中涉及的民间借贷、房屋买卖等引起行政协议可撤销的问题值得分析。

关于姜某某与宋某某的关系。姜某某向宋某某出具的《收到条》上载明："收到宋某某壹拾伍万元现金，到 2014 年 9 月 5 日归还，逾期未还，把某某小区 9 号楼 1 单元 3 层东户的房屋归宋某某所有。"此内容反映，姜某某与宋某某之间存在民间借贷关系。其中，"逾期未还，把某某小区 9 号楼 1 单元 3 层东户的房屋归宋某某所有"属于绝押。根据《物权法》第一百八十六条"抵押权人在债务履行期届满前，不得与抵押人约定债务人不履行到期债务时抵押财产归债权人所有"之规定，绝押无效。因此，姜某某逾期未向宋某某还款，宋某某不能直接取得涉案房屋所有权。

关于姜某某与李某某的关系。姜某某与李某某签订《房屋买卖合同》，以 12 万元价格将上述房屋卖给李某某。根据《物权法》第九条"不动产物权的设立、变更、转让和消灭，经依法登记，发生效力；未经登记，不发生效力，但法律另有规定的除外"之规定，房屋买卖只有依法办理了房屋所有权转让登记的，才发生房屋所有权变动的法律后果；未经过户登记，法律不认为发生了房屋所有权的变动。本案中，姜某某尚未将涉案房屋登记过户给李某某，李某某尚未取得房屋所有权，故李某某不得对抗第三人。

涉案房屋的产权人至诉讼时仍是姜某某，而拆迁指挥部仅凭姜某某向宋某某出具《收到条》，在案外人姜某某未到场的情况下，与宋某某签订《拆迁补偿安置协议》，确属《行政诉讼法》第七十条第六项规定的"明显不当"，故某某中院判决撤销某区政府与宋某某签订的《拆迁补偿安置协议》是正确的。

至于姜某某与宋某某的借贷问题和姜某某与李某某房屋买卖合同问题，不是行政诉讼的受案房屋，而应另行通过民事诉讼途径进行解决。

第七章　行政机关履行行政协议

第一节 行政机关履行行政协议

行政协议的履行是双方当事人践行行政协议约定义务的行为，包括行政机关向相对方履行，也包括相对方向行政机关履行，如拆迁补偿协议，被拆迁人应当按约向行政机关履行拆迁义务，而拆迁人行政机关应当向被拆迁人履行安置补偿义务。当事人订立行政协议最终在于履行，只有双方全面履行义务，行政机关才能"实现行政管理或者公共服务目标"，相对方的合法权益才能最终得以实现。这一章先介绍和分析行政机关履行行政协议的问题。

根据行政法律要求，行政机关应当按照行政协议的约定或法律的规定，全面、适当地履行义务，使相对方在行政协议中的权益全部得以实现。行政机关履行行政协议是其履行职责的应尽行为，但行政机关履行行政协议有两个前提条件：一是行政协议合法有效，如果被法院判定无效或者撤销，行政机关不得继续履行；二是行政协议约定的履行条件已经成就，履行条件尚未成就的，行政机关可以暂不履行。在具备上述履行条件的情况下，行政主机关履行行政协议应当达到如下几个要求：

一、全面履行义务

全面履行义务是履约行为的基本要求，双方当事人只有按照行政协议的约定或者法律的规定全面履行各自的义务，订立行政协议的目的才能得以实现，行政协议形成的法律关系才能归于消灭。全面履行行政协议义务的内容，包括履行约定义务、法定义务和附随义务。

行政协议的约定义务是基于双方约定记载在行政协议中的义务，如《拆迁补偿协议》，行政机关负有支付拆迁补偿款的义务，拆迁相对方负有拆除房屋并交出土地使用权等义务。

行政协议的法定义务是直接依据法律规定而产生的义务。在有法定义务的情况下，因法定义务具有强制性的特征，故不论在行政协议中有无约定，当事人都必须履行。如行政机关给拆迁相对方安置土地建房，该行政机关负有协助拆迁相对人办理土地使用权的行政义务，以使拆迁协议得以顺利履行。又如，行政机关在按照拆迁协议拆迁时负有采取必要的措施，以防止拆迁措施不当造成拆迁相对方遭受其他损失的减损义务。

行政协议的附随义务是指法律没有明文规定，双方当事人也无明确约定，但为保护对方的合法权益，当事人依照诚实信用原则所应负担的义务。附随义务要求行政机关根据诚实信用原则和行政协议的性质、目的等，履行通知、协助、保密等义务。

二、适当履行义务

适当履行又称"正确履行"，是指当事人按照约定的标的及其主体、质量、数量、期限、地点等以正确的方式履行。行政机关适当履行行政协议包括以下三个主要内容：

一是向行政协议上相对方履行。根据债之相对性，因债的主体在合同中已经明确，故债务人只有直接向合同中的债权人履行才能消灭债务。如《拆迁补偿协议》，行政机关是债务人，拆迁相对方是债权人，行政机关应当向《拆迁补偿协议》中的拆迁债权人支付拆迁补偿费，如果未经拆迁债权人同意或者未经法院强制执行，行政机关不得向他人支付拆迁补偿费，若向他人支付拆迁补偿费，被视为未向拆迁债权人履行，行政机关对拆迁债权人仍负支付拆迁补偿费的义务，至于他人恶意占有该拆迁补偿费，行政机关只能另行追索。

二是按照行政协议约定的标的履行。如《拆迁补偿安置协议》约定，行政机关只安置住房、不付补偿费的，除拆迁相对方同意外，行政机关不能以支付金钱代替安置住房，反之约定只给拆迁补偿费而不安置住房的，除拆迁相对方同意外，行政机关不能以安置住房代替拆迁补偿费。又如，《拆迁补偿安置协议》约定安置住房在甲地，除拆迁相对方同意和情势变更外，行政机关不能改变为安置住房为乙地。

三是按照行政协议约定期限履行。行政协议明确约定履行期限的，行政机关应当在约定履行期限内履行义务；没有约定履行期限但有法律规定履行期限的，应当按照法律规定的期限履行义务；即没有约定履行期限又没有法定履行期限的，双方应当另行协商履行期限。

行政机关按照行政协议的约定和上述要求履行义务完毕，相对方就行政协议享有的权利也就全部得以实现，但该行政协议形成的法律关系是否消灭，还要看相对方是否履行义务而定。

◎【裁判案例 44】

行政协议合法有效，行政主体已履行完毕，相对方事后请求予以赔偿不能成立。

[案情简介]

谢某某系生猪养殖户。2014 年，某镇政府根据某市政府《关于深入推进生猪养殖污染整治和规范管理工作的通知》的要求，对辖区内的养殖场进行整改。在整改过程中，某镇政府与谢某某签订了《生猪养殖场关停退养协议》(以下简称《关停退养协议》)。该协议约定，某镇政府给付谢某某补助款及转产创业补助款，谢某某关停养猪场。该协议签订后，某镇政府拆除了谢某某的养猪场，谢某某在某镇政府出具的《关停退养补助验收意见》上签字确认，而后，某镇政府向谢某某支付了《关停退养协议》约定的全部补助款和转产创业补助款。

[法院裁判]

2015 年 11 月 2 日，谢某某向法院提起行政诉讼，请求确认某镇政府对谢某某养猪场的关停行为违法，并依法进行赔偿。

一审法院判决驳回谢某某的诉讼请求，谢某某不服上诉，二审判决判决维持一审判决。谢某某向某省高院申请再审。

谢某某申请再审称：一、《关停退养协议》系被迫签订，不存在协商一致的情形；《关停退养协议》属于行政协议，其签订主体、签订的程序、协议的内容等存在不合法之处；某镇政府强制拆除养猪场，并非履约行为。二、《行政处罚法》以及《畜禽规模养殖污染防治条例》等均规定县级以上人民政府才有权作出相关处罚，某镇政府没有职权作出关停决定，不具备关停养猪场的职权。三、某镇政府关停养猪场没有进行合法补偿，关停行为违法。

某镇政府辩称：1.《关停退养协议》系双方协商一致的结果，对退养人、退养内容及拆除养殖场的具体情况、退养补助的标准等进行了明确约定，谢某某在该协议上签字确认，不存在伪造以及胁迫、威逼签订等情况。2.《关停退养协议》签订主体、程序、内容均合法有效，且退养人谢某某已经领取了全部退养补助款，涉案退养协议已经全面履行完毕。3.某镇政府帮助拆除，系为了减少谢某某的损失，并非谢某某主张的强制拆除。故涉案《关停退养协议》真实、合法、有效，且已经履行完毕。请求驳回谢某某的再审申请。

某省高院经审查认为：根据国务院《畜禽规模养殖污染防治条例》第五条"县级以上人民政府环境保护主管部门负责畜禽养殖污染防治的统一监督管理"和第五款"乡镇人民政府应当协助有关部门做好本行政区域的畜禽养殖污染防治工作"的规定，某镇政府有义务协助相关部门做好本行政辖区的畜禽养殖污染防治工作，有责任指导养殖户做好生猪养殖污染整治工作。某镇政府为了履行行政职责，实现行政管理目标，在与谢某某协商一致的情况下，具有签订涉案《关停退养协议》的主体资格。谢某某对涉案《关停退养协议》中其签名的真实性并无异议，且未提供充足证据证明其是在受胁迫、逼迫的情况下签订，故谢某某认为该协议是被迫签订，不存在协商一致的情形的再审理由不能成立。

本案中，谢某某已经与某镇政府签订了《关停退养协议》，且在其猪舍、猪栏被拆除后，谢某某也在《关停退养补助验收意见》上签字确认，并领取了协议约定的补助款及转产创业补助款。现谢某某未提供充足证据证明某镇政府存在强制关停其养猪场的行为，故谢某某认为某镇政府强制关停其养猪场错误的再审申请理由不能成立。在被诉行为未被确认违法的情况下，谢某某提出行政赔偿亦缺乏事实和法律依据。

某省高院最后认定，一审法院驳回谢某某的诉讼请求，二审法院判决驳回上诉，维持一审判决，并无不当，谢某某的再审申请理由不能成立。于是裁定驳回谢某某的再审申请。

[根据浙江省高级人民法院（2016）浙行申 820 号行政裁定书编写]

◎作者分析

本案的关键在于《关停退养协议》是否有效以及某镇政府履行协议后是否还要承担赔偿责任的问题。

我们在实践中发现，有些被拆迁人的房地产或其他财产被拆迁后，因同类财产升值或者其他原因，不甘心原已签订并履行的行政协议，着力予以推翻，其中以原行政协议违法、无效为由提起诉讼居多，其目的是为了获得更多的利益。

原行政协议确实违法被判解除或者被依法确认无效而造成相对方造成损失的，根据《行政诉讼法》第七十六条和《合同法》第五十八条的规定，行政机关应当采取补救措施，或者返还财产；不能返还或者没有必要返还的，应当折价补偿，或者根据过错情况予以赔偿。原行政协议如果合法有效，且已经履行完毕的，该行政协议终止，权利义务关系消灭，相对方再要求行政机关予以赔偿的理由就不能成立。

本案中，法院认定某镇政府具有签订《关停退养协议》的主体资格，谢某某也自愿签订《关停退养协议》，且未提供充足证据证明该协议具有违反法律、行政法规的禁止性规定和意思表示不真实，所以该协议合法有效。在《关停退养协议》合法有效的基础上，某镇政府支付了全部补助款，谢某某也领取了全部补助款，该协议因履行完毕而终止，所以，法院判决驳回谢某某提出的"确认某镇政府对谢某某养猪场的关停行为违法，并依法进行赔偿"的诉讼请求。

第二节　行政机关的违约责任

行政协议成立生效后，行政机关不履行或不能履行行政协议的，属于违约行为。违约行为可分为预期违约和实际违约两种形态。

一、行政机关预期违约

民法上的预期违约又称先期违约，是指在合同履行期限到来之前，一方无正当理由而明确表示其在履行期到来后将不履行合同，或者其行为表明在履行期到来后将不可能履行合同。预期违约有两种情况，即明示毁约和默示毁约。

明示毁约是指一方当事人在履行期限到来前无正当理由就明确表示在履行期限到来时不履行合同。明示毁约有两个主要特征，一是发生在履行期限到来之前，二是有口头方式或书面方式"明确表示"。

默示毁约，是指一方当事人在履行期间到来之前以行为表明其在履行期到来之后不履行合同。这里的"行为表明"，主要表现为如经营状况严重恶化，转移财产、抽逃资金以逃避债务等。守约方认为对方默示毁约通常出于"预见"，为避免这种主观认识的错误，守约方就此提起诉讼的，必须有足够的依据证明对方将有不履行合同的行为表现，否则，其主张的"默示毁约"是不能成立的。

《行政协议解释》第二十条规定："被告明确表示或者以自己的行为表明不履行行政协议，原告在履行期限届满之前向人民法院起诉请求其承担违约责任的，人民法院应予支持。"在行政协议履行期限到来之前，行政机关明确表示或者以自己的行为表明不履行行政协议的，就属预期违约。其中，"明确表示"不履行行政协议的，属于明示毁约；以"行为表明"不履行行政协议的属于默示毁约。行政协议订立后，在履行期限到来之前，相对方发现并有证据证明行政机关预期违约的，可以根据《行政协议解释》的上述规定，在履行期限届满之前，以原告的身份向人民法院起诉，请求被告行政机关承担违约责任。

二、行政机关实际违约

实际违约即履行违约，是指在履行期限到来后，当事人不履行或不完全履行合同义务。《行政协议解释》第十九条规定的"被告未依法履行、未按照约定履行行政协议"是指实际违约。实际违约与预期违约主要有以下三个区别：

（1）实际违约是合同履行期已经届满后，当事人不履行合同义务或履行义务不符合合同要求，预期违约是合同履行期到来之前当事人明示或默示其将不履行合同；

（2）预期违约只能在合同约定的履行期限届满之前提起诉讼，在合同约定的履行期限到来之后，只能提起实际违约，而不能再提出预期违约；

（3）预期违约行为发生后，违约方提供能够为守约方接受的履行担保，合同可以继续履行，否则守约方可以单方面解除合同，并要求对方承担违约责任；实际违约行为发生后，因实际损失就已经形成，故守约方只能要求对方承担违约责任。

三、行政机关违约处理及其责任

相对方向人民法院提起诉讼，请求人民法院判令被告行政机关承担违约责任，人民法院应当适用《行政诉讼法》第七十八条第一款"被告不依法履行、未按照约定履行或者违法变更、解除本法第十二条第一款第十一项规定的协议的，人民法院判决被告承担继续履行、采取补救措施或者赔偿损失等责任"和《行政协议解释》第十九条"被告未依法履行、未按照约定履行行政协议，人民法院可以依据行政诉讼法第七十八条的规定，结合原告诉讼请求，判决被告继续履行，并明确继续履行的具体内容；被告无法履行或者继续履行无实际意义的，人民法院可以判决被告采取相应的补救措施；给原告造成损失的，判决被告予以赔偿"的规定，进行处理。

根据上述规定，人民法院审理这类案件，首先要看原告提出何种诉讼请求，再根据案件的具体情况进行处理：

（1）原告要求继续履行，被告也有能力继续履行，或者"为了实现行政管理或者公共服务目标"应当继续履行的，应当判决被告继续履行，并明确继续履行的具体内容；

（2）原告要求继续履行，被告能够采取相应措施进行补救并为原告接受的，应当判决被告继续履行；

（3）原告要求继续履行，但被告无法履行或者继续履行无实际意义的，人民法院应当判决解除行政协议；

（4）原告要求解除行政协议，除对"实现行政管理或者公共服务目标"

不利外，应当判决解除行政协议。

原告认为被告违约造成其损失，请求被告予以赔偿，人民法院在查清损失事实后，应当判决被告承担行政赔偿责任。

四、行政机关有合法原因不履行的补偿责任

民事合同在合法有效的情况下，一方当事人不履行或者不完全履行合同义务才构成违约，如果民事合同本身具有无效情形，一方当事人不履行或者不完全履行合同义务的，不构成违约。行政协议有所不同，行政机关在具有合法原因的情况下，不履行或者不完全履行合同义务的，不承担违约责任，但应当给予相对方适当补偿，从而平衡两者的利益关系。

《行政协议解释》第二十一条规定："被告或者其他行政机关因国家利益、社会公共利益的需要依法行使行政职权，导致原告履行不能、履行费用明显增加或者遭受损失，原告请求判令被告给予补偿的，人民法院应予支持。"这是行政机关具有合法原因未履行及其责任处理的规定。这里的"合法原因"是指"因国家利益、社会公共利益的需要"。譬如，县政府决定在某村乙地征用土地，征地部门据此与某村民签订房屋拆迁安置补偿协议，后因县政府出于"社会公共利益"需要，将征用的某村乙地改为该村甲地，某村民在甲地也有房屋，此时，原安置补偿协议履行期届至，而县政府未指示征地部门签订该村甲地的安置补偿协议，致使征地部门不能按照原安置补偿协议向某村民履行安置补偿义务的，就属于"合法原因"不履行的情形，征地部门不承担违约责任，但由此不能履行原安置补偿协议、履行费用明显增加，或者致使某村民遭受损失的，不属违约行为，但某县政府或征地部门应当给予某村民补偿损失。

五、违约请求与行政协议无效的诉讼类型转换

《行政协议解释》第二十二条："原告以被告违约为由请求人民法院判令其承担违约责任，人民法院经审理认为行政协议无效的，应当向原告释明，并根据原告变更后的诉讼请求判决确认行政协议无效；因被告的行为造成行政协议无效的，人民法院可以依法判决被告承担赔偿责任。原告经释明后拒绝变更诉讼请求的，人民法院可以判决驳回其诉讼请求。"这是违约请求与

行政协议无效的诉讼类型转换的规定。据此规定，在原告相对方请求人民法院确认被告行政机关违约并承担违约责任而人民法院经审理认为行政协议无效的情况下，人民法院首先应向原告释明，然后根据原告是否被告诉讼请求再作判决：一是原告同意将违约诉讼请求变更为无效诉讼请求的，人民法院应当判决确认行政协议无效，其中因被告行为造成行政协议无效的，还可判决被告承担赔偿责任；二是经释明后，原告拒绝变更诉讼请求，仍坚持违约诉讼请求的，人民法院可以判决驳回其诉讼请求。

◎【裁判案例 45】

征收拆迁协议同时约定了现金补偿和宅基地安置，行政机关只支付补偿金而未安置好宅基地的，属于未完全履行的情形。

[案情简介]

2004 年，某县政府因建设工程需要征收罗某某的部分土地及房屋。该县政府设立的工程建设指挥部于 2004 年 11 月与罗某某签订了《房屋拆迁安置补偿协议》和《征收土地协议书》。《房屋拆迁安置补偿协议》中约定：罗某某被拆迁房屋状况、过渡安置费用及因施工原因造成宅基地拖延的，过渡安置费用顺延。《征收土地协议书》中约定，征收 0.789 亩土地，补偿 25481.2 元。上述两个协议签订后，某县政府鉴于罗某某属双征户（房屋拆迁户和征地拆迁户），根据《房屋拆迁补偿安置方案》，同意在指定的地点为罗某某安置一处 10 米 × 10 米的宅基地。2009 年 8 月，指挥部为罗某某安置了一块面积 102.27 平方米的宅基地，并于 2010 年 11 月协助罗某某办理并交付了《国有土地使用证》。但此前的 2009 年 12 月，案外人彭某某以其位于附近的承包土地征收不合法为由，在某县政府指定给罗某某的宅基地上搭建工棚，某县政府及其下属部门多次解决，彭某某均拒绝拆除，致使罗某某无法动工修建房屋。

2016 年 5 月 10 日，罗某某向某州中院提起行政诉讼，请求：1. 责令某县政府按相关文件及协议给其安置宅基地；2. 判令某县政府赔偿违约金 2158 元和逾期利息，及因违约行为给其造成的经济损失 54 万元。

［一审判决］

某州中院认为，《房屋拆迁安置补偿协议》和《征收土地协议书》签订后，罗某某已经全部履行了房屋拆迁和征收土地交付的义务，某县政府的现金补偿义务也已全部履行，并按顺延给付的约定支付罗某某过渡安置费用至今，双方对此均无异议。双方争议的事实是某县政府给罗某某安置宅基地的义务是否依照约定实际履行。

首先，宅基地安置属于协议义务。双方在《房屋拆迁安置补偿协议》和《征收土地协议书》中就宅基地安置并未明确约定，但某县政府设立的工程建设指挥部根据县政府颁布的《房屋拆迁补偿安置方案》第五项第1条规定：本次既是房屋被拆迁户，又是征地拆迁户，且本次征地后人均不足1分地的，原则上由指挥部在临街面安排宅基地，宅基地面积规格为10米×10米。指挥部于2004年12月13日出具的宅基地安置意见亦明确：鉴于罗某某是双征户，给其安排宅基地面积10米×10米，必须由指挥部在指定的地点安置。故宅基地安置应当视为《房屋拆迁安置补偿协议》和《征收土地协议书》的附属义务。根据《土地管理法》第四十六条规定，国家征收土地的，依照法定程序批准后，由县级以上地方人民政府予以公告并组织实施。某县政府是土地征收的法定机关，故宅基地安置的义务应依法由某县政府承担。

其次，应明确宅基地安置协议义务的具体内容。从某县政府颁布的《房屋拆迁补偿安置方案》看，对双征户安置宅基地，是为了保护被征收人的合法权益，故宅基地安置的完成应当具备以下两个条件：1.完成国有土地使用权的登记，确保法律上的权利完整；2.将平整好的宅基地交付给符合条件的被征收人，确保不存在现实纠纷，以便于被征收人安居。从本案看，某县政府虽已向罗某某颁发了国有土地使用证，但该宗宅基地在办理国有土地使用证之前，存在案外人彭某某主张权利并在宗地上搭建工棚的情形，政府未能将该妨害予以排除并将排除妨害后无权利瑕疵的宅基地交付给罗某某使用，导致罗某某在存在纠纷的情况下无法修建房屋，从而不能达到补偿安置方案所确定的妥善安置目的。因此，某县政府未能按照约定履行土地房屋征收补偿协议所确定的宅基地安置义务。

综上所述，某县政府向罗某某交付的宅基地在办证之前存在纠纷，未实现腾地交付，未按照约定履行土地房屋征收补偿协议，应判令继续履行。罗某某的诉讼请求符合《行政诉讼法》第七十八条规定，应予支持。罗某某要求支付违约金 2158 元及逾期利息，租金预期收入 54 万元。经查，在《房屋拆迁安置补偿协议》中，双方约定，若一方违约，违约方负责赔偿对方所有经济损失并另付拆迁补偿总费用 10% 的违约金。某县政府对宅基地安置的协议义务虽未履行完毕，但其在本案诉讼前一直按约定支付过渡安置费用，而双方并未明确约定宅基地安置的具体截止时间，故某县政府的行为尚不构成违约。罗某某要求赔偿经济损失 54 万元，支付违约金 2158 元及利息，不符合双方约定，故不予支持。

某州中院判决：一、某县政府继续履行与罗某某之间签订的土地房屋征收补偿协议，给罗某某按协议约定安置宅基地；二、驳回罗某某的其他诉讼请求。

[上诉理由]

罗某某不服某州中院一审判决，向某省高院上诉称：原审法院认为某县政府的行为尚不构成违约错误。到目前为止罗某某的宅基地尚未得到安置，作为被拆迁安置户，在同等条件下其他拆迁安置户都及时得到妥善安置，在罗某某没有任何过错的情况下，某县政府作为拆迁安置的责任方违约。根据县政府颁布的《房屋拆迁补偿安置方案》，安置补偿协议上批示延长的时间，并结合对其他拆迁安置户的拆迁安置，某县政府对拆迁安置户的拆迁安置工作是有明确时间表的。故原审法院认为，双方并未明确约定宅基地安置的具体截止时间，不符合实际情况。某县政府给罗某某支付的过渡安置费用系某县政府未及时安置，而根据双方商定的给罗某某的拆迁租房费用，并不是承担的违约责任。从 2004 年罗某某被征地拆迁后，因某县政府的违约行为，给罗某某造成了巨大损失。原审法院却对罗某某损失置之不理，有失公允。综上，请求撤销原判，发回重审。

某县政府亦不服某州中院一审判决上诉称：1. 指挥部已为罗某某安置了102.27 平方米的宅基地，并协助其办理并交付了《国有土地使用证》。这一事实原审已确认，但判决结果又要给被罗某某安置宅基地，实属不当。2. 罗某某从该宗地登记之日起，依法取得了该宗安置土地的宅基地使用权，其宅基地使用权不存在任何瑕疵。至于案外人妨害或侵害其宅基地使用权，权利人罗某某可依法维权；在罗某某与案外人这一民事纠纷中，某县政府无权介入。综上，原审以案外人可能的妨害或侵害就认定安置的宅基地使用权存在瑕疵，显然不当。请求撤销原判第一项。

[二审判决]

某省高院认为：本案争议的焦点是某县政府是否履行了其与罗某某签订的《房屋拆迁安置补偿协议》及罗某某的赔偿请求是否成立。

从本案的事实看，2004 年 11 月 7 日某县政府与罗某某签订了《房屋拆迁安置补偿协议》，至 2009 年 8 月才为罗某某指定建房用地，在该建房用地被他人占用存在纠纷，且无法使用的情形下，某县政府仍将该建房用地登记在罗某某名下并颁发权证，涉案建房用地的安置明显不当。根据上述《房屋拆迁安置补偿协议》的约定，宅基地拖延安置的，过渡安置费用顺延。2016 年 5 月 8 日某县政府仍在向罗某某支付过渡安置费，表明某县政府对罗某某的宅基地安置，尚未完成。虽然《房屋拆迁安置补偿协议》没有明确宅基地安置的具体时间，但自签订《房屋拆迁安置补偿协议》的 2004 年 11 月 7 日起至罗某某提起本案诉讼的 2016 年 5 月止的 11 年多时间内，罗某某的宅基地安置问题仍未解决，某县政府应承担相应的违约责任。原审法院虽然判决某县政府继续履行与罗某某之间签订的土地房屋征收补偿协议，但没有限定履行期限，明显不利于罗某某的权利实现，依法应予纠正。罗某某提出 54 万元房租损失赔偿，但没有提供相应的证据证明，对该请求，本院不予支持。

《行政诉讼法解释》(2015 年)第十四条规定："人民法院审查行政机关是否依法履行、按照约定履行协议或者单方变更、解除协议是否合法，在适用行政法律规范的同时，可以适用不违反行政法和行政诉讼法强制性规定的民事法律规范。"根据《合同法》第一百一十四条第一款"当事人可以约定一方违约时应当根据违约情况向对方支付一定数额的违约金，也可以约定因违约产生的损失赔偿额的计算方法"的规定，违约金是当事人通过协商预先确定的违约赔偿金额，依法应当遵照执行。本案当事人双方协议确定的违约金为补偿总费用 17952 元的 10%，即 1795.2 元。罗某某请求某县政府支付违约金 2158 元和逾期利息，对其超出部分，本院不予支持。

某省高院最后认定，某县政府的上诉理由不能成立，罗某某的上诉请求部分成立，原审判决不当予以改判。某省高院判决如下：一、撤销一审行政判决；

二、某县政府继续履行与罗某某签订的《房屋拆迁安置补偿协议》中为罗某某安置建房用地的义务，并在本判决生效之日起的 3 个月内履行完毕；三、某县政府在本判决生效之日起的 15 日内支付罗某某违约金 1795.2 元；四、驳回罗某某的其他诉讼请求。

[根据湖南省高级人民法院（2017）湘行终 44 号行政判决书编写]

◎作者分析

　　某县政府与罗某某签订《房屋拆迁安置补偿协议》和《征收土地协议书》后，罗某某拆迁了房屋、交付了征收土地，已经全面履行了两个协议约定的义务。某县政府也已按约支付了全部补偿款和过渡安置费用，并协助罗某某办理并交付了《国有土地使用证》。某州中院认为"宅基地安置的完成应当具备以下两个条件：1.完成国有土地使用权的登记，确保法律上的权利完整；2.将平整好的宅基地交付给符合条件的被征收人，确保不存在现实纠纷，以便于被征收人安居。"然而，由于案外人彭某某在涉案宅基地上擅自搭建工棚且拒绝拆除，某县政府并未向罗某某实际交付宅基地，至此尚未完全履行义务。案外人彭某某在涉案宅基地上擅自搭建工棚，并非罗某某过错或违约造成，而应由某县政府组织有关部门履行处置职责，而某县政府多年未有效履行该职责，导致对罗某某违约，并造成罗某某无法动工修建房屋的合法权益受到损害。

　　根据行政诉讼法有关解释规定（《行政协议解释》第十九条规定），原告主张行政机关不依法履行、未按照约定履行协议，理由成立的，法院可以根据原告的诉讼请求判决确认协议有效，判决被告行政机关继续履行协议，并明确继续履行的具体内容；被告行政机关无法继续履行或者继续履行已无实际意义的，判决被告行政机关采取相应的补救措施；给原告相对人造成损失的，判决被告行政机关予以赔偿。本案中，某县政府只要处置彭某某擅自搭建工棚的问题，就不存在"无法继续履行或者继续履行已无实际意义"的情形，因此，某省高院判决某县政府继续履行与罗某某签订的《房屋拆迁安置补偿协议》中为罗某某安置建房用地的义务。

第三节　行政机关无法履行与
继续履行无实际意义

　　《行政协议解释》第十九条中规定："被告无法履行或者继续履行无实际意义的，人民法院可以判决被告采取相应的补救措施；给原告造成损失的，判决被告予以赔偿。"这是排除被告行政机关继续履行的规定。被告行政机关所承担的金钱支付赔偿责任属于行政赔偿，而行政赔偿由地方政府财政支付，在正常情况下不存在无法履行的问题，所以，这里的无法履行主要适用于非金钱义务。

一、行政机关无法履行的问题

　　民事法律上的无法履行即履行不能，是指债务人由于某种原因不可能履行约定的义务。"无法履行"可分为"事实上无法履行"与"法律上不履行"。

　　"事实上无法履行"是指在订立协议时可以履行，但在实际履行时，由于自然法则在客观上的不可能再履行。譬如，按照拆迁安置协议约定，行政机关应当履行安置房交付义务，该安置房在交付被拆迁人之前被洪水冲毁，致使行政机关无法实际交付。

　　"法律上不能履行"，是指在订立协议时可以履行，但在实际履行时，由于法律和法规的禁止而不得履行。譬如，行政协议约定的某一标的物应当交付给相对方，当时符合法律、行政法规的规定，后由于法律、行政法规的修改，禁止该标的物转让的，就会造成行政机关再无法交付。

二、继续履行无实际意义

　　行政协议在履行过程中出现某些原因，行政机关如果继续履行没有实际意义的，则应免除其对约定义务的继续履行。譬如，《拆迁安置协议》约定，行政机关给拆迁户安排宅基地，由拆迁户自建安置房，届时，行政机关协助拆迁户办理土地审批手续。后来，拆迁户自行办理了土地审批手续，行政机关再履行协助办理土地审批手续的义务就不存在实际意义，故应予以免除这一约定的义务。

行政机关在非金钱义务不能履行，或者因继续履行无实际意义而不再履行的，除相对方自身原因造成损失外，行政机关应当采取相应的补救措施，若给相对方造成损失的，应当予以合理的补偿或者赔偿。如上例安置房被洪水冲毁，行政机关可以与拆迁户协商重新安置，或者另行给付金钱补偿。

◎【裁判案例46】

村民未与村委会订立土地承包合同，县政府承诺给予办证违反法定程序属于"法律上不能履行"。

[案情简介]

张某某系××村5队村民。××村5队有预留的机动地，张某某认为其已经取得了预留机动地中1.189亩土地的承包经营权，遂多次上访要求某县政府为其办理土地承包经营权证，某县政府未予办理。张某某于2016年4月诉至某市中院。在某市中院审理该案的过程中，某县政府与张某某于2016年5月23日达成《和解协议》。该协议约定：1.某县政府承诺于三个月内为张某某依法办理张某某诉请的1.081亩（折算为1.189亩）的农村土地承包经营权证书；2.张某某向某市中院撤回行政诉讼。该协议书签订后，张某某于同日向某市中院申请撤回行政诉讼。某市中院于同日作出裁定，准许张某某撤回起诉。但某县政府后来没有按照《和解协议》中的约定为张某某办理土地承包经营权证。张某某将某县政府、县农业局、镇政府作为被告诉至某市中院，要求三被告履行《和解协议》约定的内容，为其办理土地承包经营权证书。

[一审判决]

某市中院认为：《农村土地承包法》第十二条第一款规定，"农民集体所有的土地依法属于村农民集体所有的，由村集体经济组织或者村民委员会发包；已经分别属于村内两个以上农村集体经济组织的农民集体所有的，由村内各该农村集体经济组织或者村民小组发包。"《农村土地承包经营权证管理办法》第七条规定："实行家庭承包的，按下列程序颁发农村土地承包经营权证：（一）土地承包合同生效后，发包方应在30个工作日内，将土地承包方案、承包方及承包土地的详细情况、土地承包合同等材料一式两份报乡（镇）人民政府农村经营管理部门。"根据以上法律规定，农村土地承包方应当与发包土地的集体经济组织签订书面的土地承包合同，并在合同生效后由发包方将相关的材料报乡（镇）人民政府农村经营管理部门申请发放土地承包经营权证。本案中，张某某没有与其所在的××村村民委员会签订农村土地承包合同，不符合发放土地承包经营权证的条件。《合同法》第一百一十条规定，当事人一方不履行非金钱债务或者履行非金钱债务不符合约定的，对方可以要求履行，但有"法律上或者事实上不能履行"情形的除外。张某某与某县政府签订的《和解协议》，因张某某未与××村村民委员会签订土地承包合同，未取得土地承包经营权，张某某要求某县政府履行《和解协议》，为其办理土地承包经营权证的诉讼请求，法院不予支持。张某某可在签订土地承包合同后，再行主张权利。某市中院判决驳回张某某的诉讼请求。

[二审判决]

张某某不服某市中院一审判决，向某省高院提起上诉。

某省高院二审认为，本案的审理重点是原审法院判决驳回上诉人张某某的诉讼请求是否合法正确。

一、关于上诉人张某某诉请事项是否属于行政诉讼受案范围的问题。根据《行政诉讼法解释》（2015年）第十一条规定，本案所涉《和解协议》虽然没有加盖某县政府的印章，但对该协议的真实性各方并无异议，且张某某已按照该《和解协议》条款撤回相关行政诉讼，某县政府收到人民法院准予撤诉的裁定后亦未提出异议，因此可以确定《和解协议》签订双方分别是张某某和某县政府。因某县政府属于具有行政管理职权的行政主体，且协议涉及农村土地承包经营权证的办理以及公民对诉讼权利的处分等内容，系经双方协商而签订。同时，该协议签订的目的是为了化解行政争议，实现张某某息诉的效果。因此，该协议具有行政协议的要素和特征，上诉人就该协议的履行提起的诉讼，属于人民法院行政诉讼受案范围。

二、关于被上诉人某县政府、县农业局、镇政府是否是本案适格被告的问题。虽然行政协议在性质上属于一种行政行为，但其本质上属于合同的一种类型，同样具有合同当事人地位平等以及缔约自由等特点，民事合同法律规范中"合同相对性"原则亦同样适用于行政协议。即合同主要在特定的合同当事人之间发生法律约束力，只有合同当事人一方才能基于合同向合同的相对方提出请求或者提起诉讼，而不能向合同相对方以外的其他主体主张。本案涉及《和解协议》签订时，虽然镇政府的工作人员及××村村民委员会主任参与其中，但均基于某县政府委托代理人的身份。因此，上诉人张某某针对《和解协议》所提履行之诉，除作为协议一方的某县政府是本案的适格被告以外，县农业局和镇政府均不是适格的诉讼主体。原审法院对此未予审查和评判，也未向上诉人释明，不符合法律规定，本院予以指出。

三、关于上诉人张某某要求被上诉人某县政府履行《和解协议》并为其颁发案涉土地承包经营权证的请求应否支持的问题。张某某以某县政府未按《和解协议》约定履行相关职责和义务为由，提起本案诉讼。本院认为，虽然客观上，被上诉人某县政府未按《和解协议》约定，履行给上诉人颁发案涉土地承包经营权证的承诺，但被上诉人某县政府并不构成实质违约。理由如下：

首先，《行政诉讼法解释》（2015年）第十四条规定，"人民法院审查行政机关是否依法履行、按照约定履行协议或者单方变更、解除协议是否合法，在适用行政法律规范的同时，可以适用不违反行政法和行政诉讼法强制性规定的民事法律规范"。《合同法》第七条规定，"当事人订立、履行合同，应当遵守法律、行政法规，尊重社会公德，不得扰乱社会经济秩序，损害社会公共利益"。本案涉及对某县政府是否依法、依约履行《和解协议》确定义务这一事项的司法性审查，应以相关行政法律规范和民事法律规定为依据。

其次，根据《农村土地承包经营权证管理办法》第二条、第七条的规定，农村土地承包经营权证系国家通过登记发证的形式，对农村土地承包方享有的土地承包经营权进行的确认。该确认的前提是已经按照规定程序签订了承包合同且该承包合同已生效。上诉人张某某虽然主张其所在村应当将案涉1.081亩（折算为1.189亩）土地承包给其耕种，但所提交的证据并不能证明其已经实际分得了相应的涉案土地，也不能证明其已经与所在农村集体经济组织就案涉土地签订了土地承包合同。因此，虽然《和解协议》约定了某县政府具有在一定期限内为上诉人张某某颁发案涉土地承包经营权证的合同义务，但在上述前提均不存在的情况下，本案存在"法律上不能履行"的情形。原审法院依据《合同法》第一百一十条规定，判决驳回张某某要求某县政府以及县农业局、镇政府履行《和解协议》并为其颁发案涉土地承包经营权证书的诉讼请求，结果并无不当。

另外，虽然本案被上诉人某县政府并不构成实质违约，但作为具有颁发农村土地承包经营权证法定职权的行政机关，其应当知晓相关法律规定以及颁发农村土地承包经营权证的程序和条件，在上诉人张某某并不具备办证条件的情况下，仍在《和解协议》中承诺在一定期限内为其办证，客观上使上诉人张某某对取得案涉土地承包经营权证书形成了错误的期待，应当做好相关的法律宣传和解释工作，并采取相应措施，以维护诚信政府的良好形象。

某省高院认定，原审法院判决认定事实清楚，适用法律基本正确，上诉人的上诉请求不能成立。于是判决驳回张某某的上诉，维持原判决。

[再审判决]

张某某对某省高院的二审终审判决仍不服，向最高人民法院申请再审。

最高人民法院认为：涉案《和解协议》系行政主体某县政府与行政相对人张某某就农村土地承包经营权办理事宜协商签订，协议内容涉及行政法上的权利义务，符合《行政诉讼法解释》（2015年）第十一条关于行政协议的界定，二审法院将该协议认定为行政协议，并无不当。根据《行政诉讼法解释》（2015年）第十四条确立的法律适用原则，因行政协议兼具公、私法属性，审理行政协议案件优先适用行政法律规范的同时，可以参照适用不违反行政法和行政诉讼法强制性规定的民事法律规范。二审判决适用《合同法》有关规定，于法有据。张某某诉请继续履行涉案《和解协议》，须以该协议具有继续履行的可行性为前提。该协议虽约定某县政府具有为张某某在一定期限内颁发涉案农村土地承包经营权证的合同义务，但因在案证据不能证明张某某已实际分得涉案土地并与××村委会就涉案土地签订土地承包合同，其不符合《农村土地承包法》《农村土地承包经营权证管理办法》规定的发放土地承包经营权证的前提条件，因此该协议存在《合同法》第一百一十条第一项规定的"法律上不能履行"的情形。一、二审法院据此判决驳回其诉讼请求和上诉，亦无不当。根据《行政诉讼法》第七十八条、《行政诉讼法解释》（2015年）第十五条第一款之规定，被告无法继续履行行政协议或者继续履行已无实际意义的，判决被告采取相应的补救措施；给张某某造成损失的，判决被告予以赔偿。二审法院对某县政府的不当之处予以指正，指出其"应当做好相关的法律宣传和解释工作，并采取相应措施，以维护诚信政府的良好形象"，符合上述规定。张某某的该项再审申请理由，本院不予支持。最高人民法院裁定驳回张某某的再审申请。

〔根据山东省高级人民法院（2017）鲁行终313号行政判决书和最高人民法院（2017）最高法行申4954号行政裁定书编写〕

◎作者分析

本案的关键在于"法律上不能履行"的问题。

某县政府为使张某某撤回行政诉讼，与张某某签订《和解协议》，承诺为张某某办理土地承包经营权证本无恶意，但其承诺内容不合法。根据《农村土地承包法》《农村土地承包经营权证管理办法》的有关规定，村民作为承包方承包经营农村集体土地，应先与发包土地的村民委员会或集体经济组织签订书面的土地承包合同，在土地承包合同生效后，再由发包方将相关的材料报乡（镇）政府农村经营管理部门申请发放土地承包经营权证，承包方只有取得土地承包经营权证，才享有所土地承包经营权。某县政府在某某村民委员会未与张某某签订农村土地承包合同的情况下，采取订立协议的方式直接承诺为张某某办理土地承包经营权证，违反了上述行政程序规定，该承诺无效。因此，某县政府在《和解协议》中的承诺，属于"法律上不能履行"的情形，张某某要求某县政府履行《和解协议》同样缺乏法律依据。所以，某市中院判决驳回张某某要求某县政府履行《和解协议》为其办理土地承包经营权证的诉讼请求。

那么行政机关在法律上不能履行行政协议应当承担什么责任？

《行政诉讼法》第七十八条规定，被告不依法履行、未按照约定履行协议的，人民法院判决被告承担继续履行、采取补救措施或者赔偿损失等责任。据此，行政机关在法律上不能履行行政协议，且存在过错的，依法应当承担两种法律责任：一是采取相应的补救措施；二是给行政相对人造成损失的，承担行政赔偿责任。关于行政赔偿问题，张某某没有提出此项诉讼请求，也未提供其损失的证据，根据不告不理原则，法院在本案中不予审理和裁判。

第八章　行政协议的强制执行

第一节　行政协议强制执行

行政协议的强制执行，在实施主体上可分两类，一类司法执行，即人民法院对行政机关的强制执行和对行政相对人的强制执行，另一类是行政执行，即行政机关自行对行政相对人的强制执行。这一章主要分析行政协议的司法执行。

一、对相对方强制执行的法律依据

根据《行政诉讼法》第十二条第一款第十一项规定，行政机关不履行行政协议的，相对方可以提起行政诉讼。人民法院作出裁判后，行政机关不履行行政协议的，根据《行政诉讼法》第九十六条规定，相对方可以向人民法院申请对行政机关实施强制执行。相反，《行政诉讼法》是"民告官"的法律，相对方不履行行政协议，行政机关是不能以原告的身份对相对方提起行政诉讼的。然而，在现代法治社会中，在相对方不履行行政协议的情况下，行政权益必须有司法的保障和救济，否则就会严重影响行政协议"行政管理或者公共服务目标"这一目的的实现。那么，相对方不履行行政协议，行政机关通过哪些法律途径实现行政协议的目的？我们只能把眼光盯在非诉行政执行上。

根据实施执行的不同主体，行政案件的强制执行可分为行政机关自行强制执行与人民法院依申请实施的强制执行。在人民法院行政强制执行中，根据行政案件是否经过诉讼程序，又可分为非诉执行与诉讼执行。

《行政诉讼法》第九十七条规定："公民、法人或者其他组织对行政行为在法定期限内不提起诉讼又不履行的，行政机关可以申请人民法院强制执行，或者依法强制执行。"这是行政案件非诉执行的规定。据此，《行政协议解释》第二十四条第一款规定："公民、法人或者其他组织未按照行政协议约定履行义务，经催告后不履行，行政机关可以作出要求其履行协议的书面决定。公民、法人或者其他组织收到书面决定后在法定期限内未申请行政复议或者提起行政诉讼，且仍不履行，协议内容具有可执行性的，行政机关可以向人民法院申请强制执行。"第二款规定："法律、行政法规规定行政机关对行政协议享有监督协议履行的职权，公民、法人或者其他组织未按照约定履行义务，经催告后不履行，行政机关可以依法作出处理决定。公民、法人或者其他组织在收到该处理决定后在法定期限内未申请行政复议或者提起行政诉讼，且仍不履行，协议内容具有可执行性的，行政机关可以向人民法院申请强制执行。"这是行政协议非诉执行的规定。

二、非诉执行的性质和特点

行政案件的非诉执行，是指行政机关作出行政行为后，行政相对人在法定期限内，既不向人民法院提起行政诉讼，又拒不履行已生效的行政行为所确定的义务时，行政机关向人民法院提出执行申请，由人民法院采取强制措施，使行政行为的内容得以实现的制度。人民法院对行政案件的非诉执行，实际上是一种"官告民"的非诉讼体制，也是行政行为的效力向司法中的延伸，目的是保障行政管理的目的得以实现和救济。

非诉执行是相对诉讼执行而言的。诉讼执行，是指人民法院根据《行政诉讼法》的规定，在当事人不履行已经发生法律效力的行政判决、裁定所确定的义务的情况下，运用国家的强制力，强制义务人履行的行为。非诉执行与诉讼执行比较有以下几个特点：

（1）执行机关是人民法院，而非行政机关；

（2）执行依据是行政机关已经生效的行政行为（如行政决定），而不是人民法院的裁判文书；

（3）申请人是行政机关，而不是行政相对人；

（4）前提是行政相对人在法定期限内，既不提起行政诉讼，又拒不履行行政行为所确定的义务。

三、行政机关申请非诉执行的途径

根据《行政强制法》第三十五条、第三十六条、第三十七条规定和上述司法解释规定，我们认为，行政机关可以通过以下三条途径申请人民法院强制执行行政协议：

一是双方在行政协议中已经明确约定强制执行条款的，相对方未按照约定履行义务，经行政机关催告后仍不履行的，行政机关可以根据约定作出行政决定，然后向人民法院申请强制执行该行政决定。人民法院经审查认为行政协议和行政决定合法有效，内容明确且具有可执行性的，应当作出准予执行的裁定，然后对相对方实施强制执行。不具备条件的，人民法院应当裁定不予受理。譬如，双方在拆迁补偿协议中约定，行政机关按约履行安置补偿等义务完毕后，由相对方自行拆除其房屋。这是执行约定，届时，相对方不自行拆除，法律或者行政法律又未赋予行政机关强制执行权的，行政机关催告相对方自行拆除后，相对方仍不履行拆除义务的，行政机关可以作出拆除决定，然后向人民法院申请强制执行。双方在拆迁补偿协议中，如果约定行政机关按约履行安置补偿等义务完毕后，由行政机关拆除相对方房屋的，该行政机关按照行政协议的约定具有强制拆除权，在此情况下，行政机关可以按约实施强制拆除，行政机关若不方便强制拆除的，作出拆除决定后，可以依法申请人民法院强制执行。

二是行政协议没有约定强制执行条款，相对方未按照行政协议的约定履行义务的，经行政机关催告后，相对方仍不履行的，行政机关可以作出要求相对方履行行政协议的书面决定。这种书面决定是行政机关单方作出的行政行为。根据《行政诉讼法》第九十七条"公民、法人或者其他组织对行政行为在法定期限内不提起诉讼又不履行的，行政机关可以申请人民法院强制执行，或者依法强制执行"之规定，相对方收到书面决定后，在法定期限内未申请行政复议或者提起行政诉讼的，行政机关可以向人民法院申请强制执行。行政相对人在法定期限内申请行政复议或者提起行政诉讼，复议机关决定或者人民法院判决维持行政机关的书面决定的，行政机关也可以向人民法院申请强制执行。

三是行政机关可以依据有关法律、法规或规章的规定，根据具体情况和规定程序作出要求相对方履行义务的行政决定，相对方拒不履行的，行政机关以行政决定为依据申请法院强制执行。如，《国有土地上房屋征收与补偿条例》第二十六条规定："房屋征收部门与被征收人在征收补偿方案确定的签约期限内达不成补偿协议，或者被征收房屋所有权人不明确的，由房屋征收部门报请作出房屋征收决定的市、县级人民政府依照本条例的规定，按照征收补偿方案作出补偿决定，并在房屋征收范围内予以公告。"第二十八条规定："被征收人在法定期限内不申请行政复议或者不提起行政诉讼，在补偿决定规定的期限内又不搬迁的，由作出房屋征收决定的市、县级人民政府依法申请人民法院强制执行。"这里的"征收决定"是单方行政行为，行政机关据此可以申请人民法院强制执行。

四、履行协议的催告和决定

根据《行政强制法》第三十五条、第三十六条、第三十七条、第三十八条和《行政协议解释》第二十四条的规定，相对方未按照行政协议约定履行义务，行政机关应先采取书面形式催告相对方履行约定义务，告知履行义务的期限、方式等内容，并告知相对方依法享有的陈述权和申辩权。相对方收到催告书后，行使陈述申辩权的，行政机关应当充分听取相对方的意见，对相对方提出的事实、理由和证据进行复核，相对方提出的事实、理由或者证据成立的，行政机关应当采纳。经行政机关依法催告后，相对方仍不履行，且无正当理由的，行政机关应当作出要求相对方履行协议的书面决定。

并告知申请行政复议或者提起行政诉讼的途径和期限，相对方收到书面决定后，在法定期限内未申请行政复议或者提起行政诉讼，且仍不履行，行政机关可持行政协议和履行决定向人民法院申请强制执行。

履行协议的催告和决定是行政机关申请人民法院强制执行前的必经程序，行政机关未经催告、未作出决定就申请人民法院强制执行的，人民法院不予受理。

五、非诉执行的申请条件

从当前司法实践来看，相对方不履行行政协议，行政机关向人民法院申请强制执行，人民法院受理此类非诉执行案件与受理具体行政行为非诉执行案件一样，都应坚持《行政诉讼法》及其司法解释规定的条件。

根据《行政诉讼法》第九十七条、《行政诉讼法解释》（2018年）第一百五十五条和《行政协议解释》第二十四条的规定，行政机关申请执行行政协议，应当具备以下条件：

（1）行政协议案件依法可以由人民法院执行；

（2）行政协议履行期届至且具有可执行性的内容，行政机关对相对方作出的履行决定已经生效；

（3）申请人是该行政协议中的行政机关，或者是法律、行政法规规定的对行政协议享有监督履行职权的行政机关；

（4）被申请人是该行政协议中的相对方；

（5）被申请人在行政机关催告、决定的期限内未履行义务；

（6）申请人在法定期限内提出申请；

（7）被申请执行的行政协议案件属于受理执行申请的人民法院管辖。

《行政诉讼法解释》（2018年）第一百六十一条规定：被申请执行的行政行为有下列情形之一的，人民法院应当裁定不准予执行：

（1）实施主体不具有行政主体资格的；

（2）明显缺乏事实根据的；

（3）明显缺乏法律、法规依据的；

（4）其他明显违法并损害被执行人合法权益的情形。

行政机关申请人民法院执行行政协议，符合上述条件，人民法院予以立案受理；对不符合上述条件的，裁定不予受理。

六、非诉执行的异议和申诉

行政机关向人民法院申请执行行政协议，相对方认为行政机关对其申请执行违法或者损害其权益的，可以依法提出执行异议或者提出执行申诉。执行异议和执行申诉是被执行人的两种救济途径。执行异议是指被执行人或利害关系人在执行过程中对执行标的提出的不同意见，目的是排除对执行标的的强制执行，从而保护自己的合法权益。执行申诉，是指被执行人认为法院执行的处理结果违法或不正确，而向国家的有关机关申述理由，请求重新处理的行为。

◎【裁判案例 47】

　　行政机关申请强制执行相对方履行行政协议，既有事实根据又有法律依据的，法院予以受理执行。

[案情简介]

　　某市政府为加快城市发展，经上级相关部门批准，在某区××路2、3号地块实施棚户区改造建设项目，需对规划红线范围内国有土地上的房屋实施征收。根据国务院《国有土地上房屋征收与补偿条例》(国务院第590号令)的规定，某区政府下达了《关于××路2、3号地块棚户区改造项目规划红线范围内国有土地上房屋征收的决定》《某区政府房屋征收决定公告》和《××路2、3号地块棚户区改造项目房屋征收补偿方案》。某厅(行政部门)4层2号房屋(54.53平方米住宅)属征收范围。孙某某承租该房屋正在使用。

　　2016年8月22日，某区政府征收管理局与某厅签订《房屋征收安置补偿协议》，约定采取以下方式对某厅进行补偿：1.提供新建安置房77.71平方米进行房屋产权调换，某厅补款74493.55元之后，享有该安置房的产权；2.支付某厅各项补偿、补助及奖励费合计98912.45元。该协议签订后，某厅与征收管理局结清了相关款项，并领取了剩余补偿款，但之后未将上述房屋交付给征收管理局拆除。

　　鉴于被征收人某厅未全面履行《房屋征收安置补偿协议》约定的义务，征收管理局于2017年6月28日在某某都市报向某厅发出《催搬迁通知书》，要求某厅搬离并腾空上述房屋。该公告期满后，某厅仍未将上述房屋交付征收管理局拆除。

　　征收管理局依据《行政强制法》第五十三条"当事人在法定期限内不申请行政复议或者提起行政诉讼，又不履行行政决定的，没有行政强制执行权的行政机关可以自期限届满之日起三个月内，依照本章规定申请人民法院强制执行"之规定，于2017年9月25日向某区法院申请强制执行，请求某区法院依法强制被执行人某厅、孙某某履行《房屋征收安置补偿协议》确定的义务，立即将4层2号房屋腾空并搬离，将房屋交付给征收管理局拆迁。

[法院裁定]

某区法院经审查认为：根据国务院《国有土地上房屋征收与补偿条例》的规定，对辖区内的房屋进行征收及补偿系申请执行人征收管理局的法定职责。被执行人某厅具有产权的4层2号房屋属于《某区政府关于××路2、3号地块棚户区改造项目规划红线范围内国有土地上房屋征收的决定》确认的征收范围，被执行人孙某某是该房屋的承租人。2016年8月22日，被执行人某厅与申请执行人征收管理局就该房屋签订了房屋征收补偿协议，在被执行人孙某某拒绝搬离该房屋的情况下，申请执行人征收管理局于2017年6月28日在《××都市报》以公告方式向被执行人发出《催搬迁通知书》。公告期满后，被执行人某厅、孙某某仍未将案涉房屋交予申请执行人征收管理局，征收管理局遂向本院申请强制执行。

本院审查过程中发现，孙某某就征收管理局与某厅签订的房屋征收安置补偿协议提起行政诉讼，另一区法院裁定驳回孙某某起诉。孙某某不服上诉至某市中院，某市中院裁定驳回其上诉，维持原裁定。

某区法院认为，申请执行人征收管理局本次申请执行符合法律规定，依法应予支持。据此，依照《行政诉讼法》第九十七条、《行政诉讼法解释》（2000年）第六十三条第一款第十四项之规定，裁定对申请执行人征收管理局与被执行人某厅签订的房屋征收安置补偿协议，本院准许执行。

[根据贵州省贵阳市云岩区人民法院（2017）黔0103行审84号
行政裁定书编写]

◎作者分析

本案中，某厅4层2号房屋属于某区政府征收决定的房屋，故征收管理局与其签订《房屋征收安置补偿协议》。征收管理局全部履行该协议后，某厅未将涉案房屋交付给征收管理局拆除，属于拒不履行协议的违约行为。对此，征收管理局在某某都市报向某厅发出《催搬迁通知书》，要求某厅搬离并腾空上述房屋，在程序上已经履行了"催告"义务，某厅既不申请行政复议，又不提起行政诉讼，仍未腾空涉案房屋。此情形符合国务院《国有土地上房屋征收与补偿条例》第二十八条"被征收人在法定期限内不申请行政复议或者不提起行政诉讼，在补偿决定规定的期限内又不搬迁的，由作出房屋征收决定的市、县级人民政府依法申请人民法院强制执行"、《行政强制法》第五十三条"当事人在法定期限内不申请行政复议或者提起行政诉讼，又不履行行政决定的，没有行政强制执行权的行政机关可以自期限届满之日起三个月内，依照本章规定申请人民法院强制执行"以及《行政诉讼法》第九十七条"公民、法人或者其他组织对行政行为在法定期限内不提起诉讼又不履行的，行政机关可以申请人民法院强制执行，或者依法强制执行"的规定，征收管理局据此申请法院强制腾空某厅的涉案房屋，既有事实根据，又有法律依据，属于合法申请非诉行政执行，故法院裁定准许执行。

◎【裁判案例 48】

　　行政机关申请执行行政协议约定的价款不符合法定条件，法院裁定不予执行。

　　2015 年 11 月 27 日，某市法院收到某省国土资源厅的《强制执行申请书》。该申请书称：2013 年，某省国土资源厅与某某煤矿井签订《采矿权出让合同》和《采矿权价款合同》。根据《采矿权价款合同》约定，某某煤矿井应缴纳采矿权价款 260.46 万元，分 3 期缴纳。该合同签订后，某某煤矿井已缴纳第 1 期价款 104 万元，第 2 期价款 79 万元应于 2014 年 02 月 30 日缴纳，但某某煤矿井至今未缴。某省国土资源厅于 2015 年 3 月发出限期缴纳通知书，2015 年 8 月 31 日下达催告书，并已送达某某煤矿井，某某煤矿井至今未缴纳。现根据《行政强制法》第四十六条规定，申请法院强制执行。请求强制执行被申请人某某煤矿井欠缴采矿权价款 79 万元。

　　某市法院经审查认为，某省国土资源厅的申请强制执行存在以下错误：

　　1. 《行政强制法》第五十四条规定，行政机关可以向所在地有管辖权的人民法院申请强制执行；执行对象是不动产的，向不动产所在地有管辖权的人民法院申请强制执行。《行政诉讼法解释》（2000 年）第八十九条规定（作者注：《行政诉讼法解释》（2018 年）第一百五十七条），行政机关申请人民法院强制执行其具体行政行为，由申请人所在地的基层人民法院受理；执行对象为不动产的，由不动产所在地的基层人民法院受理。本案中，某省国土资源厅申请强制执行的是被执行人欠缴的 79 万元采矿权价款，因此，申请执行人应当向其所在地的基层人民法院提出强制执行申请，本院没有管辖权。

2.《行政强制法》第四十六条是对第四十五条规定的加处罚款或者滞纳金如何执行所作的规定，某省国土资源厅的申请标的并不属于加处罚款或者滞纳金的范畴。因此，某省国土资源厅在催告书及强制执行申请书中，适用《行政强制法》第四十六条为申请人民法院强制执行的依据，属适用法律错误，某省国土资源厅应当适用《行政强制法》第五十三条、《行政诉讼法》第九十七条。

3.某省国土资源厅在强制执行申请书中所列的被执行人为某某煤矿井，并载明法定代表人为上官某某，职务是某某乡煤管站站长。本案中，上官某某作为某某乡煤矿的法定代表人的委托代理人，在《采矿权出让合同》上签名，某省国土资源厅不能说明上官某某的确切职务，即上官某某究竟是某某乡煤矿的法定代表人还是委托代理人、或者是某某乡煤管站站长。可以肯定的是，某某乡煤管站站长不是某某煤矿井的法定代表人。同时，按照申请执行人在主体资格方面的表述，被执行人是法人单位，能够依法独立享有民事权利、承担民事义务。但是，申请执行人作出的通知是出具给某某乡煤矿，《催告书》则出具给某某煤矿井。另外，《采矿权出让合同》抬头部分书写的出让人是某省国土资源厅，受让人是某某煤矿井，但在末尾受让人处签章的确是某某乡煤矿。因此，申请执行人在确认被执行人主体资格方面事实不清。

4.某某煤矿井于 2015 年 8 月 31 日作出《催告书》，其主文的第一句内容是"我厅于 2015 年 8 月 31 日向你（单位）送达关于限期缴纳采矿权价款的通知，催缴你单位所欠采矿权价款 79 万元"。该内容存在以下错误：（1）某省国土资源厅于 2015 年 3 月 18 日作出价款通知，限某某乡煤矿于 2015 年 5 月 31 日前缴纳欠缴价款 79 万元。因此，某省国土资源厅不可能于 2015 年 8 月 31 日向被执行人某某煤矿井送达价款通知。（2）价款通知由某省国土资源厅委托某市国土资源局于 2015 年 9 月 11 日送达给某某煤矿井，与《催告书》表述的送达时间也存在矛盾。

某市法院认为，《采矿权出让合同》是行政协议，某省国土资源厅向本院提出的强制执行申请属于人民法院的受案范围，但某省国土资源厅应当向其所在地的基层人民法院提出申请，本院没有管辖权。同时，某省国土资源厅的申请还存在明显缺乏事实根据和法律依据等可能损害被执行人合法权益的情形，因此本院对其申请事项不予支持。据此，依照《行政强制法》第五十八条第二款之规定，裁定如下：对申请执行人某省国土资源厅"请求强制执行被申请人欠缴采矿权价款 79 万元"的申请，本院不予执行。

[根据福建省永安市人民法院（2015）永执审字第 542 号行政裁定书编写]

◎作者分析

对照《行政强制法》《行政诉讼法》及其司法解释有关行政机关申请法院执行非诉行政案件的规定条件与某省国土资源厅申请法院强制执行存在的错误，某省国土资源厅如果再次申请执行，则应完善以下几项工作：

1. 重新制作和送达催告文书

根据《行政强制法》第五十四条、第五十五条规定，行政机关在申请法院强制执行前，应当催告当事人履行义务；在申请强制执行时，应当提供催告情况。本案中，某省国土资源厅虽然出具了《催告书》，但该《催告书》存在三大问题：一是《采矿权出让合同》的签订人是某某煤矿井，而某省国土资源厅向某某乡煤矿出具《催告书》；二是上官某某是某某乡煤管站站长，而不是某某煤矿井法定代表人，其在《采矿权出让合同》上仅以委托代理人签名，而某省国土资源厅在强制执行申请书中载明法定代表人为上官某某；三是《催告书》表述的几个时间相互矛盾。由此可见，涉案《催告书》部分内容存在错误，且未有效送达某某煤矿井，某省国土资源厅申请执行尚未达到《行政强制法》的上述要求，故应重作催告通知。

2. 重新向有管辖权的法院提出申请

《行政强制法》第五十四条明确规定，行政机关申请执行对象为不动产的，由不动产所在地的基层人民法院受理；行政机关申请执行其他行政行为，由申请人所在地的基层人民法院受理。本案中，某省国土资源厅申请执行对象不是不动产，而是采矿权价款，因此，由其所在地的基层法院管辖，而其所在地是某省城，而不在本案中的某市，故某市法院没有管辖权，某省国土资源厅应当向其所在地是某省城的基层法院提出强制执行申请。

3. 正确适用相关法律

本案中，某省国土资源厅依据《行政强制法》第四十六条申请法院执行，而《行政强制法》第四十六条规定："行政机关依照本法第四十五条规定实施加处罚款或者滞纳金超过三十日，经催告当事人仍不履行的，具有行政强制执行权的行政机关可以强制执行。"而某省国土资源厅申请执行的内容并非加处罚款或者滞纳金，而是采矿权价款，故属适用法律错误。某省国土资源厅如果再次申请执行，则应以《行政强制法》第五十三条、《行政诉讼法》第九十七条规定为依据。

◎【裁判案例 49】

相对人以行政主体申请法院强制搬迁为标的提起行政诉讼，不具有保护其权利的必要性及实效性。

[原告起诉]

何某向某市第一中院提起行政诉讼称：某区房屋管理局借建高铁站的机会，违反法律规定未征收而先评估，对不需要征收的原告何某的房屋进行征收，也没有依法向被征收人何某送达征收决定和征收补偿决定书，某区政府就于2014年9月向某区法院申请司法强拆，某区法院于2014年9月26日对原告何某的房屋实施了强制搬迁。某区政府违法向人民法院申请司法强拆的行为损害了其合法利益，请求依法确认被告某区政府对申请强制搬迁原告房屋的行为违法。

[一、二审裁定]

某市第一中院认为，本案被诉行为系某区政府向某区法院申请强制执行的行为。对某区政府提出的该申请，某区法院已立案受理按非诉审查程序进行审查，并作出非诉行政执行裁定书。《行政强制法》第五十三条规定："当事人在法定期限内不申请行政复议或者提起行政诉讼，又不履行行政决定的，没有行政强制执行权的行政机关可以自期限届满之日起三个月内，依照本章的规定申请人民法院强制执行。"根据修改前的《行政诉讼法》第六十六条、《行政诉讼法解释》(2000年)第八十六条、第九十三条等条款规定[作者注：《行政诉讼法解释》（2018年）第一百五十五条、第一百五十六条规定］，人民法院对符合条件的申请，应当立案受理，对不符合条件的申请，应当裁定不予受理；人民法院受理后，应当依法进行审查并就是否准予强制执行作出裁定。根据前述规定，行政机关申请强制执行的行为是否合法，应当由受理该申请的人民法院审查并作出裁定，被申请人如果认为行政机关申请强制执行的行为不合法，应当在该案件的审查程序中提出。故行政机关申请人民法院强制执行的行为，不属于行政诉讼受案范围。据此，某市第一中院依照《行政诉讼法》第四十九条第四项、《行政诉讼法解释》（2015年）第三条第一款第一项、第二款之规定，裁定驳回何某的起诉。

何某不服某市第一中院裁定，向某市高院提起上诉。某市高院以一审同样的理由裁定驳回何某的上诉，维持原裁定。

［申请再审］

何某向最高人民法院申请再审称：1.某区政府申请强制执行时，何某对某区政府的征收行为已经在法定期限内申请复议和提起诉讼，某市第一中院也已受理；某区政府申请强制执行已超过"被执行人法定起诉期限届满之日起三个月"的期限，且执行程序不合法。2.申请强制执行所依据的征收决定违反我国法律、法规的强制性规定，不属于人民法院裁定准予执行的情形。原审法院认定事实不清，适用法律错误，请求撤销一、二审裁定，依法再审本案。

［最高人民法院裁定］

最高人民法院经审查认为，本案的焦点在于何某请求人民法院确认某区政府申请强制搬迁的行为违法，是否具有通过行政诉讼加以救济的必要性及实效性。

某区政府于2014年5月28日向某区法院申请强制执行，某区法院已立案受理按非诉审查程序进行了合法性审查，并作出非诉行政执行裁定书，由该院执行局负责强制执行。《行政强制法》第五十三条规定："当事人在法定期限内不申请行政复议或者提起行政诉讼，又不履行行政决定的，没有行政强制执行权的行政机关可以自期限届满之日起三个月内，依照本章的规定申请人民法院强制执行。"修改前的《行政诉讼法》第六十六条和修改后的《行政诉讼法》第九十七条规定："公民、法人或者其他组织对具体行政行为在法定期限内不提起诉讼又不履行的，行政机关可以申请人民法院强制执行，或者依法强制执行。"《行政强制法》第五十六条、第五十七条、第五十八条，《行政诉讼法解释》（2000年）第八十六条、第九十三条以及《最高人民法院关于办理申请人民法院强制执行国有土地上房屋征收补偿决定若干问题的规定》等有关条款规定，人民法院对符合条件的申请人民法院强制执行案件，应当立案受理，对不符合条件的，应当裁定不予受理；人民法院受理后，应当依法进行审查并就是否准予强制执行作出裁定。

对于上述关于行政机关申请人民法院强制执行的规定，是属于行政性的还是司法性的，所产生的争议寻求何种救济途径，历来存在争议。但在实践中，当事人如认为行政机关申请人民法院强制执行不合法，目前可以有以下两种救济途径：一是在申请人民法院强制执行的非诉审查程序中提出异议；二是对人民法院强制执行不服的可以提出申诉。但在本案，何某没有依法通过上述两种救济途径寻求救济，而是向一审法院提起行政诉讼，请求人民法院"依法确认被告某区政府对申请强制搬迁原告房屋的行为违法"。一般认为，诉的利益是指当事人起诉应当具有的人民法院对其诉讼请求进行判决的必要性及实效性。它关注的重点是人民法院有无必要、是否能够通过判决解决当事人之间的纠纷。何某认为某区政府的申请强制搬迁行为不合法，应在所涉非诉审查程序中提出，对本案所涉强制搬迁不服的可以提出申诉寻求救济，而无需就某区政府的申请强制搬迁行为单独提起诉讼。在法律上没有明确规定可以对某区政府申请强制搬迁行为违法提起行政诉讼，且存在更为有效便捷救济方式的情况下，何某提起的本案行政诉讼有舍近求远之嫌，不具有保护其权利的必要性及实效性，缺乏诉的利益。同时，何某的起诉也不利于纠纷的及时解决，易于形成当事人的诉累，且造成有限司法资源的浪费。故而，原审法院裁定驳回何某的起诉，并无不当。何某关于原审裁定确有错误的申请再审理由不能成立，本院不予支持。

最高人民法院认定，何某的再审申请不符合《行政诉讼法》第九十一条规定的情形。依照《行政诉讼法》第一百零一条、《民事诉讼法》第二百零四条第一款之规定，裁定驳回何某的再审申请。

[根据最高人民法院（2017）最高法行申2885号行政裁定书编写]

◎作者分析

行政相对人对行政机关因征收而强制搬迁其房屋不服的，可以申请行政复议或提起行政诉讼，若在法定期限内不申请行政复议，也不提起行政诉讼，行政机关作出的征收决定或补偿决定或拆迁决定生效后，行政相对人仍不履行的，行政机关凭此可以依法申请人民法院强制执行。行政机关向人民法院申请非诉行政执行虽然也是一种行政行为，但我国现行行政诉讼法律及其司法解释没有规定这种行为是可诉的行政行为，故本案中的何某以某区政府向某区法院申请强制执行行为为标的提起行政诉讼缺乏法律依据。

申请人民法院非诉行政执行的行政行为虽然不可诉，但行政相对人（被执行人）在法院执行程序中仍有救济权利和救济途径，对此，最高人民法院在本案裁定中指出：一是在申请人民法院强制执行的非诉审查程序中提出异议；二是对人民法院强制执行不服的可以提出申诉。

关于非诉行政执行的异议。在非诉行政执行中，被执行人或利害关系人有以下三个机会提出执行异议：

1. 依据《行政强制法》第五十五条、第五十六条、第五十七条，《行政诉讼法解释》（2018年）第一百五十五条（《行政诉讼法解释》（2000年）第八十六条），以及《最高人民法院关于办理申请人民法院强制执行国有土地上房屋征收补偿决定若干问题的规定》第二条、第三条的规定，人民法院对符合条件的申请强制执行案件，应当立案受理，对不符合条件的，应当裁定不予受理。据此，被执行的行政相对人可以对行政机关申请人民法院强制执行是否符合受理条件提出异议。

2. 依据《行政强制法》第五十八条第一款、《最高人民法院关于办理申请人民法院强制执行国有土地上房屋征收补偿决定案件若干问题的规定》第五条规定，人民法院在审查期间，可以根据需要调取相关证据、询问当事人、组织听证或者进行现场调查。被执行的行政相对人在此期间亦可依法提出执行异议。

3. 根据非诉行政执行的具体操作程序，法院经审查认为行政机关申请强制执行符合法定条件的，作出准予强制执行的裁定，同时送达被执行的行政相对人；需要采取强制执行措施的，在实施强制执行措施前，再次向被执行的行政相对人送达执行通知，促使被执行人自觉履行义务。被执行的行政相对人接到上述裁定和通知后，也可以提出执行异议。

被执行的行政相对人提出执行异议，人民法院经审查，理由成立的，裁定中止对该标的的执行，理由不成立的，裁定驳回。

关于非诉行政执行的申诉。行政相对人对已发生法律效力的行政裁判不服，有权依法向上级法院或者检察机关提出重新处理的要求。《最高人民法院对〈当事人对人民法院强制执行生效具体行政行为的案件提出申诉人民法院应如何受理和处理的请示〉的答复》规定："公民、法人和其他组织认为人民法院强制执行生效的具体行政行为违法，侵犯其合法权益，向人民法院提出申诉，人民法院可以作为申诉进行审查。人民法院的全部执行活动合法，而生效具体行政行为违法的，应转送作出具体行政行为的行政机关依法处理，并通知申诉人同该行政机关联系；人民法院采取的强制措施等违法，造成损害的，应依照国家赔偿法的有关规定办理。"据此规定，被执行的行政相对人如果认为人民法院违法受理和审查行政机关强制执行的申请并裁定执行的，可以向人民法院提出申诉，人民法院可以作为申诉案件进行审查，并根据情况作出处理。

本案中，何某在有上述两种救济途径的情况下，在执行程序中既不提出异议，又不提出申诉，却选择了行政诉讼，确无保护其权利的必要性及实效性，所以法院裁定驳回其起诉。

第二节　行政机关违法强制执行

行政机关依法有权自行强制执行并采取合法措施执行行政协议的，能使行政管理目的得以实现，但若违法强制执行，不仅违反法定程序，还有可能侵害相对方的合法权益。违法强制执行是一种具有社会危害性的行政行为。

一、行政机关违法强制执行行政协议的表现情形

从实践来看，行政机关违法申请强制执行行政协议主要有以下几种表现情形：

（1）申请主体错误。如非订立行政协议的行政机关，或者没有法律、行政法规授权监督协议履行的行政机关，以行政协议为依据，以该行政协议中的相对方作为被申请人，申请人民法院对其强制执行。

（2）被申请主体错误。行政协议进入非诉执行程序，被执行人应当是行政协议中的相对方，而行政机关将他人作为被执行人申请法院强制执行，如拆迁协议中的拆迁相对方是老大，而行政机关错误地申请执行老二拆迁房屋。

（3）没有或明显缺乏行政协议约定根据。如行政机关实际安置面积超过规定面积，相对方应当支付超出部分的价款，但拆迁安置中未约定相对方支付超出部分的价款，而行政机关申请执行该部分的价款。

（4）违反法定程序。如《行政强制法》规定，行政机关实施强制执行前，事先应当催告相对方履行行政协议，应当事先作出履行决定，并应送达相对方等，而行政机关未进行这些程序就直接申请强制执行。

（5）超过期限提出申请，《最高人民法院关于适用〈中华人民共和国行政诉讼法〉的解释》第一百五十六条规定："没有强制执行权的行政机关申请人民法院强制执行其行政行为，应当自被执行人的法定起诉期限届满之日起三个月内提出。逾期申请的，除有正当理由外，人民法院不予受理。"这是行政机关申请执行的法定期限，如果超出这个期限提出执行申请，又无正当理由的，人民法院不予受理。

在行政机关自行实施强制执行方面，行政机关违法执行行政协议，除有上述同样情形外，主要有以下几种表现情形：

（1）法律、行政法规没有赋予某行政机关强制执行权，而依法只能申请人民法院强制执行的，该行政机关不依法申请法院执行却自行强制执行。

（2）扩大强制执行相对方的义务范围，改变相对方的义务内容、履行条件、履行方式等。

（3）违反《行政强制法》第六十一条规定，行政机关在夜间或者法定节

假日实施行政强制执行，对居民生活强制采取停止供水实施。

二、违法强制执行的法律责任

行政机关违法强制执行大致分两类，一类仅为程序上违法，另一类是实体上违法。仅为程序上违法，尚未造成相对方实际损失的，行政机关应当纠正违法程序，重新依照法定程序进行。如依法应当先催告履行未催告的，应当再行催告程序；如依法应当先作出行政决定而未作出行政决定的，应当再行作出行政决定，依法应当事先送达而未送达的，应当再行送达，然后再行申请强制执行，或者依法自行强制执行。

另一类是实体上违法，即行政机关在自行强制执行中对相对方的有关财产已经违法采取了强制执行措施。这时，强制执行措施尚未造成相对人实际损失的，应当及时解除强制执行措施，纠正违法行政行为；但若已经造成相对方实际损失的，除及时纠正违法强制执行行为外，应当按照《国家赔偿法》的规定承担行政赔偿责任。

此外，根据《行政强制法》第四十一条规定，在执行行政协议及其相关行政决定中或者执行完毕后，据以执行的行政协议或相关行政决定被依法判决无效、撤销、变更的，行政机关应当恢复原状或者退还财物；不能恢复原状或者退还财物的，应当按照《国家赔偿法》的规定给予赔偿。

◎【裁判案例 50 】

行政相对人虽未履行行政协议属违约，但行政机关未经催告程序就实施强制拆除则为违法。

[案情简介]

2011 年 7 月 9 日，某镇政府因城市规划项目建设需要与巫某某签订了《拆迁统建还房安置协议》，双方对房屋安置、过渡、拆迁等作了约定。某镇政府经实地调查核实，确定巫某某在该项目用地内应被拆迁的房屋总建筑面积 396.57 平方米，其中应予安置的住房 348.77 平方米，不予安置的房屋 47.80 平方米。《拆迁统建还房安置协议》还约定：巫某某应于 2011 年 7 月 22 日前自行完成其房屋内设施、物品的搬迁，巫某某搬迁完毕后应及时通知某镇政府验收并将房屋产权证、钥匙交予某镇政府，某镇政府出具的验收凭证为巫某某完成搬迁的依据；巫某某按政府通知要求，承诺按时搬迁。该协议签订后，某镇政府通过银行向巫某某支付补偿款 22236.45 元。事后，巫某某多次向某镇政府反映其房屋的面积丈量有误，需重新进行复核。某镇政府依其要求进行复核后，复核补偿结果为：合法手续面积 53.50 平方米，补偿费 77040.00 元；无合法手续面积为 97.33 平方米，补偿费 25418.70 元；住房搬迁补偿 25950.00 元，合计应补偿 128498.70 元。2014 年 12 月 30 日，巫某某再次作出承诺"如安置还房后没有项目拆除，我也无条件自行拆除"。2015 年 1 月 23 日某镇政府支付原告补偿款项 128408.70 元。

2015 年，经上级批准，某镇政府分为两个街道办事处，巫某某的房屋属于 A 街道办事处管辖范围内。2015 年 12 月 18 日，A 街道办事处工作人员拆除了巫某某的涉案房屋。

［双方诉辩］

2016 年 3 月 22 日，巫某某以 A 街道办事处为被告，向某县法院提起房屋行政强制执行诉讼。巫某某诉称：在被告某镇政府与原告巫某某没有达成补充协议、没有责令原告巫某某交出土地的情况下，被告某镇政府于 2015 年 12 月 18 日强行拆除了原告巫某某房屋的行为是违法的，故请求法院确认被告 A 街道办事处强拆原告巫某某房屋的行为违法。

A 街道办事处辩称：某镇政府对原告巫某某被拆迁房屋面积计算和补偿费用正确，并两次向巫某某支付补偿款，某镇政府已经履行协议完毕，现不应再支付补偿费用，而巫某某为按约履行房屋拆除义务，A 街道办事处拆除巫某某的房屋无违法行为。请求人民法院驳回原告的诉讼请求。

［法院判决］

某县法院认为，本案的争议焦点为 A 街道办事处是否具有直接强制拆除巫某某房屋的职权。

首先，根据原告巫某某与原某镇政府签订的《拆迁统建还房安置协议》的约定，巫某某应于 2011 年 7 月 22 日前自行完成其房屋内设施、物品的搬迁，巫某某搬迁完毕后应及时通知某镇政府验收并将房屋产权证、钥匙交予某镇政府，某镇政府出具的验收凭证为巫某某完成搬迁的依据。由于巫某某对征地补偿标准有异议，一直未履行《拆迁统建还房安置协议》约定的搬迁义务。被告 A 街道办事处未提供相关证据证明巫某某已经将房屋内设施、物品搬迁并将房屋交付给了某镇政府，仅仅以向原告巫某某足额支付了各项补偿款为由，进而认为房屋已经交付给了某镇政府的主张没有事实和法律依据。

其次，原告巫某某与某镇政府签订《拆迁统建还房安置协议》属于行政协议。作为协议一方的行政相对人不履行行政协议，行政机关不能直接将行政协议作为执行名义，但可以通过《行政强制法》规定的催告程序转换为行政行为的方式成为执行名义。若协议一方行政相对人不履行义务的，行政机关可以申请人民法院强制执行。就本案而言，被告某镇政府履行了行政协议的主要义务，在原告巫某某对行政协议未提起诉讼又不履行约定搬迁义务的情况下，被告某镇政府应当通过催告程序要求原告巫某某履行协议中约定的义务。若原告巫某某仍不履行相关义务，被告某镇政府才能向人民法院申请强制执行。然而，被告 A 街道办事处未经任何法定程序情况下，自行拆除了原告巫某某的涉案房屋，该行政行为违反了法定程序，原告巫某某请求确认该行政行为违法，本院予以支持。

某县法院根据《行政诉讼法》第七十四条第二款第一项之规定，判决确认被告 A 街道办事处拆除原告房屋的行为违法。

[根据重庆市石柱土家族自治县人民法院（2016）渝 0240 行初 33 号
行政判决书编写]

◎作者分析

本案中，某镇政府与巫某某签订《拆迁统建还房安置协议》并无违法之处，且某镇政府已经按约先后两次全部履行了补偿义务，巫某某亦应按约自行拆除涉案房屋，巫某某不履行拆除义务属于违约行为。但 A 街道办事处拆除巫某某房屋存在以下两个主要违法行为：

1. 实施强制拆除主体违法。《国有土地上房屋征收与补偿条例》第二十八条规定："被征收人在法定期限内不申请行政复议或者不提起行政诉讼，在补偿决定规定的期限内又不搬迁的，由作出房屋征收决定的市、县级人民政府依法申请人民法院强制执行。"本案中，A 街道办事处虽是《拆迁统建还房安置协议》的签订人，但不是"作出房屋征收决定的市、县级人民政府"，不具有向法院申请强制拆迁的主体资格。按照现行行政法规定，作出房屋征收决定的市、县级人民政府也没有行政强制执行权，而应当依法申请人民法院强制执行。而 A 街道办事处自行直接实施强制拆迁，显然违反上述规定。

2. 实施强制拆除程序违法。根据《行政强制法》第三十五条、第三十六条、第三十七条规定，行政机关作出强制执行决定前，应当事先采取书面形式催告当事人履行义务；当事人收到催告书后有权进行陈述和申辩，行政机关应当充分听取当事人的意见，对当事人提出的事实、理由和证据，应当进行记录、复核；经催告，当事人逾期仍不履行行政决定，且无正当理由的，行政机关可以作出强制执行决定，然后申请人民法院强制执行。而 A 街道办事处未采取书面形式催告巫某某拆除涉案房屋，也未告知巫某某陈述和申辩，更无作出复核和强制执行决定的程序，就经行拆除巫某某的房屋，显然违反强制拆除的法定程序。

巫某某虽以 A 街道办事处未与其达成补充协议、未责令其交出土地为由，认为 A 街道办事处强行拆除其房屋违法，但巫某某的诉讼请求仅为确认 A 街道办事处强拆其房屋违法，而没有提出损失赔偿的请求，所以，某县法院只审理 A 街道办事处强制拆除行为是否合法的问题。

关于行政机关违法强制拆除的法律责任问题，根据《行政强制法》第四十一条规定，行政机关执行错误的，应当恢复原状或者退还财物；不能恢复原状或者退还财物的，依法给予赔偿。本案中，A 街道办事处强制拆除行为被法院确认无效后，因城市规划项目建设需要拆迁巫某某的房屋，符合"为实现行政管理或者公共服务目标"的要求，故不能采取恢复原状的补救措施，巫某某认为因此遭受损失的，除已领取的补偿款外，可以根据上述规定另行提起诉讼再获救济。

◎【裁判案例 51】

政府派出机构径直通知相对方拆除行政协议所涉房屋的，行为违法。

［案情简介］

某某公司以受让方式获得某某路××号地块392.1平方米国有土地使用权，并在其上建造综合楼。2003年，某市经济技术开发区管理委员会（以下简称经开区管委会）因某某路沿线改造需要，与某某公司签订了《企业补偿协议》，就道路拓宽对某某公司综合厂房的影响进行了补偿。2009年7月17日，经开区管委会签订又与某某公司订立《企业补偿实施协议》，其中第三条约定："某某公司在经开区管委会拆迁完成的空留地内已搭建的建筑，在该地块开发之前，无偿供某某公司使用，一旦该地方要开发建设，某某公司应无条件自行拆除"。2015年5月12日，经开区管委会向某某公司发出《腾退通知》，其中载明"逾期不腾退的，我区将委托某某街道按协议要求组织收回并拆除。"

某某公司对该《腾退通知》不服，由于经开区管委会系某市政府的派出机构，某某公司遂以某市政府为被告起诉至某市中院。

［一审判决］

某市中院认为：《企业补偿实施协议》第三条约定"某某公司在经开区管委会拆迁完成的空留地内已搭建的建筑，在该地块开发之前，无偿供某某公司使用，一旦该地方要开发建设，某某公司应无条件自行拆除"是一个附条件的履行条款，未违反国家法律、法规的禁止性规定，合法有效。行政协议亦应遵守合同法自愿、平等、协商一致的原则和基础。涉案《企业补偿实施协议》非经开区管委会基于单方面意志强迫某某公司接受此附条件，某某公司当时可以接受，也可以不接受，既然某某公司已经盖章签字，表明其同意条款内容。现经开区管委会已提供证据证明，涉案地块要进行开发建设，某某公司腾退的条件已经成就，经开区管委会依照协议向某某公司发出《腾退通知》，系对某某公司履行合同义务的催告，其内容符合协议约定亦不违法。但在通知中，经开区管委会称"逾期不腾退的，我区将委托某某街道按协议要求组织收回并拆除"的内容与现行法律法规的规定相冲突，因此该通知中此项内容违法。

某市中院判决：一、确认被告某市政府2015年5月12日向原告某某公司发出的《腾退通知》中关于"逾期不腾退的，我区将委托某某街道按协议要求组织收回并拆除"的告知内容违法；二、驳回原告某某公司其他诉讼请求。

[二审判决]

某某公司不服某市中院一审判决，向某省高院上诉。

某省高院认为：《企业补偿实施协议》明确约定，上诉人某某公司在涉案地块已搭建的建筑在该地块开发之前，经开区管委会承诺无偿供上诉人某某公司使用，一旦该地方要开发建设，上诉人某某公司应无条件自行拆除。上述协议未违反国家法律、法规的禁止性规定，且是双方当事人的真实意思表示，故协议的双方当事人应按照约定内容履行协议。2010年，经开区管委会决定对涉案地块进行开发建设，上诉人某某公司作为协议的一方当事人应依照约定无条件自行拆除涉案地块搭建的建筑，而上诉人某某公司未履行，经开区管委会作为协议的另一方当事人有权要求上诉人某某公司履行。故经开区管委会于2015年5月12日向上诉人发出被诉《腾退通知》，要求上诉人某某公司履行协议，并无不当。但该通知中关于"逾期不腾退的我区将委托某某街道按协议要求组织收回并拆除"的内容与土地管理法的规定不符，应确认违法。

某省高院认定，一审判决认定事实清楚，适用法律正确，上诉人某某公司提出的上诉理由不能成立。于是判决驳回某某公司上诉，维持原判。

[再审裁定]

某某公司对某省高院二审终审判决仍不服，向最高人民法院申请再审。

最高人民法院认为：《行政诉讼法解释》（2015年）第十一条第一款规定："行政机关为实现行政管理或者公共服务目标，在法定职责范围内，与公民、法人或者其他组织协商订立的具有行政法上权利义务内容的协议，属于行政诉讼法第十二条第一款第十一项规定的行政协议。"《合同法》第八条规定："依法成立的合同，对当事人具有法律约束力。当事人应当按照约定履行自己的义务，不得擅自变更或者解除合同。依法成立的合同，受法律保护。"本案中，法院确认某市政府于2015年5月12日向某某公司发出的《腾退通知》中关于"逾期不腾退的，我区将委托某某街道按协议要求组织收回并拆除"的告知内容违法，但根据一、二审法院查明的事实，在涉案房屋拆除之前，某某公司已经与经开区管委会签订协议，约定某某公司在涉案地块已搭建的建筑在该地块开发之前，无偿供其使用，一旦该地方要开发建设，某某公司应无条件自行拆除，该约定并不违反法律规定。

最高人民法院裁定驳回某某公司的再审申请。

　　　　　　［根据浙江省高级人民法院（2015）浙行终字第 832 号行政判决书和
　　　　　　最高人民法院（2017）最高法行申 4783 号行政裁定书编写］

◎作者分析

　　本案中，《企业补偿实施协议》合法有效，包括其中第三条约定"某某公司在经开区管委会拆迁完成的空留地内已搭建的建筑，在该地块开发之前，无偿供某某公司使用，一旦该地方要开发建设，某某公司应无条件自行拆除"，未违反国家法律、法规的禁止性规定，也为合法有效的附条件履行条款。基于该协议合法有效，经开区管委会在全部履行义务后，某某公司就应在附条件成就时履行拆除建筑物并腾退土地的义务。在某某公司不履行拆迁腾退义务的情形下，经开区管委会向某某公司发出具有催告内容的《腾退通知》，在程序上也属合法行为。但此后应当依照《国有土地上房屋征收与补偿条例》第二十八条、《行政强制法》第三十七条以及《行政诉讼法》第九十七条规定的程序要求，由作出房屋征收决定的某市政府向法院申请强制执行。而经开区管委会在其《腾退通知》中径直告知某某公司"逾期不腾退的，我区将委托某某街道按协议要求组织收回并拆除"，此内容显然违反上述程序规定，所以三级法院一致认定此项内容违法。

◎【裁判案例 52】

　　行政机关违法拆除相对方房屋的法律责任不是行政补偿而是行政赔偿。

［案情简介］

　　2014 年 8 月 31 日，某区政府在某某日报上发布《某区政府关于某某区块旧城改造房屋征收范围的公告》，并公布了房屋征收范围，明确了对某某区块实施旧城改造。许某某位于某某巷 8 号、9 号的房屋被纳入房屋征收范围。2014 年 9 月 26 日，某区政府组织有关部门强制拆除了许某某的上述房屋。

　　此后的 2014 年 10 月 25 日，该区政府作出《关于某某巷区块旧城改造建设项目房屋征收的决定》（以下简称《房屋征收决定》）。该决定载明：因旧城区改建的需要，决定对某某巷区块范围内房屋实行征收；房屋征收部门为区住建局，房屋征收实施单位为某区块改造工程指挥部（以下简称改造工程指挥部）；签约期限为45天，搬迁期限为30日，具体起止日期在房屋征收评估机构选定后，由房屋征收部门另行公告；附件为《征收补偿方案》。2014年10月26日，该区政府将《房屋征收决定》《征收补偿方案》在某某日报上公布。

此前的2001年，包括许某某案涉房屋在内的"两街"区块整合改造被纳入拆迁范围，某某开发公司取得了房屋拆迁许可证，该证其载明的拆迁期限为2001年7月10日至2001年8月9日，后因故未实际完成拆迁。

许某某以某区政府为被告，向某市中院提起行政诉讼，请求判决某区政府强制拆除其房屋违法，并予以行政赔偿。

某区政府辩称：区政府未实施房屋强拆行为，许某某所诉的房屋拆除与区政府无关；造成案涉房屋被损毁的是案外第三人，属于民事侵权赔偿纠纷，不属于行政争议，应当驳回许某某的诉讼请求。

[一审判决]

某市中院认为，某区政府主张案涉房屋系案外人拆除缺乏充分的证据证明，且与查明的事实不符，对其该项主张不予采纳。

案涉房屋虽曾于2001年被纳入拆迁范围，但拆迁人某某开发公司在取得房屋拆迁许可证后，一直未能对案涉房屋实施拆迁。根据当时有效的《某省城市房屋拆迁管理条例》第十二条规定，拆迁人自取得房屋拆迁许可证之日起三个月内不实施拆迁的，房屋拆迁许可证自然失效。据此可以确认，案涉房屋已不能再按照2001年对某某巷区块房屋进行拆迁时制定的规定和政策实施拆迁。某区政府在2014年10月26日公布的《房屋征收决定》将案涉房屋纳入征收范围后，应当按照《国有土地上房屋征收与补偿条例》及相关法律法规的规定依法进行征收并实施补偿。

《国有土地上房屋征收与补偿条例》明确规定，实施房屋征收应当先补偿、后搬迁。房屋征收部门与被征收人在征收补偿方案确定的签约期限内达不成补偿协议的，由房屋征收部门报请作出房屋征收决定的市、县级人民政府依照条例的规定，按照征收补偿方案作出补偿决定。被征收人在法定期限内不申请行政复议或者不提起行政诉讼，在补偿决定规定的期限内又不搬迁的，由作出房屋征收决定的市、县级人民政府依法申请人民法院强制执行。许某某未与房屋征收部门达成补偿协议，也未明确同意将案涉房屋腾空并交付拆除。在此情形下，某区政府依法应对许某某作出补偿决定后，通过申请人民法院强制执行的方式强制执行，而不能直接将案涉房屋拆除。某区政府将案涉房屋拆除的行为应确认为违法，并应对许某某因此受到的损失承担赔偿责任。

鉴于案涉房屋已纳入某某巷区块旧城改造范围内，房屋已无恢复原状的可能性和必要性，从维护许某某合法权益的角度出发，宜由某区政府参照《征收补偿方案》对许某某作出赔偿。

某市中院判决：一、确认某区政府强制拆除许某某位于某某巷8号、9号房屋的行政行为违法；二、责令某区政府于判决生效之日起60日内参照《征收补偿方案》对许某某作出赔偿。

许某某不服某市中院"参照《征收补偿方案》对许某某作出赔偿"的判决，向某省高院提起上诉，请求恢复原状，如果不能恢复原状，则应按市场价格对其进行赔偿。

［二审判决］

某省高院认为：2001年7月，因"两街"区块整合改造项目建设需要，原某市房地产管理局向某某开发公司颁发了房屋拆迁许可证，案涉房屋被纳入上述拆迁许可证的拆迁红线范围，但拆迁人在拆迁许可证规定的期限内一直未实施拆迁。2014年10月26日，某区政府公布《房屋征收决定》，将案涉房屋纳入征收范围，但该房屋在《房屋征收决定》公布前的2014年9月26日即被拆除，不符合《国有土地上房屋征收与补偿条例》第二十七条规定的"先补偿、后搬迁"的原则。对案涉房屋实施拆除行为的法律责任，应当由作出《房屋征收决定》的某区政府承担。一审法院判决确认某区政府强制拆除行为违法并无不当。

《国家赔偿法》第四条规定，行政机关及其工作人员在行使行政职权时，因违法行为造成财产损害的，受害人有取得赔偿的权利。第三十二条第二款规定，能够返还财产或者恢复原状的，予以返还财产或者恢复原状。许某某的房屋已被《房屋征收决定》纳入征收范围，且已被强制拆除，许某某要求恢复原状的理由不能成立。许某某在二审时提出如果不能恢复原状，则要求依据周边房地产市场价格对其进行赔偿。案涉房屋虽被某区政府违法拆除，但该房屋因征收所应获得的相关权益，仍可以通过征收补偿程序获得补偿，现许某某主张通过国家赔偿程序解决案涉房屋被违法拆除的损失，缺乏相应的法律依据。同理，一审法院直接责令某区政府参照《征收补偿方案》对许某某作出赔偿，也缺乏法律依据，且可能导致许某某对案涉房屋的补偿安置丧失救济权利。另，许某某提出要求赔偿每月2万元停产停业损失的请求，属于房屋征收补偿范围，可通过征收补偿程序解决。至于许某某提出的赔偿财产损失6万元，因其并没有提供相关财产损失的证据，不予支持。

某省高院判决：一、维持一审行政判决第一项（即确认某区政府强制拆除许某某位于某某巷8号、9号房屋的行政行为违法）；二、撤销一审判决第二项（即责令某区政府于判决生效之日起60日内参照《征收补偿方案》对许某某作出赔偿）；三、驳回许某某的其他诉讼请求。

[申请再审]

许某某不服某省高院二审判决，向最高人民法院申请再审，请求撤销二审判决第二项与第三项，改判某区政府将案涉房屋恢复原状，如不能恢复原状，则判令某区政府依据周边房地产市场价格赔偿，并判令某区政府赔偿停产停业损失每月2万元、房屋内物品等财产损失6万元。主要事实与理由：

1.二审法院判决未能正确区分行政赔偿与行政补偿之间的基本区别，认为赔偿问题可以通过征收补偿程序解决，主要证据不足，属于认定事实错误。

2.二审法院判决驳回许某某的赔偿请求，要求许某某另行通过征收补偿程序解决，缺乏法律依据，更不利于保护许某某的合法权益。

3.某区政府对违法强拆行为给许某某造成的物品损失，应当承担行政赔偿责任。

4.二审法院的判决使某区政府对违法行为免于承担法律责任，将使得许某某对由此产生的经济损失无从行使司法救济权利。

某区政府答辩称：1.案涉房屋系历史上形成的老房，作为拆迁遗留问题，区政府同意作为合法建筑予以补偿；2.区政府没有组织人员对案涉房屋进行强制拆除，由于案涉房屋年代久远且与其他待拆除房屋毗邻，改造工程指挥部委托某某建筑公司对已达成补偿安置协议的案外人的房屋进行拆除时，由于施工不当导致案涉房屋坍塌，此属于建筑公司民事侵权引发的民事纠纷，区政府对此不应承担法律责任；3.案涉房屋不能按照营业用房补偿；4.区政府先后多次与许某某协商，也愿意合法合理补偿，维护其合法权益，希望许某某理解并配合。

[**最高人民法院判决**]

最高人民法院认为，本案的争议焦点主要包括四个方面：一、关于强制拆除主体的认定问题；二、关于本案拆除行为是否违法的问题；三、关于本案通过行政赔偿还是行政补偿程序进行救济的问题；四、关于赔偿方式、赔偿项目、赔偿标准与赔偿数额的确定问题。

一、关于强制拆除主体的认定问题

《国有土地上房屋征收与补偿条例》第四条第一款、第二款规定，市、县级人民政府负责本行政区域的房屋征收与补偿工作。市、县级人民政府确定的房屋征收部门组织实施本行政区域的房屋征收与补偿工作。第五条规定，房屋征收部门可以委托房屋征收实施单位，承担房屋征收与补偿的具体工作。房屋征收实施单位不得以营利为目的。房屋征收部门对房屋征收实施单位在委托范围内实施的房屋征收与补偿行为负责监督，并对其行为后果承担法律责任。第二十八条第一款规定，被征收人在法定期限内不申请行政复议或者不提起行政诉讼，在补偿决定规定的期限内又不搬迁的，由作出房屋征收决定的市、县级人民政府依法申请人民法院强制执行。根据上述规定，在国有土地上房屋征收过程中，有且仅有市、县级人民政府及其确定的房屋征收部门才具有依法强制拆除合法建筑的职权，建设单位、施工单位等民事主体并无实施强制拆除他人合法房屋的权力。民事主体自行违法强制拆除他人合法房屋，涉嫌构成故意毁坏财物罪的，权利人可以依法请求公安机关履行相应职责；人民法院经审查认为有犯罪行为的，应当依据《行政诉讼法》第六十六条第一款的规定，将有关材料移送公安、检察机关。因而，除非市、县级人民政府能举证证明房屋确系在其不知情的情况下由相关民事主体违法强拆的，则应推定强制拆除系市、县级人民政府委托实施，人民法院可以认定市、县级人民政府为实施强制拆除的行政主体，并应承担相应的赔偿责任。

本案中，某区政府主张2014年9月26日改造工程指挥部委托建筑公司对已达成补偿安置协议的案外人的房屋进行拆除时，因操作不慎导致案涉房屋坍塌；建筑公司于2015年3月6日出具的情况说明也作了类似陈述。某区政府据此否认强拆行为系由政府组织实施，认为造成案涉房屋损毁的是案外人建筑公司，并主张本案系民事侵权赔偿纠纷，与某区政府无关，不属于行政争议。但案涉房屋被强制拆除系在某区政府作为征收主体进行征收过程中发生的。案涉房屋被拆除前的2014年8月31日，某区政府即发布旧城改造房屋征收公告，将案涉房屋纳入征收范围。因此，对于房屋征收过程中发生的合法房屋被强制拆除行为，首先应推定系某区政府及其确定的房屋征收部门实施的行政强制行为，并由其承担相应责任。本案虽然有建筑公司主动承认"误拆"，但改造工程指挥部工作人员提供的行政执法人员在拆除现场的现场照片及当地有关新闻报道等，均能证实2014年9月26日强制拆除系政府主导下进行，故某区政府主张强拆系民事侵权的理由不能成立。建筑公司拆除案涉房屋的行为，其法律责任应由委托其拆除的改造工程指挥部承担；改造工程指挥部系由某区政府组建并赋予行政管理职能但不具有独立承担法律责任能力的临时机构，某区政府应当作为被告，并承担相应的法律责任。

二、关于本案拆除行为是否违法的问题

《物权法》第四条规定，国家、集体、私人的物权和其他权利人的物权受法律保护，任何单位和个人不得侵犯。第四十二条第一款规定，为了公共利益的需要，依照法律规定的权限和程序可以征收集体所有的土地和单位、个人的房屋及其他不动产；第三款规定，征收单位、个人的房屋及其他不动产，应当依法给予拆迁补偿，维护被征收人的合法权益；征收个人住宅的，还应当保障被征收人的居住条件。国家因公共利益需要确需征收的，应当根据《国有土地上房屋征收与补偿条例》规定，给予房屋所有权人公平补偿，并按照《国有土地上房屋征收与补偿条例》第二十七条的规定，先给予补偿，后实施搬迁。房屋所有权人在签订补偿协议或者收到补偿决定确定的补偿内容后，也有主动配合并支持房屋征收的义务和责任。《国有土地上房屋征收与补偿条例》和《最高人民法院关于办理申请人民法院强制执行国有土地上房屋征收补偿决定案件若干问题的规定》对市、县级人民政府及房屋征收部门如何实施征收、如何进行补偿、如何强制搬迁以及如何保障被征收人获得以市场评估价格为基础的公平补偿的权利进行了系统、严密的规定。同时，为了确保因公共利益需要而进行的房屋征收顺利、高效实施，还专门规定对极少数不履行补偿决定、又不主动搬迁的被征收人可以依法进行强制搬迁。具体到本案中，根据《国有土地上房屋征收与补偿条例》的规定，某区政府应当先行作出房屋征收决定并公告，然后与许某某就补偿方式、补偿金额和支付期限等事项订立补偿协议；如双方在征收补偿方案确定的签约期限内达不成补偿协议的，市、县级人民政府则应当依法单方作出补偿决定。被征收人对补偿决定不服的，可以依法申请行政复议，也可以依法提起行政诉讼；被征收人在法定期限内不申请行政复议或者不提起行政诉讼，在补偿决定规定的期限内又不搬迁的，由作出房屋征收决定的市、县级人民政府依法申请人民法院强制执行。人民法院裁定准予执行后，一般由作出征收补偿决定的市、县级人民政府组织实施，也可以由人民法院执行。此即为一个合法的征收与补偿应当遵循的法定程序，也系法律对征收与补偿的基本要求。本院注意到，案涉房屋的征收拆迁，最早始于2001年7月开发公司取得拆迁许可证，在10多年时间内，如因房屋所有权人提出不合法的补偿请求，导致未能签署补偿安置协议，某区政府及其职能部门应当依法行使法律法规赋予的行政职权，及时作出拆迁安置裁决或者补偿决定，给予许某某公平补偿，并及时强制搬迁以保障公共利益的实现和拆迁征收工作的顺利进行。但某区政府及相应职能部门既未及时依法履职，又未能保障被征收人合法权益，也未能正确理解《国有土地上房屋征收与补偿条例》有关强制搬迁制度的立法目的，还未能实现旧城区改造项目顺利实施；而是久拖不决，并以所谓民事"误拆"的方式违法拆除被征收人房屋，最终不得不承担赔偿责任。一、二审法院判决确认某区政府强制拆除行为违法，符合法律规定，本院予以支持。

三、关于本案通过行政赔偿还是行政补偿程序进行救济的问题

行政补偿是指行政机关实施合法的行政行为，给行政相对人合法权益造成的损失，由国家依法予以补偿的制度。行政赔偿是指行政机关实施违法的行政行为，侵犯行政相对人合法权益，由国家依法予以赔偿的制度。在国有土地上房屋征收过程中，征收及与征收相关联的行政行为违法造成损失的赔偿问题，较为复杂。其中，既有因违法拆除给权利人物权造成损失的赔偿问题，也有因未依据《国有土地上房屋征收与补偿条例》第十七条和当地征收补偿政策进行征收补偿而给权利人造成的应补偿利益的损失问题，甚至还包括搬迁、临时安置以及应当给予的补助和奖励的损失问题。尤其是在因强制拆除引发的一并提起的行政赔偿诉讼中，人民法院应当结合违法行为类型与违法情节轻重，综合

协调适用《国家赔偿法》规定的赔偿方式、赔偿项目、赔偿标准与《国有土地上房屋征收与补偿条例》规定的补偿方式、补偿项目、补偿标准，依法、科学地确定赔偿项目和赔偿数额，让被征收人得到的赔偿不低于其依照征收补偿方案可以获得的征收补偿，确保产权人得到公平合理的补偿。同时，人民法院在确定赔偿义务机关和赔偿数额时，要坚持有权必有责、违法须担责、侵权要赔偿、赔偿应全面的法治理念，对行政机关违法强制拆除被征收人房屋，侵犯房屋所有权人产权的，应当依法责令行政机关承担行政赔偿责任，而不能让产权人因侵权所得到的赔偿低于依法征收所应得到的补偿。

通常情况下，强制拆除被征收人房屋应当依据已经生效的补偿决定，而补偿决定应当已经解决了房屋本身的补偿问题。因此，即使强制拆除行为被认定为违法，通常也仅涉及对房屋内物品损失的赔偿问题，而不应涉及房屋本身的补偿或者赔偿问题。但本案在强制拆除前，既无征收决定，也无补偿决定，许某某也未同意先行拆除房屋，且至今双方仍未达成补偿安置协议，许某某至今未得到任何形式补偿，强制拆除已构成重大且明显违法，应当依法赔偿。对许某某房屋损失的赔偿，不应再依据《国有土地上房屋征收与补偿条例》第十九条所规定的《房屋征收决定》公告之日被征收房屋类似房地产的市场价格，即2014年10月26日的市场价格，为基准确定，而应按照有利于保障许某某房屋产权得到充分赔偿的原则，以某区政府在本判决生效后作出赔偿决定时点的案涉房屋类似房地产的市场价格为基准确定。同时，根据《国家赔偿法》第三十六条第八项有关对财产权造成其他损害的，按照直接损失给予赔偿的规定，许某某在正常征收补偿程序中依法和依据当地征收补偿政策应当得到的利益损失，属于其所受到的直接损失，也应由某区政府参照补偿方案依法予以赔偿。因此，本案存在行政赔偿项目、标准与行政补偿项目、标准相互融合的情形，一审法院判决第二项责令某区政府参照《征收补偿方案》对许某某进行赔偿；二审法院判决认为应当通过后续的征收补偿程序获得救济，并据此驳回许某某的行政赔偿请求，均属对《国家赔偿法》《国有土地上房屋征收与补偿条例》等相关规定的错误理解，应予纠正。

四、关于赔偿方式、赔偿项目、赔偿标准与赔偿数额的确定问题

具体到本案中，根据许某某的诉讼请求，其主张的损失包括以下三个部分：一是房屋损失；二是停产停业损失；三是房屋内物品的损失。某区政府与许某

某应就上述三项损失问题平等协商，并可通过签订和解协议的方式解决；如双方无法达成一致，某区政府应按照本判决确定的方法，及时作出行政赔偿决定。

（一）房屋损失的赔偿方式与赔偿标准问题。《国家赔偿法》第三十二条规定，国家赔偿以支付赔偿金为主要方式。能够返还财产或者恢复原状的，予以返还财产或者恢复原状。据此，返还财产、恢复原状是国家赔偿首选的赔偿方式，既符合赔偿请求人的要求也更为方便快捷；但其适用条件是原物未被处分或未发生毁损灭失，若相关财产客观上已无法返还或恢复原状时，则应支付相应的赔偿金或采取其他赔偿方式。本案中，案涉房屋已经被列入旧城区改造的征收范围，且已被某区政府拆除，因此，对许某某要求恢复房屋原状的赔偿请求，本院不予支持。案涉房屋系因旧城区改建而被拆除，如系依法进行的征收与拆除，许某某既可以选择按征收决定公告之日的市场评估价进行货币补偿，也有权要求在改建地段或者就近地段选择类似房屋予以产权调换。本案系因违法强制拆除引发的赔偿，《国家赔偿法》第四条第三项规定，行政机关违法征收，侵犯财产权的，受害人有取得赔偿的权利。因此，为体现对违法征收和违法拆除行为的惩诫，并有效维护许某某合法权益，对许某某房屋的赔偿不应低于因依法征收所应得到的补偿，即对许某某房屋的赔偿，不应低于赔偿时改建地段或者就近地段类似房屋的市场价值。结合《国家赔偿法》第三十六条诸项规定以及许某某申请再审的请求，某区政府既可以用在改建地段或者就近地段提供类似房屋的方式予以赔偿，也可以根据作出赔偿决定时点有效的房地产市场评估价格为基准计付赔偿款。某区政府与许某某可以按照《国有土地上房屋征收与补偿条例》第二十条规定的方式确定房地产价格评估机构。鉴于案涉房屋已被拆除，房地产评估机构可以参考《国有土地上房屋征收评估办法》第十三条所规定的方法，根据某区政府与许某某提供的原始资料，本着疑点利益归于产权人的原则，独立、客观、公正地出具评估报告。

（二）停产停业损失的赔偿标准问题。本案中，许某某主张因为房屋被拆除导致其停业，要求赔偿停产停业至今的损失每月2万元，某区政府对许某某存在经营行为的事实予以认可，但提出因为许某某的房屋属于无证建筑，只能按照一般住房进行补偿，不予计算停产停业的损失。本院认为，《国有土地上房屋征收与补偿条例》第二十三条规定，对因征收房屋造成停产停业损失的补偿，根据房屋被征收前的效益、停产停业期限等因素确定。具体办法由省、自治区、直辖市制定。《某省国有土地上房屋征收与补偿条例》第二十九条第一款规定，征收非住宅房屋造成停产停业损失的，应当根据房屋被征收前的效益、停产停业期限等因素给予补偿。补偿的标准不低于被征收房屋价值的百分之五，具体标准由设区的市、县（市）人民政府规定。《某市区国有土地上房屋征收与补偿实施意见（试行）》第三十四条第一款规定，征收非住宅房屋造成停产停业损失的，按被征收房屋价值的百分之五计算。

《国有土地上房屋征收与补偿条例》第二十四条第二款规定，市、县级人民政府作出房屋征收决定前，应当组织有关部门依法对征收范围内未经登记的建筑进行调查、认定和处理。对认定为合法建筑和未超过批准期限的临时建筑的，应当给予补偿；对认定为违法建筑和超过批准期限的临时建筑的，不予补偿。既然案涉房屋已被认定为合法建筑，则其与已发放房屋所有权证的房屋在补偿问题上拥有同等法律地位。如果许某某提供的营业执照、纳税证明等证据，能够证明其符合《国有土地上房屋征收与补偿条例》《某省国有土地上房屋征收与补偿条例》《某市区国有土地上房屋征收与补偿实施意见（试行）》所确定的经营用房（非住宅房屋）条件，则某区政府应当依据上述规定，合理确定停产停业损失的金额并予以赔偿。但由于征收过程中的停产停业损失，只是补偿因征收给房屋所有权人经营造成的临时性经营困难，具有过渡费用性质，因而只能计算适当期间或者按照房屋补偿金额的适当比例计付。同时，房屋所有权人在征收或者侵权行为发生后的适当期间，也应当及时寻找合适地址重新经营，不能将因自身原因未开展经营的损失，全部由行政机关来承担。因此许某某主张按每月停产停业损失2万元标准赔偿至房屋恢复原状时的再审请求，没有法律依据，本院不予支持。

（三）屋内物品损失的赔偿金额确定方式问题。《国家赔偿法》第十五条第一款规定，人民法院审理行政赔偿案件，赔偿请求人和赔偿义务机关对自己提出的主张，应当提供证据。《行政诉讼法解释》（2000年）第二十七条第三项进一步规定，在一并提起的行政赔偿诉讼中，原告应当就因受被诉行为侵害而造成损失的事实承担举证责任。《最高人民法院关于行政诉讼证据若干问题的规定》第五条也规定，在行政赔偿诉讼中，原告应当对被诉具体行政行为造成损害的事实提供证据。因此，许某某就其房屋内物品损失事实、损害大小、损害金额承担举证责任，否则将承担不利后果。同时，《行政诉讼法》第三十八条第二款还规定，在行政赔偿案件中，原告应当对行政行为造成的损害提供证据。因被告的原因导致原告无法举证的，由被告承担举证责任。因此，因行政机关违反正当程序，不依法公证或者依法制作证据清单，给原告履行举证责任造成困难的，且被告也无法举证证明实际损失金额的，人民法院可在原告就损失金额所提供证据能够初步证明其主张的情况下，依法作出不利于行政机关的损失金额认定。许某某向一审法院提供的相关照片与清单，可以判断案涉房屋内有鸟笼等物品，与其实际经营花鸟生意的情形相符；在许某某已经初步证明存在损失的情况下，其合情合理的赔偿请求应当得到支持。某区政府可以根据市场行情，结合许某某经营的实际情况以及所提供的现场照片、物品损失清单等，按照有利于许某某的原则酌情确定赔偿数额，对房屋内财产损失依法赔偿。

综上，一、二审法院判决确认某区政府强制拆除许某某房屋的行政行为违法的判项正确，本院予以维持。但一审判决责令某区政府参照《征收补偿方案》对许某某进行赔偿，未能考虑到作出赔偿决定时点的类似房地产市场价格已经比《征收补偿方案》确定的补偿时点的类似房地产市场价格有了较大上涨，仅参照《征收补偿方案》进行赔偿，无法让许某某有关赔偿房屋的诉讼请求得到支持；二审判决认为应通过征收补偿程序解决本案赔偿问题，未能考虑到案涉房屋并非依法定程序进行的征收和强制搬迁，而是违法实施的强制拆除，某区政府应当承担赔偿责任。一审判决第二项与二审判决第二项、第三项均属于适用法律错误，应予纠正。

最高人民法院判决如下：

一、维持某省高院二审行政判决第一项某市中院一审行政判决第一项，即确认某区政府强制拆除许某某房屋的行政行为违法。

二、撤销某省高院行政判决第二项、第三项与某市中院行政判决第二项。

三、责令某区政府在本判决生效之日起九十日内按照本判决对许某某依法予以行政赔偿。

［根据最高人民法院（2017）最高法行再101号行政判决书编写］

◎作者分析

本案中，三级法院一致确认某区政府强制拆除许某某房屋的行政行为违法，但对许某某的损失应当适用行政补偿还是适用行政赔偿以及依据和标准有不同的认识和处理。

某市中院一审适用行政赔偿，但责令某区政府参照《征收补偿方案》作出赔偿。某省高院二审认为，案涉房屋虽被违法拆除，但许某某仍可通过征收补偿程序获得行政补偿，许某某主张行政赔偿和一审法院责令行政赔偿缺乏相应的法律依据。就此，最高人民法院在本案再审判决中指出："行政补偿是指行政机关实施合法的行政行为，给行政相对人合法权益造成的损失，由国家依法予以补偿的制度。行政赔偿是指行政机关实施违法的行政行为，侵犯行政相对人合法权益，由国家依法予以赔偿的制度。"可见，行政赔偿与行政补偿的根据是行政行为的"违法"与"合法"的区别，即合法行政行为造成行政相对人损失的，适用行政补偿；违法行政行为侵犯行政相对人合法权益的，适用行政赔偿。据此，法院在确认某区政府强制拆除许某某房屋的行政行为违法的基础上，应当适用行政赔偿，而不适用行政补偿。某省高院认定适用行政补偿，正如许某某上诉所称一样"未能正确区分行政赔偿与行政补偿之间的基本区别"，据此判决驳回许某某行政赔偿的诉讼请求实属错误。

第三节　行政协议的执行和解

这里的执行和解，是指行政机关与相对方在司法执行程序中经协商一致，改变原行政协议所确定的权利义务内容的一种执行方式。执行和解不是司法执行的必经程序，但对顺利实现行政协议目的，改善行政机关与相对人之间的关系具有一定的意义。

一、执行和解是诉讼和解的延续

《行政协议解释》第二十三条规定："人民法院审理行政协议案件，可

以依法进行调解。"这里"依法"是指依照《行政诉讼法》第六十条第一款
"人民法院审理行政案件，不适用调解。但是，行政赔偿、补偿以及行政机
关行使法律、法规规定的自由裁量权的案件可以调解"和第二款"调解应当
遵循自愿、合法原则，不得损害国家利益、社会公共利益和他人合法权益"
的规定。行政协议案件既然在行政诉讼程序中可以调解，那么进入司法执行
程序后，在执行申请人与被执行人自愿协商的基本上，当然可以延续和解。

二、执行和解内容受行政协议目的的制约

《行政强制法》第四十二条第一款规定："实施行政强制执行，行政机
关可以在不损害公共利益和他人合法权益的情况下，与当事人达成执行协
议。"据此，行政协议案件进入司法执行程序后，行政机关与相对方可以就
行政协议约定的有关权利义务的内容进行和解，双方协商一致后，可以达成
执行和解协议。但根据《行政诉讼法》第六十条和《行政强制法》第四十二
条的规定，在不损害公共利益和他人合法权益以及不妨碍实现行政管理目标
的前提下，行政机关与相对方才可以进行执行和解，因此，执行和解的内容
范围通常限于行政赔偿、行政补偿和自由裁量权的案件。譬如，拆迁协议约
定：（1）相对方负有拆迁房屋义务；（2）行政机关负有补偿义务；（3）相对
方到期不履行拆迁义务应当向行政机关支付违约金。该拆迁协议进入强制执
行程序后，拆迁房屋义务是必须履行而不可和解的，否则会导致拆迁协议的
"实行政管理或者公共服务目标"不能实现。上例中，拆迁补偿仅为金钱支
付义务，补偿金额通过和解改变一般不会影响行政管理或者公共服务目标的
实现，因此是可以和解的。其中的违约金，根据当事人意思自治原则，可约
定也可不约定，这对行政机关而言的一种自由裁量的行为，且其对象也是金
钱，故也可以通过和解进行解决。

此外，在司法实践中，在不影响实现行政管理或者公共服务目标的情
况下，有些法院对有瑕疵的行政协议和被执行人缺乏履行能力的行政执行案
件，也适用执行和解进行处理。

三、非诉执行和解的恢复执行和结案

行政机关与相对方就行政协议的上述内容，在强制执行程序中自愿达成

和解协议，该和解协议实际上是原行政协议有关内容的改变和代替，因此，双方应当按照和解协议继续执行；相对方不履行和解协议的，行政机关有权要求人民法院恢复对原行政协议的强制执行。

人民法院执行行政协议完毕，或者相对方按照执行和解协议履行完毕，人民法院应当及时制作结案通知书，通知双方当事人本案已经全部执行完毕并作结案处理。

附　法律、法规和司法解释

中华人民共和国行政诉讼法

(1989 年 4 月 4 日第七届全国人民代表大会第二次会议通过　根据 2014 年 11 月 1 日第十二届全国人民代表大会常务委员会第十一次会议《关于修改〈中华人民共和国行政诉讼法〉的决定》第一次修正　根据 2017 年 6 月 27 日第十二届全国人民代表大会常务委员会第二十八次会议《关于修改〈中华人民共和国民事诉讼法〉和〈中华人民共和国行政诉讼法〉的决定》第二次修正)

第一章　总　则

第一条　为保证人民法院公正、及时审理行政案件，解决行政争议，保护公民、法人和其他组织的合法权益，监督行政机关依法行使职权，根据宪法，制定本法。

第二条　公民、法人或者其他组织认为行政机关和行政机关工作人员的行政行为侵犯其合法权益，有权依照本法向人民法院提起诉讼。

前款所称行政行为，包括法律、法规、规章授权的组织作出的行政行为。

第三条　人民法院应当保障公民、法人和其他组织的起诉权利，对应当受理的行政案件依法受理。

行政机关及其工作人员不得干预、阻碍人民法院受理行政案件。

被诉行政机关负责人应当出庭应诉。不能出庭的，应当委托行政机关相应的工作人员出庭。

第四条　人民法院依法对行政案件独立行使审判权，不受行政机关、社会团体和个人的干涉。

人民法院设行政审判庭，审理行政案件。

第五条　人民法院审理行政案件，以事实为根据，以法律为准绳。

第六条　人民法院审理行政案件，对行政行为是否合法进行审查。

第七条　人民法院审理行政案件，依法实行合议、回避、公开审判和两审终审制度。

第八条　当事人在行政诉讼中的法律地位平等。

第九条　各民族公民都有用本民族语言、文字进行行政诉讼的权利。

在少数民族聚居或者多民族共同居住的地区，人民法院应当用当地民族通用的语言、文字进行审理和发布法律文书。

人民法院应当对不通晓当地民族通用的语言、文字的诉讼参与人提供翻译。

第十条　当事人在行政诉讼中有权进行辩论。

第十一条　人民检察院有权对行政诉讼实行法律监督。

第二章　受案范围

第十二条　人民法院受理公民、法人或者其他组织提起的下列诉讼：

（一）对行政拘留、暂扣或者吊销许可证和执照、责令停产停业、没收违法所得、没收非法财物、罚款、警告等行政处罚不服的；

（二）对限制人身自由或者对财产的查封、扣押、冻结等行政强制措施和行政强制执行不服的；

（三）申请行政许可，行政机关拒绝或者在法定期限内不予答复，或者对行政机关作出的有关行政许可的其他决定不服的；

（四）对行政机关作出的关于确认土地、矿藏、水流、森林、山岭、草原、荒地、滩涂、海域等自然资源的所有权或者使用权的决定不服的；

（五）对征收、征用决定及其补偿决定不服的；

（六）申请行政机关履行保护人身权、财产权等合法权益的法定职责，行政机关拒绝履行或者不予答复的；

（七）认为行政机关侵犯其经营自主权或者农村土地承包经营权、农村土地经营权的；

（八）认为行政机关滥用行政权力排除或者限制竞争的；

（九）认为行政机关违法集资、摊派费用或者违法要求履行其他义务的；

（十）认为行政机关没有依法支付抚恤金、最低生活保障待遇或者社会保险待遇的；

（十一）认为行政机关不依法履行、未按照约定履行或者违法变更、解除政府特许经营协议、土地房屋征收补偿协议等协议的；

（十二）认为行政机关侵犯其他人身权、财产权等合法权益的。

除前款规定外，人民法院受理法律、法规规定可以提起诉讼的其他行政案件。

第十三条　人民法院不受理公民、法人或者其他组织对下列事项提起的诉讼：

（一）国防、外交等国家行为；

（二）行政法规、规章或者行政机关制定、发布的具有普遍约束力的决定、命令；

（三）行政机关对行政机关工作人员的奖惩、任免等决定；

（四）法律规定由行政机关最终裁决的行政行为。

第三章　管　辖

第十四条　基层人民法院管辖第一审行政案件。

第十五条　中级人民法院管辖下列第一审行政案件：

（一）对国务院部门或者县级以上地方人民政府所作的行政行为提起诉讼的案件；

（二）海关处理的案件；

（三）本辖区内重大、复杂的案件；

（四）其他法律规定由中级人民法院管辖的案件。

第十六条　高级人民法院管辖本辖区内重大、复杂的第一审行政案件。

第十七条　最高人民法院管辖全国范围内重大、复杂的第一审行政案件。

第十八条　行政案件由最初作出行政行为的行政机关所在地人民法院管辖。经复议的案件，也可以由复议机关所在地人民法院管辖。

经最高人民法院批准，高级人民法院可以根据审判工作的实际情况，确定若干人民法院跨行政区域管辖行政案件。

第十九条　对限制人身自由的行政强制措施不服提起的诉讼，由被告所在地或者原告所在地人民法院管辖。

第二十条 因不动产提起的行政诉讼，由不动产所在地人民法院管辖。

第二十一条 两个以上人民法院都有管辖权的案件，原告可以选择其中一个人民法院提起诉讼。原告向两个以上有管辖权的人民法院提起诉讼的，由最先立案的人民法院管辖。

第二十二条 人民法院发现受理的案件不属于本院管辖的，应当移送有管辖权的人民法院，受移送的人民法院应当受理。受移送的人民法院认为受移送的案件按照规定不属于本院管辖的，应当报请上级人民法院指定管辖，不得再自行移送。

第二十三条 有管辖权的人民法院由于特殊原因不能行使管辖权的，由上级人民法院指定管辖。

人民法院对管辖权发生争议，由争议双方协商解决。协商不成的，报它们的共同上级人民法院指定管辖。

第二十四条 上级人民法院有权审理下级人民法院管辖的第一审行政案件。

下级人民法院对其管辖的第一审行政案件，认为需要由上级人民法院审理或者指定管辖的，可以报请上级人民法院决定。

第四章 诉讼参加人

第二十五条 行政行为的相对人以及其他与行政行为有利害关系的公民、法人或者其他组织，有权提起诉讼。

有权提起诉讼的公民死亡，其近亲属可以提起诉讼。

有权提起诉讼的法人或者其他组织终止，承受其权利的法人或者其他组织可以提起诉讼。

人民检察院在履行职责中发现生态环境和资源保护、食品药品安全、国有财产保护、国有土地使用权出让等领域负有监督管理职责的行政机关违法行使职权或者不作为，致使国家利益或者社会公共利益受到侵害的，应当向行政机关提出检察建议，督促其依法履行职责。行政机关不依法履行职责的，人民检察院依法向人民法院提起诉讼。

第二十六条 公民、法人或者其他组织直接向人民法院提起诉讼的，作出行政行为的行政机关是被告。

经复议的案件，复议机关决定维持原行政行为的，作出原行政行为的行政机关和复议机关是共同被告；复议机关改变原行政行为的，复议机关是被告。

复议机关在法定期限内未作出复议决定，公民、法人或者其他组织起诉原行政行为的，作出原行政行为的行政机关是被告；起诉复议机关不作为的，复议机关是被告。

两个以上行政机关作出同一行政行为的，共同作出行政行为的行政机关是共同被告。

行政机关委托的组织所作的行政行为，委托的行政机关是被告。

行政机关被撤销或者职权变更的，继续行使其职权的行政机关是被告。

第二十七条　当事人一方或者双方为二人以上，因同一行政行为发生的行政案件，或者因同类行政行为发生的行政案件、人民法院认为可以合并审理并经当事人同意的，为共同诉讼。

第二十八条　当事人一方人数众多的共同诉讼，可以由当事人推选代表人进行诉讼。代表人的诉讼行为对其所代表的当事人发生效力，但代表人变更、放弃诉讼请求或者承认对方当事人的诉讼请求，应当经被代表的当事人同意。

第二十九条　公民、法人或者其他组织同被诉行政行为有利害关系但没有提起诉讼，或者同案件处理结果有利害关系的，可以作为第三人申请参加诉讼，或者由人民法院通知参加诉讼。

人民法院判决第三人承担义务或者减损第三人权益的，第三人有权依法提起上诉。

第三十条　没有诉讼行为能力的公民，由其法定代理人代为诉讼。

法定代理人互相推诿代理责任的，由人民法院指定其中一人代为诉讼。

第三十一条　当事人、法定代理人，可以委托一至二人作为诉讼代理人。

下列人员可以被委托为诉讼代理人：

（一）律师、基层法律服务工作者；

（二）当事人的近亲属或者工作人员；

（三）当事人所在社区、单位以及有关社会团体推荐的公民。

第三十二条 代理诉讼的律师，有权按照规定查阅、复制本案有关材料，有权向有关组织和公民调查，收集与本案有关的证据。对涉及国家秘密、商业秘密和个人隐私的材料，应当依照法律规定保密。

当事人和其他诉讼代理人有权按照规定查阅、复制本案庭审材料，但涉及国家秘密、商业秘密和个人隐私的内容除外。

第五章 证 据

第三十三条 证据包括：

（一）书证；

（二）物证；

（三）视听资料；

（四）电子数据；

（五）证人证言；

（六）当事人的陈述；

（七）鉴定意见；

（八）勘验笔录、现场笔录。

以上证据经法庭审查属实，才能作为认定案件事实的根据。

第三十四条 被告对作出的行政行为负有举证责任，应当提供作出该行政行为的证据和所依据的规范性文件。

被告不提供或者无正当理由逾期提供证据，视为没有相应证据。但是，被诉行政行为涉及第三人合法权益，第三人提供证据的除外。

第三十五条 在诉讼过程中，被告及其诉讼代理人不得自行向原告、第三人和证人收集证据。

第三十六条 被告在作出行政行为时已经收集了证据，但因不可抗力等正当事由不能提供的，经人民法院准许，可以延期提供。

原告或者第三人提出了其在行政处理程序中没有提出的理由或者证据的，经人民法院准许，被告可以补充证据。

第三十七条 原告可以提供证明行政行为违法的证据。原告提供的证据不成立的，不免除被告的举证责任。

第三十八条　在起诉被告不履行法定职责的案件中，原告应当提供其向被告提出申请的证据。但有下列情形之一的除外：

（一）被告应当依职权主动履行法定职责的；

（二）原告因正当理由不能提供证据的。

在行政赔偿、补偿的案件中，原告应当对行政行为造成的损害提供证据。因被告的原因导致原告无法举证的，由被告承担举证责任。

第三十九条　人民法院有权要求当事人提供或者补充证据。

第四十条　人民法院有权向有关行政机关以及其他组织、公民调取证据。但是，不得为证明行政行为的合法性调取被告作出行政行为时未收集的证据。

第四十一条　与本案有关的下列证据，原告或者第三人不能自行收集的，可以申请人民法院调取：

（一）由国家机关保存而须由人民法院调取的证据；

（二）涉及国家秘密、商业秘密和个人隐私的证据；

（三）确因客观原因不能自行收集的其他证据。

第四十二条　在证据可能灭失或者以后难以取得的情况下，诉讼参加人可以向人民法院申请保全证据，人民法院也可以主动采取保全措施。

第四十三条　证据应当在法庭上出示，并由当事人互相质证。对涉及国家秘密、商业秘密和个人隐私的证据，不得在公开开庭时出示。

人民法院应当按照法定程序，全面、客观地审查核实证据。对未采纳的证据应当在裁判文书中说明理由。

以非法手段取得的证据，不得作为认定案件事实的根据。

第六章　起诉和受理

第四十四条　对属于人民法院受案范围的行政案件，公民、法人或者其他组织可以先向行政机关申请复议，对复议决定不服的，再向人民法院提起诉讼；也可以直接向人民法院提起诉讼。

法律、法规规定应当先向行政机关申请复议，对复议决定不服再向人民法院提起诉讼的，依照法律、法规的规定。

第四十五条　公民、法人或者其他组织不服复议决定的，可以在收到复议决定书之日起十五日内向人民法院提起诉讼。复议机关逾期不作决定的，申请人可以在复议期满之日起十五日内向人民法院提起诉讼。法律另有规定的除外。

第四十六条　公民、法人或者其他组织直接向人民法院提起诉讼的，应当自知道或者应当知道作出行政行为之日起六个月内提出。法律另有规定的除外。

因不动产提起诉讼的案件自行政行为作出之日起超过二十年，其他案件自行政行为作出之日起超过五年提起诉讼的，人民法院不予受理。

第四十七条　公民、法人或者其他组织申请行政机关履行保护其人身权、财产权等合法权益的法定职责，行政机关在接到申请之日起两个月内不履行的，公民、法人或者其他组织可以向人民法院提起诉讼。法律、法规对行政机关履行职责的期限另有规定的，从其规定。

公民、法人或者其他组织在紧急情况下请求行政机关履行保护其人身权、财产权等合法权益的法定职责，行政机关不履行的，提起诉讼不受前款规定期限的限制。

第四十八条　公民、法人或者其他组织因不可抗力或者其他不属于其自身的原因耽误起诉期限的，被耽误的时间不计算在起诉期限内。

公民、法人或者其他组织因前款规定以外的其他特殊情况耽误起诉期限的，在障碍消除后十日内，可以申请延长期限，是否准许由人民法院决定。

第四十九条　提起诉讼应当符合下列条件：

（一）原告是符合本法第二十五条规定的公民、法人或者其他组织；

（二）有明确的被告；

（三）有具体的诉讼请求和事实根据；

（四）属于人民法院受案范围和受诉人民法院管辖。

第五十条　起诉应当向人民法院递交起诉状，并按照被告人数提出副本。

书写起诉状确有困难的，可以口头起诉，由人民法院记入笔录，出具注明日期的书面凭证，并告知对方当事人。

第五十一条　人民法院在接到起诉状时对符合本法规定的起诉条件的，应当登记立案。

对当场不能判定是否符合本法规定的起诉条件的，应当接收起诉状，出具注明收到日期的书面凭证，并在七日内决定是否立案。不符合起诉条件的，作出不予立案的裁定。裁定书应当载明不予立案的理由。原告对裁定不服的，可以提起上诉。

起诉状内容欠缺或者有其他错误的，应当给予指导和释明，并一次性告知当事人需要补正的内容。不得未经指导和释明即以起诉不符合条件为由不接收起诉状。

对于不接收起诉状、接收起诉状后不出具书面凭证，以及不一次性告知当事人需要补正的起诉状内容的，当事人可以向上级人民法院投诉，上级人民法院应当责令改正，并对直接负责的主管人员和其他直接责任人员依法给予处分。

第五十二条　人民法院既不立案，又不作出不予立案裁定的，当事人可以向上一级人民法院起诉。上一级人民法院认为符合起诉条件的，应当立案、审理，也可以指定其他下级人民法院立案、审理。

第五十三条　公民、法人或者其他组织认为行政行为所依据的国务院部门和地方人民政府及其部门制定的规范性文件不合法，在对行政行为提起诉讼时，可以一并请求对该规范性文件进行审查。

前款规定的规范性文件不含规章。

第七章　审理和判决

第一节　一般规定

第五十四条　人民法院公开审理行政案件，但涉及国家秘密、个人隐私和法律另有规定的除外。

涉及商业秘密的案件，当事人申请不公开审理的，可以不公开审理。

第五十五条　当事人认为审判人员与本案有利害关系或者有其他关系可能影响公正审判，有权申请审判人员回避。

审判人员认为自己与本案有利害关系或者有其他关系，应当申请回避。

前两款规定，适用于书记员、翻译人员、鉴定人、勘验人。

院长担任审判长时的回避，由审判委员会决定；审判人员的回避，由院长决定；其他人员的回避，由审判长决定。当事人对决定不服的，可以申请复议一次。

第五十六条　诉讼期间，不停止行政行为的执行。但有下列情形之一的，裁定停止执行：

（一）被告认为需要停止执行的；

（二）原告或者利害关系人申请停止执行，人民法院认为该行政行为的执行会造成难以弥补的损失，并且停止执行不损害国家利益、社会公共利益的；

（三）人民法院认为该行政行为的执行会给国家利益、社会公共利益造成重大损害的；

（四）法律、法规规定停止执行的。

当事人对停止执行或者不停止执行的裁定不服的，可以申请复议一次。

第五十七条　人民法院对起诉行政机关没有依法支付抚恤金、最低生活保障金和工伤、医疗社会保险金的案件，权利义务关系明确、不先予执行将严重影响原告生活的，可以根据原告的申请，裁定先予执行。

当事人对先予执行裁定不服的，可以申请复议一次。复议期间不停止裁定的执行。

第五十八条　经人民法院传票传唤，原告无正当理由拒不到庭，或者未经法庭许可中途退庭的，可以按照撤诉处理；被告无正当理由拒不到庭，或者未经法庭许可中途退庭的，可以缺席判决。

第五十九条　诉讼参与人或者其他人有下列行为之一的，人民法院可以根据情节轻重，予以训诫、责令具结悔过或者处一万元以下的罚款、十五日以下的拘留；构成犯罪的，依法追究刑事责任：

（一）有义务协助调查、执行的人，对人民法院的协助调查决定、协助执行通知书，无故推拖、拒绝或者妨碍调查、执行的；

（二）伪造、隐藏、毁灭证据或者提供虚假证明材料，妨碍人民法院审理案件的；

（三）指使、贿买、胁迫他人作伪证或者威胁、阻止证人作证的；

（四）隐藏、转移、变卖、毁损已被查封、扣押、冻结的财产的；

（五）以欺骗、胁迫等非法手段使原告撤诉的；

（六）以暴力、威胁或者其他方法阻碍人民法院工作人员执行职务，或者以哄闹、冲击法庭等方法扰乱人民法院工作秩序的；

（七）对人民法院审判人员或者其他工作人员、诉讼参与人、协助调查和执行的人员恐吓、侮辱、诽谤、诬陷、殴打、围攻或者打击报复的。

人民法院对有前款规定的行为之一的单位，可以对其主要负责人或者直接责任人员依照前款规定予以罚款、拘留；构成犯罪的，依法追究刑事责任。

罚款、拘留须经人民法院院长批准。当事人不服的，可以向上一级人民法院申请复议一次。复议期间不停止执行。

第六十条 人民法院审理行政案件，不适用调解。但是，行政赔偿、补偿以及行政机关行使法律、法规规定的自由裁量权的案件可以调解。

调解应当遵循自愿、合法原则，不得损害国家利益、社会公共利益和他人合法权益。

第六十一条 在涉及行政许可、登记、征收、征用和行政机关对民事争议所作的裁决的行政诉讼中，当事人申请一并解决相关民事争议的，人民法院可以一并审理。

在行政诉讼中，人民法院认为行政案件的审理需以民事诉讼的裁判为依据的，可以裁定中止行政诉讼。

第六十二条 人民法院对行政案件宣告判决或者裁定前，原告申请撤诉的，或者被告改变其所作的行政行为，原告同意并申请撤诉的，是否准许，由人民法院裁定。

第六十三条 人民法院审理行政案件，以法律和行政法规、地方性法规为依据。地方性法规适用于本行政区域内发生的行政案件。

人民法院审理民族自治地方的行政案件，并以该民族自治地方的自治条例和单行条例为依据。

人民法院审理行政案件，参照规章。

第六十四条 人民法院在审理行政案件中，经审查认为本法第五十三条规定的规范性文件不合法的，不作为认定行政行为合法的依据，并向制定机关提出处理建议。

第六十五条 人民法院应当公开发生法律效力的判决书、裁定书，供公众查阅，但涉及国家秘密、商业秘密和个人隐私的内容除外。

第六十六条　人民法院在审理行政案件中，认为行政机关的主管人员、直接责任人员违法违纪的，应当将有关材料移送监察机关、该行政机关或者其上一级行政机关；认为有犯罪行为的，应当将有关材料移送公安、检察机关。

人民法院对被告经传票传唤无正当理由拒不到庭，或者未经法庭许可中途退庭的，可以将被告拒不到庭或者中途退庭的情况予以公告，并可以向监察机关或者被告的上一级行政机关提出依法给予其主要负责人或者直接责任人员处分的司法建议。

第二节　第一审普通程序

第六十七条　人民法院应当在立案之日起五日内，将起诉状副本发送被告。被告应当在收到起诉状副本之日起十五日内向人民法院提交作出行政行为的证据和所依据的规范性文件，并提出答辩状。人民法院应当在收到答辩状之日起五日内，将答辩状副本发送原告。

被告不提出答辩状的，不影响人民法院审理。

第六十八条　人民法院审理行政案件，由审判员组成合议庭，或者由审判员、陪审员组成合议庭。合议庭的成员，应当是三人以上的单数。

第六十九条　行政行为证据确凿，适用法律、法规正确，符合法定程序的，或者原告申请被告履行法定职责或者给付义务理由不成立的，人民法院判决驳回原告的诉讼请求。

第七十条　行政行为有下列情形之一的，人民法院判决撤销或者部分撤销，并可以判决被告重新作出行政行为：

（一）主要证据不足的；

（二）适用法律、法规错误的；

（三）违反法定程序的；

（四）超越职权的；

（五）滥用职权的；

（六）明显不当的。

第七十一条　人民法院判决被告重新作出行政行为的，被告不得以同一的事实和理由作出与原行政行为基本相同的行政行为。

第七十二条　人民法院经过审理，查明被告不履行法定职责的，判决被告在一定期限内履行。

第七十三条　人民法院经过审理，查明被告依法负有给付义务的，判决被告履行给付义务。

第七十四条　行政行为有下列情形之一的，人民法院判决确认违法，但不撤销行政行为：

（一）行政行为依法应当撤销，但撤销会给国家利益、社会公共利益造成重大损害的；

（二）行政行为程序轻微违法，但对原告权利不产生实际影响的。

行政行为有下列情形之一，不需要撤销或者判决履行的，人民法院判决确认违法：

（一）行政行为违法，但不具有可撤销内容的；

（二）被告改变原违法行政行为，原告仍要求确认原行政行为违法的；

（三）被告不履行或者拖延履行法定职责，判决履行没有意义的。

第七十五条　行政行为有实施主体不具有行政主体资格或者没有依据等重大且明显违法情形，原告申请确认行政行为无效的，人民法院判决确认无效。

第七十六条　人民法院判决确认违法或者无效的，可以同时判决责令被告采取补救措施；给原告造成损失的，依法判决被告承担赔偿责任。

第七十七条　行政处罚明显不当，或者其他行政行为涉及对款额的确定、认定确有错误的，人民法院可以判决变更。

人民法院判决变更，不得加重原告的义务或者减损原告的权益。但利害关系人同为原告，且诉讼请求相反的除外。

第七十八条　被告不依法履行、未按照约定履行或者违法变更、解除本法第十二条第一款第十一项规定的协议的，人民法院判决被告承担继续履行、采取补救措施或者赔偿损失等责任。

被告变更、解除本法第十二条第一款第十一项规定的协议合法，但未依法给予补偿的，人民法院判决给予补偿。

第七十九条　复议机关与作出原行政行为的行政机关为共同被告的案件，人民法院应当对复议决定和原行政行为一并作出裁判。

第八十条　人民法院对公开审理和不公开审理的案件，一律公开宣告判决。

当庭宣判的，应当在十日内发送判决书；定期宣判的，宣判后立即发给判决书。

宣告判决时，必须告知当事人上诉权利、上诉期限和上诉的人民法院。

第八十一条 人民法院应当在立案之日起六个月内作出第一审判决。有特殊情况需要延长的，由高级人民法院批准，高级人民法院审理第一审案件需要延长的，由最高人民法院批准。

第三节 简易程序

第八十二条 人民法院审理下列第一审行政案件，认为事实清楚、权利义务关系明确、争议不大的，可以适用简易程序：

（一）被诉行政行为是依法当场作出的；

（二）案件涉及款额二千元以下的；

（三）属于政府信息公开案件的。

除前款规定以外的第一审行政案件，当事人各方同意适用简易程序的，可以适用简易程序。

发回重审、按照审判监督程序再审的案件不适用简易程序。

第八十三条 适用简易程序审理的行政案件，由审判员一人独任审理，并应当在立案之日起四十五日内审结。

第八十四条 人民法院在审理过程中，发现案件不宜适用简易程序的，裁定转为普通程序。

第四节 第二审程序

第八十五条 当事人不服人民法院第一审判决的，有权在判决书送达之日起十五日内向上一级人民法院提起上诉。当事人不服人民法院第一审裁定的，有权在裁定书送达之日起十日内向上一级人民法院提起上诉。逾期不提起上诉的，人民法院的第一审判决或者裁定发生法律效力。

第八十六条 人民法院对上诉案件，应当组成合议庭，开庭审理。经过阅卷、调查和询问当事人，对没有提出新的事实、证据或者理由，合议庭认为不需要开庭审理的，也可以不开庭审理。"

第八十七条 人民法院审理上诉案件，应当对原审人民法院的判决、裁定和被诉行政行为进行全面审查。

第八十八条　人民法院审理上诉案件，应当在收到上诉状之日起三个月内作出终审判决。有特殊情况需要延长的，由高级人民法院批准，高级人民法院审理上诉案件需要延长的，由最高人民法院批准。

第八十九条　人民法院审理上诉案件，按照下列情形，分别处理：

（一）原判决、裁定认定事实清楚，适用法律、法规正确的，判决或者裁定驳回上诉，维持原判决、裁定；

（二）原判决、裁定认定事实错误或者适用法律、法规错误的，依法改判、撤销或者变更；

（三）原判决认定基本事实不清、证据不足的，发回原审人民法院重审，或者查清事实后改判；

（四）原判决遗漏当事人或者违法缺席判决等严重违反法定程序的，裁定撤销原判决，发回原审人民法院重审。

原审人民法院对发回重审的案件作出判决后，当事人提起上诉的，第二审人民法院不得再次发回重审。

人民法院审理上诉案件，需要改变原审判决的，应当同时对被诉行政行为作出判决。

第五节　审判监督程序

第九十条　当事人对已经发生法律效力的判决、裁定，认为确有错误的，可以向上一级人民法院申请再审，但判决、裁定不停止执行。

第九十一条　当事人的申请符合下列情形之一的，人民法院应当再审：

（一）不予立案或者驳回起诉确有错误的；

（二）有新的证据，足以推翻原判决、裁定的；

（三）原判决、裁定认定事实的主要证据不足、未经质证或者系伪造的；

（四）原判决、裁定适用法律、法规确有错误的；

（五）违反法律规定的诉讼程序，可能影响公正审判的；

（六）原判决、裁定遗漏诉讼请求的；

（七）据以作出原判决、裁定的法律文书被撤销或者变更的；

（八）审判人员在审理该案件时有贪污受贿、徇私舞弊、枉法裁判行为的。

第九十二条　各级人民法院院长对本院已经发生法律效力的判决、裁定，发现有本法第九十一条规定情形之一，或者发现调解违反自愿原则或者调解书内容违法，认为需要再审的，应当提交审判委员会讨论决定。

最高人民法院对地方各级人民法院已经发生法律效力的判决、裁定，上级人民法院对下级人民法院已经发生法律效力的判决、裁定，发现有本法第九十一条规定情形之一，或者发现调解违反自愿原则或者调解书内容违法的，有权提审或者指令下级人民法院再审。

第九十三条 最高人民检察院对各级人民法院已经发生法律效力的判决、裁定，上级人民检察院对下级人民法院已经发生法律效力的判决、裁定，发现有本法第九十一条规定情形之一，或者发现调解书损害国家利益、社会公共利益的，应当提出抗诉。

地方各级人民检察院对同级人民法院已经发生法律效力的判决、裁定，发现有本法第九十一条规定情形之一，或者发现调解书损害国家利益、社会公共利益的，可以向同级人民法院提出检察建议，并报上级人民检察院备案；也可以提请上级人民检察院向同级人民法院提出抗诉。

各级人民检察院对审判监督程序以外的其他审判程序中审判人员的违法行为，有权向同级人民法院提出检察建议。

第八章 执 行

第九十四条 当事人必须履行人民法院发生法律效力的判决、裁定、调解书。

第九十五条 公民、法人或者其他组织拒绝履行判决、裁定、调解书的，行政机关或者第三人可以向第一审人民法院申请强制执行，或者由行政机关依法强制执行。

第九十六条 行政机关拒绝履行判决、裁定、调解书的，第一审人民法院可以采取下列措施：

（一）对应当归还的罚款或者应当给付的款额，通知银行从该行政机关的账户内划拨；

（二）在规定期限内不履行的，从期满之日起，对该行政机关负责人按日处五十元至一百元的罚款；

（三）将行政机关拒绝履行的情况予以公告；

（四）向监察机关或者该行政机关的上一级行政机关提出司法建议。接受司法建议的机关，根据有关规定进行处理，并将处理情况告知人民法院；

（五）拒不履行判决、裁定、调解书，社会影响恶劣的，可以对该行政机关直接负责的主管人员和其他直接责任人员予以拘留；情节严重，构成犯罪的，依法追究刑事责任。"

第九十七条 公民、法人或者其他组织对行政行为在法定期间不提起诉讼又不履行的，行政机关可以申请人民法院强制执行，或者依法强制执行。

第九章 涉外行政诉讼

第九十八条 外国人、无国籍人、外国组织在中华人民共和国进行行政诉讼，适用本法。法律另有规定的除外。

第九十九条 外国人、无国籍人、外国组织在中华人民共和国进行行政诉讼，同中华人民共和国公民、组织有同等的诉讼权利和义务。

外国法院对中华人民共和国公民、组织的行政诉讼权利加以限制的，人民法院对该国公民、组织的行政诉讼权利，实行对等原则。

第一百条 外国人、无国籍人、外国组织在中华人民共和国进行行政诉讼，委托律师代理诉讼的，应当委托中华人民共和国律师机构的律师。

第十章 附 则

第一百零一条 人民法院审理行政案件，关于期间、送达、财产保全、开庭审理、调解、中止诉讼、终结诉讼、简易程序、执行等，以及人民检察院对行政案件受理、审理、裁判、执行的监督，本法没有规定的，适用《中华人民共和国民事诉讼法》的相关规定。

第一百零二条 人民法院审理行政案件，应当收取诉讼费用。诉讼费用由败诉方承担，双方都有责任的由双方分担。收取诉讼费用的具体办法另行规定。

第一百零三条 本法自 1990 年 10 月 1 日起施行。

中华人民共和国合同法（节录）

（1999 年 3 月 15 日第九届全国人民代表大会第二次会议通过　1999 年 3 月 15 日
中华人民共和国主席令第十五号公布　自 1999 年 10 月 1 日起施行）

第一章　一般规定

第一条　为了保护合同当事人的合法权益，维护社会经济秩序，促进社会主义现代化建设，制定本法。

第二条　本法所称合同是平等主体的自然人、法人、其他组织之间设立、变更、终止民事权利义务关系的协议。

婚姻、收养、监护等有关身份关系的协议，适用其他法律的规定。

第三条　合同当事人的法律地位平等，一方不得将自己的意志强加给另一方。

第四条　当事人依法享有自愿订立合同的权利，任何单位和个人不得非法干预。

第五条　当事人应当遵循公平原则确定各方的权利和义务。

第六条　当事人行使权利、履行义务应当遵循诚实信用原则。

第七条　当事人订立、履行合同，应当遵守法律、行政法规，尊重社会公德，不得扰乱社会经济秩序，损害社会公共利益。

第八条　依法成立的合同，对当事人具有法律约束力。当事人应当按照约定履行自己的义务，不得擅自变更或者解除合同。

依法成立的合同，受法律保护。

第二章　合同的订立

第九条　当事人订立合同，应当具有相应的民事权利能力和民事行为能力。

当事人依法可以委托代理人订立合同。

第十条　当事人订立合同，有书面形式、口头形式和其他形式。

法律、行政法规规定采用书面形式的，应当采用书面形式。当事人约定采用书面形式的，应当采用书面形式。

第十一条　书面形式是指合同书、信件和数据电文（包括电报、电传、传真、电子数据交换和电子邮件）等可以有形地表现所载内容的形式。

第十二条　合同的内容由当事人约定，一般包括以下条款：

（一）当事人的名称或者姓名和住所；

（二）标的；

（三）数量；

（四）质量；

（五）价款或者报酬；

（六）履行期限、地点和方式；

（七）违约责任；

（八）解决争议的方法。

当事人可以参照各类合同的示范文本订立合同。

第十三条　当事人订立合同，采取要约、承诺方式。

第十四条　要约是希望和他人订立合同的意思表示，该意思表示应当符合下列规定：

（一）内容具体确定；

（二）表明经受要约人承诺，要约人即受该意思表示约束。

第十五条　要约邀请是希望他人向自己发出要约的意思表示。寄送的价目表、拍卖公告、招标公告、招股说明书、商业广告等为要约邀请。

商业广告的内容符合要约规定的，视为要约。

第十六条　要约到达受要约人时生效。

采用数据电文形式订立合同，收件人指定特定系统接收数据电文的，该数据电文进入该特定系统的时间，视为到达时间；未指定特定系统的，该数据电文进入收件人的任何系统的首次时间，视为到达时间。

第十七条 要约可以撤回。撤回要约的通知应当在要约到达受要约人之前或者与要约同时到达受要约人。

第十八条 要约可以撤销。撤销要约的通知应当在受要约人发出承诺通知之前到达受要约人。

第十九条 有下列情形之一的，要约不得撤销：

（一）要约人确定了承诺期限或者以其他形式明示要约不可撤销；

（二）受要约人有理由认为要约是不可撤销的，并已经为履行合同做了准备工作。

第二十条 有下列情形之一的，要约失效：

（一）拒绝要约的通知到达要约人；

（二）要约人依法撤销要约；

（三）承诺期限届满，受要约人未作出承诺；

（四）受要约人对要约的内容作出实质性变更。

第二十一条 承诺是受要约人同意要约的意思表示。

第二十二条 承诺应当以通知的方式作出，但根据交易习惯或者要约表明可以通过行为作出承诺的除外。

第二十三条 承诺应当在要约确定的期限内到达要约人。

要约没有确定承诺期限的，承诺应当依照下列规定到达：

（一）要约以对话方式作出的，应当即时作出承诺，但当事人另有约定的除外；

（二）要约以非对话方式作出的，承诺应当在合理期限内到达。

第二十四条 要约以信件或者电报作出的，承诺期限自信件载明的日期或者电报交发之日开始计算。信件未载明日期的，自投寄该信件的邮戳日期开始计算。要约以电话、传真等快速通讯方式作出的，承诺期限自要约到达受要约人时开始计算。

第二十五条 承诺生效时合同成立。

第二十六条 承诺通知到达要约人时生效。承诺不需要通知的，根据交易习惯或者要约的要求作出承诺的行为时生效。

采用数据电文形式订立合同的，承诺到达的时间适用本法第十六条第二款的规定。

第二十七条　承诺可以撤回。撤回承诺的通知应当在承诺通知到达要约人之前或者与承诺通知同时到达要约人。

第二十八条　受要约人超过承诺期限发出承诺的，除要约人及时通知受要约人该承诺有效的以外，为新要约。

第二十九条　受要约人在承诺期限内发出承诺，按照通常情形能够及时到达要约人，但因其他原因承诺到达要约人时超过承诺期限的，除要约人及时通知受要约人因承诺超过期限不接受该承诺的以外，该承诺有效。

第三十条　承诺的内容应当与要约的内容一致。受要约人对要约的内容作出实质性变更的，为新要约。有关合同标的、数量、质量、价款或者报酬、履行期限、履行地点和方式、违约责任和解决争议方法等的变更，是对要约内容的实质性变更。

第三十一条　承诺对要约的内容作出非实质性变更的，除要约人及时表示反对或者要约表明承诺不得对要约的内容作出任何变更的以外，该承诺有效，合同的内容以承诺的内容为准。

第三十二条　当事人采用合同书形式订立合同的，自双方当事人签字或者盖章时合同成立。

第三十三条　当事人采用信件、数据电文等形式订立合同的，可以在合同成立之前要求签订确认书。签订确认书时合同成立。

第三十四条　承诺生效的地点为合同成立的地点。

采用数据电文形式订立合同的，收件人的主营业地为合同成立的地点；没有主营业地的，其经常居住地为合同成立的地点。当事人另有约定的，按照其约定。

第三十五条　当事人采用合同书形式订立合同的，双方当事人签字或者盖章的地点为合同成立的地点。

第三十六条　法律、行政法规规定或者当事人约定采用书面形式订立合同，当事人未采用书面形式但一方已经履行主要义务，对方接受的，该合同成立。

第三十七条　采用合同书形式订立合同，在签字或者盖章之前，当事人一方已经履行主要义务，对方接受的，该合同成立。

第三十八条　国家根据需要下达指令性任务或者国家订货任务的，有关法人、其他组织之间应当依照有关法律、行政法规规定的权利和义务订立合同。

第三十九条　采用格式条款订立合同的，提供格式条款的一方应当遵循公平原则确定当事人之间的权利和义务，并采取合理的方式提请对方注意免除或者限制其责任的条款，按照对方的要求，对该条款予以说明。

格式条款是当事人为了重复使用而预先拟定，并在订立合同时未与对方协商的条款。

第四十条　格式条款具有本法第五十二条和第五十三条规定情形的，或者提供格式条款一方免除其责任、加重对方责任、排除对方主要权利的，该条款无效。

第四十一条　对格式条款的理解发生争议的，应当按照通常理解予以解释。对格式条款有两种以上解释的，应当作出不利于提供格式条款一方的解释。格式条款和非格式条款不一致的，应当采用非格式条款。

第四十二条　当事人在订立合同过程中有下列情形之一，给对方造成损失的，应当承担损害赔偿责任：

（一）假借订立合同，恶意进行磋商；

（二）故意隐瞒与订立合同有关的重要事实或者提供虚假情况；

（三）有其他违背诚实信用原则的行为。

第四十三条　当事人在订立合同过程中知悉的商业秘密，无论合同是否成立，不得泄露或者不正当地使用。泄露或者不正当地使用该商业秘密给对方造成损失的，应当承担损害赔偿责任。

第三章　合同的效力

第四十四条　依法成立的合同，自成立时生效。

法律、行政法规规定应当办理批准、登记等手续生效的，依照其规定。

第四十五条　当事人对合同的效力可以约定附条件。附生效条件的合同，自条件成就时生效。附解除条件的合同，自条件成就时失效。

当事人为自己的利益不正当地阻止条件成就的，视为条件已成就；不正当地促成条件成就的，视为条件不成就。

第四十六条　当事人对合同的效力可以约定附期限。附生效期限的合同，自期限届至时生效。附终止期限的合同，自期限届满时失效。

第四十七条　限制民事行为能力人订立的合同，经法定代理人追认后，该合同有效，但纯获利益的合同或者与其年龄、智力、精神健康状况相适应而订立的合同，不必经法定代理人追认。

相对人可以催告法定代理人在 1 个月内予以追认。法定代理人未作表示的，视为拒绝追认。合同被追认之前，善意相对人有撤销的权利。撤销应当以通知的方式作出。

第四十八条　行为人没有代理权、超越代理权或者代理权终止后以被代理人名义订立的合同，未经被代理人追认，对被代理人不发生效力，由行为人承担责任。

相对人可以催告被代理人在 1 个月内予以追认。被代理人未作表示的，视为拒绝追认。合同被追认之前，善意相对人有撤销的权利。撤销应当以通知的方式作出。

第四十九条　行为人没有代理权、超越代理权或者代理权终止后以被代理人名义订立合同，相对人有理由相信行为人有代理权的，该代理行为有效。

第五十条　法人或者其他组织的法定代表人、负责人超越权限订立的合同，除相对人知道或者应当知道其超越权限的以外，该代表行为有效。

第五十一条　无处分权的人处分他人财产，经权利人追认或者无处分权的人订立合同后取得处分权的，该合同有效。

第五十二条　有下列情形之一的，合同无效：

（一）一方以欺诈、胁迫的手段订立合同，损害国家利益；

（二）恶意串通，损害国家、集体或者第三人利益；

（三）以合法形式掩盖非法目的；

（四）损害社会公共利益；

（五）违反法律、行政法规的强制性规定。

第五十三条　合同中的下列免责条款无效：

（一）造成对方人身伤害的；

（二）因故意或者重大过失造成对方财产损失的。

第五十四条 下列合同，当事人一方有权请求人民法院或者仲裁机构变更或者撤销：

（一）因重大误解订立的；

（二）在订立合同时显失公平的。

一方以欺诈、胁迫的手段或者乘人之危，使对方在违背真实意思的情况下订立的合同，受损害方有权请求人民法院或者仲裁机构变更或者撤销。

当事人请求变更的，人民法院或者仲裁机构不得撤销。

第五十五条 有下列情形之一的，撤销权消灭：

（一）具有撤销权的当事人自知道或者应当知道撤销事由之日起 1 年内没有行使撤销权；

（二）具有撤销权的当事人知道撤销事由后明确表示或者以自己的行为放弃撤销权。

第五十六条 无效的合同或者被撤销的合同自始没有法律约束力。合同部分无效，不影响其他部分效力的，其他部分仍然有效。

第五十七条 合同无效、被撤销或者终止的，不影响合同中独立存在的有关解决争议方法的条款的效力。

第五十八条 合同无效或者被撤销后，因该合同取得的财产，应当予以返还；不能返还或者没有必要返还的，应当折价补偿。有过错的一方应当赔偿对方因此所受到的损失，双方都有过错的，应当各自承担相应的责任。

第五十九条 当事人恶意串通，损害国家、集体或者第三人利益的，因此取得的财产收归国家所有或者返还集体、第三人。

第四章　合同的履行

第六十条 当事人应当按照约定全面履行自己的义务。

当事人应当遵循诚实信用原则，根据合同的性质、目的和交易习惯履行通知、协助、保密等义务。

第六十一条 合同生效后，当事人就质量、价款或者报酬、履行地点等内容没有约定或者约定不明确的，可以协议补充；不能达成补充协议的，按照合同有关条款或者交易习惯确定。

第六十二条　当事人就有关合同内容约定不明确，依照本法第六十一条的规定仍不能确定的，适用下列规定：

（一）质量要求不明确的，按照国家标准、行业标准履行；没有国家标准、行业标准的，按照通常标准或者符合合同目的的特定标准履行。

（二）价款或者报酬不明确的，按照订立合同时履行地的市场价格履行；依法应当执行政府定价或者政府指导价的，按照规定履行。

（三）履行地点不明确，给付货币的，在接受货币一方所在地履行；交付不动产的，在不动产所在地履行；其他标的，在履行义务一方所在地履行。

（四）履行期限不明确的，债务人可以随时履行，债权人也可以随时要求履行，但应当给对方必要的准备时间。

（五）履行方式不明确的，按照有利于实现合同目的的方式履行。

（六）履行费用的负担不明确的，由履行义务一方负担。

第六十三条　执行政府定价或者政府指导价的，在合同约定的交付期限内政府价格调整时，按照交付时的价格计价。逾期交付标的物的，遇价格上涨时，按照原价格执行；价格下降时，按照新价格执行。逾期提取标的物或者逾期付款的，遇价格上涨时，按照新价格执行；价格下降时，按照原价格执行。

第六十四条　当事人约定由债务人向第三人履行债务的，债务人未向第三人履行债务或者履行债务不符合约定，应当向债权人承担违约责任。

第六十五条　当事人约定由第三人向债权人履行债务的，第三人不履行债务或者履行债务不符合约定，债务人应当向债权人承担违约责任。

第六十六条　当事人互负债务，没有先后履行顺序的，应当同时履行。一方在对方履行之前有权拒绝其履行要求。一方在对方履行债务不符合约定时，有权拒绝其相应的履行要求。

第六十七条　当事人互负债务，有先后履行顺序，先履行一方未履行的，后履行一方有权拒绝其履行要求。先履行一方履行债务不符合约定的，后履行一方有权拒绝其相应的履行要求。

第六十八条　应当先履行债务的当事人，有确切证据证明对方有下列情形之一的，可以中止履行：

（一）经营状况严重恶化；

（二）转移财产、抽逃资金，以逃避债务；

（三）丧失商业信誉；

（四）有丧失或者可能丧失履行债务能力的其他情形。

当事人没有确切证据中止履行的，应当承担违约责任。

第六十九条 当事人依照本法第六十八条的规定中止履行的，应当及时通知对方。对方提供适当担保时，应当恢复履行。中止履行后，对方在合理期限内未恢复履行能力并且未提供适当担保的，中止履行的一方可以解除合同。

第七十条 债权人分立、合并或者变更住所没有通知债务人，致使履行债务发生困难的，债务人可以中止履行或者将标的物提存。

第七十一条 债权人可以拒绝债务人提前履行债务，但提前履行不损害债权人利益的除外。

债务人提前履行债务给债权人增加的费用，由债务人负担。

第七十二条 债权人可以拒绝债务人部分履行债务，但部分履行不损害债权人利益的除外。

债务人部分履行债务给债权人增加的费用，由债务人负担。

第七十三条 因债务人怠于行使其到期债权，对债权人造成损害的，债权人可以向人民法院请求以自己的名义代位行使债务人的债权，但该债权专属于债务人自身的除外。

代位权的行使范围以债权人的债权为限。债权人行使代位权的必要费用，由债务人负担。

第七十四条 因债务人放弃其到期债权或者无偿转让财产，对债权人造成损害的，债权人可以请求人民法院撤销债务人的行为。债务人以明显不合理的低价转让财产，对债权人造成损害，并且受让人知道该情形的，债权人也可以请求人民法院撤销债务人的行为。

撤销权的行使范围以债权人的债权为限。债权人行使撤销权的必要费用，由债务人负担。

第七十五条 撤销权自债权人知道或者应当知道撤销事由之日起1年内行使。自债务人的行为发生之日起5年内没有行使撤销权的，该撤销权消灭。

第七十六条　合同生效后，当事人不得因姓名、名称的变更或者法定代表人、负责人、承办人的变动而不履行合同义务。

第五章　合同的变更和转让

第七十七条　当事人协商一致，可以变更合同。

法律、行政法规规定变更合同应当办理批准、登记等手续的，依照其规定。

第七十八条　当事人对合同变更的内容约定不明确的，推定为未变更。

第七十九条　债权人可以将合同的权利全部或者部分转让给第三人，但有下列情形之一的除外：

（一）根据合同性质不得转让；

（二）按照当事人约定不得转让；

（三）依照法律规定不得转让。

第八十条　债权人转让权利的，应当通知债务人。未经通知，该转让对债务人不发生效力。

债权人转让权利的通知不得撤销，但经受让人同意的除外。

第八十一条　债权人转让权利的，受让人取得与债权有关的从权利，但该从权利专属于债权人自身的除外。

第八十二条　债务人接到债权转让通知后，债务人对让与人的抗辩，可以向受让人主张。

第八十三条　债务人接到债权转让通知时，债务人对让与人享有债权，并且债务人的债权先于转让的债权到期或者同时到期的，债务人可以向受让人主张抵销。

第八十四条　债务人将合同的义务全部或者部分转移给第三人的，应当经债权人同意。

第八十五条　债务人转移义务的，新债务人可以主张原债务人对债权人的抗辩。

第八十六条　债务人转移义务的，新债务人应当承担与主债务有关的从债务，但该从债务专属于原债务人自身的除外。

第八十七条　法律、行政法规规定转让权利或者转移义务应当办理批准、登记等手续的，依照其规定。

第八十八条　当事人一方经对方同意，可以将自己在合同中的权利和义务一并转让给第三人。

第八十九条　权利和义务一并转让的，适用本法第七十九条、第八十一条至第八十三条、第八十五条至第八十七条的规定。

第九十条　当事人订立合同后合并的，由合并后的法人或者其他组织行使合同权利，履行合同义务。当事人订立合同后分立的，除债权人和债务人另有约定的以外，由分立的法人或者其他组织对合同的权利和义务享有连带债权，承担连带债务。

第六章　合同的权利义务终止

第九十一条　有下列情形之一的，合同的权利义务终止：

（一）债务已经按照约定履行；

（二）合同解除；

（三）债务相互抵销；

（四）债务人依法将标的物提存；

（五）债权人免除债务；

（六）债权债务同归于一人；

（七）法律规定或者当事人约定终止的其他情形。

第九十二条　合同的权利义务终止后，当事人应当遵循诚实信用原则，根据交易习惯履行通知、协助、保密等义务。

第九十三条　当事人协商一致，可以解除合同。

当事人可以约定一方解除合同的条件。解除合同的条件成就时，解除权人可以解除合同。

第九十四条　有下列情形之一的，当事人可以解除合同：

（一）因不可抗力致使不能实现合同目的；

（二）在履行期限届满之前，当事人一方明确表示或者以自己的行为表明不履行主要债务；

（三）当事人一方迟延履行主要债务，经催告后在合理期限内仍未履行；

（四）当事人一方迟延履行债务或者有其他违约行为致使不能实现合同目的；

（五）法律规定的其他情形。

第九十五条　法律规定或者当事人约定解除权行使期限，期限届满当事人不行使的，该权利消灭。

法律没有规定或者当事人没有约定解除权行使期限，经对方催告后在合理期限内不行使的，该权利消灭。

第九十六条　当事人一方依照本法第九十三条第二款、第九十四条的规定主张解除合同的，应当通知对方。合同自通知到达对方时解除。对方有异议的，可以请求人民法院或者仲裁机构确认解除合同的效力。

法律、行政法规规定解除合同应当办理批准、登记等手续的，依照其规定。

第九十七条　合同解除后，尚未履行的，终止履行；已经履行的，根据履行情况和合同性质，当事人可以要求恢复原状、采取其他补救措施，并有权要求赔偿损失。

第九十八条　合同的权利义务终止，不影响合同中结算和清理条款的效力。

第九十九条　当事人互负到期债务，该债务的标的物种类、品质相同的，任何一方可以将自己的债务与对方的债务抵销，但依照法律规定或者按照合同性质不得抵销的除外。

当事人主张抵销的，应当通知对方。通知自到达对方时生效。抵销不得附条件或者附期限。

第一百条　当事人互负债务，标的物种类、品质不相同的，经双方协商一致，也可以抵销。

第一百零一条　有下列情形之一，难以履行债务的，债务人可以将标的物提存：

（一）债权人无正当理由拒绝受领；

（二）债权人下落不明；

（三）债权人死亡未确定继承人或者丧失民事行为能力未确定监护人；

（四）法律规定的其他情形。

标的物不适于提存或者提存费用过高的，债务人依法可以拍卖或者变卖标的物，提存所得的价款。

第一百零二条 标的物提存后，除债权人下落不明的以外，债务人应当及时通知债权人或者债权人的继承人、监护人。

第一百零三条 标的物提存后，毁损、灭失的风险由债权人承担。提存期间，标的物的孳息归债权人所有。提存费用由债权人负担。

第一百零四条 债权人可以随时领取提存物，但债权人对债务人负有到期债务的，在债权人未履行债务或者提供担保之前，提存部门根据债务人的要求应当拒绝其领取提存物。

债权人领取提存物的权利，自提存之日起 5 年内不行使而消灭，提存物扣除提存费用后归国家所有。

第一百零五条 债权人免除债务人部分或者全部债务的，合同的权利义务部分或者全部终止。

第一百零六条 债权和债务同归于一人的，合同的权利义务终止，但涉及第三人利益的除外。

第七章　违约责任

第一百零七条 当事人一方不履行合同义务或者履行合同义务不符合约定的，应当承担继续履行、采取补救措施或者赔偿损失等违约责任。

第一百零八条 当事人一方明确表示或者以自己的行为表明不履行合同义务的，对方可以在履行期限届满之前要求其承担违约责任。

第一百零九条 当事人一方未支付价款或者报酬的，对方可以要求其支付价款或者报酬。

第一百一十条 当事人一方不履行非金钱债务或者履行非金钱债务不符合约定的，对方可以要求履行，但有下列情形之一的除外：

（一）法律上或者事实上不能履行；

（二）债务的标的不适于强制履行或者履行费用过高；

（三）债权人在合理期限内未要求履行。

第一百一十一条 质量不符合约定的，应当按照当事人的约定承担违约责任。对违约责任没有约定或者约定不明确，依照本法第六十一条的规定仍不能确定的，受损害方根据标的的性质以及损失的大小，可以合理选择要求对方承担修理、更换、重作、退货、减少价款或者报酬等违约责任。

第一百一十二条　当事人一方不履行合同义务或者履行合同义务不符合约定的，在履行义务或者采取补救措施后，对方还有其他损失的，应当赔偿损失。

第一百一十三条　当事人一方不履行合同义务或者履行合同义务不符合约定，给对方造成损失的，损失赔偿额应当相当于因违约所造成的损失，包括合同履行后可以获得的利益，但不得超过违反合同一方订立合同时预见到或者应当预见到的因违反合同可能造成的损失。

经营者对消费者提供商品或者服务有欺诈行为的，依照《中华人民共和国消费者权益保护法》的规定承担损害赔偿责任。

第一百一十四条　当事人可以约定一方违约时应当根据违约情况向对方支付一定数额的违约金，也可以约定因违约产生的损失赔偿额的计算方法。

约定的违约金低于造成的损失的，当事人可以请求人民法院或者仲裁机构予以增加；约定的违约金过分高于造成的损失的，当事人可以请求人民法院或者仲裁机构予以适当减少。

当事人就迟延履行约定违约金的，违约方支付违约金后，还应当履行债务。

第一百一十五条　当事人可以依照《中华人民共和国担保法》约定一方向对方给付定金作为债权的担保。债务人履行债务后，定金应当抵作价款或者收回。给付定金的一方不履行约定的债务的，无权要求返还定金；收受定金的一方不履行约定的债务的，应当双倍返还定金。

第一百一十六条　当事人既约定违约金，又约定定金的，一方违约时，对方可以选择适用违约金或者定金条款。

第一百一十七条　因不可抗力不能履行合同的，根据不可抗力的影响，部分或者全部免除责任，但法律另有规定的除外。当事人迟延履行后发生不可抗力的，不能免除责任。

本法所称不可抗力，是指不能预见、不能避免并不能克服的客观情况。

第一百一十八条　当事人一方因不可抗力不能履行合同的，应当及时通知对方，以减轻可能给对方造成的损失，并应当在合理期限内提供证明。

第一百一十九条　当事人一方违约后，对方应当采取适当措施防止损失的扩大；没有采取适当措施致使损失扩大的，不得就扩大的损失要求赔偿。

当事人因防止损失扩大而支出的合理费用，由违约方承担。

第一百二十条　当事人双方都违反合同的，应当各自承担相应的责任。

第一百二十一条　当事人一方因第三人的原因造成违约的，应当向对方承担违约责任。当事人一方和第三人之间的纠纷，依照法律规定或者按照约定解决。

第一百二十二条　因当事人一方的违约行为，侵害对方人身、财产权益的，受损害方有权选择依照本法要求其承担违约责任或者依照其他法律要求其承担侵权责任。

第八章　其他规定

第一百二十三条　其他法律对合同另有规定的，依照其规定。

第一百二十四条　本法分则或者其他法律没有明文规定的合同，适用本法总则的规定，并可以参照本法分则或者其他法律最相类似的规定。

第一百二十五条　当事人对合同条款的理解有争议的，应当按照合同所使用的词句、合同的有关条款、合同的目的、交易习惯以及诚实信用原则，确定该条款的真实意思。

合同文本采用两种以上文字订立并约定具有同等效力的，对各文本使用的词句推定具有相同含义。各文本使用的词句不一致的，应当根据合同的目的予以解释。

第一百二十六条　涉外合同的当事人可以选择处理合同争议所适用的法律，但法律另有规定的除外。涉外合同的当事人没有选择的，适用与合同有最密切联系的国家的法律。

在中华人民共和国境内履行的中外合资经营企业合同、中外合作经营企业合同、中外合作勘探开发自然资源合同，适用中华人民共和国法律。

第一百二十七条　工商行政管理部门和其他有关行政主管部门在各自的职权范围内，依照法律、行政法规的规定，对利用合同危害国家利益、社会公共利益的违法行为，负责监督处理；构成犯罪的，依法追究刑事责任。

第一百二十八条　当事人可以通过和解或者调解解决合同争议。

　　当事人不愿和解、调解或者和解、调解不成的，可以根据仲裁协议向仲裁机构申请仲裁。涉外合同的当事人可以根据仲裁协议向中国仲裁机构或者其他仲裁机构申请仲裁。当事人没有订立仲裁协议或者仲裁协议无效的，可以向人民法院起诉。当事人应当履行发生法律效力的判决、仲裁裁决、调解书；拒不履行的，对方可以请求人民法院执行。

　　第一百二十九条　因国际货物买卖合同和技术进出口合同争议提起诉讼或者申请仲裁的期限为4年，自当事人知道或者应当知道其权利受到侵害之日起计算。因其他合同争议提起诉讼或者申请仲裁的期限，依照有关法律的规定。

最高人民法院
关于适用《中华人民共和国行政诉讼法》的解释

法释〔2018〕1号

（2017年11月13日最高人民法院审判委员会第1726次会议通过
2018年2月6日最高人民法院公告公布　自2018年2月8日起施行）

为正确适用《中华人民共和国行政诉讼法》（以下简称行政诉讼法），结合人民法院行政审判工作实际，制定本解释。

一、受案范围

第一条　公民、法人或者其他组织对行政机关及其工作人员的行政行为不服，依法提起诉讼的，属于人民法院行政诉讼的受案范围。

下列行为不属于人民法院行政诉讼的受案范围：

（一）公安、国家安全等机关依照刑事诉讼法的明确授权实施的行为；

（二）调解行为以及法律规定的仲裁行为；

（三）行政指导行为；

（四）驳回当事人对行政行为提起申诉的重复处理行为；

（五）行政机关作出的不产生外部法律效力的行为；

（六）行政机关为作出行政行为而实施的准备、论证、研究、层报、咨询等过程性行为；

（七）行政机关根据人民法院的生效裁判、协助执行通知书作出的执行行为，但行政机关扩大执行范围或者采取违法方式实施的除外；

（八）上级行政机关基于内部层级监督关系对下级行政机关作出的听取报告、执法检查、督促履责等行为；

（九）行政机关针对信访事项作出的登记、受理、交办、转送、复查、复核意见等行为；

（十）对公民、法人或者其他组织权利义务不产生实际影响的行为。

第二条　行政诉讼法第十三条第一项规定的"国家行为"，是指国务院、中央军事委员会、国防部、外交部等根据宪法和法律的授权，以国家的名义实施的有关国防和外交事务的行为，以及经宪法和法律授权的国家机关宣布紧急状态等行为。

行政诉讼法第十三条第二项规定的"具有普遍约束力的决定、命令"，是指行政机关针对不特定对象发布的能反复适用的规范性文件。

行政诉讼法第十三条第三项规定的"对行政机关工作人员的奖惩、任免等决定"，是指行政机关作出的涉及行政机关工作人员公务员权利义务的决定。

行政诉讼法第十三条第四项规定的"法律规定由行政机关最终裁决的行政行为"中的"法律"，是指全国人民代表大会及其常务委员会制定、通过的规范性文件。

二、管辖

第三条　各级人民法院行政审判庭审理行政案件和审查行政机关申请执行其行政行为的案件。

专门人民法院、人民法庭不审理行政案件，也不审查和执行行政机关申请执行其行政行为的案件。铁路运输法院等专门人民法院审理行政案件，应当执行行政诉讼法第十八条第二款的规定。

第四条　立案后，受诉人民法院的管辖权不受当事人住所地改变、追加被告等事实和法律状态变更的影响。

第五条　有下列情形之一的，属于行政诉讼法第十五条第三项规定的"本辖区内重大、复杂的案件"：

（一）社会影响重大的共同诉讼案件；

（二）涉外或者涉及香港特别行政区、澳门特别行政区、台湾地区的案件；

（三）其他重大、复杂案件。

　　第六条　当事人以案件重大复杂为由，认为有管辖权的基层人民法院不宜行使管辖权或者根据行政诉讼法第五十二条的规定，向中级人民法院起诉，中级人民法院应当根据不同情况在七日内分别作出以下处理：

　　（一）决定自行审理；

　　（二）指定本辖区其他基层人民法院管辖；

　　（三）书面告知当事人向有管辖权的基层人民法院起诉。

　　第七条　基层人民法院对其管辖的第一审行政案件，认为需要由中级人民法院审理或者指定管辖的，可以报请中级人民法院决定。中级人民法院应当根据不同情况在七日内分别作出以下处理：

　　（一）决定自行审理；

　　（二）指定本辖区其他基层人民法院管辖；

　　（三）决定由报请的人民法院审理。

　　第八条　行政诉讼法第十九条规定的"原告所在地"，包括原告的户籍所在地、经常居住地和被限制人身自由地。

　　对行政机关基于同一事实，既采取限制公民人身自由的行政强制措施，又采取其他行政强制措施或者行政处罚不服的，由被告所在地或者原告所在地的人民法院管辖。

　　第九条　行政诉讼法第二十条规定的"因不动产提起的行政诉讼"是指因行政行为导致不动产物权变动而提起的诉讼。

　　不动产已登记的，以不动产登记簿记载的所在地为不动产所在地；不动产未登记的，以不动产实际所在地为不动产所在地。

　　第十条　人民法院受理案件后，被告提出管辖异议的，应当在收到起诉状副本之日起十五日内提出。

　　对当事人提出的管辖异议，人民法院应当进行审查。异议成立的，裁定将案件移送有管辖权的人民法院；异议不成立的，裁定驳回。

　　人民法院对管辖异议审查后确定有管辖权的，不因当事人增加或者变更诉讼请求等改变管辖，但违反级别管辖、专属管辖规定的除外。

　　第十一条　有下列情形之一的，人民法院不予审查：

　　（一）人民法院发回重审或者按第一审程序再审的案件，当事人提出管辖异议的；

（二）当事人在第一审程序中未按照法律规定的期限和形式提出管辖异议，在第二审程序中提出的。

三、诉讼参加人

第十二条　有下列情形之一的，属于行政诉讼法第二十五条第一款规定的"与行政行为有利害关系"：

（一）被诉的行政行为涉及其相邻权或者公平竞争权的；

（二）在行政复议等行政程序中被追加为第三人的；

（三）要求行政机关依法追究加害人法律责任的；

（四）撤销或者变更行政行为涉及其合法权益的；

（五）为维护自身合法权益向行政机关投诉，具有处理投诉职责的行政机关作出或者未作出处理的；

（六）其他与行政行为有利害关系的情形。

第十三条　债权人以行政机关对债务人所作的行政行为损害债权实现为由提起行政诉讼的，人民法院应当告知其就民事争议提起民事诉讼，但行政机关作出行政行为时依法应予保护或者应予考虑的除外。

第十四条　行政诉讼法第二十五条第二款规定的"近亲属"，包括配偶、父母、子女、兄弟姐妹、祖父母、外祖父母、孙子女、外孙子女和其他具有扶养、赡养关系的亲属。

公民因被限制人身自由而不能提起诉讼的，其近亲属可以依其口头或者书面委托以该公民的名义提起诉讼。近亲属起诉时无法与被限制人身自由的公民取得联系，近亲属可以先行起诉，并在诉讼中补充提交委托证明。

第十五条　合伙企业向人民法院提起诉讼的，应当以核准登记的字号为原告。未依法登记领取营业执照的个人合伙的全体合伙人为共同原告；全体合伙人可以推选代表人，被推选的代表人，应当由全体合伙人出具推选书。

个体工商户向人民法院提起诉讼的，以营业执照上登记的经营者为原告。有字号的，以营业执照上登记的字号为原告，并应当注明该字号经营者的基本信息。

第十六条　股份制企业的股东大会、股东会、董事会等认为行政机关作出的行政行为侵犯企业经营自主权的，可以企业名义提起诉讼。

联营企业、中外合资或者合作企业的联营、合资、合作各方，认为联营、合资、合作企业权益或者自己一方合法权益受行政行为侵害的，可以自己的名义提起诉讼。

非国有企业被行政机关注销、撤销、合并、强令兼并、出售、分立或者改变企业隶属关系的，该企业或者其法定代表人可以提起诉讼。

第十七条　事业单位、社会团体、基金会、社会服务机构等非营利法人的出资人、设立人认为行政行为损害法人合法权益的，可以自己的名义提起诉讼。

第十八条　业主委员会对于行政机关作出的涉及业主共有利益的行政行为，可以自己的名义提起诉讼。

业主委员会不起诉的，专有部分占建筑物总面积过半数或者占总户数过半数的业主可以提起诉讼。

第十九条　当事人不服经上级行政机关批准的行政行为，向人民法院提起诉讼的，以在对外发生法律效力的文书上署名的机关为被告。

第二十条　行政机关组建并赋予行政管理职能但不具有独立承担法律责任能力的机构，以自己的名义作出行政行为，当事人不服提起诉讼的，应当以组建该机构的行政机关为被告。

法律、法规或者规章授权行使行政职权的行政机关内设机构、派出机构或者其他组织，超出法定授权范围实施行政行为，当事人不服提起诉讼的，应当以实施该行为的机构或者组织为被告。

没有法律、法规或者规章规定，行政机关授权其内设机构、派出机构或者其他组织行使行政职权的，属于行政诉讼法第二十六条规定的委托。当事人不服提起诉讼的，应当以该行政机关为被告。

第二十一条　当事人对由国务院、省级人民政府批准设立的开发区管理机构作出的行政行为不服提起诉讼的，以该开发区管理机构为被告；对由国务院、省级人民政府批准设立的开发区管理机构所属职能部门作出的行政行为不服提起诉讼的，以其职能部门为被告；对其他开发区管理机构所属职能部门作出的行政行为不服提起诉讼的，以开发区管理机构为被告；开发区管理机构没有行政主体资格的，以设立该机构的地方人民政府为被告。

第二十二条　行政诉讼法第二十六条第二款规定的"复议机关改变原行

政行为"，是指复议机关改变原行政行为的处理结果。复议机关改变原行政行为所认定的主要事实和证据、改变原行政行为所适用的规范依据，但未改变原行政行为处理结果的，视为复议机关维持原行政行为。

复议机关确认原行政行为无效，属于改变原行政行为。

复议机关确认原行政行为违法，属于改变原行政行为，但复议机关以违反法定程序为由确认原行政行为违法的除外。

第二十三条　行政机关被撤销或者职权变更，没有继续行使其职权的行政机关的，以其所属的人民政府为被告；实行垂直领导的，以垂直领导的上一级行政机关为被告。

第二十四条　当事人对村民委员会或者居民委员会依据法律、法规、规章的授权履行行政管理职责的行为不服提起诉讼的，以村民委员会或者居民委员会为被告。

当事人对村民委员会、居民委员会受行政机关委托作出的行为不服提起诉讼的，以委托的行政机关为被告。

当事人对高等学校等事业单位以及律师协会、注册会计师协会等行业协会依据法律、法规、规章的授权实施的行政行为不服提起诉讼的，以该事业单位、行业协会为被告。

当事人对高等学校等事业单位以及律师协会、注册会计师协会等行业协会受行政机关委托作出的行为不服提起诉讼的，以委托的行政机关为被告。

第二十五条　市、县级人民政府确定的房屋征收部门组织实施房屋征收与补偿工作过程中作出行政行为，被征收人不服提起诉讼的，以房屋征收部门为被告。

征收实施单位受房屋征收部门委托，在委托范围内从事的行为，被征收人不服提起诉讼的，应当以房屋征收部门为被告。

第二十六条　原告所起诉的被告不适格，人民法院应当告知原告变更被告；原告不同意变更的，裁定驳回起诉。

应当追加被告而原告不同意追加的，人民法院应当通知其以第三人的身份参加诉讼，但行政复议机关作共同被告的除外。

第二十七条　必须共同进行诉讼的当事人没有参加诉讼的，人民法院应当依法通知其参加；当事人也可以向人民法院申请参加。

人民法院应当对当事人提出的申请进行审查，申请理由不成立的，裁定驳回；申请理由成立的，书面通知其参加诉讼。

前款所称的必须共同进行诉讼，是指按照行政诉讼法第二十七条的规定，当事人一方或者双方为两人以上，因同一行政行为发生行政争议，人民法院必须合并审理的诉讼。

第二十八条 人民法院追加共同诉讼的当事人时，应当通知其他当事人。应当追加的原告，已明确表示放弃实体权利的，可不予追加；既不愿意参加诉讼，又不放弃实体权利的，应追加为第三人，其不参加诉讼，不能阻碍人民法院对案件的审理和裁判。

第二十九条 行政诉讼法第二十八条规定的"人数众多"，一般指十人以上。

根据行政诉讼法第二十八条的规定，当事人一方人数众多的，由当事人推选代表人。当事人推选不出的，可以由人民法院在起诉的当事人中指定代表人。

行政诉讼法第二十八条规定的代表人为二至五人。代表人可以委托一至二人作为诉讼代理人。

第三十条 行政机关的同一行政行为涉及两个以上利害关系人，其中一部分利害关系人对行政行为不服提起诉讼，人民法院应当通知没有起诉的其他利害关系人作为第三人参加诉讼。

与行政案件处理结果有利害关系的第三人，可以申请参加诉讼，或者由人民法院通知其参加诉讼。人民法院判决其承担义务或者减损其权益的第三人，有权提出上诉或者申请再审。

行政诉讼法第二十九条规定的第三人，因不能归责于本人的事由未参加诉讼，但有证据证明发生法律效力的判决、裁定、调解书损害其合法权益的，可以依照行政诉讼法第九十条的规定，自知道或者应当知道其合法权益受到损害之日起六个月内，向上一级人民法院申请再审。

第三十一条 当事人委托诉讼代理人，应当向人民法院提交由委托人签名或者盖章的授权委托书。委托书应当载明委托事项和具体权限。公民在特殊情况下无法书面委托的，也可以由他人代书，并由自己捺印等方式确认，人民法院应当核实并记录在卷；被诉行政机关或者其他有义务协助的机关拒绝人民法院向被限制人身自由的公民核实的，视为委托成立。当事人解除或者变更委托的，应当书面报告人民法院。

第三十二条　依照行政诉讼法第三十一条第二款第二项规定，与当事人有合法劳动人事关系的职工，可以当事人工作人员的名义作为诉讼代理人。以当事人的工作人员身份参加诉讼活动，应当提交以下证据之一加以证明：

（一）缴纳社会保险记录凭证；

（二）领取工资凭证；

（三）其他能够证明其为当事人工作人员身份的证据。

第三十三条　根据行政诉讼法第三十一条第二款第三项规定，有关社会团体推荐公民担任诉讼代理人的，应当符合下列条件：

（一）社会团体属于依法登记设立或者依法免予登记设立的非营利性法人组织；

（二）被代理人属于该社会团体的成员，或者当事人一方住所地位于该社会团体的活动地域；

（三）代理事务属于该社会团体章程载明的业务范围；

（四）被推荐的公民是该社会团体的负责人或者与该社会团体有合法劳动人事关系的工作人员。

专利代理人经中华全国专利代理人协会推荐，可以在专利行政案件中担任诉讼代理人。

四、证据

第三十四条　根据行政诉讼法第三十六条第一款的规定，被告申请延期提供证据的，应当在收到起诉状副本之日起十五日内以书面方式向人民法院提出。人民法院准许延期提供的，被告应当在正当事由消除后十五日内提供证据。逾期提供的，视为被诉行政行为没有相应的证据。

第三十五条　原告或者第三人应当在开庭审理前或者人民法院指定的交换证据清单之日提供证据。因正当事由申请延期提供证据的，经人民法院准许，可以在法庭调查中提供。逾期提供证据的，人民法院应当责令其说明理由；拒不说明理由或者理由不成立的，视为放弃举证权利。

原告或者第三人在第一审程序中无正当事由未提供而在第二审程序中提

供的证据，人民法院不予接纳。

第三十六条 当事人申请延长举证期限，应当在举证期限届满前向人民法院提出书面申请。

申请理由成立的，人民法院应当准许，适当延长举证期限，并通知其他当事人。申请理由不成立的，人民法院不予准许，并通知申请人。

第三十七条 根据行政诉讼法第三十九条的规定，对当事人无争议，但涉及国家利益、公共利益或者他人合法权益的事实，人民法院可以责令当事人提供或者补充有关证据。

第三十八条 对于案情比较复杂或者证据数量较多的案件，人民法院可以组织当事人在开庭前向对方出示或者交换证据，并将交换证据清单的情况记录在卷。

当事人在庭前证据交换过程中没有争议并记录在卷的证据，经审判人员在庭审中说明后，可以作为认定案件事实的依据。

第三十九条 当事人申请调查收集证据，但该证据与待证事实无关联、对证明待证事实无意义或者其他无调查收集必要的，人民法院不予准许。

第四十条 人民法院在证人出庭作证前应当告知其如实作证的义务以及作伪证的法律后果。

证人因履行出庭作证义务而支出的交通、住宿、就餐等必要费用以及误工损失，由败诉一方当事人承担。

第四十一条 有下列情形之一，原告或者第三人要求相关行政执法人员出庭说明的，人民法院可以准许：

（一）对现场笔录的合法性或者真实性有异议的；

（二）对扣押财产的品种或者数量有异议的；

（三）对检验的物品取样或者保管有异议的；

（四）对行政执法人员身份的合法性有异议的；

（五）需要出庭说明的其他情形。

第四十二条 能够反映案件真实情况、与待证事实相关联、来源和形式符合法律规定的证据，应当作为认定案件事实的根据。

第四十三条 有下列情形之一的，属于行政诉讼法第四十三条第三款规定的"以非法手段取得的证据"：

（一）严重违反法定程序收集的证据材料；

（二）以违反法律强制性规定的手段获取且侵害他人合法权益的证据材料；

（三）以利诱、欺诈、胁迫、暴力等手段获取的证据材料。

第四十四条 人民法院认为有必要的，可以要求当事人本人或者行政机关执法人员到庭，就案件有关事实接受询问。在询问之前，可以要求其签署保证书。

保证书应当载明据实陈述、如有虚假陈述愿意接受处罚等内容。当事人或者行政机关执法人员应当在保证书上签名或者捺印。

负有举证责任的当事人拒绝到庭、拒绝接受询问或者拒绝签署保证书，待证事实又欠缺其他证据加以佐证的，人民法院对其主张的事实不予认定。

第四十五条 被告有证据证明其在行政程序中依照法定程序要求原告或者第三人提供证据，原告或者第三人依法应当提供而没有提供，在诉讼程序中提供的证据，人民法院一般不予采纳。

第四十六条 原告或者第三人确有证据证明被告持有的证据对原告或者第三人有利的，可以在开庭审理前书面申请人民法院责令行政机关提交。

申请理由成立的，人民法院应当责令行政机关提交，因提交证据所产生的费用，由申请人预付。行政机关无正当理由拒不提交的，人民法院可以推定原告或者第三人基于该证据主张的事实成立。

持有证据的当事人以妨碍对方当事人使用为目的，毁灭有关证据或者实施其他致使证据不能使用行为的，人民法院可以推定对方当事人基于该证据主张的事实成立，并可依照行政诉讼法第五十九条规定处理。

第四十七条 根据行政诉讼法第三十八条第二款的规定，在行政赔偿、补偿案件中，因被告的原因导致原告无法就损害情况举证的，应当由被告就该损害情况承担举证责任。

对于各方主张损失的价值无法认定的，应当由负有举证责任的一方当事人申请鉴定，但法律、法规、规章规定行政机关在作出行政行为时依法应当评估或者鉴定的除外；负有举证责任的当事人拒绝申请鉴定的，由其承担不利的法律后果。

当事人的损失因客观原因无法鉴定的，人民法院应当结合当事人的主张和在案证据，遵循法官职业道德，运用逻辑推理和生活经验、生活常识等，酌情确定赔偿数额。

五、期间、送达

第四十八条 期间包括法定期间和人民法院指定的期间。

期间以时、日、月、年计算。期间开始的时和日，不计算在期间内。

期间届满的最后一日是节假日的，以节假日后的第一日为期间届满的日期。

期间不包括在途时间，诉讼文书在期满前交邮的，视为在期限内发送。

第四十九条 行政诉讼法第五十一条第二款规定的立案期限，因起诉状内容欠缺或者有其他错误通知原告限期补正的，从补正后递交人民法院的次日起算。由上级人民法院转交下级人民法院立案的案件，从受诉人民法院收到起诉状的次日起算。

第五十条 行政诉讼法第八十一条、第八十三条、第八十八条规定的审理期限，是指从立案之日起至裁判宣告、调解书送达之日止的期间，但公告期间、鉴定期间、调解期间、中止诉讼期间、审理当事人提出的管辖异议以及处理人民法院之间的管辖争议期间不应计算在内。

再审案件按照第一审程序或者第二审程序审理的，适用行政诉讼法第八十一条、第八十八条规定的审理期限。审理期限自再审立案的次日起算。

基层人民法院申请延长审理期限，应当直接报请高级人民法院批准，同时报中级人民法院备案。

第五十一条 人民法院可以要求当事人签署送达地址确认书，当事人确认的送达地址为人民法院法律文书的送达地址。

当事人同意电子送达的，应当提供并确认传真号、电子信箱等电子送达地址。

当事人送达地址发生变更的，应当及时书面告知受理案件的人民法院；未及时告知的，人民法院按原地址送达，视为依法送达。

人民法院可以通过国家邮政机构以法院专递方式进行送达。

第五十二条 人民法院可以在当事人住所地以外向当事人直接送达诉讼文书。当事人拒绝签署送达回证的，采用拍照、录像等方式记录送达过程即视为送达。审判人员、书记员应当在送达回证上注明送达情况并签名。

六、起诉与受理

第五十三条　人民法院对符合起诉条件的案件应当立案，依法保障当事人行使诉讼权利。

对当事人依法提起的诉讼，人民法院应当根据行政诉讼法第五十一条的规定接收起诉状。能够判断符合起诉条件的，应当当场登记立案；当场不能判断是否符合起诉条件的，应当在接收起诉状后七日内决定是否立案；七日内仍不能作出判断的，应当先予立案。

第五十四条　依照行政诉讼法第四十九条的规定，公民、法人或者其他组织提起诉讼时应当提交以下起诉材料：

（一）原告的身份证明材料以及有效联系方式；

（二）被诉行政行为或者不作为存在的材料；

（三）原告与被诉行政行为具有利害关系的材料；

（四）人民法院认为需要提交的其他材料。

由法定代理人或者委托代理人代为起诉的，还应当在起诉状中写明或者在口头起诉时向人民法院说明法定代理人或者委托代理人的基本情况，并提交法定代理人或者委托代理人的身份证明和代理权限证明等材料。

第五十五条　依照行政诉讼法第五十一条的规定，人民法院应当就起诉状内容和材料是否完备以及是否符合行政诉讼法规定的起诉条件进行审查。

起诉状内容或者材料欠缺的，人民法院应当给予指导和释明，并一次性全面告知当事人需要补正的内容、补充的材料及期限。在指定期限内补正并符合起诉条件的，应当登记立案。当事人拒绝补正或者经补正仍不符合起诉条件的，退回诉状并记录在册；坚持起诉的，裁定不予立案，并载明不予立案的理由。

第五十六条　法律、法规规定应当先申请复议，公民、法人或者其他组织未申请复议直接提起诉讼的，人民法院裁定不予立案。

依照行政诉讼法第四十五条的规定，复议机关不受理复议申请或者在法定期限内不作出复议决定，公民、法人或者其他组织不服，依法向人民法院提起诉讼的，人民法院应当依法立案。

第五十七条　法律、法规未规定行政复议为提起行政诉讼必经程序，公民、法人或者其他组织既提起诉讼又申请行政复议的，由先立案的机关管辖；同时立案的，由公民、法人或者其他组织选择。公民、法人或者其他组织已经申请行政复议，在法定复议期间内又向人民法院提起诉讼的，人民法院裁定不予立案。

第五十八条　法律、法规未规定行政复议为提起行政诉讼必经程序，公民、法人或者其他组织向复议机关申请行政复议后，又经复议机关同意撤回复议申请，在法定起诉期限内对原行政行为提起诉讼的，人民法院应当依法立案。

第五十九条　公民、法人或者其他组织向复议机关申请行政复议后，复议机关作出维持决定的，应当以复议机关和原行为机关为共同被告，并以复议决定送达时间确定起诉期限。

第六十条　人民法院裁定准许原告撤诉后，原告以同一事实和理由重新起诉的，人民法院不予立案。

准予撤诉的裁定确有错误，原告申请再审的，人民法院应当通过审判监督程序撤销原准予撤诉的裁定，重新对案件进行审理。

第六十一条　原告或者上诉人未按规定的期限预交案件受理费，又不提出缓交、减交、免交申请，或者提出申请未获批准的，按自动撤诉处理。在按撤诉处理后，原告或者上诉人在法定期限内再次起诉或者上诉，并依法解决诉讼费预交问题的，人民法院应予立案。

第六十二条　人民法院判决撤销行政机关的行政行为后，公民、法人或者其他组织对行政机关重新作出的行政行为不服向人民法院起诉的，人民法院应当依法立案。

第六十三条　行政机关作出行政行为时，没有制作或者没有送达法律文书，公民、法人或者其他组织只要能证明行政行为存在，并在法定期限内起诉的，人民法院应当依法立案。

第六十四条　行政机关作出行政行为时，未告知公民、法人或者其他组织起诉期限的，起诉期限从公民、法人或者其他组织知道或者应当知道起诉期限之日起计算，但从知道或者应当知道行政行为内容之日起最长不得超过一年。

复议决定未告知公民、法人或者其他组织起诉期限的，适用前款规定。

第六十五条　公民、法人或者其他组织不知道行政机关作出的行政行为内容的，其起诉期限从知道或者应当知道该行政行为内容之日起计算，但最长不得超过行政诉讼法第四十六条第二款规定的起诉期限。

第六十六条　公民、法人或者其他组织依照行政诉讼法第四十七条第一款的规定，对行政机关不履行法定职责提起诉讼的，应当在行政机关履行法定职责期限届满之日起六个月内提出。

第六十七条　原告提供被告的名称等信息足以使被告与其他行政机关相区别的，可以认定为行政诉讼法第四十九条第二项规定的"有明确的被告"。

起诉状列写被告信息不足以认定明确的被告的，人民法院可以告知原告补正；原告补正后仍不能确定明确的被告的，人民法院裁定不予立案。

第六十八条　行政诉讼法第四十九条第三项规定的"有具体的诉讼请求"是指：

（一）请求判决撤销或者变更行政行为；

（二）请求判决行政机关履行特定法定职责或者给付义务；

（三）请求判决确认行政行为违法；

（四）请求判决确认行政行为无效；

（五）请求判决行政机关予以赔偿或者补偿；

（六）请求解决行政协议争议；

（七）请求一并审查规章以下规范性文件；

（八）请求一并解决相关民事争议；

（九）其他诉讼请求。

当事人单独或者一并提起行政赔偿、补偿诉讼的，应当有具体的赔偿、补偿事项以及数额；请求一并审查规章以下规范性文件的，应当提供明确的文件名称或者审查对象；请求一并解决相关民事争议的，应当有具体的民事诉讼请求。

当事人未能正确表达诉讼请求的，人民法院应当要求其明确诉讼请求。

第六十九条　有下列情形之一，已经立案的，应当裁定驳回起诉：

（一）不符合行政诉讼法第四十九条规定的；

（二）超过法定起诉期限且无行政诉讼法第四十八条规定情形的；

（三）错列被告且拒绝变更的；

（四）未按照法律规定由法定代理人、指定代理人、代表人为诉讼行为的；

（五）未按照法律、法规规定先向行政机关申请复议的；

（六）重复起诉的；

（七）撤回起诉后无正当理由再行起诉的；

（八）行政行为对其合法权益明显不产生实际影响的；

（九）诉讼标的已为生效裁判或者调解书所羁束的；

（十）其他不符合法定起诉条件的情形。

前款所列情形可以补正或者更正的，人民法院应当指定期间责令补正或者更正；在指定期间已经补正或者更正的，应当依法审理。

人民法院经过阅卷、调查或者询问当事人，认为不需要开庭审理的，可以迳行裁定驳回起诉。

第七十条 起诉状副本送达被告后，原告提出新的诉讼请求的，人民法院不予准许，但有正当理由的除外。

七、审理与判决

第七十一条 人民法院适用普通程序审理案件，应当在开庭三日前用传票传唤当事人。对证人、鉴定人、勘验人、翻译人员，应当用通知书通知其到庭。当事人或者其他诉讼参与人在外地的，应当留有必要的在途时间。

第七十二条 有下列情形之一的，可以延期开庭审理：

（一）应当到庭的当事人和其他诉讼参与人有正当理由没有到庭的；

（二）当事人临时提出回避申请且无法及时作出决定的；

（三）需要通知新的证人到庭，调取新的证据，重新鉴定、勘验，或者需要补充调查的；

（四）其他应当延期的情形。

第七十三条 根据行政诉讼法第二十七条的规定，有下列情形之一的，人民法院可以决定合并审理：

（一）两个以上行政机关分别对同一事实作出行政行为，公民、法人或者其他组织不服向同一人民法院起诉的；

（二）行政机关就同一事实对若干公民、法人或者其他组织分别作出行政行为，公民、法人或者其他组织不服分别向同一人民法院起诉的；

（三）在诉讼过程中，被告对原告作出新的行政行为，原告不服向同一人民法院起诉的；

（四）人民法院认为可以合并审理的其他情形。

第七十四条　当事人申请回避，应当说明理由，在案件开始审理时提出；回避事由在案件开始审理后知道的，应当在法庭辩论终结前提出。

被申请回避的人员，在人民法院作出是否回避的决定前，应当暂停参与本案的工作，但案件需要采取紧急措施的除外。

对当事人提出的回避申请，人民法院应当在三日内以口头或者书面形式作出决定。对当事人提出的明显不属于法定回避事由的申请，法庭可以依法当庭驳回。

申请人对驳回回避申请决定不服的，可以向作出决定的人民法院申请复议一次。复议期间，被申请回避的人员不停止参与本案的工作。对申请人的复议申请，人民法院应当在三日内作出复议决定，并通知复议申请人。

第七十五条　在一个审判程序中参与过本案审判工作的审判人员，不得再参与该案其他程序的审判。

发回重审的案件，在一审法院作出裁判后又进入第二审程序的，原第二审程序中合议庭组成人员不受前款规定的限制。

第七十六条　人民法院对于因一方当事人的行为或者其他原因，可能使行政行为或者人民法院生效裁判不能或者难以执行的案件，根据对方当事人的申请，可以裁定对其财产进行保全、责令其作出一定行为或者禁止其作出一定行为；当事人没有提出申请的，人民法院在必要时也可以裁定采取上述保全措施。

人民法院采取保全措施，可以责令申请人提供担保；申请人不提供担保的，裁定驳回申请。

人民法院接受申请后，对情况紧急的，必须在四十八小时内作出裁定；裁定采取保全措施的，应当立即开始执行。

当事人对保全的裁定不服的，可以申请复议；复议期间不停止裁定的执行。

第七十七条 利害关系人因情况紧急，不立即申请保全将会使其合法权益受到难以弥补的损害的，可以在提起诉讼前向被保全财产所在地、被申请人住所地或者对案件有管辖权的人民法院申请采取保全措施。申请人应当提供担保，不提供担保的，裁定驳回申请。

人民法院接受申请后，必须在四十八小时内作出裁定；裁定采取保全措施的，应当立即开始执行。

申请人在人民法院采取保全措施后三十日内不依法提起诉讼的，人民法院应当解除保全。

当事人对保全的裁定不服的，可以申请复议；复议期间不停止裁定的执行。

第七十八条 保全限于请求的范围，或者与本案有关的财物。

财产保全采取查封、扣押、冻结或者法律规定的其他方法。人民法院保全财产后，应当立即通知被保全人。

财产已被查封、冻结的，不得重复查封、冻结。

涉及财产的案件，被申请人提供担保的，人民法院应当裁定解除保全。

申请有错误的，申请人应当赔偿被申请人因保全所遭受的损失。

第七十九条 原告或者上诉人申请撤诉，人民法院裁定不予准许的，原告或者上诉人经传票传唤无正当理由拒不到庭，或者未经法庭许可中途退庭的，人民法院可以缺席判决。

第三人经传票传唤无正当理由拒不到庭，或者未经法庭许可中途退庭的，不发生阻止案件审理的效果。

根据行政诉讼法第五十八条的规定，被告经传票传唤无正当理由拒不到庭，或者未经法庭许可中途退庭的，人民法院可以按期开庭或者继续开庭审理，对到庭的当事人诉讼请求、双方的诉辩理由以及已经提交的证据及其他诉讼材料进行审理后，依法缺席判决。

第八十条 原告或者上诉人在庭审中明确拒绝陈述或者以其他方式拒绝陈述，导致庭审无法进行，经法庭释明法律后果后仍不陈述意见的，视为放弃陈述权利，由其承担不利的法律后果。

当事人申请撤诉或者依法可以按撤诉处理的案件，当事人有违反法律的行为需要依法处理的，人民法院可以不准许撤诉或者不按撤诉处理。

法庭辩论终结后原告申请撤诉,人民法院可以准许,但涉及到国家利益和社会公共利益的除外。

第八十一条 被告在一审期间改变被诉行政行为的,应当书面告知人民法院。

原告或者第三人对改变后的行政行为不服提起诉讼的,人民法院应当就改变后的行政行为进行审理。

被告改变原违法行政行为,原告仍要求确认原行政行为违法的,人民法院应当依法作出确认判决。

原告起诉被告不作为,在诉讼中被告作出行政行为,原告不撤诉的,人民法院应当就不作为依法作出确认判决。

第八十二条 当事人之间恶意串通,企图通过诉讼等方式侵害国家利益、社会公共利益或者他人合法权益的,人民法院应当裁定驳回起诉或者判决驳回其请求,并根据情节轻重予以罚款、拘留;构成犯罪的,依法追究刑事责任。

第八十三条 行政诉讼法第五十九条规定的罚款、拘留可以单独适用,也可以合并适用。

对同一妨害行政诉讼行为的罚款、拘留不得连续适用。发生新的妨害行政诉讼行为的,人民法院可以重新予以罚款、拘留。

第八十四条 人民法院审理行政诉讼法第六十条第一款规定的行政案件,认为法律关系明确、事实清楚,在征得当事人双方同意后,可以迳行调解。

第八十五条 调解达成协议,人民法院应当制作调解书。调解书应当写明诉讼请求、案件的事实和调解结果。

调解书由审判人员、书记员署名,加盖人民法院印章,送达双方当事人。

调解书经双方当事人签收后,即具有法律效力。调解书生效日期根据最后收到调解书的当事人签收的日期确定。

第八十六条 人民法院审理行政案件,调解过程不公开,但当事人同意公开的除外。

经人民法院准许,第三人可以参加调解。人民法院认为有必要的,可以通知第三人参加调解。

调解协议内容不公开，但为保护国家利益、社会公共利益、他人合法权益，人民法院认为确有必要公开的除外。

当事人一方或者双方不愿调解、调解未达成协议的，人民法院应当及时判决。

当事人自行和解或者调解达成协议后，请求人民法院按照和解协议或者调解协议的内容制作判决书的，人民法院不予准许。

第八十七条 在诉讼过程中，有下列情形之一的，中止诉讼：

（一）原告死亡，须等待其近亲属表明是否参加诉讼的；

（二）原告丧失诉讼行为能力，尚未确定法定代理人的；

（三）作为一方当事人的行政机关、法人或者其他组织终止，尚未确定权利义务承受人的；

（四）一方当事人因不可抗力的事由不能参加诉讼的；

（五）案件涉及法律适用问题，需要送请有权机关作出解释或者确认的；

（六）案件的审判须以相关民事、刑事或者其他行政案件的审理结果为依据，而相关案件尚未审结的；

（七）其他应当中止诉讼的情形。

中止诉讼的原因消除后，恢复诉讼。

第八十八条 在诉讼过程中，有下列情形之一的，终结诉讼：

（一）原告死亡，没有近亲属或者近亲属放弃诉讼权利的；

（二）作为原告的法人或者其他组织终止后，其权利义务的承受人放弃诉讼权利的。

因本解释第八十七条第一款第一、二、三项原因中止诉讼满九十日仍无人继续诉讼的，裁定终结诉讼，但有特殊情况的除外。

第八十九条 复议决定改变原行政行为错误，人民法院判决撤销复议决定时，可以一并责令复议机关重新作出复议决定或者判决恢复原行政行为的法律效力。

第九十条 人民法院判决被告重新作出行政行为，被告重新作出的行政行为与原行政行为的结果相同，但主要事实或者主要理由有改变的，不属于行政诉讼法第七十一条规定的情形。

人民法院以违反法定程序为由，判决撤销被诉行政行为的，行政机关重新作出行政行为不受行政诉讼法第七十一条规定的限制。

行政机关以同一事实和理由重新作出与原行政行为基本相同的行政行为，人民法院应当根据行政诉讼法第七十条、第七十一条的规定判决撤销或者部分撤销，并根据行政诉讼法第九十六条的规定处理。

第九十一条　原告请求被告履行法定职责的理由成立，被告违法拒绝履行或者无正当理由逾期不予答复的，人民法院可以根据行政诉讼法第七十二条的规定，判决被告在一定期限内依法履行原告请求的法定职责；尚需被告调查或者裁量的，应当判决被告针对原告的请求重新作出处理。

第九十二条　原告申请被告依法履行支付抚恤金、最低生活保障待遇或者社会保险待遇等给付义务的理由成立，被告依法负有给付义务而拒绝或者拖延履行义务的，人民法院可以根据行政诉讼法第七十三条的规定，判决被告在一定期限内履行相应的给付义务。

第九十三条　原告请求被告履行法定职责或者依法履行支付抚恤金、最低生活保障待遇或者社会保险待遇等给付义务，原告未先向行政机关提出申请的，人民法院裁定驳回起诉。

人民法院经审理认为原告所请求履行的法定职责或者给付义务明显不属于行政机关权限范围的，可以裁定驳回起诉。

第九十四条　公民、法人或者其他组织起诉请求撤销行政行为，人民法院经审查认为行政行为无效的，应当作出确认无效的判决。

公民、法人或者其他组织起诉请求确认行政行为无效，人民法院审查认为行政行为不属于无效情形，经释明，原告请求撤销行政行为的，应当继续审理并依法作出相应判决；原告请求撤销行政行为但超过法定起诉期限的，裁定驳回起诉；原告拒绝变更诉讼请求的，判决驳回其诉讼请求。

第九十五条　人民法院经审理认为被诉行政行为违法或者无效，可能给原告造成损失，经释明，原告请求一并解决行政赔偿争议的，人民法院可以就赔偿事项进行调解；调解不成的，应当一并判决。人民法院也可以告知其就赔偿事项另行提起诉讼。

第九十六条　有下列情形之一，且对原告依法享有的听证、陈述、申辩等重要程序性权利不产生实质损害的，属于行政诉讼法第七十四条第一款第

二项规定的"程序轻微违法":

（一）处理期限轻微违法；

（二）通知、送达等程序轻微违法；

（三）其他程序轻微违法的情形。

第九十七条 原告或者第三人的损失系由其自身过错和行政机关的违法行政行为共同造成的，人民法院应当依据各方行为与损害结果之间有无因果关系以及在损害发生和结果中作用力的大小，确定行政机关相应的赔偿责任。

第九十八条 因行政机关不履行、拖延履行法定职责，致使公民、法人或者其他组织的合法权益遭受损害的，人民法院应当判决行政机关承担行政赔偿责任。在确定赔偿数额时，应当考虑该不履行、拖延履行法定职责的行为在损害发生过程和结果中所起的作用等因素。

第九十九条 有下列情形之一的，属于行政诉讼法第七十五条规定的"重大且明显违法":

（一）行政行为实施主体不具有行政主体资格；

（二）减损权利或者增加义务的行政行为没有法律规范依据；

（三）行政行为的内容客观上不可能实施；

（四）其他重大且明显违法的情形。

第一百条 人民法院审理行政案件，适用最高人民法院司法解释的，应当在裁判文书中援引。

人民法院审理行政案件，可以在裁判文书中引用合法有效的规章及其他规范性文件。

第一百零一条 裁定适用于下列范围：

（一）不予立案；

（二）驳回起诉；

（三）管辖异议；

（四）终结诉讼；

（五）中止诉讼；

（六）移送或者指定管辖；

（七）诉讼期间停止行政行为的执行或者驳回停止执行的申请；

（八）财产保全；

（九）先予执行；

（十）准许或者不准许撤诉；

（十一）补正裁判文书中的笔误；

（十二）中止或者终结执行；

（十三）提审、指令再审或者发回重审；

（十四）准许或者不准许执行行政机关的行政行为；

（十五）其他需要裁定的事项。

对第一、二、三项裁定，当事人可以上诉。

裁定书应当写明裁定结果和作出该裁定的理由。裁定书由审判人员、书记员署名，加盖人民法院印章。口头裁定的，记入笔录。

第一百零二条　行政诉讼法第八十二条规定的行政案件中的"事实清楚"，是指当事人对争议的事实陈述基本一致，并能提供相应的证据，无须人民法院调查收集证据即可查明事实；"权利义务关系明确"，是指行政法律关系中权利和义务能够明确区分；"争议不大"，是指当事人对行政行为的合法性、责任承担等没有实质分歧。

第一百零三条　适用简易程序审理的行政案件，人民法院可以用口头通知、电话、短信、传真、电子邮件等简便方式传唤当事人、通知证人、送达裁判文书以外的诉讼文书。

以简便方式送达的开庭通知，未经当事人确认或者没有其他证据证明当事人已经收到的，人民法院不得缺席判决。

第一百零四条　适用简易程序案件的举证期限由人民法院确定，也可以由当事人协商一致并经人民法院准许，但不得超过十五日。被告要求书面答辩的，人民法院可以确定合理的答辩期间。

人民法院应当将举证期限和开庭日期告知双方当事人，并向当事人说明逾期举证以及拒不到庭的法律后果，由双方当事人在笔录和开庭传票的送达回证上签名或者捺印。

当事人双方均表示同意立即开庭或者缩短举证期限、答辩期间的，人民法院可以立即开庭审理或者确定近期开庭。

第一百零五条　人民法院发现案情复杂，需要转为普通程序审理的，应当在审理期限届满前作出裁定并将合议庭组成人员及相关事项书面通知双方当事人。

案件转为普通程序审理的，审理期限自人民法院立案之日起计算。

第一百零六条 当事人就已经提起诉讼的事项在诉讼过程中或者裁判生效后再次起诉，同时具有下列情形的，构成重复起诉：

（一）后诉与前诉的当事人相同；

（二）后诉与前诉的诉讼标的相同；

（三）后诉与前诉的诉讼请求相同，或者后诉的诉讼请求被前诉裁判所包含。

第一百零七条 第一审人民法院作出判决和裁定后，当事人均提起上诉的，上诉各方均为上诉人。

诉讼当事人中的一部分人提出上诉，没有提出上诉的对方当事人为被上诉人，其他当事人依原审诉讼地位列明。

第一百零八条 当事人提出上诉，应当按照其他当事人或者诉讼代表人的人数提出上诉状副本。

原审人民法院收到上诉状，应当在五日内将上诉状副本发送其他当事人，对方当事人应当在收到上诉状副本之日起十五日内提出答辩状。

原审人民法院应当在收到答辩状之日起五日内将副本发送上诉人。对方当事人不提出答辩状的，不影响人民法院审理。

原审人民法院收到上诉状、答辩状，应当在五日内连同全部案卷和证据，报送第二审人民法院；已经预收的诉讼费用，一并报送。

第一百零九条 第二审人民法院经审理认为原审人民法院不予立案或者驳回起诉的裁定确有错误且当事人的起诉符合起诉条件的，应当裁定撤销原审人民法院的裁定，指令原审人民法院依法立案或者继续审理。

第二审人民法院裁定发回原审人民法院重新审理的行政案件，原审人民法院应当另行组成合议庭进行审理。

原审判决遗漏了必须参加诉讼的当事人或者诉讼请求的，第二审人民法院应当裁定撤销原审判决，发回重审。

原审判决遗漏行政赔偿请求，第二审人民法院经审查认为依法不应当予以赔偿的，应当判决驳回行政赔偿请求。

原审判决遗漏行政赔偿请求，第二审人民法院经审理认为依法应当予以赔偿的，在确认被诉行政行为违法的同时，可以就行政赔偿问题进行调解；调解不成的，应当就行政赔偿部分发回重审。

当事人在第二审期间提出行政赔偿请求的，第二审人民法院可以进行调解；调解不成的，应当告知当事人另行起诉。

第一百一十条　当事人向上一级人民法院申请再审，应当在判决、裁定或者调解书发生法律效力后六个月内提出。有下列情形之一的，自知道或者应当知道之日起六个月内提出：

（一）有新的证据，足以推翻原判决、裁定的；

（二）原判决、裁定认定事实的主要证据是伪造的；

（三）据以作出原判决、裁定的法律文书被撤销或者变更的；

（四）审判人员审理该案件时有贪污受贿、徇私舞弊、枉法裁判行为的。

第一百一十一条　当事人申请再审的，应当提交再审申请书等材料。人民法院认为有必要的，可以自收到再审申请书之日起五日内将再审申请书副本发送对方当事人。对方当事人应当自收到再审申请书副本之日起十五日内提交书面意见。人民法院可以要求申请人和对方当事人补充有关材料，询问有关事项。

第一百一十二条　人民法院应当自再审申请案件立案之日起六个月内审查，有特殊情况需要延长的，由本院院长批准。

第一百一十三条　人民法院根据审查再审申请案件的需要决定是否询问当事人；新的证据可能推翻原判决、裁定的，人民法院应当询问当事人。

第一百一十四条　审查再审申请期间，被申请人及原审其他当事人依法提出再审申请的，人民法院应当将其列为再审申请人，对其再审事由一并审查，审查期限重新计算。经审查，其中一方再审申请人主张的再审事由成立的，应当裁定再审。各方再审申请人主张的再审事由均不成立的，一并裁定驳回再审申请。

第一百一十五条　审查再审申请期间，再审申请人申请人民法院委托鉴定、勘验的，人民法院不予准许。

审查再审申请期间，再审申请人撤回再审申请的，是否准许，由人民法院裁定。

再审申请人经传票传唤，无正当理由拒不接受询问的，按撤回再审申请处理。

人民法院准许撤回再审申请或者按撤回再审申请处理后，再审申请人再次申请再审的，不予立案，但有行政诉讼法第九十一条第二项、第三项、第七项、第八项规定情形，自知道或者应当知道之日起六个月内提出的除外。

第一百一十六条 当事人主张的再审事由成立，且符合行政诉讼法和本解释规定的申请再审条件的，人民法院应当裁定再审。

当事人主张的再审事由不成立，或者当事人申请再审超过法定申请再审期限、超出法定再审事由范围等不符合行政诉讼法和本解释规定的申请再审条件的，人民法院应当裁定驳回再审申请。

第一百一十七条 有下列情形之一的，当事人可以向人民检察院申请抗诉或者检察建议：

（一）人民法院驳回再审申请的；

（二）人民法院逾期未对再审申请作出裁定的；

（三）再审判决、裁定有明显错误的。

人民法院基于抗诉或者检察建议作出再审判决、裁定后，当事人申请再审的，人民法院不予立案。

第一百一十八条 按照审判监督程序决定再审的案件，裁定中止原判决、裁定、调解书的执行，但支付抚恤金、最低生活保障费或者社会保险待遇的案件，可以不中止执行。

上级人民法院决定提审或者指令下级人民法院再审的，应当作出裁定，裁定应当写明中止原判决的执行；情况紧急的，可以将中止执行的裁定口头通知负责执行的人民法院或者作出生效判决、裁定的人民法院，但应当在口头通知后十日内发出裁定书。

第一百一十九条 人民法院按照审判监督程序再审的案件，发生法律效力的判决、裁定是由第一审法院作出的，按照第一审程序审理，所作的判决、裁定，当事人可以上诉；发生法律效力的判决、裁定是由第二审法院作出的，按照第二审程序审理，所作的判决、裁定，是发生法律效力的判决、裁定；上级人民法院按照审判监督程序提审的，按照第二审程序审理，所作的判决、裁定是发生法律效力的判决、裁定。

人民法院审理再审案件，应当另行组成合议庭。

第一百二十条　人民法院审理再审案件应当围绕再审请求和被诉行政行为合法性进行。当事人的再审请求超出原审诉讼请求，符合另案诉讼条件的，告知当事人可以另行起诉。

被申请人及原审其他当事人在庭审辩论结束前提出的再审请求，符合本解释规定的申请期限的，人民法院应当一并审理。

人民法院经再审，发现已经发生法律效力的判决、裁定损害国家利益、社会公共利益、他人合法权益的，应当一并审理。

第一百二十一条　再审审理期间，有下列情形之一的，裁定终结再审程序：

（一）再审申请人在再审期间撤回再审请求，人民法院准许的；

（二）再审申请人经传票传唤，无正当理由拒不到庭的，或者未经法庭许可中途退庭，按撤回再审请求处理的；

（三）人民检察院撤回抗诉的；

（四）其他应当终结再审程序的情形。

因人民检察院提出抗诉裁定再审的案件，申请抗诉的当事人有前款规定的情形，且不损害国家利益、社会公共利益或者他人合法权益的，人民法院裁定终结再审程序。

再审程序终结后，人民法院裁定中止执行的原生效判决自动恢复执行。

第一百二十二条　人民法院审理再审案件，认为原生效判决、裁定确有错误，在撤销原生效判决或者裁定的同时，可以对生效判决、裁定的内容作出相应裁判，也可以裁定撤销生效判决或者裁定，发回作出生效判决、裁定的人民法院重新审理。

第一百二十三条　人民法院审理二审案件和再审案件，对原审法院立案、不予立案或者驳回起诉错误的，应当分别情况作如下处理：

（一）第一审人民法院作出实体判决后，第二审人民法院认为不应当立案的，在撤销第一审人民法院判决的同时，可以迳行驳回起诉；

（二）第二审人民法院维持第一审人民法院不予立案裁定错误的，再审法院应当撤销第一审、第二审人民法院裁定，指令第一审人民法院受理；

（三）第二审人民法院维持第一审人民法院驳回起诉裁定错误的，再审法院应当撤销第一审、第二审人民法院裁定，指令第一审人民法院审理。

第一百二十四条 人民检察院提出抗诉的案件，接受抗诉的人民法院应当自收到抗诉书之日起三十日内作出再审的裁定；有行政诉讼法第九十一条第二、三项规定情形之一的，可以指令下一级人民法院再审，但经该下一级人民法院再审过的除外。

人民法院在审查抗诉材料期间，当事人之间已经达成和解协议的，人民法院可以建议人民检察院撤回抗诉。

第一百二十五条 人民检察院提出抗诉的案件，人民法院再审开庭时，应当在开庭三日前通知人民检察院派员出庭。

第一百二十六条 人民法院收到再审检察建议后，应当组成合议庭，在三个月内进行审查，发现原判决、裁定、调解书确有错误，需要再审的，依照行政诉讼法第九十二条规定裁定再审，并通知当事人；经审查，决定不予再审的，应当书面回复人民检察院。

第一百二十七条 人民法院审理因人民检察院抗诉或者检察建议裁定再审的案件，不受此前已经作出的驳回当事人再审申请裁定的限制。

八、行政机关负责人出庭应诉

第一百二十八条 行政诉讼法第三条第三款规定的行政机关负责人，包括行政机关的正职、副职负责人以及其他参与分管的负责人。

行政机关负责人出庭应诉的，可以另行委托一至二名诉讼代理人。行政机关负责人不能出庭的，应当委托行政机关相应的工作人员出庭，不得仅委托律师出庭。

第一百二十九条 涉及重大公共利益、社会高度关注或者可能引发群体性事件等案件以及人民法院书面建议行政机关负责人出庭的案件，被诉行政机关负责人应当出庭。

被诉行政机关负责人出庭应诉的，应当在当事人及其诉讼代理人基本情况、案件由来部分予以列明。

行政机关负责人有正当理由不能出庭应诉的，应当向人民法院提交情况说明，并加盖行政机关印章或者由该机关主要负责人签字认可。

行政机关拒绝说明理由的，不发生阻止案件审理的效果，人民法院可以向监察机关、上一级行政机关提出司法建议。

第一百三十条 行政诉讼法第三条第三款规定的"行政机关相应的工作人员",包括该行政机关具有国家行政编制身份的工作人员以及其他依法履行公职的人员。

被诉行政行为是地方人民政府作出的,地方人民政府法制工作机构的工作人员,以及被诉行政行为具体承办机关工作人员,可以视为被诉人民政府相应的工作人员。

第一百三十一条 行政机关负责人出庭应诉的,应当向人民法院提交能够证明该行政机关负责人职务的材料。

行政机关委托相应的工作人员出庭应诉的,应当向人民法院提交加盖行政机关印章的授权委托书,并载明工作人员的姓名、职务和代理权限。

第一百三十二条 行政机关负责人和行政机关相应的工作人员均不出庭,仅委托律师出庭的或者人民法院书面建议行政机关负责人出庭应诉,行政机关负责人不出庭应诉的,人民法院应当记录在案和在裁判文书中载明,并可以建议有关机关依法作出处理。

九、复议机关作共同被告

第一百三十三条 行政诉讼法第二十六条第二款规定的"复议机关决定维持原行政行为",包括复议机关驳回复议申请或者复议请求的情形,但以复议申请不符合受理条件为由驳回的除外。

第一百三十四条 复议机关决定维持原行政行为的,作出原行政行为的行政机关和复议机关是共同被告。原告只起诉作出原行政行为的行政机关或者复议机关的,人民法院应当告知原告追加被告。原告不同意追加的,人民法院应当将另一机关列为共同被告。

行政复议决定既有维持原行政行为内容,又有改变原行政行为内容或者不予受理申请内容的,作出原行政行为的行政机关和复议机关为共同被告。

复议机关作共同被告的案件,以作出原行政行为的行政机关确定案件的级别管辖。

第一百三十五条 复议机关决定维持原行政行为的,人民法院应当在审查原行政行为合法性的同时,一并审查复议决定的合法性。

作出原行政行为的行政机关和复议机关对原行政行为合法性共同承担举证责任，可以由其中一个机关实施举证行为。复议机关对复议决定的合法性承担举证责任。

复议机关作共同被告的案件，复议机关在复议程序中依法收集和补充的证据，可以作为人民法院认定复议决定和原行政行为合法的依据。

第一百三十六条 人民法院对原行政行为作出判决的同时，应当对复议决定一并作出相应判决。

人民法院依职权追加作出原行政行为的行政机关或者复议机关为共同被告的，对原行政行为或者复议决定可以作出相应判决。

人民法院判决撤销原行政行为和复议决定的，可以判决作出原行政行为的行政机关重新作出行政行为。

人民法院判决作出原行政行为的行政机关履行法定职责或者给付义务的，应当同时判决撤销复议决定。

原行政行为合法、复议决定违法的，人民法院可以判决撤销复议决定或者确认复议决定违法，同时判决驳回原告针对原行政行为的诉讼请求。

原行政行为被撤销、确认违法或者无效，给原告造成损失的，应当由作出原行政行为的行政机关承担赔偿责任；因复议决定加重损害的，由复议机关对加重部分承担赔偿责任。

原行政行为不符合复议或者诉讼受案范围等受理条件，复议机关作出维持决定的，人民法院应当裁定一并驳回对原行政行为和复议决定的起诉。

十、相关民事争议的一并审理

第一百三十七条 公民、法人或者其他组织请求一并审理行政诉讼法第六十一条规定的相关民事争议，应当在第一审开庭审理前提出；有正当理由的，也可以在法庭调查中提出。

第一百三十八条 人民法院决定在行政诉讼中一并审理相关民事争议，或者案件当事人一致同意相关民事争议在行政诉讼中一并解决，人民法院准许的，由受理行政案件的人民法院管辖。

公民、法人或者其他组织请求一并审理相关民事争议，人民法院经审查发现行政案件已经超过起诉期限，民事案件尚未立案的，告知当事人另行提起民事诉讼；民事案件已经立案的，由原审判组织继续审理。

人民法院在审理行政案件中发现民事争议为解决行政争议的基础，当事人没有请求人民法院一并审理相关民事争议的，人民法院应当告知当事人依法申请一并解决民事争议。当事人就民事争议另行提起民事诉讼并已立案的，人民法院应当中止行政诉讼的审理。民事争议处理期间不计算在行政诉讼审理期限内。

第一百三十九条　有下列情形之一的，人民法院应当作出不予准许一并审理民事争议的决定，并告知当事人可以依法通过其他渠道主张权利：

（一）法律规定应当由行政机关先行处理的；

（二）违反民事诉讼法专属管辖规定或者协议管辖约定的；

（三）约定仲裁或者已经提起民事诉讼的；

（四）其他不宜一并审理民事争议的情形。

对不予准许的决定可以申请复议一次。

第一百四十条　人民法院在行政诉讼中一并审理相关民事争议的，民事争议应当单独立案，由同一审判组织审理。

人民法院审理行政机关对民事争议所作裁决的案件，一并审理民事争议的，不另行立案。

第一百四十一条　人民法院一并审理相关民事争议，适用民事法律规范的相关规定，法律另有规定的除外。

当事人在调解中对民事权益的处分，不能作为审查被诉行政行为合法性的根据。

第一百四十二条　对行政争议和民事争议应当分别裁判。

当事人仅对行政裁判或者民事裁判提出上诉的，未上诉的裁判在上诉期满后即发生法律效力。第一审人民法院应当将全部案卷一并移送第二审人民法院，由行政审判庭审理。第二审人民法院发现未上诉的生效裁判确有错误的，应当按照审判监督程序再审。

第一百四十三条　行政诉讼原告在宣判前申请撤诉的，是否准许由人民法院裁定。人民法院裁定准许行政诉讼原告撤诉，但其对已经提起的一并审理相关民事争议不撤诉的，人民法院应当继续审理。

第一百四十四条　人民法院一并审理相关民事争议，应当按行政案件、民事案件的标准分别收取诉讼费用。

十一、规范性文件的一并审查

第一百四十五条 公民、法人或者其他组织在对行政行为提起诉讼时一并请求对所依据的规范性文件审查的，由行政行为案件管辖法院一并审查。

第一百四十六条 公民、法人或者其他组织请求人民法院一并审查行政诉讼法第五十三条规定的规范性文件，应当在第一审开庭审理前提出；有正当理由的，也可以在法庭调查中提出。

第一百四十七条 人民法院在对规范性文件审查过程中，发现规范性文件可能不合法的，应当听取规范性文件制定机关的意见。

制定机关申请出庭陈述意见的，人民法院应当准许。

行政机关未陈述意见或者未提供相关证明材料的，不能阻止人民法院对规范性文件进行审查。

第一百四十八条 人民法院对规范性文件进行一并审查时，可以从规范性文件制定机关是否超越权限或者违反法定程序、作出行政行为所依据的条款以及相关条款等方面进行。

有下列情形之一的，属于行政诉讼法第六十四条规定的"规范性文件不合法"：

（一）超越制定机关的法定职权或者超越法律、法规、规章的授权范围的；

（二）与法律、法规、规章等上位法的规定相抵触的；

（三）没有法律、法规、规章依据，违法增加公民、法人和其他组织义务或者减损公民、法人和其他组织合法权益的；

（四）未履行法定批准程序、公开发布程序，严重违反制定程序的；

（五）其他违反法律、法规以及规章规定的情形。

第一百四十九条 人民法院经审查认为行政行为所依据的规范性文件合法的，应当作为认定行政行为合法的依据；经审查认为规范性文件不合法的，不作为人民法院认定行政行为合法的依据，并在裁判理由中予以阐明。作出生效裁判的人民法院应当向规范性文件的制定机关提出处理建议，并可以抄送制定机关的同级人民政府、上一级行政机关、监察机关以及规范性文件的备案机关。

规范性文件不合法的，人民法院可以在裁判生效之日起三个月内，向规范性文件制定机关提出修改或者废止该规范性文件的司法建议。

规范性文件由多个部门联合制定的，人民法院可以向该规范性文件的主办机关或者共同上一级行政机关发送司法建议。

接收司法建议的行政机关应当在收到司法建议之日起六十日内予以书面答复。情况紧急的，人民法院可以建议制定机关或者其上一级行政机关立即停止执行该规范性文件。

第一百五十条 人民法院认为规范性文件不合法的，应当在裁判生效后报送上一级人民法院进行备案。涉及国务院部门、省级行政机关制定的规范性文件，司法建议还应当分别层报最高人民法院、高级人民法院备案。

第一百五十一条 各级人民法院院长对本院已经发生法律效力的判决、裁定，发现规范性文件合法性认定错误，认为需要再审的，应当提交审判委员会讨论。

最高人民法院对地方各级人民法院已经发生法律效力的判决、裁定，上级人民法院对下级人民法院已经发生法律效力的判决、裁定，发现规范性文件合法性认定错误的，有权提审或者指令下级人民法院再审。

十二、执行

第一百五十二条 对发生法律效力的行政判决书、行政裁定书、行政赔偿判决书和行政调解书，负有义务的一方当事人拒绝履行的，对方当事人可以依法申请人民法院强制执行。

人民法院判决行政机关履行行政赔偿、行政补偿或者其他行政给付义务，行政机关拒不履行的，对方当事人可以依法向法院申请强制执行。

第一百五十三条 申请执行的期限为二年。申请执行时效的中止、中断，适用法律有关规定。

申请执行的期限从法律文书规定的履行期间最后一日起计算；法律文书规定分期履行的，从规定的每次履行期间的最后一日起计算；法律文书中没有规定履行期限的，从该法律文书送达当事人之日起计算。

逾期申请的，除有正当理由外，人民法院不予受理。

第一百五十四条 发生法律效力的行政判决书、行政裁定书、行政赔偿判决书和行政调解书,由第一审人民法院执行。

第一审人民法院认为情况特殊,需要由第二审人民法院执行的,可以报请第二审人民法院执行;第二审人民法院可以决定由其执行,也可以决定由第一审人民法院执行。

第一百五十五条 行政机关根据行政诉讼法第九十七条的规定申请执行其行政行为,应当具备以下条件:

(一)行政行为依法可以由人民法院执行;

(二)行政行为已经生效并具有可执行内容;

(三)申请人是作出该行政行为的行政机关或者法律、法规、规章授权的组织;

(四)被申请人是该行政行为所确定的义务人;

(五)被申请人在行政行为确定的期限内或者行政机关催告期限内未履行义务;

(六)申请人在法定期限内提出申请;

(七)被申请执行的行政案件属于受理执行申请的人民法院管辖。

行政机关申请人民法院执行,应当提交行政强制法第五十五条规定的相关材料。

人民法院对符合条件的申请,应当在五日内立案受理,并通知申请人;对不符合条件的申请,应当裁定不予受理。行政机关对不予受理裁定有异议,在十五日内向上一级人民法院申请复议的,上一级人民法院应当在收到复议申请之日起十五日内作出裁定。

第一百五十六条 没有强制执行权的行政机关申请人民法院强制执行其行政行为,应当自被执行人的法定起诉期限届满之日起三个月内提出。逾期申请的,除有正当理由外,人民法院不予受理。

第一百五十七条 行政机关申请人民法院强制执行其行政行为的,由申请人所在地的基层人民法院受理;执行对象为不动产的,由不动产所在地的基层人民法院受理。

基层人民法院认为执行确有困难的,可以报请上级人民法院执行;上级人民法院可以决定由其执行,也可以决定由下级人民法院执行。

第一百五十八条　行政机关根据法律的授权对平等主体之间民事争议作出裁决后，当事人在法定期限内不起诉又不履行，作出裁决的行政机关在申请执行的期限内未申请人民法院强制执行的，生效行政裁决确定的权利人或者其继承人、权利承受人在六个月内可以申请人民法院强制执行。

享有权利的公民、法人或者其他组织申请人民法院强制执行生效行政裁决，参照行政机关申请人民法院强制执行行政行为的规定。

第一百五十九条　行政机关或者行政行为确定的权利人申请人民法院强制执行前，有充分理由认为被执行人可能逃避执行的，可以申请人民法院采取财产保全措施。后者申请强制执行的，应当提供相应的财产担保。

第一百六十条　人民法院受理行政机关申请执行其行政行为的案件后，应当在七日内由行政审判庭对行政行为的合法性进行审查，并作出是否准予执行的裁定。

人民法院在作出裁定前发现行政行为明显违法并损害被执行人合法权益的，应当听取被执行人和行政机关的意见，并自受理之日起三十日内作出是否准予执行的裁定。

需要采取强制执行措施的，由本院负责强制执行非诉行政行为的机构执行。

第一百六十一条　被申请执行的行政行为有下列情形之一的，人民法院应当裁定不准予执行：

（一）实施主体不具有行政主体资格的；

（二）明显缺乏事实根据的；

（三）明显缺乏法律、法规依据的；

（四）其他明显违法并损害被执行人合法权益的情形。

行政机关对不准予执行的裁定有异议，在十五日内向上一级人民法院申请复议的，上一级人民法院应当在收到复议申请之日起三十日内作出裁定。

十三、附则

第一百六十二条　公民、法人或者其他组织对2015年5月1日之前作出的行政行为提起诉讼，请求确认行政行为无效的，人民法院不予立案。

第一百六十三条　本解释自2018年2月8日起施行。

本解释施行后，《最高人民法院关于执行〈中华人民共和国行政诉讼法〉若干问题的解释》（法释〔2000〕8 号）、《最高人民法院关于适用〈中华人民共和国行政诉讼法〉·若干问题的解释》（法释〔2015〕9 号）同时废止。最高人民法院以前发布的司法解释与本解释不一致的，不再适用。

最高人民法院
关于审理行政协议案件若干问题的规定

法释〔2019〕17号

（2019年11月12日最高人民法院审判委员会第1781次会议通过
2019年11月27日最高人民法院公告公布 自2020年1月1日起施行）

为依法公正、及时审理行政协议案件，根据《中华人民共和国行政诉讼法》等法律的规定，结合行政审判工作实际，制定本规定。

第一条 行政机关为了实现行政管理或者公共服务目标，与公民、法人或者其他组织协商订立的具有行政法上权利义务内容的协议，属于行政诉讼法第十二条第一款第十一项规定的行政协议。

第二条 公民、法人或者其他组织就下列行政协议提起行政诉讼的，人民法院应当依法受理：

（一）政府特许经营协议；

（二）土地、房屋等征收征用补偿协议；

（三）矿业权等国有自然资源使用权出让协议；

（四）政府投资的保障性住房的租赁、买卖等协议；

（五）符合本规定第一条规定的政府与社会资本合作协议；

（六）其他行政协议。

第三条 因行政机关订立的下列协议提起诉讼的，不属于人民法院行政诉讼的受案范围：

（一）行政机关之间因公务协助等事由而订立的协议；

（二）行政机关与其工作人员订立的劳动人事协议。

第四条 因行政协议的订立、履行、变更、终止等发生纠纷，公民、法人或者其他组织作为原告，以行政机关为被告提起行政诉讼的，人民法院应当依法受理。

因行政机关委托的组织订立的行政协议发生纠纷的，委托的行政机关是被告。

第五条 下列与行政协议有利害关系的公民、法人或者其他组织提起行政诉讼的，人民法院应当依法受理：

（一）参与招标、拍卖、挂牌等竞争性活动，认为行政机关应当依法与其订立行政协议但行政机关拒绝订立，或者认为行政机关与他人订立行政协议损害其合法权益的公民、法人或者其他组织；

（二）认为征收征用补偿协议损害其合法权益的被征收征用土地、房屋等不动产的用益物权人、公房承租人；

（三）其他认为行政协议的订立、履行、变更、终止等行为损害其合法权益的公民、法人或者其他组织。

第六条 人民法院受理行政协议案件后，被告就该协议的订立、履行、变更、终止等提起反诉的，人民法院不予准许。

第七条 当事人书面协议约定选择被告所在地、原告所在地、协议履行地、协议订立地、标的物所在地等与争议有实际联系地点的人民法院管辖的，人民法院从其约定，但违反级别管辖和专属管辖的除外。

第八条 公民、法人或者其他组织向人民法院提起民事诉讼，生效法律文书以涉案协议属于行政协议为由裁定不予立案或者驳回起诉，当事人又提起行政诉讼的，人民法院应当依法受理。

第九条 在行政协议案件中，行政诉讼法第四十九条第三项规定的"有具体的诉讼请求"是指：

（一）请求判决撤销行政机关变更、解除行政协议的行政行为，或者确认该行政行为违法；

（二）请求判决行政机关依法履行或者按照行政协议约定履行义务；

（三）请求判决确认行政协议的效力；

（四）请求判决行政机关依法或者按照约定订立行政协议；

（五）请求判决撤销、解除行政协议；

（六）请求判决行政机关赔偿或者补偿；

（七）其他有关行政协议的订立、履行、变更、终止等诉讼请求。

第十条 被告对于自己具有法定职权、履行法定程序、履行相应法定职责以及订立、履行、变更、解除行政协议等行为的合法性承担举证责任。

原告主张撤销、解除行政协议的，对撤销、解除行政协议的事由承担举证责任。

对行政协议是否履行发生争议的，由负有履行义务的当事人承担举证责任。

第十一条 人民法院审理行政协议案件，应当对被告订立、履行、变更、解除行政协议的行为是否具有法定职权、是否滥用职权、适用法律法规是否正确、是否遵守法定程序、是否明显不当、是否履行相应法定职责进行合法性审查。

原告认为被告未依法或者未按照约定履行行政协议的，人民法院应当针对其诉讼请求，对被告是否具有相应义务或者履行相应义务等进行审查。

第十二条 行政协议存在行政诉讼法第七十五条规定的重大且明显违法情形的，人民法院应当确认行政协议无效。

人民法院可以适用民事法律规范确认行政协议无效。

行政协议无效的原因在一审法庭辩论终结前消除的，人民法院可以确认行政协议有效。

第十三条 法律、行政法规规定应当经过其他机关批准等程序后生效的行政协议，在一审法庭辩论终结前未获得批准的，人民法院应当确认该协议未生效。

行政协议约定被告负有履行批准程序等义务而被告未履行，原告要求被告承担赔偿责任的，人民法院应予支持。

第十四条 原告认为行政协议存在胁迫、欺诈、重大误解、显失公平等情形而请求撤销，人民法院经审理认为符合法律规定可撤销情形的，可以依法判决撤销该协议。

第十五条 行政协议无效、被撤销或者确定不发生效力后，当事人因行政协议取得的财产，人民法院应当判决予以返还；不能返还的，判决折价补偿。

因被告的原因导致行政协议被确认无效或者被撤销，可以同时判决责令被告采取补救措施;给原告造成损失的,人民法院应当判决被告予以赔偿。

第十六条 在履行行政协议过程中,可能出现严重损害国家利益、社会公共利益的情形,被告作出变更、解除协议的行政行为后,原告请求撤销该行为,人民法院经审理认为该行为合法的,判决驳回原告诉讼请求;给原告造成损失的,判决被告予以补偿。

被告变更、解除行政协议的行政行为存在行政诉讼法第七十条规定情形的,人民法院判决撤销或者部分撤销,并可以责令被告重新作出行政行为。

被告变更、解除行政协议的行政行为违法,人民法院可以依据行政诉讼法第七十八条的规定判决被告继续履行协议、采取补救措施;给原告造成损失的,判决被告予以赔偿。

第十七条 原告请求解除行政协议,人民法院认为符合约定或者法定解除情形且不损害国家利益、社会公共利益和他人合法权益的,可以判决解除该协议。

第十八条 当事人依据民事法律规范的规定行使履行抗辩权的,人民法院应予支持。

第十九条 被告未依法履行、未按照约定履行行政协议,人民法院可以依据行政诉讼法第七十八条的规定,结合原告诉讼请求,判决被告继续履行,并明确继续履行的具体内容;被告无法履行或者继续履行无实际意义的,人民法院可以判决被告采取相应的补救措施;给原告造成损失的,判决被告予以赔偿。

原告要求按照约定的违约金条款或者定金条款予以赔偿的,人民法院应予支持。

第二十条 被告明确表示或者以自己的行为表明不履行行政协议,原告在履行期限届满之前向人民法院起诉请求其承担违约责任的,人民法院应予支持。

第二十一条 被告或者其他行政机关因国家利益、社会公共利益的需要依法行使行政职权,导致原告履行不能、履行费用明显增加或者遭受损失,原告请求判令被告给予补偿的,人民法院应予支持。

第二十二条 原告以被告违约为由请求人民法院判令其承担违约责任,

人民法院经审理认为行政协议无效的，应当向原告释明，并根据原告变更后的诉讼请求判决确认行政协议无效。因被告的行为造成行政协议无效的，人民法院可以判决被告承担赔偿责任。原告经释明后拒绝变更诉讼请求的，人民法院可以判决驳回其诉讼请求。

第二十三条　人民法院审理行政协议案件，可以依法进行调解。

人民法院进行调解时，应当遵循自愿、合法原则，不得损害国家利益、社会公共利益和他人合法权益。

第二十四条　公民、法人或者其他组织未按照行政协议约定履行义务，经催告后不履行，行政机关可以作出要求其履行协议的书面决定。公民、法人或者其他组织收到书面决定后在法定期限内未申请行政复议或者提起行政诉讼，且仍不履行，行政机关可以向人民法院申请强制执行。

法律、行政法规规定行政机关对行政协议享有监督履行的职权，公民、法人或者其他组织未按照约定履行义务，经催告后不履行，行政机关可以依法作出处理决定。公民、法人或者其他组织在收到该处理决定后在法定期限内未申请行政复议或者提起行政诉讼，且仍不履行，行政机关可以向人民法院申请强制执行。

第二十五条　公民、法人或者其他组织对行政机关不依法履行、未按照约定履行行政协议提起诉讼的，诉讼时效参照民事法律规范确定；对行政机关变更、解除行政协议等行政行为提起诉讼的，起诉期限依照行政诉讼法及其司法解释确定。

第二十六条　行政协议约定仲裁条款的，人民法院应当认定该条款无效，但法律、行政法规规定或者我国缔结、参加的国际条约另有规定的除外。

第二十七条　人民法院审理行政协议案件，应当适用行政诉讼法的规定；行政诉讼法没有规定的，参照适用民事诉讼法的规定。

人民法院审理行政协议案件，可以参照适用民事法律规范关于民事合同的相关规定。

第二十八条　2015年5月1日后订立的行政协议发生纠纷的，适用行政诉讼法及本规定。2015年5月1日前订立的行政协议发生纠纷的，适用当时的法律、行布的司法解释与本规定不一致的，适用本规定。

第二十九条 本规定自 2020 年 1 月 1 日起施行。最高人民法院以前发

政法规及司法解释。

（七）其他有关行政协议的订立、履行、变更、终止等诉讼请求。

第十条 被告对于自己具有法定职权、履行法定程序、履行相应法定职责以及订立、履行、变更、解除行政协议等行为的合法性承担举证责任。

原告主张撤销、解除行政协议的，对撤销、解除行政协议的事由承担举证责任。

对行政协议是否履行发生争议的，由负有履行义务的当事人承担举证责任。

第十一条 人民法院审理行政协议案件，应当对被告订立、履行、变更、解除行政协议的行为是否具有法定职权、是否滥用职权、适用法律法规是否正确、是否遵守法定程序、是否明显不当、是否履行相应法定职责进行合法性审查。

原告认为被告未依法或者未按照约定履行行政协议的，人民法院应当针对其诉讼请求，对被告是否具有相应义务或者履行相应义务等进行审查。

第十二条 行政协议存在行政诉讼法第七十五条规定的重大且明显违法情形的，人民法院应当确认行政协议无效。

人民法院可以适用民事法律规范确认行政协议无效。

行政协议无效的原因在一审法庭辩论终结前消除的，人民法院可以确认行政协议有效。

第十三条 法律、行政法规规定应当经过其他机关批准等程序后生效的行政协议，在一审法庭辩论终结前未获得批准的，人民法院应当确认该协议未生效。

行政协议约定被告负有履行批准程序等义务而被告未履行，原告要求被告承担赔偿责任的，人民法院应予支持。

第十四条 原告认为行政协议存在胁迫、欺诈、重大误解、显失公平等情形而请求撤销，人民法院经审理认为符合法律规定可撤销情形的，可以依法判决撤销该协议。

第十五条 行政协议无效、被撤销或者确定不发生效力后，当事人因行政协议取得的财产，人民法院应当判决予以返还；不能返还的，判决折价补偿。

因被告的原因导致行政协议被确认无效或者被撤销，可以同时判决责令被告采取补救措施；给原告造成损失的，人民法院应当判决被告予以赔偿。

第十六条 在履行行政协议过程中，可能出现严重损害国家利益、社会公共利益的情形，被告作出变更、解除协议的行政行为后，原告请求撤销该行为，人民法院经审理认为该行为合法的，判决驳回原告诉讼请求；给原告造成损失的，判决被告予以补偿。

被告变更、解除行政协议的行政行为存在行政诉讼法第七十条规定情形的，人民法院判决撤销或者部分撤销，并可以责令被告重新作出行政行为。

被告变更、解除行政协议的行政行为违法，人民法院可以依据行政诉讼法第七十八条的规定判决被告继续履行协议、采取补救措施；给原告造成损失的，判决被告予以赔偿。

第十七条 原告请求解除行政协议，人民法院认为符合约定或者法定解除情形且不损害国家利益、社会公共利益和他人合法权益的，可以判决解除该协议。

第十八条 当事人依据民事法律规范的规定行使履行抗辩权的，人民法院应予支持。

第十九条 被告未依法履行、未按照约定履行行政协议，人民法院可以依据行政诉讼法第七十八条的规定，结合原告诉讼请求，判决被告继续履行，并明确继续履行的具体内容；被告无法履行或者继续履行无实际意义的，人民法院可以判决被告采取相应的补救措施；给原告造成损失的，判决被告予以赔偿。

原告要求按照约定的违约金条款或者定金条款予以赔偿的，人民法院应予支持。

第二十条 被告明确表示或者以自己的行为表明不履行行政协议，原告在履行期限届满之前向人民法院起诉请求其承担违约责任的，人民法院应予支持。

第二十一条 被告或者其他行政机关因国家利益、社会公共利益的需要依法行使行政职权，导致原告履行不能、履行费用明显增加或者遭受损失，原告请求判令被告给予补偿的，人民法院应予支持。

第二十二条 原告以被告违约为由请求人民法院判令其承担违约责任，